法学原理

THE PRINCIPLE OF JURISPRUDENCE

马力◎编著

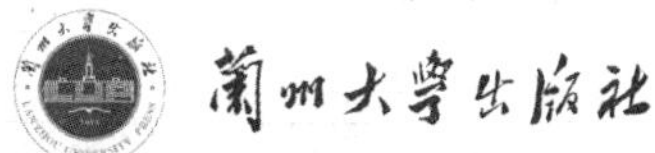

图书在版编目(CIP)数据

法学原理/马力编著. —兰州:兰州大学出版社,
2012.9
ISBN 978-7-311-03962-2

Ⅰ.①法… Ⅱ.①马… Ⅲ.①法学—高等学校—教材
Ⅳ.①D90

中国版本图书馆 CIP 数据核字(2012)第 222491 号

策划编辑 张爱民
责任编辑 张爱民 李 丽 王淑燕
封面设计 管军伟

书 名 **法学原理**
作 者 马力 编著
出版发行 兰州大学出版社 (地址:兰州市天水南路 222 号 730000)
电 话 0931-8912613(总编办公室) 0931-8617156(营销中心)
0931-8914298(读者服务部)
网 址 http://www.onbook.com.cn
电子信箱 press@lzu.edu.cn
印 刷 兰州德辉印刷有限责任公司
开 本 787 mm×1092 mm 1/16
印 张 23
字 数 555 千
版 次 2012 年 11 月第 1 版
印 次 2012 年 11 月第 1 次印刷
书 号 ISBN 978-7-311-03962-2
定 价 39.00 元

谨以此书献给我在天国中的父母亲，
以及热爱法学、渴求正义的人们！

第一编　法理学原理

第二编　宪法学原理

第三编 行政法学原理

第四编 刑法学原理

第五编 民法学原理

第六编 诉讼法学原理

第一编　法理学原理

引　例

德国告密者案

被告是一名德国妇女，其丈夫1940年起在军队服役，被告在家与人通奸，丈夫休假时向她发表了对纳粹领导人的贬损性言论，1944年7月刺杀希特勒事件之后，他写信给被告表示了对希特勒没有被刺死的遗憾。为了摆脱丈夫，被告把这封信和其他的信都交给了当地纳粹党的领导人。1945年2月，在丈夫深夜回家后，被告再次向当地纳粹党组织指控他，他被当场逮捕，两周后由军事法庭进行审判。主审法官提醒被告，丈夫有被判死刑的可能，她可以不宣誓作证，如果没有她的宣誓证词，证据就有可能不充分。她坚持宣誓作证，军事法庭根据纳粹政府1934年和1938年发布的两部法令，判定该士兵犯有"发表煽动性言论罪"和"危害帝国国防力量罪"，处以死刑。

战后，被告和军事法庭的法官被交付审判，检察官根据1871年《德国刑法典》第239条，起诉二人犯有非法剥夺他人自由罪。1949年班贝格地区上诉法院在二审中判定涉案法官无罪，但被告罪名成立，因为她通过自由选择，利用纳粹法律导致了她丈夫的死亡和监禁，而这些法律"违背了所有正派人士所持的健全良知与正义感"。

1951年，被告在伍兹堡被陪审团宣判无罪，陪审团认为审判受害人的军事法庭是依法组成并裁决的，而且被告有权利相信她的行为合法。1952年7月8日，联邦最高法院撤销了这一无罪裁决。

在此案中被告的抗辩理由是自己的教育水平，她认为自己作为普通妇女，就她当时所知，她丈夫就是违背了法定义务，而且她信任军事法庭的合法性。在一审判决中，陪审团接受了这一抗辩理由，因为被告作为一个没有受过高水平教育的普通妇女，不可能指望她认识到对法治国原则的违反。班贝格地区上诉法院和联邦最高法院驳回了这一抗辩理由。法院认为："在独立法官可以确保个人的自由与尊严的正常情形下可以运用这一抗辩理由。然而在纳粹统治下，法院的实践经常不能满足法律正当程序的核心要求，也就是，对刑法目的作出超乎偏见的、合乎事实的和详尽无遗的考虑。这一点是一个社会的普通成员完全能够了解的。"[1]

[1] 参见柯岚《告密、良心自由与现代合法性的困境——法哲学视野中的告密者难题》，《法律科学》，2009年第6期。

第一章　什么是法理学

第一节　法学、法理学、法哲学

一、法理学释义及概念

(一)法理学释义

“法理学”一词译自英文 Jurisprudence，意思是“法律的智慧”。无论中外，法理学的思想源远流长，在古汉语中虽没有“法理学”一词，但“法理”一词在二十五史中却也屡屡出现。在《汉书·宣帝纪》中班固就写到“孝宣之治，信赏必罚，综核名实，政事文学法理之士咸精其能……”。在西方 Jurisprudence 一词源于拉丁语 Jurisprudentia，该词由 Juris(法律)和 prudentia(智慧)两词合成，在公元 3 世纪末业已产生，意指法律知识。可见，自古以来中西方就对“法理”有了一个基本的认知，那就是“法的道理”或“法的理论”。这里所讲的“法”在中西方有明显的差异：在我国，“法”是指实在法，甚至是仅仅指刑法；而在西方，“法”则不仅指实在法，而且指高于实在法的正义。也正是基于这样的认识，古罗马人认为：“法学是关于神和人的事务的知识；是关于正义和非正义的科学。”[1]在西方，无论是大陆法系国家还是英美法系国家，人们都认为法律是神圣的，形成了法律至上的法律观。

(二)法理学的概念

一般地，“法理学”一词包括两种含义。一是指所有法学和法律知识、理论、学说的总称。这是法理学一词在最广泛的意义上被人们所理解和使用，也是法理学原初的含义。二是指研究法学和法的一般问题，作为法学体系中一门分支学科存在的专门学问，这是法理学一词在学理意义上、专门科学意义上被人们理解和使用，是一般法学著述尤其是教科书上阐述的法理学。这里所讲的法理学的概念就是从这个意义上而言的。

总体上说，法理学的概念受不同学派学术观点的影响，尤其是分析法学的影响。边沁和奥斯丁就特别强调对英格兰法的结构、理论、术语的分析，因而，在英国直到 20 世纪中叶，法理学都被认为就是分析法学。[2]这里只列举出几种有代表性的观点。美国《布莱克法律词典》：法理学是阐述实在法的原则和法律关系的法律科学。《牛津法律指南》：法理学是研究法的最基本、最一般问题的一门法学学科。美国经济分析法学家波斯纳认为：“我所指的法理学是关于法律这种社会现象的最基本、最一般、最理论化的分析。”[3]英国法学家哈里斯则认为：“法理学是一袋杂七杂八的东西。关于法律的各种各样的一般思辨都可以投入这个袋中。”[4]我国学者一般也认为，“法理学是关于法律现象的最一般的理论，或者说是以法律现

[1] 查士丁尼《法学总论》，5 页，张企泰译，北京：商务印书馆，1989。

[2] 《牛津法律大辞典》，489 页，北京：光明日报出版社，1988。

[3] 波斯纳《法理学问题》，序言，苏力译，北京：中国政法大学出版社，1944。

[4] 沈宗灵《现代西方法理学》，2~3 页，北京：北京大学出版社，1992。

象的发展规律为研究对象的一门社会科学,包括研究法律现象的基础理论和方法论。"[1]"法理学是研究法的一般理论问题的法学分支学科。"[2]可见,中外学者对于法理学概念的认识和把握并无二致。

二、法理学在中国的发展

中国有着极丰富的法理思想,早在汉代"法理"一词就出现在正史记载中,到南齐时,廷尉孔稚珪更是提出了"驭大国者以法理为本"的思想(《南齐书·孔稚珪传》)。可惜的是,中国古代从未将法理作为一门专门的学问来加以研究。

清末以降,西方法律、法学的大量输入及清廷改律,法理学才渐入人们的视野。1902年山西西学专斋将"法理学"列入法律学专业课程,京师法政学堂也在1910年将"法理学"列入法律门课程目录。1926年梁启超《中国法理学发达史论》出版,1928年商务印书馆出版了由李达翻译的日本法学家穗积陈重的《法理学大纲》,1947年时任湖南大学教授的李达完成了自己的一部重要著作《法理学大纲》。

1949年以后,中国在法学理论上先是沿用苏联的理论,认为"法理学是资产阶级法学的一个分科",遂以"国家和法的理论"取代了法理学;再后来中苏交恶,苏联被指为修正主义,法理学和法学被取消;80年代后,中国法学界方使法学理论逐渐摆脱政治理论、国家理论的限制,但仍不敢使用"法理学"一词,而被代之以一个不伦不类的称谓——"法学基础理论";1992年小平南巡讲话后,"法理学"成为这一学科公认的名称。

三、法学与法理学

法学,亦称法律科学,在现代英语中用 Science of Law 或 Legal science 或 Jurisprudence 来指称,是专门以法律现象为研究对象的学科。对于法律之一社会现象的研究主要是为了法律调整的实际需要,保证法律正确、合理的创制,保证正确、合理的实现法律规范,以便确认和保护社会成员的行为自由、有序,合理地运用国家权力,调整保护一定的社会关系。故有学者认为:"法学是正确组织和运用国家权力的一门学问,是治理国家、管理社会、保护社会成员正当权利的一门学问。"[3]

法学如何划分成几个分支学科,法学界并没有一致的做法。荷兰法学家采用四分法将法学分为法哲学、法理论、法教义学、法社会学四科。[4]英国法学家沃克采用七分法,认为法学有七个主要分支:法学理论和法哲学、法史学、比较法学、国际法学、超国家法学、国内法学、法学附属学科。[5]我国学者则大都采用两分法,将法学分为理论法学和应用法学两大块,理论法学包括:法理学、法哲学、法史学、比较法学;应用法学包括:国内法学、国际法学、外国法学、超国家法学等。

法理学,在现代英语中用 Jurisprudence 来指称,是关于法律现象的最一般的理论,或者说是以法律现象的发展规律为研究对象的一门社会科学,包括研究法律现象的基础理论和

[1] 朱力宇《法理学原理与案例教程》,7~8页,北京:中国人民大学出版社,2007。
[2] 周永坤《法理学——全球视野》,32页,北京:法律出版社,2010。
[3] 陶广峰《法理学》,2页,兰州:兰州大学出版社,1996。
[4] 〔荷兰〕伊芙琳《法律论证原理——司法裁决之证立理论概览》,7页,张其山译,北京:商务印书馆,2005。
[5] 《牛津法律大辞典》,545页,邓正来译,北京:光明日报出版社,1988。

方法论。美国学者博登海默认为:“法理学的对象是非常广泛的,其中包括法律理论的哲学成分、社会成分、历史成分及分析成分。”[1]英国学者哈里斯说,“法律是干什么的,法律要实现什么,我们要重视法律吗,对法律如何改进,可以不要法律吗,我们应遵守法律吗,法律到底为谁服务,等等,这些就是一般法理学所包括的问题。人们可以不管这些问题,但这些问题并不消失。”[2]

在中国,李达早在1947年就在其《法理学大纲》中提出:法理学把“一切成文法、判例法、习惯法,以及立法政策、执行政策等列入研究范围”,把“一切法制史、法学史等列入范围”,还“必须考察法律与其他领域的关系”。现在学者们则普遍认为法理学的研究对象不仅包括古今中外一切类型的法及其发展阶段,还应考察其本质、发展规律、在社会中的作用,还要阐述法律中最普遍、最基本的理论和问题,除此以外还将权利作为自己的研究对象。可见,法理学具备自己的研究对象和范围,既是法学整体中的一个组成部分,又同其他法学有明晰的界限。

国内外法学界一般都认为法学和法理学有了差别和分野,其标志就是奥斯丁的《法理学范围之确定》。1832年,伦敦大学法理学教授约翰·奥斯丁出版了《法理学范围之确定》(*The Province of Jurisprudence Determined*)一书。奥斯丁指出:法理学研究实际存在的法而不是应当存在的法。法理学不同于伦理学,它是法学的一个学科,其主要任务是研究实在法的特质和厘清实在法的各种概念术语。在书中奥斯丁用分析的方法对法律体系的结构、对象以及作为其组成部分的法律规范进行考察,并通过对这些对象的分析,发现那些作为法律体系逻辑前提的原则、理论和概念,并以此来安排司法和行政裁决的权威性资料,严格区分了法律与道德的界限,对“法律是一种命令”的观点进行了详细阐述,对那些常用的法律术语和概念的含义进行了仔细考证,如权利、义务、责任、损害、刑罚、对物权、对人权等。可以说是奥斯丁所创立的分析法理学促进了法学从“法律的知识”向“法律科学”的转变。

四、法理学与法哲学

法理学与法哲学的关系非常密切。在奥斯丁之前历史上的法理学都是以法哲学的面目出现的,甚至奥斯丁本人也认为jurisprudence(法理学)与the philosophy of law(法哲学)是同义语,而在康德和黑格尔眼中法理学就是法哲学。

但是,1881年,日本法学家穗积陈重在学校讲授“法论”(理论法学)时,认为当时日本流行的“法哲学”的名称形而上学的气味太重,特提出并使用“法理学”这个名词。

在现代英语国家,法理学往往被当做法哲学的同义词,都是研究法的一般问题,有别于对某一法的部门和特定法律制度的研究。在欧洲大陆,法理学与法哲学的分化在19世纪上半叶已经完成。[3]法哲学注重以哲学方法研究法的问题,法理学则强调用分析的方法研究法的问题。国内学者也认为,法理学与法哲学是大体相当而又略有区别的一门学科,它们的分野日益清晰,法哲学注重从哲学方面研究、阐述法的一般问题,法理学则强调运用分析的方法研究实在法的一般问题。正如周永坤教授所言:“法哲学日益‘上天’——哲学化,法理学则

[1] 〔美〕博登海默《法理学——法哲学及其方法》,3页,北京:华夏出版社,1987。

[2] 沈宗灵《现代西方法理学》,2~3页,北京:北京大学出版社,1992。

[3] 〔德〕考夫曼《当代法哲学与法律理论导论》,3页,郑永流译,北京:法律出版社,2002。

日益‘入地’——分析化和方法化。”[1]这与欧洲大陆国家(尤其是德国)法哲学和法理学的分化几乎一致。

第二节 法理学的地位、功能及价值

一、法理学在法学体系中的地位

关于法理学在法学体系中的地位问题,大家的观点基本一致。

第一,法理学作为从现实的和历史的各种法的现象中研究法的基本问题和一般规律的学科,是法学的主要理论学科,在法学体系中处于基础理论学科的地位,是法学的基石。

第二,法理学研究的是法学领域中重要的、基本的、根本的问题,它的成果对法学的其他分支学科有重要的理论基础作用。

第三,法理学还研究法、法的现象、法的发展规律和其他种种社会现象的联系,理解它们的发生、发展与其他种种社会现象的关系,由此深刻理解各种法、法的现象、法的发展规律的精神实质,对这些法学分支学科具有普遍指导意义。

二、法理学的功能

柏拉图在其《法律篇》中赞叹,“在一切科学中,最能使人类完善且是他们感兴趣的就是法律科学。”我国台湾地区著名的法学家杨日然认为,能学通法理学,所有的法律问题都可迎刃而解。总体来看,法理学主要有以下几方面的功能:

第一,对法学学科体系的指导功能。

第二,促进法律实践理性化的功能。

法理学从哲学或伦理学角度研究法律制度和法律学说,认识其基本原则,并根据法律理论和法律自身设定的目标对其加以发展和评价,从而促进立法的科学化;从社会学或功能分析的角度,将法律制度作为一种对行为的社会控制制度,研究其功能,并研究为实现社会控制这一目标而确立的法律制度、法律学说和法律方法,确立了法学一般原则,如司法独立、依法行政等,从而促进法律实践的理性化。

第三,更好地解决疑难案件的功能。

法律上的疑难案件一般有三种情况:法律不清、法律空缺、法律失误。对于法律不清的情况,法理可以使法律清晰起来,如政策和法律冲突(这在我国较为突出),法律至上原则就给我们提供了选择的标准;在没有具体法律规范可资运用的情况下,法理学确立的原则就可提供裁判的依据;在特殊情况下,法理学确立的原则就能矫正适用实在法而致的重大不公,维护社会正义。

【案 例】

美国帕尔默案

美国纽约上诉法院在1889年曾经审理过这样一起案件:帕尔默是其祖父所

---

[1] 周永坤《法理学——全球视野》,34页,北京:法律出版社,2010。

立遗嘱中指定的财产继承人，因恐其祖父撤销遗嘱和为了及早获得遗产，帕尔默将其祖父毒死。后来帕尔默被其姑妈里格斯诉至法院。面对这一案件，法官必须裁决帕尔默是否能够依据该项遗嘱继承其祖父的遗产。根据纽约州有关遗嘱的法律规则，该遗嘱有效，帕尔默有权继承其祖父的遗产。但是这样判决明显会带来不公正的结果。后来法官并没有依据有关遗嘱的法律规则裁决案件，而是依据普通法中的一项原则，即“任何人都不得从他的不当行为中获利”，作出最终裁决：帕尔默无权继承其祖父的财产。[1]

三、法理学的价值

美国著名学者博登海默指出：“法律的作用是促进人类价值的实现。如果法律理论和哲学无视这些人类价值，那么它们肯定是贫乏的、枯燥无味的。”[2]那么，作为法学体系中最高层次的法理学自然把“促进人类价值的实现”奉为自己的最高价值。总体上讲，法理学的价值主要表现在以下几个方面：

第一，方法价值。法理学从各部门法等分支学科中概括出一般原理，用以推动法学研究的进一步深入，法理学对法学其他分支学科的研究具有方法论原理意义。

第二，文化价值。法理学是法律文化的重要组成部分，作为一种文化积累给世界留下了一笔丰厚的精神财富。自文艺复兴以后，“民权本位”观成为法律意识的灵魂，“主权在民”、国家权力源于民众的观念深入人心，对人的权利的确认和保护是法律的出发点和归宿点，而法律则是人用以对抗滥用的国家权力、保护自身利益之盾。权利文化已与人道主义文化、科学文化一道成为世界三大文化主流，其核心就是自由、平等、正义、利益。保障人们享有充分的权利是社会发展向法提出的基本要求，而能回答什么是权利文化、怎样建立权利文化唯法理学一科。[3]

第三，规范价值。法律是一种具体的规范，是一种具有强制力的规范。它告诉人们、指引人们应该做什么、可以做什么、禁止做什么，并且总是以同一标准来评价处于其效力范围之内的每一个人的行为，表现出了极大的规范价值。

第四，定理价值。所谓定理就是指已经证明具有正确性、可以作为原则或规律的命题。法理学作为一门高度抽象的学科，从所有法律中抽出共性，得出原则，它探讨的是具有永恒意义的一般规则，如公平、正义、权利、法治等，成为全人类共同的法理基础和伦理基础。

第五，伦理价值。人们普遍认为“法律是道德的底线”，却较少思考法律的道德问题，其实，法也有善法和恶法之分。引例中的疑难案例就引发了著名的“哈特—富勒”论战，也是自然法学派和法律实证主义的一次直接的交锋。这场论战告诉了人们：法律存有最低限度的道德，不管怎样都不能违反一切正直的人的正当良知和正义感。这也宣示了法理学巨大的伦理价值。[4]

---

[1] 〔美〕罗纳德·德沃金《认真对待权力》，41~42 页，信春鹰译，北京：中国大百科全书出版社，1998。

[2] 〔美〕博登海默《法理学——法哲学及其方法》，3 页，北京：华夏出版社，1987。

[3] 徐显明《法理学》，绪论，北京：中国政法大学出版社，1994。

[4] 哈特《实证主义与法律和道德的分离》主张“恶法亦法”，不应宣布纳粹的法律不是法律；富勒《法律的道德性》主张法律存有最低限度的道德，纳粹法律违背最低道德，且是没有公布的“秘密法”，可宣布无效。

第二章 法的本体

第一节 法的概念与特征

一、法的词源、词义

(一)中国——“灋”的故事

汉字“法”的古体为“灋”,由廌、水、去三字组成。东汉许慎在《说文解字》中解释说“灋,刑也。平之如水,从水;廌,所以触不直者去之,从去”。这个字有很深的意蕴。“刑也”,即有惩罚犯罪之义。之所以从水,是取“平之如水”之意,代表公正,一般解为法具有公平公正的意思。而廌则是一种传说中古代的独角神兽,亦称獬豸,它性中正,辨是非,王充在《论衡·是应》中写道:“獬豸,一角之羊也,性知有罪。皋陶治狱,其罪疑者,令羊触之,有罪则触,无罪则不触。故皋陶敬羊”,虽明显带有神明裁判的意思,但“所以触不直者去之,从去”,则表现出对正义的追求与渴望。

在中国古代,法与刑、法与律可互训,含义相通。《尔雅·释诂》中就写道:“刑,法也。”“律,法也。”唐朝的《唐律疏议》也解释说:“律之与法,文虽有殊,其义一也。”在夏、商、周三朝,“法”字的主要含义是刑。《左传·昭公六年》就记载:“夏有乱政,而作禹刑;商有乱政,而作汤刑;周有乱政,而作九刑。”到战国时,李悝在魏国变法“集诸国刑典造法经六篇”,而后商鞅在秦国变法,改法为律。许慎在《说文解字》中解释说:“律,均布也。”而段玉裁在《说文解字注》中进一步解释道:“律者,所以范天下之不一而归于一,故曰均布也”。把律比为均布,说明律有规范人们行为的作用,是人人必须遵守的规范。在秦横扫六国一统天下后,几乎是历朝历代都带着“范天下之不一而归于一”的政治信念,将自己的法律称之为“律”,直至大清覆亡。

可见,古代中国刑、法、律都是指称同一现象的不同语词,其核心是刑,从一定意义上说,这是中国古代诸法合体、统一于刑的写照。但在中国历史上法律称谓的变化,却几近完美地表达了中国人对法律公平、正义的追求及其惩罚与强制特征的认识。

(二)西方——法的形象及法的词义

与中国用“廌”的形象表示法不同,西方用正义女神的形象来表示法。正义女神一手提着天平,用它衡量法;另一手握着剑,用它维护法。剑如果不带着天平,就是赤裸裸的暴力;天平如果不带着剑,就意味着软弱无力。两者是相辅相成的,只有在正义女神持剑的力量和掌秤的技巧并驾齐驱的时候,一种完满的法治状态才能占统治地位。

在拉丁语中,表达法的词汇不胜其多,但其中最有意义的是 Jus 和 Lex。它们分别代表了两种意义上的法,Jus 是抽象意义上的法和权利,兼有正义、公平的道德意蕴,通常在形而上学的范围内讨论;而 Lex 则是一个经验范围内的概念,原指罗马王政时期国王制定的法律和共和国时期各立法机构通过的法律,多用于司法领域。英文中 law 即可指广义的法,又可指狭义的法,还指规律、法则等意。

二、法的现象与法的本质

(一)一般看法和观点

什么是法？如何用一个完整的定义来表述法？无数人曾尝试从字面上给法一词下定义，但没有任何一种定义令人满意，也没有任何一种获得普遍承认。[1]这是因为：科学的定义反映着人们对一定现象认识的程度，但却不可能包括始终在发展着的这一现象的一切方面和全部性质。因而，恩格斯在《反杜林论》中指出：在科学上，一切定义都只有微小的价值……只要我们不忘记它们不可避免的缺点，它们也无能为害。[2]

国内外法学界关于法的定义有各种观点，概括起来，大体可以分为马克思主义与非马克思主义两大类。在我国，这一划分具有重要意义。

以往的法律理论从方法论的角度看，可以分为三类：

1. 从法本身理解法律，认为法律产生、发展、变化的根源在于法的自身。如认为法是一个逻辑上自洽的规则体系的规则论、认为法律规则的效力源于主权者的命令的命令论、认为法就是对法官的判决的预测的预测论等。

2. 从法的外部解释法律的根源，直接或间接地把这种根源归结为某种精神力量，将法视为人类精神一般发展的产物。如直接或间接地将法归结为神的意志的神意论、把法归结为正义的正义论、认为法是民族精神的体现的民族精神论等。

3. 从社会现象的交互作用的角度把握法的定义。19世纪末、尤其是20世纪初以来，西方法学界许多学者开始将法置于一定的社会现象领域加以研究，人们称之为社会论。它们不直接回答法的本质，而是强调法律的社会来源、社会目的、社会作用和社会效果，不再将法律视为孤立的、与社会脱节的现象，而是作为社会的组成部分，作为一种与其他社会现象交互作用的产物，认为法律的目的、作用和效果就在于以最小的浪费来调整社会各种利益冲突，从而实现社会控制。

可以看出，以上观点和看法，或从法的本源下定义、或从法的本体下定义、或从法的作用功能下定义，最大的缺陷就在于没有揭示法的阶级特性和社会本质。

(二)马克思主义的看法和观点

马克思主义认为：本质是事物的内在联系，是决定客观事物存在的根据；现象则是事物的外在表现和外部联系，是本质的表现形式。法的现象和法的本质是法学认识的统一对象的不同方面。在认识法的本质时，必须首先揭示法的现象，只有深入到法的现象领域，揭示法的现象之间的联系，才可能正确认识法的本质；而抓住了法的本质，就抓住了法的根本。

1. 法的本质表现为法的正式性

法的正式性又称法的官方性、国家性，指法是由国家制定或认可的，并由国家强制力保证实施的正式的官方确定的行为规范。首先，从古到今，法都具有形式主义的特征，这一特征在现代世界各国越来越严格，这种形式主义不仅要求法律要出自国家机关，而且要求法律出自立法机关，非经法定机关按程序创制的文件，不具有法的效力。其次，法的正式性还体现在法总是依靠国家强制来保证实现。最后，法的正式性还体现在它总是借助于正式的表现形式予以公布。近代以来，法的表现形式日益趋于规范化，包括法律文件的格式、名称、术

[1] 《牛津法律大辞典》，517页，北京：光明日报出版社，1989。

[2] 《马克思恩格斯选集》第3卷，122页，北京：人民出版社，1972。

语、结构都有一定的规格和要求。法的正式性表明法律与国家权力存在密切联系,法律直接形成于国家权力,是国家意志的体现。

2. 法的本质反映为法的阶级性

法的阶级性是指:在阶级对立的社会,法所体现的国家意志实际上是统治阶级的意志。通过国家意志表现出来的统治阶级意志具有高度的统一性和权威性。首先,在国家权力高度统一的情况下,统治阶级意志可以通过高度统一的法律形式获得集中的体现,并随着法律的实施,起到将全体社会成员的行为纳入统治阶级所能接受的范围的作用;其次,任何法律都是以国家权力为后盾的,任何违法行为都可能受到国家有组织的强力的制裁。因此,统治阶级总是把自己的共同意志和根本利益通过法律加以确认。因而马克思、恩格斯在《共产党宣言》中指出:“你们的法不过是被奉为法律的你们这个阶级的意志。”[1]

3. 法的本质最终体现为法的物质制约性

法的物质制约性是指法的内容受社会存在这个因素的制约,其最终也是由一定社会物质生活条件决定的。任何统治阶级都不可能离开他赖以生存的经济基础及生产力发展水平而随心所欲地提出要求和制定法律,如果离开了一定的经济关系,统治阶级的意志便无从产生,法律也无从制定。因此,立法者不是在创造法律,而只是在表述法律,是将社会生活中客观存在的包括生产关系、阶级关系、亲属关系等在内的各种社会关系以及相应的社会规范、社会需要上升为国家的法律,并运用国家权威予以保护。

三、现代法的概念与特征

(一)对法的概念的把握和表述

通过以上对法的现象和本质的介绍及国内外法学家不同观点的分析和比较,我们认为,对法的概念主要应从以下几个方面把握:

1. 强调法的正式性、国家性。法是由国家制定、认可的,并在解释和应用过程中证明自身存在,实现自身的价值;在任何时候,法都具有形式主义的特征,而且法的形式日益规范。这些都宣示了法律与国家权力存在着密切的联系,法律直接形成于国家权力,是国家意志的体现。

2. 强调法是反映由特定社会物质生活条件所决定的统治阶级意志的规范体系。这表明了法的物质制约性,揭示出法律不是凭空出现的,而是产生于特定时代的物质生活条件基础之上。在一个社会中,有什么样的生产关系,就有什么性质和内容的法律。法律所体现的是统治阶级的阶级意志,是统治阶级的整体意志而非个人意志、是上升为国家意志的那部分意志,揭示了统治阶级的意志化为法律规范的过程。

3. 强调法是以权利、义务为内容的社会规范。作为社会规范,法对人的行为的调整主要是通过设定权利、义务并保证其运行来实现的。它与道德的重要区别就是:法律以权利和义务为内容,权利和义务相伴而生;而道德则只强调义务。因此康德指出:“那种使得一种行为成为义务,而这种义务同时又是动机的立法,便是伦理的立法;如果这种立法在其法规中没有包括动机的原则,因而允许另一种动机,但不是义务自身的观念,这种立法便是法律的立法。”[2]

4. 强调法的维持统治阶级所期望的社会秩序的目的。秩序是人类活动的必要前提,是

[1] 《马克思恩格斯选集》第1卷,268页,北京:人民出版社,1972。

[2] 康德《法的形而上学原理》,20页,北京:商务印书馆,1991。

社会发展追求的基本价值;而法律不仅是秩序的象征,又是建立秩序和维护秩序的手段。在一个社会中,如果法律不能使社会处于有秩序的状态,就谈不上对其他价值的维护。因此,不论是古代法所表现出来的对等级秩序的维护、近代法所表现出来的对自由竞争的维护、现代法所表现出来的对社会利益的维护,都是维护统治阶级所期望的社会秩序,正如西季威克所说“法律仿佛构成了社会秩序的骨架”[1]。

基于上述认识和分析,我们对“法”作出如下表述:

法是以国家名义制定、认可和解释的,反映由特定社会物质生活条件所决定的统治阶级意志的规范体系;是规范人的外部行为,以权利、义务为主要内容,以维持统治阶级所期望的社会秩序为目的,并通过国家强制来保证实施的社会规范。

(二)法的特征

1. 法是调整人的行为的社会规范,给人的行为划出了可以自由行动的界限,具有规范性

2. 法是由国家制定、认可和解释的社会规范,具有国家意志性

3. 法是以规定权利和义务为主要内容的社会规范,具有利导性

在法律上,权利和义务的规定是双向的。权利和义务,一个表利益,一个表负担;一个是主动的,一个是被动的;只要规定了权力就必然规定或意味着有相应的义务。在所有的社会规范中只有法是通过权利义务的双向规定来影响人的意识的。权利以利益导向和激励机制作用于人的行为,义务则以约束机制和强制机制作用于人的行为。因而,人可以根据法律的规定选择行为并能够预见到行为的后果。

4. 法依靠国家强制力、通过一定程序予以实施,具有强制性

法是以国家名义表现出的国家强制力,如果没有国家强制力作为后盾,法律所体现的国家意志就得不到保障。但是,国家强制是一种合法的暴力,正当的暴力,是有根据的暴力,法律的强制实施都是专门国家机关通过法定时间与法定空间上的步骤和方式, 也就是通过一定的程序实施进行的,而不是随意的,且不可只强调强制性而忽略了正当性。

【案　例】

美国黑人学生进入白人学校就读案

1954 年, 美国联邦最高法院在布朗案中裁判将黑人与白人分隔于不同学校的做法违宪。次年,法院开始考虑结束该做法的具体措施,对此南方诸州抵触情绪很大。有人公然表示:“我们将不服从, 我们不会把我们的白人孩子送到黑人学校。”南方诸州千方百计对抗法院判决。1957 年,阿肯色州 9 名黑人学生依照判决进入白人学校就读,但该州州长动用当地国民警卫队封锁学校,就是不让黑人孩子和白人学生在一起,法院的判决执行不了。最后,艾森豪威尔总统调动美国精锐的 101 空降师进入该州首府,压制了国民警卫队,最终这 9 个黑人孩子在大兵的武装护卫下顺利入学。[2]

---

[1] 西季威克《伦理学方法》,469 页,北京:中国社会科学出版社,1993。

[2] 参见许身建《看美国怎样解决“执行难”》,载《报刊文摘》,2006-02-06。

四、当代中国法律的本质和特征

（一）当代中国法律的本质

当代中国法律是一种新兴的法律制度，它是在中国人民反帝、反封建、反官僚资本主义反动统治的斗争中孕育，在中国特色社会主义建设过程中发展起来的。

1. 当代中国法律本质上具有阶级性，是取得政权的工人阶级及其领导下的广大人民群众共同意志和利益的体现。它的阶级性是通过对全体人民的共同意志和利益加以确认而表现出来的，体现了阶级性和人民性的统一。

2. 当代中国法律反映全体人民的共同利益，这种共同利益随着社会的发展变化而变化，与历史发展的基本方向和基本规律相一致，体现了意志性与规律性的统一。

3. 当代中国法律必须反映并适合中国的国情，这就决定了必须把反映国情与反映现代法治的公理结合起来，体现了当代中国法律是国情与公理的统一。

（二）当代中国法律的特征

1. 当代中国法律是权利确认与权利保障的统一。当代中国的法律是建立在社会主义经济基础之上的全新法律制度，一方面它确认了人的基本权利与自由，另一方面也为这些权利和自由的实现提供了保障。

2. 当代中国法律是强制性和自愿遵守性的统一。由于当代中国法律反映了全体人民的共同意志和利益，因而，大多数人民群众都能够自愿遵守，实现了强制性和自愿遵守性的统一，表现出强制性源于正当性、正当性优于强制性的特点。

3. 当代中国法律是“一国”与“两制”的统一。自港澳回归之日起，两种类型的法律制度就开始并存，在一个统一的国家中，一个特区在传统上属于英美法系，一个特区属于大陆法系，而更为广大的大陆地区则是社会主义法律体系，这是当代中国法律的一大特征。

4. 当代中国的法律还存在着不纯粹性，不完善、不完备性和过渡性。不纯粹性表现在，法律在经济上反映和保障的是多种所有制和多种分配形式。不完善、不完备性表现在，虽然建立了有中国特色的社会主义法律体系，但法律规定较粗、空白较多、法律意识和法律文化水平较低。过渡性表现在，由靠政策向靠法律的过渡、由不完备向完备过渡。

第二节 法的作用和价值

一、法的作用

法的作用泛指法满足人的某种需要或对社会产生的影响。学术界通行的观点是从规范作用与社会作用来认识。

（一）法的规范作用

法的规范作用是指法律对人的行为加以规范、指导、划一的作用，或是因法律的规范性而具有的作用。一般认为法的规范作用有以下五种：

1. 指引作用。指引作用是指法对本人的行为具有引导作用。法律不仅告诉人什么可以做、什么应该做、什么不能做，并且告诉人行为的后果，从而对人行为的内容和方式的选择进行指引。在这里，行为的主体是每个人自己。

2. 评价作用。评价作用是指法律作为一种行为标准，具有判断、衡量他人行为合法与否的评判作用。由于价值标准的差异和自身利益的干扰，每个人区别是非善恶的标准是不同的,法律就提供了一个超越个体差异的共同标准。在这里,行为的对象是他人。在现代社会,法律已经成为评价人的行为的基本标准。

3. 教育作用。教育作用是指通过法的实施使法律产生广泛的社会影响,教育人正当行为的作用。这种作用又具体表现为示警作用和示范作用。法的教育作用对于提高公民法律意识,促使公民自觉遵守法律具有重要意义。

4. 预测作用。预测作用是指凭借法律的存在,可以预先估计到行为的可能结果的作用。作为规范,法律确定了行为与后果之间的联系,这就为人预测行为后果提供了可能。其主要有行为在法律上能否成立的预测、法官会作出怎样判决的预测等。

5. 强制作用。强制作用是指以暴力强制作为,以维护法律秩序的作用。它强制人们遵守法律,其对象是违法者的行为。制定法律的目的是让人们遵守,是希望法律的规定能够转化为社会现实。离开了强制性,法律就失去了权威;而加强法律的强制性,则有助于提高法律的权威。法律正是通过对违法行为的否定和制裁，来达到实现所期望的良好社会秩序的目的的。

(二)法的社会作用

法的社会作用是对于法的规范作用而言的，指法律对社会和人的行为的实际影响。主要涉及三个领域和两个方向。三个领域即社会经济生活、政治生活、思想文化生活领域;两个方向即政治作用和社会作用。

1. 政治作用——维护阶级统治

第一,确认国家制度,为政权的存在、国家机构的运行提供法律依据。法律对国家制度有着极其重要的意义,“要立国、先立法”,只有将国家制度载入法律才能使制度获得法律地位,才能使国家机构的设立和运行获得合法性依据。

第二,确认和维护政权赖以生存的经济基础。任何立法都把维护政权赖以生存的经济基础作为主要任务。法对经济基础的作用主要有对经济制度的确认、对经济关系的调整、对经济发展的促进三个方面。

第三,确认和调整统治阶级内部关系及其与同盟者的关系。法通过对共同行为准则和权利义务的规定,把统治阶级内部不同群体、不同阶层、不同成员的意志和利益的差异统一到整体意志和利益之下,同时以法律的形式确定和其同盟者的关系。

2. 社会作用——执行社会公共事务的作用

任何社会要想生存都必须对社会公共事务进行管理,社会越进步,法律对社会整体的作用就愈加显现;法律的科学化程度越高,其执行社会公共事务的作用就越明显。在这里,其主要作用就表现为:维护社会整体利益和公共秩序、规划指引社会发展、控制由经济和技术发展而带来的不良后果等。

(三)法律作用的有限性

法律作用日益强大但不意味着法律万能,这是因为:

1. 法律是以社会为基础的,因此,法律不可能超出社会发展需要“创造”或改变社会;

2. 法律是社会规范之一,必然受到其他社会规范以及社会条件和环境的制约;

3. 法律规制和调整社会关系的范围和深度是有限的,有些社会关系,如人们的情感关系、友谊关系等就不适宜用法律来调整;

4. 法律自身条件的制约，如法律不能涉及人的思想、利益冲突不能两全等。马克思就指出："对于法律来说，除了我的行为以外，我是根本不存在的，我根本不是法律的对象。我的行为就是法律在处置我时所应依据的唯一的东西，因为我的行为就是我为之要求生存权利、要求现实权利的唯一的东西，而且因此我才受到现行法的支配。"[1]

【案　例】

浙江死刑未决犯的生育权案

2001 年 5 月 29 日，供职于舟山海口港城贸易有限公司的罗峰因琐事与公司副经理王莹(女)发生争执，并将其杀死。8 月 7 日，舟山市中级人民法院以故意杀人罪判处罗峰死刑。一审宣判后，罗峰向浙江省高级人民法院提起上诉。在此期间，罗峰的妻子郑雪梨向舟山市中级人民法院提出了人工授精的请求。一审法院以没有相关的法律规定，而且舟山市没有人工授精的条件为由，拒绝了郑雪梨的请求。同年 11 月 11 日，郑雪梨向浙江省高级人民法院提出人工授精的书面申请。高级人民法院在接到申请后召开审判委员会进行讨论，认为法律对此类问题没有规定，而且这种请求也不属于法院的受案范围，遂决定对其要求不置可否，以沉默的方式予以拒绝。2002 年 1 月 18 日上午，浙江省高级人民法院的终审判决作出后，罗峰被执行死刑，他的新婚妻子郑雪梨要求留下丈夫精子的希望化为泡影。[2]

二、法的价值

(一)法的价值的基础

人的尊严是所有法律价值的基础。《世界人权宣言》在序言中就庄严宣布："人类家庭所有成员的固有尊严及其平等的和不移的权利的承认，乃是世界自由、正义与和平的基础。"温家宝总理在 2010 年提出：尊严主要指三个方面，"第一，就是每个公民在宪法和法律规定的范围内，都享有宪法和法律赋予的自由和权利。无论是什么人在法律面前，都享有平等。第二，国家的发展最终目的是满足人民群众日益增长的物质文化需求，除此以外没有其他。第三，整个社会的全面发展必须以每个人的发展为前提，因此，我们越要给人的自由和全面发展创造有利条件，让他们的聪明才智竞相迸发。"[3]因此，确立人的尊严是所有法律价值的基础。

(二)法的价值的种类

1. 自由

自由就是指在没有外在强制的情况下，能够按照自己的意志进行活动的能力。它表明主体可以根据自己的意志、目的而行动，而不是按照外界的强制或限制来行动，是不处于他人意志专断之下的状态。马克思认为自由是人的本质，他指出："自由确实是人的本质，因此

[1] 《马克思恩格斯全集》第 1 卷，121 页，北京：人民出版社，1956。

[2] 参见韩大元《中国宪法事例研究(一)》，76 页，北京：法律出版社，2005。

[3] 温家宝"我已是'公共财产'，不再属于自己"，载《广州日报》2010 年 2 月 28 日。

就连自由的反对者在反对自由的现实的同时也实现着自由……没有一个人反对自由，如果有的话，最多也只是反对别人的自由”。[1]他认为，不能自由地生活与做事就违反了人的本质，人就不再是人，而成为“不披兽皮的海狸”。马克思说：“自由不仅包括我靠什么生活，而且也包括我怎样生活，不仅包括我做自由的事，而且也包括我自由地做这些事。不然，建筑师同海狸的区别就只在于海狸是披着兽皮的建筑师，而建筑师则是不披兽皮的海狸。”[2]

自由在法律上表现为一系列的权利，意味着主体可以自主选择和实施一定的行为，同时，这种行为必须与法律规范中规定的行为模式相一致，是个人和社会的统一。就是在这个意义上，罗伯斯庇尔说：“自由是人所固有的随意表现自己一切能力的权力。它以正义为准则，以他人权利为界限，以自然为原则，以法律为保障。”[3]因而，“法律的目的不是为了废除或限制自由，而是扩大和保护自由”[4]，法必须以“自由”为最高的价值目标，通过对人的主体性的确认，为人的自由提供了前提，并通过确立自由原则、规定自由权利，将主体的自由权利化以阻止公权力的侵犯。就是从这个意义上，马克思指出“法典就是人民自由的圣经”。[5]没有自由，法律就仅仅是一种限制人们行为的强制性规则，而无法真正体现它在提升人的价值、维护人的尊严上的伟大意义。

2. 正义

正义是人类公认的价值，但人们却无法给它下一个普遍接受的定义。因为它“有着一张普洛透斯的脸，变幻无常，随时可呈不同形状并具有极不相同的面貌”。[6]考夫曼在考察了种种正义观念后提出：正义分为“平等(狭义正义)、合目的性(依其他术语为社会或共同福祉正义)以及法律安定性(法律和谐或和平)。就平等而言，涉及的是正义的形式，而合目的性是涉及正义之内容，以及就法律安定性则是涉及正义的作用”。[7]可以看出，虽然正义多元但有其不变的内容，那就是人类社会所共同具有的底线、正义最低限度的要求。这种要求主要体现在：利益与责任的分配应按人们可以理解的标准，使人们有所遵循地去争取自己的利益；正义与平等存在联系，要求按一定标准(如身份、职位、劳动)的平等或均等；裁判者最低限度的中立。[8]正是从这个意义上，乌尔比安认为“正义就是给每个人以应有权利的稳定而永恒的意志”，[9]哈特则提出，正义就是“同样情况同样对待”、“不同情况不同对待”。[10]这些原则，也就是我们通常所说的“把各人应得的东西归予各人”，就是“各得其所”。因而，正义是法的价值目标，是法的基本标准，是衡量法律优劣的尺度，法律只有合乎正义的准则时，才是真正的法律。正义也极大地推动着法律精神的进化，促进了法律地位的提高。另一方面，法律通过立法分配权利以确定正义、通过实施来贯彻正义，成为实现正义的有效手段和可靠保障。

[1]《马克思恩格斯全集》第1卷，167页，北京：人民出版社，1956。

[2]《马克思恩格斯全集》第1卷，181页，北京：人民出版社，1956。

[3]〔法〕罗伯斯庇尔《革命法制和审判》，137页，北京：商务印书馆，1979。

[4]〔英〕洛克《政府论》下，36页，北京：商务印书馆，1983。

[5]《马克思恩格斯全集》第1卷，176页，北京：人民出版社，1995年。

[6]〔美〕博登海默《法理学——法哲学及其方法》，238页，邓正来译，北京：华夏出版社，1987。

[7]〔德〕雅图·考夫曼《法律哲学》，154页，刘幸义译，台北：五南图书出版公司，2000。

[8] 参见周永坤《法理学——全球视野》，195页，北京：法律出版社，2010。

[9]〔意〕斯奇巴尼《正义和法》，39页，黄风译，北京：中国政法大学出版社，1992。

[10]〔英〕哈特《法律的概念》，157页，张文显译，北京：中国大百科全书出版社，1996。

3. 秩序

秩序就是指“在自然进程和社会进程中都存在的某种程度的一致性、连续性和确定性”。[1]从基本含义上讲，是与混乱、无序相对应的词汇。没有秩序就没有文明，就不可能有文明的发展；而法律在促成人类秩序的形成方面发挥着重要的作用，是人类用来防止无序的手段。亚里士多德就指出“夫法律者，秩序之谓也”[2]，哈耶克也说“一般性法律的目的乃在于通过确保一种秩序（也即人们认为有望在其间发现合适的合伙者并进行对双方都有利的交易的那种秩序）的方式来改进并增进所有人的机遇”[3]。可见，秩序本身的性质决定了它是法的基本价值。在一个社会中，如果没有了秩序，法的其他价值的存在就会受到威胁或缺乏必要的保障，其存在也就没有了现实意义。法律也就是通过将重要的社会秩序化为法律秩序，并建立确保使这种秩序能够得以维系和运行的强制力来实现对秩序的保证。

4. 利益

所谓利益，就是人们受客观规律制约的，为了满足生存和发展而产生的，对于一定对象的各种客观需求。它反映了人与其周围世界之间的一种积极主动的关系，从而使人与世界的关系有了目的性。就是在这个意义上，马克思指出“人们奋斗所争取的一切，都同他们的利益有关。”[4]可以说，离开了利益关系，法既无从产生，也无以存在；而法律作为人类社会的基本规范就必须确认利益、协调利益、解决出现的各种利益纷争，从而不致使人类社会在无谓的利益纷争中毁灭。

三、法的价值冲突及其解决

在一定情况下，法的各种价值之间有时会发生矛盾，从而导致价值之间的相互抵牾。这是人们不能回避的一个问题。由于立法不可能穷尽社会生活的一切形态，在个案中更可能因为特殊情形的存在而使得价值冲突难以避免，因而必须形成相关的平衡价值冲突的原则。

（一）价值位阶原则

价值位阶原则，就是指在不同位阶的法的价值发生冲突时，在先的价值优于在后的价值。一般而言，自由代表了人的最本质的人性需要，它是法的终极价值，是人的尊严的体现，而且评价正义和秩序；正义则是自由的价值外化，它成为自由之下制约其他价值的法律标准；而秩序则表现为实现自由、正义的社会状态，必须接受自由、正义标准的约束。因而，在以上价值之间发生冲突时，就必须考虑“于此涉及的一种法益较其他法益是否有明显的价值优越性”[5]，按照位阶顺序来确定优先适用哪种价值。

（二）个案平衡原则

个案平衡原则，就是指在处于同一位阶上的法的价值之间发生冲突时，必须综合考虑主体之间的特定情形、需求和利益，以使得个案的解决能够适当兼顾双方的利益。

---

[1] 〔美〕博登海默《法理学——法哲学及其方法》，207页，邓正来译，北京：华夏出版社，1987。

[2] 亚里士多德《政治学》，328页，吴寿彭译，北京：商务印书馆，1965。

[3] 〔英〕哈耶克《法律、立法与自由》第2、3卷，488页，邓正来译，北京：中国大百科全书出版社，2000。

[4] 《马克思恩格斯全集》第1卷，82页，北京：人民出版社，1956。

[5] 〔德〕拉伦兹《法学方法论》，319页，陈爱娥译，台北：五南图书出版公司，1996。

(三)比例原则

比例原则,就是指"为保护某种较为优越的法价值须侵及一种法益时,不得逾越此目的所必要的程度"[1]。换句话说,即使某种价值的实现必然会以其他价值的损害为代价,也应当使被损害的价值减低到最小限度。

第三节　法的渊源及分类

一、法的渊源

(一)法的渊源的含义

法律渊源是个多义词。法学界通常在法律的历史渊源、理论渊源、政治渊源、法律的形式渊源等方面来使用。但在通常意义上,主要是指法的"形式渊源"。

人类社会的法律渊源发展大致经历了一个从习惯法到制定法、从不成文法到成文法的过程。我国在清朝末年开始向西方法律传统转型,法律渊源也发生了根本性的变化,习惯法大大弱化,在法律体系上采用了大陆法系的宪法、行政法、刑法、民法、刑事诉讼法和民事诉讼法六法体系。

(二)法的渊源的分类

美国著名法理学家博登海默将法的渊源分为正式渊源和非正式渊源两种。正式渊源是指那些可以体现为权威性法律文件的明确文本形式,非正式渊源是指尚未被正式法律文件明确阐述和体现的,具有法律意义的资料。在我国,学者们综合了各种情况,一般都认为法的形式渊源大致可以归纳为以下几种主要类型:

1. 制定法。又称成文法,是指由国家机关依照一定程序制定颁布的,通常以条文形式表现出来的规范性文件。它的权威直接来自于制定法律的机关的权威。

2. 判例法。是指法院对案件所作判决的成例。判例法的存在与否并不在于判例汇编是否存在,也不在于是否能从前例判决中得到帮助或指导,而在于是否把前例视为规范,据此审理同类案件。因此,判例法的基本原则就是"遵循先例",也正是这一原则才使判例成为有约束力的法律。

3. 习惯法。是指经有权的国家机关以一定方式认可,被赋予法律规范效力的习惯和惯例。当社会生活中已经存在的习惯、惯例经过国家机关的认可,它们就上升为法律,具有了法律效力。在我国,这种国家认可说占主导地位;在英美国家,由于判例法的存在,社会公认说占主导地位。但在大陆法国家判例不被视为法律渊源。

4. 学说和法理。学说是指法学家对法律问题的见解或观点。在西方,学说,尤其是权威的理论始终是法律渊源,直到今天,大陆法系国家的诉讼当事人仍可请求法学教授出具法律意见并当庭宣读。法理通常指法的基本精神,"没有一个立法制度能够不用这些矫正剂或解脱术,否则法与正义之间就有可能产生不能容许的脱节。"[2]因此,现代许多国家都在制定法中作出依法理的规定,如《德意志联邦共和国基本法》第20条"行政权和司法权受法律和正

[1] 〔德〕拉伦兹《法学方法论》,320页,陈爱娥译,台北:五南图书出版公司,1996。

[2] 〔法〕勒内·达维德《当代主要法律体系》,141页,漆竹生译,上海:上海译文出版社,1984。

义的约束。”我国台湾地区民法:“民事,法律所未规定者,依习惯,无习惯者,依法理。”

(三)我国法的渊源

新中国建立以后,我国的法源较为单一,在香港和澳门回归后则形成了“一国三法”的局面,再加上台湾地区的法律,我国的法源就显得极为丰富。这里仅仅指的是我国大陆现存的制定法渊源。

1. 正式渊源

(1) 宪法。宪法是我国制定法的首要渊源。它规定一国政权运行的基本体制和基本原则,具有最高法律效力,是国家的根本法。

(2)法律。这里专指由国家最高权力机关及其常设机关,即全国人民代表大会和全国人大常委会制定并颁布的规范性文件,是我国法律体系中的核心,规定了社会生活最基本、最主要的方面,其法律效力仅次于宪法。

(3)行政法规。它是由国家最高行政机关即国务院在法定职权范围内,为实施宪法和法律而制定的有关国家行政管理的规范性文件,其效力仅次于宪法和法律,高于地方性法规。

(4)军事法规。它是国家最高军事机关——中央军事委员会制定的规范性文件,其效力只及于军队内部。

(5)地方性法规和自治条例、单行条例。前者是指省、自治区、直辖市的人大及其常委会,省、自治区、直辖市所在地的市和国务院批准的较大的市的人大及其常委会为执行法律法规,根据具体情况和实际需要,在权限内制定、发布并上报全国人大常委会和国务院备案的规范性文件。后者是指我国民族自治地方的人民代表大会制定的自治性地方法规。

(6)规章,包括部门规章和地方政府规章。前者是指国务院各部委依法在权限内发布的命令、指示、规章,在各部委业务管辖范围内生效,其效力低于地方性法规。后者是指省、自治区、直辖市政府及其所在地的市,以及国务院批准的较大的市的政府依法制定的地方性规范性文件。

(7)国际条约和国际惯例。前者是指我国作为国际法主体同外国缔结的双边、多边协议和其他具有条约、协定性质的文件。后者是指以国际法院等各种国际裁决机构的判例所体现或确认的国际法规则和国际交往中形成的共同遵守的不成文的习惯。我国现行法律确认上述为法源的仅限于在涉外法律关系中。

2. 非正式渊源

(1)政策。政策可以根据制定主体的不同分为国家政策和政党政策。西方国家一般将国家政策作为法的渊源,我国学者也认为,只有在法律没有规定时,国家政策才具法律效力。而对于党的政策而言,只有其上升为国家法律才能具有法的普遍约束力。因而,从法的形式渊源理解党的政策不是法的渊源,但从法的政治渊源看其又是法的重要渊源。

(2)道德。道德是人类在共同生活中逐渐形成的关于是非善恶的社会规范。它不是正式意义上的法的渊源,但任何一个国家的法律都不能无视它的存在和影响。

(3)习惯。习惯是民众在长时期逐渐养成的一种稳定的思维倾向和行为模式。因为它是人们在社会生活中自发养成的具有约束力的规则,一般都将其视为一种重要的法源。但在我国并未得到足够的重视。

(4)教规。宗教对人类社会影响巨大,在一些国家,教规是重要的法源。对与宗教有关的案件,优先适用相应的教规。在我国,宪法规定公民有信教的自由,但教规绝不是我国法正式的法律渊源，只有在不与法律规定相抵触的前提下宗教教规才对教众具有约束力。

【案　例】

上海钱定安遗产继承纠纷案

钱定安原是上海清凉寺的和尚，新中国成立后还俗、结婚，以设摊卖香烟为生，未生育子女。1973年其妻死亡。1981年，钱定安再次在上海玉佛寺出家当和尚。1984年9月26日，他因脑溢血死亡，其丧事由玉佛寺料理。1984年10月13日，其兄钱乙亦死亡。钱乙之子钱伯春持上海市黄浦区公证处出具的继承权公证文书从银行提取了钱定安的遗产——1500元存款。此后，又去玉佛寺要求继承钱定安的其他遗产——存款2700元、国库券100元，被玉佛寺拒绝。钱伯春因此向法院起诉，要求继承钱定安的上述遗产。玉佛寺认为：根据佛教传统教规，"凡出家的僧人，色身交于常住，性命交于龙天"，和尚从出家开始，生养死葬，皆由寺庙负责，与俗家无关，死后一切财物，统统归寺庙所有，俗家亲属无权干预。钱定安生前的一切生活费用由玉佛寺承担，死后由玉佛寺按照宗教仪式为他举行葬礼，他死后的遗物应归玉佛寺所有，钱伯春无权继承。法院判定：钱伯春有权继承钱定安的遗产，但因玉佛寺在钱定安生前为其提供生活费用，在他死后又按宗教仪式为其举行葬礼，可分得钱定安的适当遗产。[1]

二、法的分类

(一)法的分类的概念及意义

法的分类是指依据一定标准将法律分为不同的种类。它对确立法律的基本概念、建立法律理论体系、确立不同的调整原则和调整方式等方面具有重要意义。

(二)法的主要分类

根据世界各国都基本适用的一般分类标准主要有以下几种：

1. 国内法、国际法和超国家法

这是按照法的创制与适用主体及法律适用的范围的不同所作的划分。国内法是由特定国家创制并适用于该国主权管辖范围内的法，其主体一般为公民、社会组织和国家机关，国家只有在特定的法律关系中才成为主体，如国家赔偿法律关系。国际法是指在国际交往中，由不同的主权国家通过协议制定或公认的通用于国家之间的法，其主体一般是国家。超国家法是指超国家组织创制并在组织范围内适用的法律，在当今世界主要是欧盟法。

2. 根本法与普通法

这是按照法的效力、内容和制定程序的不同所作的划分。根本法指宪法，它规定了国家基本的政治制度和社会制度、公民的基本权利和义务、国家机关的设置和职权等内容，在一个国家中占据最高的法律地位。普通法是指宪法以外的其他法，它规定国家的某项制度或调整某一方面的社会关系。在制定和修改程序上，根本法比普通法更为严格。

---

[1] 中国高级法官培训中心编《疑难案例评析》，144页，北京：中国政法大学出版社，1992。

3. 一般法与特别法

这是按照法的效力范围的不同所作的划分。一般法是指在一国范围内，对一般的人和事有效的法。特别法是指特定地区、特定期间或对特定事件、特定对象有效的法，如兵役法、紧急状态法等。一般情况下，在同一领域，法律适用遵循特别法优于一般法的原则。

4. 实体法与程序法

这是按照法规定的具体内容的不同所作的划分。通说认为规定权利义务的法就是实体法，而规定权利义务得以实现的程序的法就是程序法。但在英美法系国家中，许多法律文件本身就具有实体和程序两部分内容。

5. 成文法与不成文法

这是按照法的创制和表达形式的不同所作的划分。成文法就是制定法，是指由特定国家机关制定和公布，以文字形式表现的法。不成文法主要为习惯法，是指由国家认可的未以法令形式公布的法。

第四节 法律体系

一、法律体系

(一)法律体系的概念

在国外学者眼中的法律体系就是法律总体，他们对这一问题的看法侧重法律的逻辑结构。英国法学家沃克认为法律体系有两种含义，一是指一国的法律总体，二是指一国法律的结构、法律原则、法律技术、法律传统及司法实践的总体。[1]日本学者认为法律体系是“法律规则和其原则基础组成的独特的体系”。[2]我国对法律体系的研究主要源自苏联，侧重对构成法律总体的法律部门的描述，认为法律体系是指一国的全部现行法律规范，按照一定的标准和原则，划分为不同的法律部门而形成的内部和谐一致、有机联系的整体。故也称为部门法体系。

(二)法律体系的发展

早在古罗马时期，罗马法学家就把法律分为公法和私法。公法包括政体的法和宗教的法，私法包括人法、物法和债法。这可能是人类最早的法律体系的观念。法国在大革命后首创的宪法、刑法、民法、商法、刑事诉讼、民事诉讼“六法体系”至今被人们沿用。在我国，以刑为主、诸法合体一直是古代法律形式上的特点，但法典化也表明了明确的法律整体观念。清末以后效仿西方组建法律体系，到20世纪30年代基本形成了宪法、刑法、民商法、行政法、刑事诉讼、民事诉讼新的民国的“六法体系”。

二、法律部门

(一)法律部门的概念

法律部门，又称部门法，指的是一个国家根据一定的原则和标准划分的调整本国同一类社会关系的法律规范的总称，是法律体系的组成部分。

[1] 参见《牛津法律大辞典》，545页，邓正来译，北京：光明日报出版社，1988。

[2] 〔日〕千叶正士《法律多元——从日本法律文化迈向一般理论》，173页，张世功译，北京：中国政法大学出版社，1997。

(二)划分法律部门的标准:

1. 法律的调整对象。就是按照法律所调整的社会关系进行划分,如调整财产关系、人身关系属于民法,调整行政关系的属于行政法。

2. 法律的调整方式。针对同类的社会关系,不同的法律采用不同的调整方式。如民法、刑法都调整财产关系和人身关系,对象非常广泛,但调整的方式就不相同;刑法以强制干预为主,利用刑罚方法,进行严厉处罚,而民法则以自行调节为主,主要是财产赔偿。

三、当代中国的法律体系

(一)当代中国的法律体系的特点

1949 年新中国成立后彻底废除了民国“六法体系”,开始建立一个新的法律体系,到 2010 年基本建立了具有中国特色社会主义的法律体系。这一新的法律体系在部门法的划分上基本承袭大陆法传统。

在港澳回归后,我国的法律体系有了一个鲜明的特点:一国两法三法域。即在一国前提下,在统一宪法的框架内形成了大陆、香港、澳门三个独立的法域,在这三个独立的法域内各有自己的法律体系。在大陆社会主义法律体系外,香港法律体系属英美法系性质,澳门法律体系则传承了葡萄牙的大陆法传统。

(二)当代中国法律部门

国内学者对组成我国现行法律体系的法律部门看法不尽一致。张文显认为应分为:宪法及宪法相关法、民商法、行政法、经济法、社会法、刑法、诉讼与非诉程序法七个部分。孙国华认为应分为:宪法、行政法、民法、经济法、婚姻法、劳动法、刑法、诉讼法八个部分。朱力宇认为应分为:宪法部门、行政法部门、刑法部门、民商法部门、经济法部门、环境与资源保护法部门、劳动与社会保障法部门、军事法部门、程序法部门九个部分。沈宗灵认为应分为:宪法、行政法、民法、商法、经济法、劳动法与社会保障法、环境法、刑法、诉讼程序法、军事法十个部分。在立法实践中,第九届全国人大常委会组织专题研究,认为应将我国的法律体系划分为七个门类比较科学,并以此为根据制定了第十届全国人大常委会的立法规划。这七个法律部门是:宪法及宪法相关法、行政法、民商法、经济法、社会法、刑法、诉讼与非诉讼程序法。

第五节　法律效力

一、法律效力及效力范围

(一)法律效力

法律效力的概念源自西方,意思是“法律的有效、合法、正当”。我国在一个较长的时间内将它混同于法律的适用范围,认为“法律效力指法律的生效范围”。[1]现一般都认为法律效力就是指法律对于法律主体的约束力或者拘束力。这一概念包含以下几层意思:

1. 法的效力专指现行法的效力。已失效的法律只有研究意义,未出台的法律没有资格调整社会生活,只有现行法才是人们的行为规范。

[1]《法律词典》,471 页,上海:上海辞书出版社,1980。

2. 法的效力应当包含两个方面的问题：一是法律的效力等级如何，也就是在一个国家的法律体系中，不同形式的法律的效力是否相同，如果不同，那么他们之间的效力级别如何排序。二是指法律的约束力问题。

3. 法律针对什么对象、在什么时间和空间内有效，也就是法的效力范围问题，包括对象效力、时间效力、空间效力三个方面。

（二）法的对象效力

法的对象效力是指一个国家的法律对哪些人有效，也称“法律对人的效力”。在各国的法律实践中主要有四种情况：

1. 属人主义，即法对自然人的效力以其国籍为准，法律适用于本国人，不适用于外国人。

2. 属地主义，即法对自然人的效力以地域为准，不论本国人或外国人，凡居住在本国领域内则一律适用本国法。

3. 保护主义，即以维护本国国家和公民利益为根据，不管是哪个国家的人，不管是在哪里做出的行为，只要侵害了本国的利益，就一律适用本国的法律。

4. 折中主义。也就是以属地主义为基础，以属人主义为补充，兼及保护主义。这一原则为当今世界普遍采用。

我国法律对人的效力分为两种情况：

1. 对中国公民的效力。对中国境内的中国公民一律适用中国法律，即属人主义；对境外的中国公民，按属地主义原则，其有遵守所在国法律的义务，也受中国法律保护。

2. 对外国公民和无国籍人的效力。若在中国境内，适用中国法律，如其享有外交特权和豁免权，则需通过外交途径解决；若在中国境外，则采用保护主义原则。一般地，只有按我国法律最低刑为3年以上的才予以追究。

（三）法的空间效力

法的空间效力指法律在哪些地域有效力，适用于哪些地区的问题。主要有三种情况：

1. 域内效力，即法律在本法域内有效力。按此原则，主权国家的法律在主权范围内所有领域生效，包括领土、领水、领空及延伸意义上的领土。

2. 在域内局部地区有效。即法律效力并不遍及于整个法域，而只在局部空间有效。如我国的地方性法规、规章。

3. 在域外生效，即效力及于管辖领域之外，也就是指法律的“长臂管辖权”。主要在刑法范围，我国刑法就规定“犯罪的行为或结果有一项发生在中华人民共和国领域内，就认为是在中华人民共和国领域内犯罪。”[1]

（四）法的时间效力

法的时间效力指法律何时开始生效、何时终止效力，以及法律对于其生效前的事件或者行为是否具有溯及力的问题。

1. 法律的生效时间。一般有两种情况，一是自法律公布之日起生效，一是在法律中明确规定该法的生效时间。

2. 法律的失效时间。一般有以下几种情况：

（1）新法律公布后，原有的法律即丧失效力。

---

[1]《中华人民共和国刑法》第6条。

(2)新法取代旧法,同时宣布旧法作废。

(3)法律本身规定的有效期届满。

(4)由有关机关颁发专门文件宣布废止某个法律。

(5)法律已完成其历史任务而自行失效。

3. 法的溯及力

法的溯及力也叫法律溯及既往的效力，是指法律对其生效以前的事件和行为是否适用的问题。历史上,对这个问题法律有以下几种规定：

(1)从旧原则。按照这个原则,新的法律颁布后,对其生效以前发生的事件和行为一律不适用。

(2)从新原则。按照这个原则,新的法律颁布后,对其生效以前发生的事件和行为一律适用。

(3)从轻原则。按照这个原则,在具体适用法律时要对新法与旧法的内容进行比较,从中选择对行为人更加有利的或者处罚较轻的法律加以适用。

(4)从新兼从轻原则,即新法原则上溯及既往,但旧法对行为人的处罚较轻时,则适用旧法。

(5)从旧兼从轻原则,即新法生效前发生的事件和行为原则上应适用旧法,但新法的规定对行为人更有利或处罚较轻时,则适用新法。

现在,法律不溯及既往已成为公认的法治原则。但因为它涉及新法和旧法两个法律,如果新法的规定给公民的权利更多或惩罚更轻的话，则可以适用新法，即承认新法具有溯及力。如果旧法如此则采用“从旧兼从轻”和“从旧兼有利”的原则,新法生效前的行为仍适用旧的法律。

【案　例】

四人共同盗窃受不同处罚案

1994 年 5 月 8 日,周某和同乡孙某、冉某密谋行窃。次日中午 11 时左右,此三人和另一老乡在一立交桥底碰面,周某拿着平时用的铁凿,四人骑两辆自行车窜至事主郭某家。根据分工,冉某望风,其他人合力撬门,十几分钟后,铁门和木门相继被撬开,并在主人房间找到了保险柜。他们撬开保险柜,发现竟有七八十万元现金和一块“帝舵”牌手表。下楼后,四人丢弃了自行车,乘出租车离去。事后,几人平分赃款,各得款 17 万。不久,孙某和冉某被公安机关抓获。1995 年 12 月,孙某被判处死刑,冉某被判无期徒刑,而周某则得以逃脱。2005 年 1 月 5 日,在四川广元县隐姓埋名 11 年的周某终于被警方抓获。广州市天河区人民法院依据 1997 年颁布的刑法,以盗窃罪判处周某有期徒刑 15 年,并处罚金人民币 5 万元。

原因解读:1997 年,我国新刑法颁布,其第 264 条明确规定:“盗窃公私财物,数额特别巨大或者有其他特别严重情节的,处十年以上有期徒刑或者无期徒刑,并处罚金或者没收财产;有下列情形之一的,处无期徒刑或者死刑,并处没收财产:(一)盗窃金融机构,数额特别巨大的;(二)盗窃珍贵文物,情节严重的。”这就意味着,从侵害的对象上看,只有犯罪分子盗窃金融机构并且数额特别巨大或者盗窃珍贵文物且情节严重等两种情形下方可判处死刑，侵害普通公私财物等其他对象时，犯罪分子至多判无期徒刑而不是死刑。这一规定与1979年刑法有明显区别，即对于一般盗窃犯罪而言，处刑较旧刑法偏轻。依据1997年修订的《中华人民共和国刑法》第12条关于“从旧兼从轻原则”的规定，周某虽然案发时是1994年，即旧刑法实施期间、新刑法颁布实施之前，但在量刑上则应当适用处刑较轻的1997年刑法。[1]

二、法律位阶及效力冲突解决

（一）法律位阶

法律位阶，就是一个国家法律秩序的结构依效力高低所表现出来的位置和等级。法律是按严格的逻辑组成的体系，不仅在一个平面上有序排列，而且形成了不同的层级。一个成熟的法律秩序必然存在法律位阶。一个法律只有与上位阶法协调一致才能有效，一个法律只有找到上位阶法律来源时才是合法的。凯尔森在认真研究了法律位阶以后提出了规范等级理论，认为一个国家法律秩序的结构依效力高低依次为宪法、制定法和习惯、授权立法和个别规范四个等级。[2]这就将宪法置于最高地位。

根据我国宪法和立法法的有关规定，我国法律的效力等级分为下面几个层次：

1. 宪法。它在整个法律体系中居于最高效力等级，是其他法律的最终依据。

2. 法律。这里所讲的法律仅指全国人大及其常委会制定的规范性文件，具有仅次于宪法的法律地位。

3. 行政法规。它是国务院在法定职权范围内，为实施宪法和法律而制定的有关国家行政管理的规范性文件，如果与宪法、法律相抵触，全国人大常委会有权予以撤销。

4. 地方性法规。我国宪法规定：省级人大及其常委会在不同宪法、法律、行政法规抵触的前提下，可制定地方性法规；而且规定全国人大及其常委会可以撤销与宪法、法律、行政法规相抵触的地方法规和决议。可见地方性法规的效力位于宪法、法律、行政法规之下，居于第四层级。

综上述可以看出，我国法律位阶与效力与凯尔森的表述几乎完全一致。

（二）法的效力冲突及解决

法的效力冲突是指不同形式的法律因为内容规定的不一致而带来的效力上的抵触与矛盾。因为没有一个国家的法律是完美的。在我国，由于立法主体众多、法律位阶观念淡漠，这种冲突就更多。如何解决冲突就成了一个普遍关注的问题。2000年我国颁布了《立法法》，在其中设计了如下的解决机制。

1. 立法过程中的备案和批准制度。就是下位法订立必须报上位法立法机关备案和批准，如行政法规报全国人大常委会、地方性法规报全国人大常委会和国务院等等，力求在立法的源头尽最大可能消除法律冲突现象。

2. 法律冲突的审查和处理机制。国务院、中央军委、最高人民法院、最高人民检察院、省级人大的常委会等可以向全国人大常委会书面提出对行政法规地方法规的审查要求，社会

[1] 邬科《盗巨款逃至四川卖菜，作案11年终于落网领刑15年》新华网转载自《信息时报》，2005-06-07。

[2] 参见〔奥〕凯尔森《法与国家的一般理论》，沈宗灵译，北京：中国大百科全书出版社，1996。

团体及公民可以书面提出审查建议;如审查确认相关法律文件存在问题,有关机关可以改变甚至撤销该法律文件。

3. 法律适用过程中处理法律效力冲突的基本原则和裁决机制。在发生效力冲突时,执法人员和司法人员按照上位法优于下位法、新法优于旧法、特别法优于一般法的原则处理出现的问题。

4. 最后裁决机制。法律之间对同一事项的规定不一致,不能确定如何适用时由全国人大常委会裁决;行政法之间对同一事项的规定不一致,不能确定如何适用时,由国务院裁决。

第六节　法律意识和法律行为

一、法律意识

(一)法律意识的概念和结构

意识是人类对存在的反映。法律意识就是人们关于法律的意识,它是社会意识的一种特殊形式,是指人们关于法和法律现象的心理、思想与评价的总称。

法律意识的结构可以从不同的角度和标准予以划分。如从意识主体的角度出发,划分为个人法律意识和社会法律意识,从人的认识过程的角度,法律意识可分为法律心理、法律观念和法律思想体系。这里所说的法律意识的结构是指后者,它体现了法律意识定型化、理论化的过程。

1. 法律心理是人在日常生活中形成的关于法律的感觉、情绪、习性等。它对法律的认识和评价是表面的、直观的,是人们对法律现象认识的感性阶段,是低级阶段的法律意识。

2. 法律观念是在法律心理与法律思想体系之间存在一个法律意识层次,指介于感性和理性阶段之间的、法律意识从法律心理向法律思想体系发展的过渡阶段。

3. 法律思想体系则是高级阶段的法律意识,是人们对法律现象认识的理性阶段。它表现为法律思想观点的系统化、理论化,是人对法律现象的自觉反映。

(二)法律意识的作用

法律意识具有认识、创造和践行三大作用。

法律意识的认识作用就是指认识、了解、评价法律的作用,这是一种遍及于所有人的作用。只要法律存在,它的规范作用就会显现,人们就会认识、了解和评价法,就会以原有的法律知识为前提能动地反映法律。

法律意识的创造作用是指创造、完善、改变法律体系和法律技术、法律组织机构的作用。这一作用主要是对立法者和法律研究者。一方面立法者的法律意识直接影响着法律创制活动,他们将社会需要化为法律需要,设计、选择合理的调整方式,从而实现法律的更新;另一方面,法律研究者对法律进行研究和宣示,不仅增强和提高人们的法律意识,而且当这些法理思想作用于法律时,其法律意识就实现了法律化。

法律意识的践行作用是指指导人们实践法律规范从而推动法律实现的作用。一方面,它左右公权力机关及公职人员实施法律的活动;另一方面,它也左右人的行为与法律一致性的程度。当人们选择具体行为方式时,法律意识就会参与选择过程,决定行为的取舍;当人们选择行为目标时,其法律意识也会作出法律评价,决定对目标取舍。因而,如果人们的法律意识较高,其行为的合法程度也就较高。

法律只有内化为人们普遍的法律意识,渗透于人们的心理之中,才能成为人们自觉奉行的行为准则,法律的权威才能得以确立。

(三)法律意识的培养

培养法律意识的重要手段就是法律教育。一是培养法律专门人才,提高司法水平;二是加强和提高广大干部特别是领导干部的法律意识,努力促成法律职业群体内部形成相对同质的法律意识,极大地推进法治社会的形成;三是继续推进普法教育,增强公民法律意识,树立和提高现代法治观念。

二、法律行为

(一)法律行为的概念

行为是法的核心要素,马克思指出“对于法律来说,除了我的行为以外,我是根本不存在的,我根本不是法律的对象。我的行为就是我同法律打交道的唯一领域,因为行为就是我为之要求生存权利,要求现实权利的唯一东西,而且因此我才受到现行法的支配。”[1]这里所讲的法律行为是一个高度抽象的概念,是法理意义上的概念,它具有以下几个特征:

1. 法律行为是人的一种外部活动,受社会环境和社会关系的制约,总是直接、间接地与社会发生利害关系,或表现为对社会有益,或表现为对社会有害,因此受到各种社会规范的调整,具有社会性特征。

2. 法律行为是由法律规定的行为,只有在法律规范范围内,且能产生法律后果的行为才是法律行为,具有法律性特征。

3. 法律行为受行为人意志支配,是有意识、有目的做出的行为,正如沃尔科夫所说“正是通过意志的表现,行为获得了人的行为的性质”,具有意志性。

综上述分析,法理学意义上的法律行为就可以简单表述为:法律行为是指具有法律意义,能够引起一定法律后果的社会行为。

(二)法律行为的结构

法律行为的结构就是法律行为构成的条件,主要表现为内在和外在两个方面。

1. 法律行为的内在方面就是指行为产生的内在的、主观的要素,包括行为意志和认知能力

行为意志是指人们基于需要、受动机支配、为达到目的而实施行为的心理状态。心理学研究告诉我们:需要引起动机、动机产生行为、行为趋向目的、目的实现满足、满足又会产生新的需要。可见,没有行为意志就不可能有行为,行为意志就是人的行为的原动力。就是因为这个原因,在法律上才有了故意、过失等规定。

认知能力是行为人对自己行为的法律意义和法律后果的认识。如果一个人没有能力认识和判断行为的意义和后果,他的行为就不具法律意义。也正是因为这个原因,在法律上才有了民事行为能力的概念。

2. 法律行为的外在方面就是行为的客观表现,包括行动、手段、结果等要素

行动即举动,就是人通过身体或言语或意思表现作用于外在的活动。这是构成法律行

---

[1]《马克思恩格斯全集》第1卷,16页,北京:人民出版社,1956。

为最基本的要素,没有行动的法律行为是不可能存在的。刑法中"无行为即无犯罪"说的就是这个意思。

手段就是行为人为实现目的而采取的具体方式和方法,既包括行动的计划、措施、程序等,也包括行动所使用的物和工具。它是目的实现的基本条件,因而在法律上成为考察行为目的、判断行为法律性质的标准,是决定行为是否成立、行为人是否担责、担怎样的责任的依据。

结果就是指行为的完成状态。判断法律行为的结果主要看行为所造成的社会影响和对该结果的法律评价。行为造成的社会影响是指行为与社会发生的直接的、间接的利害关系,或表现为对社会有益,或表现为对社会有害。因而,行为就要受规范的制约,就具有法律意义,法律也就据此来确定行为的法律性质和类别,从而作出肯定或否定的评价。

【案　例】

马加爵故意杀人案

马加爵是云南大学生命科学学院生物技术专业学生。2004 年 2 月,马加爵在云南大学鼎鑫学生公寓与其同学唐学李、杨开红等在打牌过程中发生冲突,于是产生了杀人念头。2004 年 2 月 13 日至 15 日,马加爵采取"用铁锤打击头部致颅脑损伤死亡"的同一犯罪手段,将唐学李等 4 人逐一杀害,并将尸体藏匿于宿舍衣柜内。自己乘坐昆明至广州的火车逃离昆明。3 月 15 日晚,马加爵在海南省三亚市被抓获归案。4 月 24 日,昆明市中级人民法院一审判处马加爵死刑,剥夺政治权利终身。6 月 17 日,云南省高级人民法院裁定核准昆明市中级人民法院以故意杀人罪判处马加爵死刑,剥夺政治权利终身的刑事判决。马加爵被押赴刑场执行死刑。[1]

在此案中,从马加爵杀人行为的内在方面看,动机就是因打牌过程中同学说他作弊,觉得他们看不起自己;目的就是杀人以泄愤。且作为一名 22 岁的大学生,一个有健全意志的成年人,他也完全具备对自己行为的认知能力,因而拒绝了律师提出的作无罪辩护的建议,认识到"抓到就是死刑",可见他完全知道自己行为的性质和后果。从外在方面看,他购买杀人工具,等待杀人时机,实施"用铁锤打击头部致颅脑损伤死亡"的犯罪手段,在三天时间内连杀四人,造成了极其严重的后果,受到了法律的严惩。

(三)法律行为的基本分类

1. 合法行为和违法行为

根据行为与法律的要求是否一致划分。前者指行为人实施的符合法律规范要求的行为;后者指违反法律规范的要求、应受惩罚的行为。

2. 积极法律行为和消极法律行为

根据行为人的具体行为方式是积极的作为还是消极的不作为而作出的划分。前者就是行为人以积极的、直接对客体发生作用的方式进行的活动,表现为一定的动作或者动作系

[1] 参见《马加爵案件》,http://www.zgxl.net/xlzl/fzxl/mousha/mjj.htm。

列,能够引起客体内容或性质的变化;后者是行为人以消极的、抑制的形式表现的具有法律意义的行为,表现为不作出一定的动作,保持客体不变或者容许、不阻止客体发生变化。

3. 抽象行为和具体行为

根据法律行为的效力对象和生效范围而作出的划分。前者是指针对不特定对象而作出的、具有普遍法律效力的行为,如国家立法行为、制定行政规范性文件等;后者是指针对特定对象作出的、仅有一次性法律效力的行为,如国家行政机关针对具体的人或事作出的命令、征收、强制、处罚等。

4. 个人行为、集体行为和国家行为

根据法律行为的主体而作的划分。个人行为是由自然人从事的具有法律意义的行为。集体行为是机关、组织或团体所从事的具有法律意义的行为。国家行为是国家作为一个整体,或由其代表机关(国家机关)依自己的名义所从事的具有法律意义的行为。

第七节 法律关系

一、法律关系的概念

(一)法律关系释义

"法律关系"一词源出罗马法,最初仅指债权债务关系。在19世纪,德国法学家萨维尼把它作为一个专门概念进行了阐述,认为法律关系就是"法律规定的人与人的关系"。[1]1949年以前,我国学界主要通过日本学习德国法,对这一概念的认识就直接来自德国。新中国建立后接受了苏联法对法律关系的认识,将其定义为:法律关系是在法律规范调整人们行为中形成的社会关系,即人们之间的权利和义务关系。

(二)法律关系的特征

1. 法律关系是根据法律规范建立起来的人与人之间的一种社会关系,具有合法性。在这里,"人"是法律关系的主体,不仅指自然人,也包括拟制的人,但绝不包括想象中的主体(如上帝),是具有法律人格的主体。

2. 法律关系是受法律约束的社会关系,具有国家意志性。在人类社会,法律关系的主体、法律关系的内容、法律关系的存续等都由法律规范予以规定,而法律规范又体现了国家意志,只有个人意志符合国家意志时,其行为才受国家保护。

3. 法律关系是以权利和义务关系为内容的社会关系,具有现实性。主体的权利和义务是法律关系的核心内容。在法律规范中主体的权利和义务是抽象的,是针对所有人的;而在法律关系中,主体的权利和义务则是特定的、具体的,只要主体的行为合乎法律规范的要求便可实现。可见权利和义务在法律规范层面上只是一种可能性,而在法律关系层面上则是现实的,表现出现实性特征。

二、法律关系主体

(一)法律关系主体的概念及分类

所谓法律关系的主体,就是指法律关系的参加者,即在法律关系中一定权利的享有者和

[1] 何勤华《西方法学史》,248页,北京:中国政法大学出版社,1996。

一定义务的承担者,通常称为权利主体和义务主体。一般地,法律关系主体可分为自然人和拟制人两大类。

1. 自然人。在一般意义上,自然人就是指在自然状态下有生命的人,但在法律意义上则强调法律人格。这是因为在人类历史上相当长的时期内一些人虽然有生命却没有被赋予法律人格,因而就不能成为法律关系的主体,如奴隶。现在,具备法律关系主体资格即具备法律人格已成为《公民权利和政治权利国际公约》规定和保障的基本人权。

2. 拟制人。拟制人就是指在法律上被认为具有法律人格,能够享受权利并承担义务的除自然人以外的任何实体,可分为法人和非法人团体两大类。法人是指具有独立人格、以自己的名义为法律行为并且承担法律后果的社会组织,它不仅仅参加民事法律关系,还参加行政法律关系,还可成为犯罪主体。从法律意义上说,国家是特殊法人,作为国际法人享有国际法上的各种权利同时承担国际义务和责任;作为国内法上的法人,以国库形式存在,享有发行国债(公债)的权利并承担相应义务。非法人团体是指不具法人资格但享有权利、承担义务的团体,如合伙、个体经营等。

(二)法律关系主体的权利能力和行为能力

法律关系主体的能力分为权利能力和行为能力。

1. 权利能力,也称法律人格,是指作为法律上的人的资格,即能够参与一定的法律关系,行使权利和承担义务的法律资格。对于自然人来说,这种能力始于出生、终于死亡,并向前、向后延伸。向前延伸即保护胎儿利益,我国继承法中就有关于胎儿继承特留份的规定。[1]现在,对胎儿赋予主体资格、承认胎儿具有权利能力,已为越来越多的国家所接受。向后延伸就是对死者利益的保护,但主要是对死者的人格利益的保护。对于法人来说,这种能力始于法人成立、终于法人终止,其能力的大小及范围取决于法人成立的目的、宗旨和业务范围。

2. 行为能力,是指法律关系主体能够通过自己的行为实际享有权利和履行义务的能力。对于自然人来说,法律根据其年龄和智力状况划分为完全行为能力、限制行为能力和无行为能力三种情况。对于法人来说,其行为能力与权利能力则是一致的,均取决于法人成立的目的与任务。

三、法律关系客体

法律关系客体就是指法律关系主体之间权利和义务所指向的对象,也称权利客体或权益客体。对其种类的划分,通常为三要素说,即物、精神财富和行为。1997年,张文显教授提出应将人身利益视为法律关系的客体,这是极有见地的观点和看法。在此我们主张在传统三要素上增加"人身利益"这一要素,也就是法律关系的客体应为物、精神财富、行为和人身利益四个要素,即四要素说。

物,是指能满足人们需要,具有一定稀缺性,并能为人们现实支配和控制的各种物质资源。现在,随着医学的发展,使得人体的组织和器官也成了一种特殊的、可以成为法律关系客体的物。

精神财富,也称非物质财富或精神产品,指人运用脑力劳动所取得的智力成果。如科学发明、技术成果和文艺作品等。

---

[1] 见《继承法》28条:"遗产分割时,应当保留胎儿的继承份额。"

行为，包括作为和不作为，也就是主体积极的行为和消极的不行为两种情况。

人身利益，这是一种无财富价值的利益，如人的言论自由、精神利益、隐私保护、通讯秘密等，随着社会的进步，其重要性日益提高，成为不可忽视的法律关系客体。2011年发生在法国的默多克新闻帝国“窃听门”事件，就是一个很好的注解。

四、法律关系的产生、变更和消灭与法律事实

法律关系的产生是指主体间形成法律上的权利义务关系；法律关系的变更是指由于一定事实的存在使原有的法律关系主体、客体及权利、义务发生变化；法律关系的消灭是指主体间权利义务关系的终止。能引起这些情况的事实就是法律事实，它是推动法律关系产生、变更、消灭的直接条件。

所谓法律事实就是在社会生活中能实际发生的，并且为法律所规定，能够引起法律关系的产生、变更、消灭的客观情况或现象。以法律事实与主观意志的关系标准可将其分为法律事件和法律行为。法律事件是指法律规则所规定的，不以人的主观意志为转移，并且能够引起一定法律关系产生、变更和消灭的事实或现象。法律行为则是能够引起法律关系产生变更消灭的人的有意识的活动。以法律事实存在形态为标准可将其分为确认式法律事实和排除式法律事实。确认式法律事实指只有当该事实得到确认之后，才能引起一定法律后果的法律事实，也称肯定的法律事实。排除式法律事实指只有该事实被排除后，才能引起一定法律后果的法律事实，也称为否定的法律事实。

第八节　权利、义务和责任

一、权利和人权

（一）权利的概念和特点

权利就是指法律所允许的，权利人为了满足自己的正当利益而采取的并为他人法律义务所保证的行为自由。它有法定性、求利性、限度性的特点。任何权利均由三个基本要素组成，即利益、权能和自由行为。利益是权利的价值所在，是法律永恒的主题；权能是主体行使权力的资格和能力；自由行为是主体依法自主选择的行为，它是权利的核心。

（二）权利滥用及后果

权利人在行使权利、实现权利的过程中就会产生权利滥用问题。所谓的权利滥用指权利人在权利行使过程超越权利界限损害他人的行为。

权利滥用违反了权力规范、破坏了法律秩序，必然造成一定的法律后果。一是滥用的权利归于消灭，二是对造成的损害引起法律责任。所以人们在行使权利之前必须设想自己的利益、与自己对应的义务人的利益、权利人和义务人以外的第三方的即社会的利益。只有这三种利益互不冲突、和谐一致，权利才能得到真正的实现。

（三）人权

人权，简单地讲就是作为人的权利，是以人的存在为根基的权利，是指人为了自身自由的生存、活动、发展，而必须平等具有的基本权利。在现代社会，一般认为人权的内容有三大类：一是作为自然人的权利，即人生权、财产权；二是作为政治人的权利，即政治自由和政治权利；三是作为社会人的权利，即经济文化社会权利。根据人权的存在形态一般把它分为道

德人权、法律人权和现实人权。道德人权也称应有人权，是指人作为人所应该享有的权利，这是人权的本源。法律人权也称法定人权，是指法律所确认和保护的人权，是应有人权的法律化。现实人权也称实有人权，是指主体实际享有的人权。

随着社会的进步，人类认识到不应把他人作为实现自己目的的工具，更不应把他人作为掠夺、征服的客体，而是应相互尊重，互尽义务，保障对方作为人的存在。这就是人权观念。

二、义务

（一）义务及其构成

义务是与权利对应的概念，是指义务人以满足权利人的利益所必须为一定行为或不行为。它来自法律的规定，必须为或不为一定行为，是保障权利的手段，表现出法定性、强制性、从属性等特点。

从法律上讲，义务有三个部分构成，也就是必须作为、必须不作为及因不履行而产生的否定性法律后果。必须作为的义务是指义务主体必须采取一定的积极行动来履行的义务。必须不作为的义务是指义务主体不做任何可能侵犯权利主体行为自由和合法利益之事的义务。因不履行而产生的否定性法律后果是指义务主体不履行或未正确履行法定义务所应承担的法律上的责任。

（二）义务履行的限度

义务的履行虽具强制性特点，但也受主体资格利益界限等方面的限制，具体表现在：

1. 实际履行义务的主体资格的限制，即义务主体的资格是其履行义务的前提条件，如果义务主体不具履行义务的行为能力，权利主体就不得强迫其履行相应义务。

2. 时间的界限，即义务的履行有一定的时间界限，如果超过了一定时效或时间界限，义务就不复存在。

3. 利益的界限，即义务和权利是相对的，权利人不可能无限制地享有利益。

【案　例】

李伟与女儿的教育费纠纷案

李伟与妻子孙某于1990年离婚。女儿李艳梅由母亲抚养。初中毕业后，李艳梅考上了沈阳铁路卫生学校，因学费而放弃就读。在母亲的鼓励下，她进入高中继续学习，父亲李伟也答应供她读大学。1999年，22岁的李艳梅考入大学。已再婚的父亲给其2300元钱后，就不再提供学费。李艳梅向法院起诉，要求李伟支付自己上大学期间的教育生活费用共计30000元。李伟辩称：1998年，自己经营的小吃铺由于生意不好被兑卖；自己再婚后又生一子，靠出租唯一的房产来维持生计。因此无力支付女儿李艳梅的学费。1999年12月10日，法院判决李伟给付原告李艳梅教育费15000元。并在2000年9月12日，强制执行将李伟所有的砖木结构房屋77平方米及地下室77平方米作价21500元出售，用其所得执行了判决。几年来，李伟携子上访、申诉，身无分文，经常露宿街头。[1]

---

[1] 参见《李伟与女儿李艳梅教育费纠纷案》，载 http://www.hl.jcy.gov.cn/detail.cfm?newsid=2087479121。

就此案来看，李伟承担给付女儿学费的法律义务，不论是基于法定还是约定，前提是有能力，而李伟的实际情况表明他已不具履行义务的行为能力，因而法院的裁决是不恰当的。

(三)权利与义务的关系

1. 权利与义务的一致性关系。在任何一种法律关系中，权利人权利的实现就意味着义务人履行义务，权利和义务所表现出的是同一行为，对主体双方而言，一方是权利，另一方就是义务。

2. 权利与义务的相关性关系。可以概述为：结构上的相关关系、数量上的等值关系、功能上的互补关系。

结构上的相关关系，指权利和义务是法这一事物中两个分离的因素，互相排斥。但同时，它们又是相互依存、相互贯通，失去一方另一方就不可能存在。也就是在这个意义上人们才说：没有无权利的义务，也没有无义务的权利。

数量上的等值关系，是指一个社会的权利总量和义务总量是相等的。在一个社会里，无论权利和义务怎样分配，在数量关系上，它们总是等额的，在具体的法律关系中，它们是对等的。

功能上的互补关系，是指法律权利和法律义务的功能是彼此独立而又互相补充的。权利实现是通过义务履行来保证的，权利的社会作用离不开义务功能的发挥，而义务功能则通过权利的实现来体现。

三、法律责任

(一)法律责任概念及要素

法律责任是以强制为后盾的特殊社会责任，是指行为人违反义务或不正当行使权利、权力，而依法承担的具有强制性的不利后果。法律责任主要有制裁、补救和强制三个要素。制裁就是国家用强力手段对责任人的人身、精神所施的痛苦、限制或利益的剥夺，如对人身的制裁、身份的褫夺、财产的处罚、能力的限制等。补救就是制止对法律关系的侵害并使失衡的法律关系得以恢复，如排除妨碍、消除危险、返还权益等。强制就是国家使用强力强迫责任人履行义务，使受阻的法律关系得以恢复运转，如强制划拨、强制变卖拍卖、强制治疗、拘传等。

(二)法律责任的构成

法律责任的构成是指认定法律责任时所必须考虑的基本条件。主要有责任主体、行为、损害结果、因果关系、主观过错等五个方面。

1. 责任主体。责任主体就是指违反义务或不正当行使权利、权力，而依法承担具有强制性的不利后果的人。包括自然人和拟制人。

2. 行为。行为是指由人的意志控制，或积极为禁止的活动，或消极不为应为之活动，也就是通常所说的作为或不作为。

3. 损害结果。损害结果是指行为人的行为侵害他人或社会权力和利益所造成的损失和伤害，包括实际损害、丧失所得利益及预期可得利益。

4. 因果关系。因果关系是指行为人的行为与损害结果的必然联系。法律只考虑事实上的联系，不考虑想象中的联系。

5. 主观过错。主观过错是指行为人实施行为时所抱有的错误的心理状态，包括故意和过失两类。前者是明知行为后果，希望或放任这种后果发生的心理状态。后者是指应当对行为后果能够预见，却因疏忽大意没有预见，或自信能够避免而致结果发生的心理状态。

(三)法律责任的归责与承担

1. 法律责任的归责

法律责任的归责是指损害事实发生后确认责任的归属和责任的范围的活动。归责是责任判断和责任归结的过程，是由具有法定归责权的国家机关，如司法机关、行政机关，进行认定和归结的。仲裁机构、调解组织等社会组织根据国家机关的授权或委托，也可以认定和归结法律责任。

解决法律责任的归属，主要有过错责任原则、无过错责任原则和公平责任原则。过错责任原则是以行为人的过错作为承担责任的根据，无过错则无责任。无过错责任原则是在某些情况下不考虑主体双方行为是否有过错，只要存有因果关系就承担责任。公平责任原则是主体双方对造成的损害都没有过错，由双方分担责任，是对前面两个原则的补充。

2. 法律责任的承担

承担法律责任的实际后果就是法律制裁，即接受国家司法机关和专门机构对违法者应承担的法律责任而采取的惩罚措施。主要有刑事制裁、民事制裁、行政制裁、违宪制裁等。

(四)法律责任的合理性

法律责任的有效是以社会认可为前提的，因此，任何社会都必须考量法律责任的合理性。主要包括目的、内容、负担和程序四个方面。

目的合理，一是指所维护利益的正当性；二是指所维护的价值的正当性，如平等、人权、与自然的和谐等。内容合理就是指处罚内容合理，不得承担报复性责任。在人类社会，法律现代化的重要成果之一就是废除了不人道的酷刑。负担合理就是指责任与行为成比例，不得规定非理性的、不必要的惩罚。程序合理就是指要遵循法律规定的正当程序，不能简单武断。

(五)法律责任的实现

法律责任的实现就是责任人在法律上必为状态的消除。主要有实际兑现和免除两种情况。实际兑现是指通过国家强制实现或责任主体主动履行实现，也称被动兑现和主动兑现。法律责任的免除是指责任人并没有实际承受责任，而是由于责任主体的死亡、权利人不诉或撤诉、时效届满、责任人自首或立功或主动补救、人道主义事由等原因予以免除责任。

第三章　法的起源和发展

第一节　法的起源

一、关于法的起源的理论和学说

（一）一般理论和学说

法的起源就是法的起始和发源。从古到今，许多思想家、法学家都对这一问题进行了探讨，提出了各种理论和学说，主要有神创说、暴力说、契约说、精神发展说和合理管理说等。如果对这些理论和学说作一分析，人们就不难发现在法的起源问题上不外有两种观点：一是认为法律是从来就有的，是先于人类社会存在的。这种观点和认识不仅为无神论者所不取，在现代社会也为大部分人所抛弃，因为这是一个反逻辑的判断，作为人类活动产物的法怎有可能产生在人类之先？二是认为法律是人类社会发展的产物，与人类社会共始终。只是对其因何而生有不同的见解，或认为是暴力、或认为是契约、或认为是合理管理。这种理论和观点早已成为人认识法的起源问题的基本看法。分歧仅仅在于法产生的时限，或认为原始社会就有法，或认为原始社会末期有了原始法律的存在，或认为有了国家才有了法。

（二）马克思主义对法的起源的观点和看法

马克思主义认为，法律不是从来就有的，是随着私有制、阶级和国家的出现而逐步产生的，经历了一个长期的渐进的过程。在原始社会，社会组织是按血缘关系为基础自然形成的联盟，不存在专门管理社会的特殊权力机构，人们之间的关系主要是通过道德规范、宗教规范、特别是习惯来调整的。法就是在原始社会的风俗习惯的基础上，随着社会生产力发展和人们之间关系的变化而产生的。

二、法产生的根源和标志

（一）法产生的根源

1. 私有制和商品经济的产生是法产生的经济根源

在原始社会后期，随着劳动生产率的提高、劳动产品的交换，促进了生产资料私有制的形成和发展，促进了财富向少数人的积累，还出现了奴隶主阶级和奴隶两个对抗性的社会利益集团。在经济上占统治地位的奴隶主阶级为了维护自己赖以生存的经济条件，也为了避免社会各集团毫无限制的冲突和争夺，就必须制定或认可一些特殊的并依靠强制力保证实施的行为规则以维持社会秩序，保护奴隶制经济的发展。所以说，私有制和商品经济的产生是法产生的经济根源。

2. 阶级的产生是法产生的阶级根源

随着公社制度的解体，私有制和阶级开始产生，战俘被作为奴隶保留下来，奴隶制开始萌芽。而且，随着个体劳动日益普遍，家庭私有制和子女继承制产生，社会逐渐分裂为奴隶主与奴隶、贵族与平民、剥削者与被剥削者。在这种情况下，原来的习惯已不能调整各种矛盾和关系了，这就需要有凌驾于社会之上的力量来调整新的社会关系，需要一种特殊公共权力来确定和维护社会成员的权利和义务，于是法就应运而生了。所以说，阶级的产生是法产生的阶级根源。

3. 社会的发展与进步就是法产生的社会根源

社会的发展和进步，需要新的社会组织和规范来解决矛盾和冲突，以维持社会的秩序。国家和法这一新的社会组织和社会规范的出现就适应了这种社会结构和社会需要。所以说，社会的发展与进步就是法产生的社会根源。

(二)法产生的标志

“法律是人类社会发展的产物”，这种认识已成为认识法的起源问题的基本看法。但对于法律产生的标志是什么，学界有不同的看法。戈尔丁认为法律产生的标志是：有没有一个解决争端、实施裁决的机关？有没有通行的裁决程序？[1]霍贝尔认为标志是：有解决纠纷的“法庭”的存在，判决的强制执行，决定与判决前后一致而不是主观任意的。[2]穗积陈重认为：国家出现是法律产生的标志，人类生活进入国家体制，规范就取得了法性。[3]

综合上述认识，我们认为法律产生有三大标志：

1. 特殊公共权力系统即国家的产生。国家的产生彻底改变了社会规范的特征，它由人的内心信念、行为惯性以及首领威信来保证实施的规范，演变为靠特殊公共权力系统的制定、认可、以强制力保证实现的特殊社会规范，适用的范围也由氏族内部扩大到国家权力所及的地域。

2. 权利和义务观念的形成和强化。原始社会末期社会成员之间形成了权利和义务观念、权利和义务的分离。在财产归属上有了“我的”、“你的”之类的区别；在权利和义务的分配上产生了特权，出现了不平等现象；在享有权利履行义务上出现了明显的差别。这种观念促成了法的产生，而法的产生又极大地强化了这种观念。

3. 法律诉讼和司法的出现。法产生后，社会成员之间的冲突，尤其是严重冲突，不再自行解决，由此出现了司法活动和不断专门化的司法机关。法律诉讼和司法的出现，标志着公力救济代替了私力救济，文明诉讼取代了暴力复仇，使得人们之间发生的争端可以通过非暴力方式解决，从而使社会的发展建立在理性的基础之上。

三、法律产生的一般规律

恩格斯在《家庭、私有制和国家的起源》一书中研究了法的起源的三种典型形式，即在社会内部阶级对立中形成的雅典式、以习惯法为基础而共同制定成文法的罗马式、将各自部落习惯借助于罗马法的术语来编纂法典的德意志式。这就表明了法的起源具有多样性。而对多样性的考察也表明了法律产生的一般规律。

1. 法的产生经历了从个别调整到规范性调整、一般规范性调整到法的调整的发展过程。也就是由针对具体人、具体行为所进行的只适用一次的调整，发展为统一的、反复适用的规范性调整；并将法的调整从一般的规范性调整中分离出来，成为社会关系的主要调整方式。其主体就是政治社会中最具权威的组织——国家。

[1] 〔美〕戈尔丁《法律哲学》，16页，齐海滨译，上海：三联书店，1987。

[2] 〔美〕霍贝尔《原始人的法》，21页，严存生译，贵阳：贵州人民出版社，1992。

[3] 〔日〕穗积陈重《法律进化论》，282页，黄尊三译，北京：中国政法大学出版社，1998。

2. 法的产生经历了从习惯到习惯法、再由习惯法到制定法的发展过程。随着私有制和国家的形成，统治阶级有选择地利用原有的习惯，由国家加以确认，使之成为对本阶级有利的社会规范，而赋予法的效力，从而形成了最早的习惯法。随着社会的发展，国家机关根据一定的程序把这些规范以明确的文字形式表现出来，就产生了制定法。最早的制定法，就是习惯法的整理和记载。从此以后制定法成为法的主要渊源。

3. 法的产生经历了与宗教规范、道德规范的浑然一体到相对独立的发展过程。在国家产生之初法与宗教规范、道德规范相互渗透、浑然一体，没有明显的界线。随着社会的进步、法日益成熟并与道德、宗教规范开始分化，在调整方式、手段、范围等方面相对独立、自成一体，成为社会关系的主要调整方式。

第二节　法的发展及法的历史类型

一、关于法的发展的认识和看法

法作为特殊的社会现象是随着社会的发展而发展的，法的发展阶段就是法律发展的不同时期和不同段落。对于此，法学家根据不同的标准进行划分，萨维尼认为法的发展分为习惯法、学术法、法典法三个阶段；庞德认为法的发展经历了原始法、严格法、衡平法、成文法、社会化法五个阶段；维诺格拉多夫认为法的发展分为图腾社会萌芽、原始法、城邦法、中世纪法、个人主义法、社会化法六个阶段；霍贝尔认为只有原始法、古代法和现代法三个阶段。这些观点和看法，对人们认识法的发展有非常重大的意义，但也存在着不足和缺陷，那就是都以法的内容和渊源为标准进行划分，忽略了法所反映的经济基础和阶级本质。

二、对法的历史类型的认识和看法

法的历史类型是马克思主义法学将人类历史上存在的法及现实中的法，根据其经济基础的性质和阶级本质所作的划分。马克思主义法学认为，与人类进入阶级社会后的社会形态的划分相一致，人类社会存在四种历史类型的法，即奴隶制法、封建制法、资本主义法和社会主义法。

奴隶制法，即奴隶社会的法。其代表为古巴比伦的《汉谟拉比法典》，古印度的《摩奴法典》和古罗马的《十二铜表法》。主要特点是：维护奴隶主对奴隶和生产资料的占有，如杀伤他人奴隶只负赔偿责任，若盗藏他人奴隶或助其逃跑则可判死刑；确认自由民内部的不平等，如“贵族犯罪不躬坐狱讼”、平民不得担任公职、禁止贵族与平民通婚等；刑罚残酷野蛮，如炮烙之刑；成文法与原始习惯并存。

封建制法，即封建社会的法。其代表为我国唐朝的《唐律》、法兰克《萨利克法典》。主要特点是：维护封建私有制，如土地归马克所有，不得买卖转让（《萨利克法典》）；确认等级制度，如荫袭制度和以官职爵位折抵罪行的官当制度；刑罚残酷，但出现了一些原则，如自首减轻、诬告反坐，录囚及死刑复审等。

资本主义法即资本主义社会的法。其代表为《法国民法典》和《德国民法典》。主要特点是：公开宣布私有财产神圣不可侵犯；维护契约自由；确认民主原则和人人平等观念；形成了法律体系。

当代中国的法律属于社会主义类型的法律。

三、法的发展特点

综上我们对法的发展的不同观点和看法的介绍与分析，可以看出马克思主义法学观和非马克思主义的法学观对于法的发展是一个不断进步的过程的认知是一致的。总体上认识，法的发展呈现出：由低级向高级发展、由野蛮向文明发展、由简单向复杂发展、由粗陋向完善发展、由封闭向开放发展、由进化向主动建构发展的特点。

第三节 法系

一、法系的概念及划分

（一）法系的概念

法系是指有源流关系的法所组成的体系，它是根据法的历史传统和外部特征的不同，对法所作的分类。“法系并不是一个国家的法律的总称，是指同一类法律的总称，此其一；这些国家或地区的法律之所以构成同一类，是因为从某种标准来说，它们具有一种共性或共同的传统，此其二。”[1]据此分类标准，凡属于同一传统的法律就构成一个法系。因而，所谓法系就是由若干国家和特定地区具有某种共性或共同传统的法律体系的总称。

（二）法系的划分

由于法学家对法律文化和法律传统的理解不同，法系的划分就不同。日本学者穗积陈重以民族差异及法的相互关系划分为印度法、中国法、伊斯兰法、英国法、罗马法、斯拉夫法、日耳曼法七大法系。法国学者埃斯曼以种族语言为标准划分为罗马法、日耳曼法、盎格鲁撒克逊法、南斯拉夫法、伊斯兰法五大法系。德国学者茨威格特以法律制度的历史背景、思想方法和意识形态为标准划分为罗马法、日耳曼法、北欧法、普通法、社会主义法、伊斯兰法、远东法、印度法八大法系。法国学者达维德以意识形态标准和法律技术标准划分为大陆法、普通法、社会主义法、其他法四大法系。我国学者公丕祥则从法律文明角度划分，认为应分为东方法律文明的中华法系、印度法系和伊斯兰法系，西方法律文明的大陆法系和英美法系，这是公认的五大法系。

二、大陆法系和英美法系

（一）大陆法系和英美法系基本情况

大陆法系，也称民法法系、法典法系、罗马法系。是指承袭古罗马法的传统，仿照《法国民法典》和《德国民法典》的样式而建立起来的各国法律制度的总称，有法国法系和德国法系两大分支。随着欧洲国家殖民和文化的扩张，这一法系扩展到了很多国家和地区。如非洲有埃塞俄比亚、南非、津巴布韦等；在亚洲有日本、泰国、土耳其等；还有加拿大的魁北克省，美国的路易斯安那州等。我国当代的法律就此而言亦属大陆法系。

英美法系，也称普通法法系、英国法系、判例法系。是指以英国中世纪的法律、特别是以普通法为基础和传统产生与发展起来的法律的总称，有英国支系与美国支系两大分支。这一法系的范围，除了英国（苏格兰除外）、美国以外，主要是曾为英美的殖民地和附属国的许

---

[1] 沈宗灵《比较法研究》，53页，北京：北京大学出版社，2002。

多国家和地区,如加拿大、印度、新加坡、澳大利亚、巴基斯坦、新西兰等。

(二)大陆法系和英美法系的区别

1. 法律渊源不同。大陆法系是成文法,法的正式渊源只是制定法,不包括司法判例。而英美法系是判例法,法的正式渊源就包括制定法和判例,且由判例所构成的判例法在整个法律体系中占有重要地位。

2. 法律结构不同。大陆法用法典的形式对某一法律部门所包含的规范作系统的规定,法典构成了法律体系结构的主干。英美法则很少制定法典,一般用单行法形式对某一类问题作专门规定。

3. 法官的权限不同。大陆法强调法官只能援用成文法中的规定来审判案件,只能适用法律而不能创造法律。英美法法官则享有较大权限,既可援用成文法,也可援用已有判例,还可创造新的判例。

4. 诉讼程序不同。大陆法的诉讼程序以法官为中心,突出法官职能,属于纠问制诉讼。英美法则以原被告和辩护人及代理人为中心,采用抗辩式诉讼程序,法官只是争论双方的"仲裁人",负责作出法律上的具体结论,事实结论和基本结论由陪审团作出。

在当代,大陆法国家也开始注重判例的作用,英美法国家也日益关注法典化,两大法系有不断融合的趋势。

第四节 法制与法治

一、法制和法治的概念

法制(legal system),从字面看就是法律制度。苏联学者阿列克谢耶夫认为法制不仅包括法,还包括法律实践和法律意识。美国学者梅里曼认为法制不仅包括法,还包括法律外延、法律内涵、法律文化、法律过程等因素。我国学者认为法制是一国或一地区法律上层建筑的系统。可见,中外学者对这一概念的把握是基本一致的。因而,可以将法制作这样的表述:法制是一国或一地区法律上层建筑的系统,法制不仅包括一国和一地区的静态的法律制度,还包括立法、守法、执法、司法和法律监督各个动态的环节。

法治(rule of law)从字面看意为法律的统治。亚里士多德认为:"法治应包含两重含义:已成立的法律获得普遍的服从,而大家所服从的法律又应该本身是制订得良好的法律。"[1]从此之后,普遍的守法和良好的法律就成为人们对法治最通常的认识和理解。1959 年《德里宣言》将法治归结为三个方面:立法机关的职能在于创设和维护使人保持尊严的条件;制止行政权滥用,且使政府有效维护法律秩序;司法独立。20 世纪 70 年代以来,西方法学家将程序公正纳入法治范畴。综上述,法治就可以表述为:法治是指以良好法律作为主要控制手段的治国方略或社会调控方式。

二、法治的原则

(一)法律至上

法律至上也就是法律具有最高权威。它包括法律内部秩序与外部权威两个方面。前者

[1] 亚里士多德《政治学》,199 页,吴寿彭译,北京:商务印书馆,1965。

是指维护法律位阶、宪法至上；后者指任何权力都必须在法律之下，任何人的权威都必须在法律之下。正如洛克所说："法律一经制定，任何人也不能凭自己的权威逃避法律的制裁；也不能以地位优越为借口，放任自己或任何下属胡作非为，而要求免受法律的制裁。"[1]

【案　例】

美国水门事件

1972年6月，美国。一些反对卡斯特罗的古巴流亡分子企图闯入民主党全国委员会办公室时被当场抓获，他们的目的是安装窃听器从而监听办公室或电话的谈话内容。人们怀疑事件的最终策划可能是总统办公室主任、甚至是尼克松总统本人。在调查中，尼克松以事关国家安全和总统特权为由拒绝交出白宫录音带。最后，联邦最高法院裁定总统必须交出录音带。上交的录音带证明尼克松参与了掩盖"水门事件"的活动，国会启动弹劾程序，尼克松总统引咎辞职。

水门事件的调查和公众的反应说明即使是最高的执法官员也要服从于宪法和法律。这一原则不仅在理论上，也在实践上得到了确认和加强。

(二)良好的法律秩序

法律秩序是法律规范实行和实现的结果，在法治意义上，法律秩序就是良法的法律秩序。一方面，法律必须体现和保障人民主权原则和自由、平等、权利等基本人权；另一方面，强调程序公正和良好的法律表达形式。

三、法治与法制的关系

(一)法制与法治的区别：

1. 法制和法治两者的内涵不同

法制是法律制度，是一国或一地区上层建筑的系统，它只是一种制度工具，可以存在于任何性质的国家中；而法治是法律的统治，是一种治国的方略和理念，它反映了一种价值目标与人文关怀，追求公平正义，保障自由和民主权利的价值观、原则和精神。

2. 法制和法治的基本要求不同

法制只要求法律制度的完备，并不必然蕴涵依法办事的原则和内容；而法治则确立法律至上原则，要求严格依法办事，强调的主要是一切国家机关和公职人必须严格执行和遵守法律，是相对于人治而言的。

3. 法制和法治关注的社会价值不同

法制的产生与发展与国家直接相联系，关注的主要是社会秩序；而法治本身就具有排除专制的价值取向，直接与民主制国家相联系，它关注基本人权的保障和实现。

4. 法制与法治的主体不同

法制的主体主要是国家权力机关或权力的拥有者，所以可以表现为个人独裁、专制下的法制；而法治的主体则只能是人民和经过人民民主选举产生的国家机构。

---

[1]〔英〕洛克《政府论》下篇，59页，瞿菊农译，北京：商务印书馆，1964。

(二)法治与法制的联系

1. 法制是法治的基础和有机构成部分,没有法制的法治是不可能存在的。

2. 法治是法制的目标,在现代国家,法治的价值追求促进法制建设和发展。如果不实行法治,法制也难以真正有效地实行,法制的价值因而也就难以真正实现。

四、建设社会主义法治国家的主要任务

(一)"建设社会主义法治国家"的提出

1997 年,江泽民同志在中国共产党第十五次全国代表大会报告中指出要:"进一步扩大社会主义民主,健全社会主义法制,依法治国,建设社会主义法治国家。"[1]就是在这次报告后,党和政府的文件中"法治国家"开始替代"法制国家"。1999 年 3 月 15 日,第九届全国人大第二次会议通过了宪法修正案,决定在宪法第 5 条中增加"中华人民共和国实行依法治国,建设社会主义法治国家"一款,并把它作为第 5 条第 1 款。至此法治在我国取得了宪法规范的效力。

(二)建设社会主义法治国家的主要任务

1. 完善中国特色社会主义法律体系。2010 年,我国具有中国特色的社会主义法律体系已经建立,成为推进中国社会稳定发展的基本法律环境和法律保障。在此基础上就要进一步加以完善,实现社会主义民主的制度化、法律化,充分保障公民权利,推进中国特色社会主义伟大事业。

2. 加强和改善党的领导,提高党依法执政的水平。我国是共产党领导的社会主义国家,在现行制度架构中没有党的领导就不可能建设现代法治国家,同样若不改善党的领导也无法建设现代法治国家。因此,必须要加强和改善党的领导,落实"党必须在宪法和法律的范围内活动"的原则,提高依法执政的水平就成为建设我国社会主义法治国家的一项重要任务。

3. 加强对权力运行的制约与监督。权力具有天然的侵犯性,社会主义法治国家必须加强对权力运行的制约与监督,建立和完善具有相对平衡和相互制约的符合社会主义制度需要的权力运行的制约机制和监督机制。因为不能对权力进行有效约束的国家,不是法治国家;不能运用法律约束权力的国家,也不是法治国家。

4. 完善司法体制。司法是社会正义的最后一道防线,只有通过它才能恢复被侵害、被破坏的法律秩序。因而,只有完善司法体制,使之真正成为社会公正的护卫者,才能贯彻"依法治国、执法为民、公平正义"的社会主义法治理念,为社会创造和提供公正高效的法治环境。

[1] 江泽民《高举邓小平理论伟大旗帜把建设有中国特色社会主义事业全面推向二十一世纪》。

第四章　法的运行

第一节　法的创制

一、法律制定及其发展规律

（一）法律制定的概念及特征

法律制定就是立法活动，即有立法权的国家机关依照法定职权和程序制定、修改和废止规范性法律文件以及认可法律规范的活动。它具有以下特点：

1. 立法主体特定。立法是国家的专有活动，是国家享有立法权的机关依法定职权进行的专有活动。在西方，议会是立法主体，在我国，全国人民代表大会及其常务委员会统帅全国立法工作。

2. 立法必须依一定的程序进行。立法是国家享有立法权的机关依照法定程序进行的活动。它涉及大面积社会利益的调整，必须遵循严格的程序要求，而且，立法活动本身也必须法律化、程序化、制度化。

3. 立法是一种综合性活动。立法的目的就是产生具有普遍约束力的法律规范，是对社会实施管理的方式，就包括了制定新的规范的活动，认可原有规范的活动及修改、废止原有规范的活动，也就是通常所说的立、改、废和认可。它们在立法过程中可能单独出现也可能同时出现。

（二）立法发展的规律

1. 立法经历了由专制向民主转变、由野蛮向文明转变的发展历程。

2. 立法的目的和作用经历了由治民、治国逐渐向为民、为国转变的发展历程，经历了由维护特权向规定权利平等转变的发展历程，经历了由追求理性、正义向既追求理性、正义，又追求利益、秩序转变的发展历程。

3. 立法制度经历了或正经历着日渐走向正规、完备、法制化的发展历程，立法过程经历了或正经历着逐渐走向较为周密、完整的发展历程。

4. 立法技术经历了日渐科学的发展历程，立法调整经历了由简单向复杂演变的发展历程，经历了由盲目走向自觉、由被动走向主动、由体系零乱走向体系完整的发展历程。

二、立法原则

（一）立法原则的概念

立法原则是指一国在立法活动中遵循的法律原理和基本准则，是一国立法的基本性质、内容和价值取向的集中体现。

人类有了立法活动就有了立法原则，随着社会的进步与立法的发展，现代立法原则已由立法者自我利益的追求发展为社会价值的体现。

在西方发达国家立法原则一般在宪法中加以规定，如美国宪法第 1 条就明确规定“剥夺公权的法案或溯及既往的法律一律不得通过”；日本宪法在序言中规定“主权属于国民……

其权威来自国民,其权力由国民代表行使,其福利由国民享受,这是人类的普遍原理,本宪法即依此原理为依据。凡与此相反的一切法令及诏敕,我们均予排除。"在我国宪法中没有规定立法的原则。

(二)立法的价值原则

立法的价值原则,就是在立法过程中应贯彻的价值取向,主要是平等、民主、权利。

1. 平等原则

平等原则是现代立法的基础原则,只有视人人平等,才会有民主之观念;只有视人人平等,才可能有普遍的权利保护。据统计,全世界82.4%的宪法都规定了法律面前人人平等或权利平等。[1]该统计资料截至20世纪70年代中期,这个比例在今天应更高。在立法上,主要表现在:(1)平等的立法机关成员的选举权和被选举权(在我国就是指人大代表的选举与被选举);(2)要求立法规定每个人平等的权利和平等的人格尊严。

2. 民主原则

现代宪法几乎都以"主权在民"、"人民主权"的规定表达民主原则。它是立法的正当基础,是实现法治的保障。在立法上主要表现在:(1)立法主体民主,即立法权归于全体人民或由人民代表行使;(2)立法内容的民主,即立法必须确认和保护人的基本权利;(3)程序民主,即对立法活动进行充分有效的民主化设置,如程序公开、公正、辩论,法律必须公布等。

3. 权利原则

权利是现代立法的灵魂,没有权利就不会有民主。在立法上主要表现在:(1)要求以权利及其保障为立法的重要目的,尽可能多地记载人的权利;(2)明确规定权利实现的途径,明确规定人的权利受到侵害时的救济途径。

(三)立法的形式原则

立法的形式原则,就是立法在形式上应遵循的原则,主要是立法的程序和所立法律的效力。

1. 位阶原则

位阶原则,就是立法必须遵守法律效力等级的规定。立法不能违反上位阶的法律,一切法律都不能违反宪法。

2. 明确性、一致性和公开性原则

明确性是指立法必须尽可能用明确的语言文字表达法的含义。一致性是指法律不得有相互矛盾的规定,这就要求立法者尽量避免此种情况,还要有公认的解决方法。公开性原则是指立法活动必须公开进行,要使立法过程公开、立法方法公开、所立法律公开。

3. 不溯及既往原则

不溯及既往原则就是法律不得对它生效之前的人或事有效力。它对具有侵害性的和科以义务的立法尤其重要,有利于权利保障和法的稳定性的维护。

三、立法体制和立法程序

(一)立法体制及其基本情况

立法体制就是立法主体享有的立法权限。由于国情的不同,世界各国的立法体制呈现

[1] 〔荷〕马尔赛文《成文宪法的比较研究》,146页,陈云生译,北京:华夏出版社,1987。

出多样化现象,主要有一元制、二元制等两类。一元制立法体制是指立法权由中央集中行使,如需地方制定适用于该地方的特别事务的法律,则由立法机关授权制定地方法规。在单一制国家基本都采用这种立法体制。二元制立法体制是指在中央和地方之间划分立法权,在联邦制国家基本都采用这种立法体制。联邦享有联邦立法权,州有州的立法权。这种体制源于社会自治与民主理念,它认为:主权本就是属于各州的,联邦的权力来自地方权力的让渡,因而要在联邦和地方各州之间进行立法权的划分。

(二)我国立法体制

我国立法体制与世界普遍存在的两种立法体制均有不同,被形象地喻为"三级并存、四世同堂"。即中央,省、自治区、直辖市和较大的市,自治州、自治县三级立法主体,法律、行政法规、地方性法规、规章共同构成国内法体系。

1. 从立法权限划分的角度看,它是中央统一领导和一定程度分权的,多级并存、多类结合的立法权限划分体制。

2. 实行中央统一领导和一定程度分权。一是指最重要的国家立法权即制宪权和制定法律权属于最高国家权力机关,并在整个立法体制中处于领导地位。二是指国家的全部立法权,由中央和地方多方面的主体行使。

3. 多级并存,是指全国人大及其常委会制定国家的法律,国务院及其所属部委分别制定行政法规和部门规章,省、自治区、直辖市和较大的市的人民代表大会及其常委会、人民政府制定地方性法规和地方政府规章。

4. 多类结合,指上述立法及其所产生的规范性文件,同民族自治地方的立法及其所制定的自治法规,以及经济特区和特别行政区的立法及其所制定的规范性文件,在类别上有差别。

(三)立法的程序

立法程序是立法主体在立法过程中的工作方法、步骤、手续和次序。现代立法一般都经过以下四个程序:

1. 提出法律案议案

提出法律案议案是指具有立法提案权的国家机关、组织和个人向立法机关提出法律制定修改或废止的提案或建议。在我国法律议案的提出有两种情况,一是向全国人民代表大会提出法律议案,二是向全国人民代表大会常务委员会提出议案。对于前者,享有提案权的有会议主席团、人大常委会、人大各专门委员会、国务院、中央军委、最高人民法院、最高人民检察院、一个代表团或由30名以上代表联名提出。对于后者,享有提案权的有全国人大委员长会议、人大各专门委员会、国务院、中央军委、最高人民法院、最高人民检察院或人大常委会常委10人以上联名提出。

2. 法律草案的审议

法律草案的审议是指立法机关对列入议事日程的法律草案进行正式的审查和讨论。在我国,先由享有立法提案权的国家机关组织或个人向大会作该草案的说明,由各代表团和有关的专门委员会进行讨论,再由法律委员会根据审议意见进行统一审议,提出审议报告和草案修改稿,最后由主席团对审议报告和草案修改稿进行审议,若通过则将修改稿分送大会代表。

3. 通过法律

通过法律是指立法机关在全体会议上对法律草案进行表决，使草案成为法律的过程。表决的方式有公开和秘密两种。公开方式有举手表决、记名投票等，秘密表决有无记名投票和按电子表决器等。我国自1985年3月第六届全国人大常委会第十五次会议开始采用了"计算机多功能会议事务信息处理系统"电脑表决器，进行秘密表决。

法律通过必须达到立法机关中法定人数的代表的赞同，其中对宪法的修改要达到绝大多数代表的同意，即2/3或3/4以上才能通过，普通法律只要一半以上同意即可。

4. 公布法律

公布法律是指国家采取一定方式正式公布立法机关已通过的法律，在规定时间予以实施，以便在全社会遵守执行。未经公布的法律，都不能发生法的效力，无法在社会生活中发挥作用。在我国采用国家主席令的方式予以公布。以在《全国人大常委会公报》上刊登的法律文本为标准文本。

第二节 法的实施与实现

一、法的实施和法的实现的概念

"法律的生命在于它的实行"。[1]法律创制后要变为现实的法律，就必须将其演变为社会现实。我国法学界用法的实施和法的实现两个相近的概念来指称这一过程。

法的实施是将法律规范的要求转化为人们的行为、将法律规范中的国家意志转化为现实关系的过程，是使法律规范的抽象规定具体化、由可能性转变为现实性的过程。法的实现是指法律要求转化为社会生活的现实，是权利得以实现、义务得以履行、责任得以承担。可见，法的实施和法的实现均指法律演变为社会现实的过程，但前者强调公权力的主动行为，强调如何实现，表现出人的消极被管理的意味；而后者则只强调法律转化为社会生活的现实的后果，强调权利的实现和义务的履行、责任的承担。这就较好体现了法治国家的法律运行过程。因此，我们采用的是法律实现这一概念。但要注意的是绝对不能抛开实施谈实现，只有实施才能实现，才能使人们充分利用法律这种形式发挥自己的主观能动性，有效地促进社会的进步。

二、守法

(一)守法的概念及主体

守法，是指公民、社会组织和国家机关等主体遵守法律规定，以法律为自己的行为准则行使权利(权力)，履行义务和责任的活动。在现代法治国家，守法的重点就是遵守宪法，因为它是人民理性和意志的集中体现，规定了国家的根本制度和人的基本权利，是国家权力机关的合法性渊源，违反了宪法就从根本上违反了其他法律。就是在这个意义上我国宪法在序言中就指出："必须以宪法为活动准则。"

守法的主体，即要求谁守法。在现代法治国家，守法的主体就包括所有的组织和个人。在我国，根据宪法的规定主要有以下三类：一是一切国家机关和社会组织，二是全体公民，三

[1] 美国法学家庞德语，转引自沈宗灵《法理学》，357页，北京：北京大学出版社，2000。

是在我国领域内的外国组织、外国人和无国籍人。

(二)违法

违法是与守法相对的概念,通常是指违反国家现行法律的规定而造成某种危害社会的、有过错的行为。作为一种社会现象,违法是由特定的因素构成的:

1. 违法必须是人的行为。

2. 必须是侵害法律所保护的社会关系的行为。如果一个行为并不侵犯法律所保护的社会关系,没有侵犯社会、国家、集体或个人的合法利益,就不构成违法。

3. 行为人有过错。就是指行为人的故意或过失。

4. 违法主体必须是具有法定责任能力的人。

三、执法

(一)执法的概念及特点

执法就是法律执行,有广义和狭义之分。广义的执法指国家机关及其公职人员,在国家和公共事务管理中依照法定职权和程序,贯彻和实施法律的活动。狭义的执法指国家行政机关执行法律的活动,也被称为行政执法。

执法是法律实现的重要途径。就现代法治国家而言,执法具有主体的特定性、内容的广泛性、启动的主动性、决定的单方面性等特点。主体的特定性是指执法的主体只能是国家机关及其工作人员。内容的广泛性是指国家机关运用国家权力对社会进行全方位的组织和管理,其内容遍及社会各个方面。启动的主动性是指执法机关主动执行法律既是权利也是责任,它必须主动行使权力实现对社会的有效管理。决定的单方面性是指执法主体在该法律关系中居于支配地位,执法决定一经作出就具有法律效力,不需要相对人的同意。

(二)执法的基本原则

1. 合法性原则

合法性原则是指执法活动要以法律为依据,符合法律的要求。具体包括权自法出、权依法行、越权无效、侵权担责。

2. 合理性原则

合理性原则是指执法主体在执法活动中,特别在行使自由裁量权进行行政管理时,必须做到适当、合理、公正,即符合法律的基本精神和目的,具有客观、充分的事实根据和法律依据,与社会生活常理相一致,即符合法律精神、符合公共利益、不为不合理行为等。

3. 效率原则

效率原则是指执法主体在依法执法的前提下,对社会实行组织和管理,要以尽可能低的成本取得尽可能大的收益,取得最大的执法效益。

四、司法

(一)司法的概念及特点

司法是指国家司法机关及其司法工作人员依照法定职权和法定程序,具体运用法律处理案件的专门活动,具有职权的法定性、程序的严格性、裁决的终局性的特点。职权的法定性是指司法权只能由享有司法权的国家司法机关及其司法人员行使,具有专属性和排他性。程序的严格性是指司法必须按照严格的法律规定程序进行。裁决的终局性是指裁决一旦作出任何组织和个人都必须执行,即使裁决有错误,也必须依法律程序予以纠正。

【案 例】

美国布什诉戈尔案

在2000年美国总统大选中，民主党候选人戈尔与共和党候选人布什在佛罗里达州所获得的选票数过于接近，根据佛罗里达州的选举法，必须重新计算结果。戈尔主张以人工方式计票，而布什则反对以人工方式计票。2000年11月21日，佛罗里达州最高法院判决，该州可继续人工点票，并将其结果纳入总票数当中。布什对此不满，上诉到美国联邦最高法院，要求推翻佛罗里达州最高法院的判决。联邦最高法院宣布受理此案，并于12月1日开庭审理，9位大法官一致判决暂时搁置佛罗里达州最高法院作出的人工重新计票结果有效的判决，并认为佛罗里达州最高法院的判决"缺乏充分根据"，决定退回"进行重新审理"。12月4日，佛罗里达州利昂县巡回上诉法院法官索尔斯作出判决，宣布戈尔在关于佛罗里达州计票结果的质疑诉讼中败诉，并拒绝他提出的对棕榈滩县等县有争议选票进行人工重新统计的要求。戈尔就此向佛罗里达州最高法院提起上诉。12月8日，佛罗里达州最高法院的7名大法官以4∶3的表决结果，推翻了利昂县巡回法院索尔斯法官的判决，决定立即开始对该州所有67个县中有争议的选票进行人工重新统计。布什方面立即向联邦最高法院再次提起上诉。12月12日晚，美国联邦最高法院以同样的5∶4一票之差，作出最后裁定："推翻佛罗里达州最高法院命令继续人工计票的决定。"多数方的意见认为，佛罗里达州最高法院的判决存在违宪问题，违反了平等法律保护条款，必须给予上诉一方补救。其主要理由如下：(1)一旦州法律授予居民有权选举总统选举人，这一选举权就成为一项基本的宪法权利；(2)如果州政府的行为损害了这一基本权利，联邦法院应对这些行为进行严格的司法审查；(3)在本案中，佛罗里达州的法律以及州法院均没有给出一个明确的标准，说明应当如何进行第二次重新(手工)计票，并且确保每一投票均能以一种平等的方式公平、准确地统计；(4)因此，第二次重新计票，即手工计票，违反了宪法第14条修正案所要求的平等保护，以及为正当程序所要求的公正对待每一个投票者的条款。12月13日晚，戈尔向布什承认失败，并在电视讲话中说，他已经又给布什打了祝贺电话，这回不会再次收回祝贺了。他还说："现在最高法院已经说话。尽管我不同意法院的判决，但我接受它。"[1]

(二)司法的原则

1. 合法性原则

合法性原则是司法的首要原则，在我国的提法是"以事实为根据，以法律为准绳"及"有错必纠"。主要就是要求要符合实体法的规范、符合程序的要求、遵守位阶原则和合理性原则。

2. 司法平等原则

司法平等原则是法律面前人人平等在司法过程中的体现。主要是诉讼权利的平等，平

[1] 参见韩大元《外国宪法判例》，375~392页，北京：中国人民大学出版社，2005。

等地确认事实和适用法律,对任何人的权利平等地予以保护,对任何人的违法行为平等地追究法律责任。

3. 司法独立原则

司法独立原则就是司法机关依法独立行使职权。根据我国宪法和有关法律,这项原则的基本含义是:第一,司法权的专属性,即国家的司法权只能由国家各级审判机关和检察机关统一行使,其他任何机关、团体和个人都无权行使此项权利;第二,行使职权的独立性,即人民法院、人民检察院依照法律独立行使自己的职权,不受行政机关、社会团体和个人的非法干涉;第三,行使职权的合法性,即司法机关审理案件必须严格依照法律规定,正确适用法律,不得滥用职权,枉法裁判。

五、法律监督

(一)法律监督的概念和特点

法律监督就是一定社会主体依法对其他社会主体活动的合法性所进行的监察督促,有广义和狭义之分。广义的法律监督指一切国家机关、社会团体和组织、公民对各种法律活动的合法性所进行的检查、监察、督促和指导以及由此而形成的法律制度。狭义的法律监督专指有关国家机关依照法定权限和程序,对法的创制和实施的合法性所进行的检查、监察、督促以及由此而形成的法律制度。法律监督的特点主要表现在:

1. 监督的法定性

所谓监督的法定性是指法律监督活动必须依法进行,其各个环节,如监督权的分配、运行、操作,都在法律的统一规范之下,监督的权威性就来自于监督的合法性。

2. 监督的预防性和救济性

有力的监督就会释放巨大的威慑力,可以防患于未然;而通过对已经发生的违法现象的实际制裁与约束,又具有使已经出现的偏差恢复到原有秩序的作用。所以,从功能上说,法律监督就是通过事先预防和事后救济这两种手段和方法来发挥效用的。

3. 监督的系统性

监督的系统性主要表现为一切国家权力的行使都在严格的监督之下, 不存在超然于监督之外的权力,各种监督方式构成了一个统一、独立、完整的体系。

(二)我国国家法律监督体系

1. 国家权力机关的监督,是指各级人民代表大会及其常务委员会为全面保证国家法律的有效实施,通过法定程序,对由它产生的国家机关实施法律的监督。

2. 行政机关的法律监督,是指由国家行政机关所进行的法律监督。它既包括国家行政系统内部上下级之间以及行政系统内部设立的专门机关的法律监督, 也包括行政机关在行使行政权时对行政相对人的监督。

3. 司法机关的监督,是我国监督制度的重要组成部分,包括检察机关的监督和审判机关的监督两种。

4. 社会监督,即非国家机关的监督,指由各政党、各社会组织和公民依照宪法和有关法律,对各种法律活动的合法性所进行的监督。主要有中国共产党的监督、社会组织的监督、公民的监督、新闻舆论的监督和法律职业群体的监督。

第三节　法律解释和法律推理

一、法律解释

(一)法律解释及其必要性

所谓解释就是指对某语词或现象的含义、原因所作的说明。法律解释就是指一定的人或组织对法律规定含义的说明。这是因为:

1. 法律解释是连接法律条文和案件裁决的桥梁，是法律由文本向现实转换的过渡环节。案件发生后,各种法律规定都不可能自动地适用个案,而是需要对其进行解释和应用。因而,英国法官早在1640年就认识到了这个问题,说道"有权制定法律是一回事,解释法律是另一回事"。[1]可见,僵硬的法律规则如果离开了人的解释就成了毫无价值的文字游戏。我国历史上著名的"白马非马"的诡辩就是最好的诠释和证明。

2. 法律解释可以最大限度补救成文法的不足,从而使法律体系在保持稳定性和统一性的同时,又能对社会发展涌现出的新问题及时进行干预和调整。

(二)法律解释的种类

1. 根据解释主体和解释效力的不同可以分正式解释与非正式解释

正式解释,也称法定解释、有权解释,是指由特定的国家机关、官员或其他有解释权的人对法律作出的具有法律上约束力的解释。又可以分为立法、司法和行政三种解释。

非正式解释,也称为学理解释,一般是指由学者或其他个人及组织对法律规定所作的不具有法律约束力的解释。这种解释是学术性或常识性的,不被作为执行法律的依据。虽然如此,非正式解释在法律适用、法学研究、法学教育、法制宣传以及法律发展方面还是有着很重要的意义。

2. 根据解释尺度的不同,法律解释可以分为限制解释、扩充解释与字面解释

限制解释,是指在法律条文的字面含义显然比立法原意为广时,作出比字面含义为窄的解释。扩充解释,是指法律条文的字面含义显然比立法原意为窄时,作出比字面含义为广的解释。字面解释,是指严格按照法律条文字面的通常含义解释法律,既不缩小,也不扩大。

二、法律推理

(一)法律推理的概念和特点

法律推理就是法律工作者根据已掌握的法律规范和案件材料推导出正确的裁判结果的思维过程。与一般的自然科学中的推理不同,法律推理具有自己的特点:

1. 法律推理的前提是成文法,而不是已有的经验或知识。

2. 法律推理的过程不能排除人的价值因素的干扰,但要尽量减少被视为专断和非理性的意志的干扰,寻求正当性证明。

3. 法律推理的结果是否正确的标准是结论的正当与合法,而不是主观结论与客观事实的吻合。

4. 法律推理受现行法律的约束,且推理的结果对双方当事人具有强制约束力。

[1]〔英〕维尔《宪政与分权》,30页,苏力译,上海:三联书店,1997。

(二)法律推理的类型

1. 形式推理

形式推理是运用形式逻辑进行的法律推理,它包括演绎推理、归纳推理和类比推理三种形式。演绎推理是指从一般法律规定到个别特殊行为的推理,它是最典型的法律推理。归纳推理是一种由特殊或个别性的前提推出一般性结论的推理。类比推理在法学上也被称为类推适用或比照适用,是指对于某个问题或现象法律没有明确的针对性规定时,可以比照最接近和最相似的法律规定加以处理的推理。要注意的是,在刑法领域严格禁止使用这一方法。

2. 辩证推理

辩证推理,也称实质推理或价值推理,是指侧重对法律规定和案件事实的实质内容进行价值评价或者在相互冲突的利益间进行选择的推理。

【案 例】

美国罗伊诉得克萨斯州剥夺其堕胎自由案

1969 年,美国得克萨斯州一化名罗伊(Jane Roe)的女孩子因意外事件而怀孕,根据当时得克萨斯州的刑法,堕胎属于犯罪行为,要受严厉的处罚。罗伊只好将孩子生下来,并送给他人收养。此后不久罗伊与收养人失去了联系,无从查找孩子的下落,对此非常伤心。有两名主张堕胎自由的律师找到罗伊,表示愿意为她代理本案。于是罗伊以得克萨斯州刑法违反美国宪法,剥夺了她的堕胎自由为由,将得克萨斯州政府告上了法庭。罗伊认为:一个孕妇有权决定在什么时间、以什么方式、为何种理由而终止妊娠。联邦最高法院开庭审理了这一广受关注的宪法案件。在案件审理同时,关于法律应否允许妇女堕胎的争议在全国如火如荼地进行,不同的团体和政治力量均对此发表了自己的看法,各地发生了支持堕胎自由的游行请愿,同时也有反对人士采取了枪击堕胎诊所的极端行为。最终,联邦最高法院在1973 年以 6 票比 3 票的多数意见作出了裁决,认为得克萨斯州刑法禁止堕胎的规定过于宽泛地限制了妇女的选择权,侵犯了宪法第 14 条修正案的正当程序所保护的个人自由,构成违宪;因而裁定相关条款无效。

在此案中,任何逻辑法则都显得苍白无力,但要寻求个案正义只能从价值推理中找到答案。此案后,美国根据怀胎十月的基本情况将能否堕胎分为三个阶段来区别对待:孕 12 周以内,可以自行决定是否堕胎,不受法律限制;孕 12~24 周,为保护孕妇健康而限制堕胎;孕 24 周以后,禁止堕胎,除非堕胎是为了挽救孕妇生命。[1]

[1] 参见梁治平《法律解释问题》,283 页,北京:法律出版社,1998。

第二编　宪法学原理

引 例

伦敦大街标语案

1940年,英国已卷入第二次世界大战,被纳粹德国打得危在旦夕。英国朝野上下达成的共识是:我们决不投降!就在这个时候,忽然跑出一帮人,自称主张反对“为本国一己之力投入战争”,他们张贴标语,集会演讲。在此同仇敌忾之际,一小撮人扰乱民心的胡言乱语,顿时令民愤鼎沸,群起而攻之,将其告到战时法庭,开庭审理。

主审此案的大法官波怀恩不仅德高望重,还被纳粹夺去了两个儿子的生命,人们普遍期待这位集国恨家仇为一身的大法官,能把这帮捣乱分子绳之以法,投入牢狱,“且看那被纳粹夺去二子的波怀恩如何收拾这帮浑蛋”已成为报纸的通栏标题。但审判帷幕落下时,审判结果大大出乎人们的意料,甚至是令公众失望之至。大法官语调沉重地宣布:“这是一个自由的国家,据我理解,我们的战争,是要保护这个自由。我要说,被告幸而生在这个能自由表达他们主张的国家。我被迫宣布他们无罪”。

他最后的陈述是:“我宣告他们无罪。但我坚持认为应该向前方的战士们道歉。没有后者的战争,便没有你们的言论自由。一个滥用权力的人和另一个滥施权威的人,都不能自称为这个国家的公民!”

这一判决似乎并未得到公众的支持。人们甚至怀疑这位年迈法官的记忆力和心理素质是否还能胜任“女王陛下忠实的裁判人”。但战时内阁的内务大臣安德逊却欣慰地指出:这也是一场战争。在英国,仅仅抱有一种意见的行为,绝不作为犯罪,不论其意见多么不合舆论。而伦敦大街标语案挑起的公众激动,却使英国的法律面临真正的进攻。从这一点而言,波怀恩判决的意义,甚至不低于英国在海岸、在北非进行的抵抗人类文明最凶恶敌人的战争!

战后,英国的一位政治家对全体公务员说:“自由和国土具有同样的价值,甚至民族的当前危机和愤怒的公众感情,也不能动摇英国的法律原则。伦敦大街标语案就是一个证明。”

时间已经过去了七十余年,“伦敦大街标语案”的判决书却永留在文明的世界法制史上。所以人们称其为“一场对现代社会的公民意识进行全面考验的没有硝烟的战争。”[1]

[1] 参见凌河《也是一场战争》,载《读者》2011-09。

第一章　宪法概论

第一节　宪法的概念、分类和原则

一、宪法的词源、词义

(一)西方视域中的宪法

宪法(constitution),源于拉丁文constitutio,有组织、构造、建立等含义。在古希腊,宪法是规定国家机关的组织与权限的法律。亚里士多德在其名著《政治学》中就对158个城邦的政体进行研究,并根据法律的调整范围、作用及性质将城邦的法律分为宪法和普通法律。在古罗马,宪法指皇帝的诏书、谕旨,以区别于市民会议制定的普通法规。古罗马皇帝查士丁尼的《法学总论》在序言中就多处使用“宪令”一词。到中世纪,“宪法”则是用来表示教会和封建主特权以及其与国家关系的法律,如1164年《克拉伦敦宪法》规定英王与教士关系;1215年《自由大宪章》规定英王与英国贵族、诸侯与僧侣关系。欧洲文艺复兴时期人文主义思潮产生了巨大影响,宪法词义发生了质的飞跃,人们认为宪法是实现有限政府的工具。

(二)中国视域中的宪法

在我国古代,宪法在三个意义上使用。一是将宪法等同于一般法律,如《尚书·说命》中“监于先王成宪”,《国语·晋语》中“赏善罚奸,国之宪法”等记载。二是视宪法为优于刑法等一般法律的基本法,如《管子·立政》中就写道:“正月之朔,百吏在朝,君乃出令布宪于国。宪既布,有不行宪者,谓之不从令,罪死不赦”;《韩非子·宪法》也认为:“法者,宪令著于官府,刑罚必于民心”等等。三是指颁布法律、实施法律,如《周礼·秋官·小司寇》就认为“宪,刑禁”。

19世纪80年代,近代改良主义思想家基于国内外形势,明确提出了“申民权”、“争民主”、“立宪法”、“开议院”的政治主张,从而揭开了中国近代民主宪政运动的序幕。郑观应在《盛世危言》中首次使用“宪法”一词,要求清朝政府制定宪法、开设议院、实行君主立宪政治。从此,“宪法”一词日渐被作为专门表述国家根本法的法律术语。1908年9月清政府颁布了我国历史上的第一部宪法《钦定宪法大纲》。

二、宪法的概念和特征

(一)宪法的概念

现在人们所讲的宪法就是近现代意义上的作为国家基本规范的宪法,这是认识和把握宪法概念的基本前提。对于宪法的概念,学者们的表述是不尽相同的,潘恩认为:“宪法不是政府的行为,而是人民构建政府的行为,没有宪法的政府是没有权利的权力。”[1]路易斯·亨金认为:宪法就是人民为建立政府而达成的社会契约。他说:“一个合法的法治社会应基于人民的同意,这种同意应建立在人们为建立政府而达成的社会契约中反映出来。这种社会

[1] 转引自胡锦光《宪法学原理与案例教程》,6页,北京:中国人民大学出版社,2009。

契约通常采用宪法的形式"。[1]台湾学者李鸿禧认为:宪法"是深富政治意义的法律规范;其目的就在于规范国家社会之政治秩序"。[2]《布莱克法律词典》则认为应从以下三个层面来把握宪法:一是宪法是法律的一种,它不同于其他法律之处在于规定的是建立国家或者州政府机构的基本组织法,而组织法的内容在于确定政府主权形式的范围;二是宪法的目的在于保障个人民权和自由,保障个人民权和自由的方式是对政府权力进行制约、分化、规制;三是这种宪法一般是指成文宪法。我国代表性的观点认为:"宪法是规定国家根本制度和根本任务,集中各种政治力量对比关系,保障公民权利的国家根本法。"[3]

综上,可以看出理解现代宪法的关键有两个:一是宪法对国家政府权力的组织和范围的确定;二是宪法对个人诸权力和自由的保障。

(二)宪法特征

1. 宪法是国家的根本法

在内容上,宪法规定国家最根本、最重要的问题,它规定的是国家基本的政治权力架构,目的是保障基本人权,是全局性的规范。在法律效力上,宪法的法律效力最高,任何其他法律都不得与之相抵触。在制定和修改的程序上,宪法比其他法律更加严格。如制定和修改宪法的机关,往往是依法特别成立的,而并非普通立法机关;通过或批准宪法或者其修正案的程序,也严于普通法律,一般要求由制宪机关或者国家立法机关成员的 2/3 以上或者 3/4 以上的多数表决通过才能颁布施行。我国现行宪法第 64 条规定:"宪法的修改,由全国人民代表大会常务委员会或者五分之一以上的全国人民代表大会代表提议,并由全国人民代表大会以全体代表的三分之二以上的多数通过。"

2. 宪法是公民权利的保障书

在国家法律体系中,宪法不仅是系统全面规定公民的基本权利的法律部门,而且其基本出发点就在于保障公民的权利和自由,它最主要、最核心的价值在于保护人权。《人权宣言》也明确宣布:"凡权利无保障和分权未确立的社会就没有宪法。"

3. 宪法是民主事实法律化的基本形式

"民主"是指大多数人的统治。如果说宪法的基本出发点在于保障公民的权利和自由,那么这种对公民权利和自由的保障,则是民主最直接的表现,或者说是民主事实的必然结果。因而,毛泽东指出:"世界上历来的宪政,不论是英国、法国、美国或者是苏联,都是在革命成功有了民主事实以后,颁布一个根本大法,去承认它,这就是宪法。"

【案 例】

孙志刚案

2003 年 3 月 17 日傍晚,就职于广州某服装公司的武汉籍青年孙志刚(27 岁,大学毕业)在走向网吧的路上,被广州市黄村街派出所以没有暂住证为由,强制收

[1] 〔美〕路易斯·亨金《宪政民主对外事务》,7 页,上海:三联书店,1996。

[2] 〔台〕李鸿禧《宪法与人权》,73 页,台北:台湾大学法学丛书编辑委员会,1985。

[3] 许崇德《中国宪法》,27 页,北京:中国人民大学出版社,1996。

容。执法依据为1982年5月国务院颁布生效的《城市流浪乞讨人员收容遣送办法》。3月18日晚，孙自称有心脏病被送至广州市收容人员救治站诊治。3月19日晚，因孙大声叫喊求助，引起救治站护工的不满，遂指使救治站病友对孙进行殴打。3月20日，救治站宣布孙不治身亡。经法医鉴定，孙志刚系因背部遭受钝性暴力反复打击，造成大面积软组织损伤致创伤性休克死亡。

2003年5月14日，俞江、徐志永等三位法学博士联名上书全国人大常委会，建议审查《城市流浪乞讨人员收容遣送办法》的违宪性。5月23日，贺卫方、盛洪、沈岿等学者亦上书全国人大常委会，提请调查收容遣送制度的实施状况。他们认为：《收容遣送办法》作为国务院制定的行政法规，无权作出限制人身自由的规定，否则违反宪法和法律的规定，应该予以改变或撤销。2003年8月10日，《城市流浪乞讨人员收容遣送办法》被废止。

经过对孙志刚案的审理，12名加害人中，1人被判死刑立即执行；1人被判死刑缓期执行；1人被判无期徒刑；其他人被判3到15年不等有期徒刑。6名渎职的国家工作人员被判玩忽职守罪，分别获刑2至3年。孙志刚的家属获国家赔偿。[1]

三、宪法的意义与作用

（一）宪法的意义

1. 打造国家的蓝图、确立国家基本政治架构

现代国家的政治蓝图是由人民通过制定宪法来描绘的。宪法规定了诸如国家的性质、国家的政权组织形式和国家的结构形式、国家的基本国策、公民的基本权利和义务、国家机构的组织及其职权等最重要的问题，从社会制度和国家制度的根本原则上规范着整个国家的活动，因而，国家权力的架构和运行方式只有通过宪法才可以规划。

2. 关切个人的基本权利和自由

宪法的基本价值就在于保障个人自由，形成个人自由前提下的社会秩序，离开了人的基本权利和自由它也就失去了存在的意义。

3. 形成良好而和谐的秩序

就是由于有了宪法的保障，每一个人的权利和自由才得以充分地享有和体现，并且视他人为人，尊重他的权利和自由。因而康德指出“我们不能指望一部由品德优良的人士制定的宪法必定是一部好宪法，反之，因为有了一部好宪法，我们才能指望出现一个由品德良好的人士组成的社会。”[2]

（二）宪法的作用

1. 确认和巩固作用

宪法作为规定国家最根本、最重要问题的国家根本法，肯定要将国家的政治、经济、文化和社会生活等各方面的基本制度确认下来，通过将统治阶级在各方面的意志集中表现为国

[1] 参见《反思收容——从孙志刚事件到收容制度变革》，http://www.humanrights-china.org/china/magezine/2003.4/p23-30.htm。

[2] 〔美〕富勒《法律的道德性》，176页，郑戈译，北京：商务印书馆，2005。

家意志,从而巩固统治阶级的地位。

2. 限制和规范作用

宪法本身就是权利制约权力的结果;同时,虽然宪法的内容涉及众多方面,但基本可分为公民权利的有效保障和国家权力的正确行使两大部分,因此,宪法对国家权力并非处于消极被动地位。宪法的限制和规范作用,就是宪法对国家权力发挥作用的基本表现。

3. 指引和协调作用

就指引的行为主体而言,宪法同时指引着国家行为和公民的个人行为;就指引的范围来说,它涉及政治、经济、文化和社会生活各个方面;就指引的思想基础来讲,贯穿着民主的基本精神。宪法通过调整各种社会行为,不仅使社会生活的各个方面有章可循,而且也使各个方面相互之间形成良性和谐的互动关系。

4. 评价和宣传作用

法不仅是评价人们社会行为的标准,而且它还具有宣传作用,它对于提高公民的思想意识,特别是公民意识和法律意识具有极为重要的影响。

四、宪法的分类

宪法分类是指按照一定的标准把宪法划分和归纳为不同类型的活动。主要包括资产阶级宪法学的分类和马克思主义宪法学的分类两种。

(一)资产阶级宪法学的分类

1. 根据宪法是否具有统一的法典形式这一标准来划分,宪法分为成文宪法与不成文宪法。这是由英国学者 J. 蒲莱士提出的宪法划分标准。成文宪法是指具有统一法典形式的宪法,其最显著的特征在于法律文件上既明确表述为宪法,又大多冠以国名。不成文宪法则是不具有统一法典的形式,而且散见于多种法律文书、宪法判例和宪法惯例的宪法。不成文宪法最显著的特征在于,虽然各种法律文件并未冠以宪法之名,但却发挥着宪法的作用。

按照这一标准当今世界上绝大多数国家的宪法都是成文宪法。据台湾学者许志雄的统计,成典宪法占 84.5%。[1]

2. 根据宪法有没有严格的制定、修改的机关和程序这一标准来划分,宪法分为刚性宪法与柔性宪法。这也是由英国学者 J. 蒲莱士提出的一种宪法划分标准。刚性宪法是指制定、修改的机关和程序不同于一般法律的宪法,即有特别成立的机关、有严于一般的立法程序和修宪程序。实行成文宪法的国家往往也是刚性宪法的国家。柔性宪法是指制定、修改的机关和程序与一般法律相同的宪法。实行不成文宪法的国家往往也是柔性宪法的国家, 英国即其典型。

3. 根据制定宪法的机关这一标准来划分,宪法分为钦定宪法、民定宪法和协定宪法。钦定宪法指在主权在君思想主导下由君主或以君主的名义制定和颁布的宪法, 如我国清朝末年的《钦定宪法大纲》。民定宪法是指在主权在民思想主导下由民意机关或由全民公决制定的宪法。协定宪法则指由君主主权与国民主权妥协制定的宪法,是阶级妥协的产物。如 1215 年英国的《自由大宪章》就是英王约翰在贵族、教士、骑士和城市市民的强大压力下签署的。

(二)马克思主义宪法学的分类

马克思主义宪法学以国家的类型和宪法的阶级本质为标准, 把宪法分为资本主义类型

[1] 〔台〕许志雄《现代宪法》,25 页,台北:元照出版公司,2002。

的宪法和社会主义类型的宪法。

(三)我国主流观点对两种分类的评价

由于资产阶级学者对宪法所作的传统分类主要立足于宪法形式上的法律特征，因而不仅未能揭示宪法的阶级本质,而且还会产生一些意义含混之处,因此是不科学的。尽管如此，这种分类仍然具有一定的学术价值。而马克思主义的分类方法最鲜明的特点在于揭示了宪法的本质,反映了宪法的阶级属性,因此是科学的分类。

现在,很多学者认为应以意识形态及社会体制的不同来对宪法作出分类,即划分为资本主义宪法和社会主义宪法。这是学术界对宪法分类的一种新的观点和认识。他们认为资本主义宪法主要的特点是权力分立制、多党执政、多元开放社会、价值相对主义。社会主义宪法则表现出民主集中制、单一政党领导、一元封闭主义、价值绝对主义等特点。[1]

五、宪法基本原则

(一)宪法基本原则的概念

宪法基本原则是指人们在制定和实施宪法过程中必须遵循的最基本的准则，是贯穿立宪和行宪的基本精神，是对国家形式的基本决定。马克思主义宪法学认为对宪法进行实质分类是科学的分类,按照这种认识和观点来考察世界各国宪法与宪政理论和实践,人们发现宪法原则在全世界几乎都是一致的,主要表现为人民主权原则、基本人权原则、法治原则和权力制约原则。

(二)宪法基本原则

1. 人民主权原则

所谓主权是指国家的最高权力。人民主权就是指国家中绝大多数人拥有国家的最高权力。西方国家一般都承认人民主权,并将其作为资产阶级民主的一项首要原则,而且在宪法中明确规定主权在民。在各社会主义国家的宪法规范中只看到“一切权力属于人民”的原则,但究其实质就是主权在民。在这里要注意的是:“人民”一词的所指和内涵有所不同,资本主义学者认为人民是指全体人民;社会主义学者认为人民不是指一国之内的全体民众,而是指统治阶级及其同盟者。

2. 基本人权原则

人权就是指作为一个人所应该享有的权利。17、18 世纪的西方资产阶级启蒙思想家提出了“天赋人权”学说,强调人人生而享有自由、平等、追求幸福和财产的权利。在资产阶级革命过程中以及革命胜利后,人权口号逐渐被政治宣言和宪法确认为基本原则。

社会主义国家建立以后,不但在宪法中确认了基本人权原则,而且具体规定了公民所享有的基本权利。如 2004 年 3 月 14 日我国第十届全国人民代表大会第二次会议通过的《中华人民共和国宪法修正案》第 24 条明确规定:“国家尊重和保障人权。”社会主义国家政权的本质特征就是人民当家做主,而公民基本权利和自由则是人民当家做主最直接的表现,因此,如果宪法不对此加以规定,那么,人民当家做主就只能是抽象的原则。

3. 法治原则

法治是与人治相对应的概念，是指以良好法律作为主要控制手段的治国方略或社会调

---

[1] 参见〔台〕许志雄《现代宪法论》,28 页,台北:元照出版公司,2002。

控方式。其核心就在于法律至上和良好的法律秩序。

法律至上也就是法律具有最高权威。它包括法律内部秩序与外部权威两个方面。前者是指维护法律位阶、宪法至上;后者指任何权力都必须在法律之下、任何人的权威都必须在法律之下。正如潘恩所说:"在自由国家中法律便应该成为国王。"[1]

在法治意义上,良好的法律秩序是指良法的法律秩序。一方面,法律必须体现和保障人民主权原则和自由、平等、权利等基本人权;另一方面,强调程序公正和良好的法律表达形式。

社会主义国家的宪法不仅宣布宪法是国家根本法,具有最高的法律效力,是一切国家机关和全体公民最高的行为准则,而且还规定国家的立法权属于最高的人民代表机关。这样,在社会主义国家中,不仅宪法和法律具有广泛深厚的民主基础,所有机关、组织和个人都必须严格依法办事,从而使社会主义的法治原则有了真正实现的前提条件。

4. 权力制约原则

必须明确的是,这里所指的权力是国家权力,而非一般意义上所指的做某事的能力、职权和权能。权力制约原则就是指国家权力的各部分之间相互监督、彼此牵制,以保障公民权利的原则。在资本主义国家的宪法中,权力制约原则主要表现为分权原则;在社会主义国家的宪法中,权力制约原则主要表现为监督原则。

第二节　宪法的产生与发展

一、近代宪法的产生

(一)英国宪法的产生

资本主义宪法最早产生于英国。在17世纪,英国的政治经济关系出现了前所未有的新变化。一方面,资本主义商品经济关系已经取代封建经济关系,资产阶级作为一个阶级已经形成;另一方面,在上层建筑领域,斯图亚特王朝却致力于强化专制王权,鼓吹君权神授,封建贵族在社会生活的各个领域享有许多特权,不仅妨碍了商品经济的自由发展,也遭到了资产阶级启蒙思想家的反对,洛克提出的天赋人权、议会至上的思想深入人心。就在这种情况下,1640年终于爆发了资产阶级革命,历时近50年,英国宪法就是在这个过程中逐步产生的。1215年的《自由大宪章》逐渐成为正式宪法,确立议会至上原则、建立了议会制君主立宪政体,规定了个人权利,并强化了其保护措施。又先后制定了《权利请愿书》、《人身保护法》、《权利法案》三部宪法性法律,标志着英国宪法的诞生。

(二)美国宪法的产生

美国是世界上最早制定成文宪法的国家。18世纪,北美地区13个英属殖民地资本主义经济日益发展,但英国的殖民压迫却成为经济发展的最大障碍。1775年,英属北美殖民地爆发了反对宗主国的独立战争,这场战争的许多领导人本身就是启蒙思想的代表人物,独立战争使"天赋人权"思想广泛流传并深入人心,从而为美国宪法奠定了坚实的思想基础。次年7月4日发表《独立宣言》,北美13个殖民地宣布脱离英国。1787年5月召开制宪会议,在经

[1] 〔英〕潘恩《潘恩选集》,36页,北京:商务印书馆,1981。

过历时3个多月的激烈斗争后终于达成妥协,通过了宪法草案。1789年3月4日,第一届联邦国会集会,宣布宪法生效。美国宪法由1个序言和7条正文构成,确立了分权制衡、联邦主义、代议制政府等原则,规定了宪法修改的特别程序,并于1791年通过一个由10条宪法修正案组成的《权利法案》,规定了公民的基本权利。

(三)法国宪法的产生

法国宪法是法国大革命的产物。法国大革命前实行严格的等级制度,全体社会成员都法定地属于社会的一个等级,并由此确定个人的权利、地位和威信。如教士是第一等级,贵族是第二等级,第三等级则包括其余的社会成员如工商业资产阶级、城市工人和穷困的农民。随着经济的发展,观念的进步,伏尔泰、孟德斯鸠和卢梭的君主立宪政体和共和制政体的学说流行,旧制度已经阻碍了社会的发展,成为革命的对象。1789年爆发了资产阶级革命,制定了《人和公民权利宣言》并作为序言写入了1791年宪法,确立了人民主权原则、保护公民权利和自由原则、三权分立原则和共和制原则;且充分反映了资产阶级启蒙思想,使宪法置身于人权、民主、法治的思想氛围中,有了深厚的思想基础。

二、近代宪法产生的条件

通过上述对资本主义宪法产生的考察,可以看出近代宪法产生的基本条件主要有:

1. 近代商品经济的发展和资本主义生产关系的确立为近代宪法的产生提供了经济条件

商品经济是通过商品交换和市场供求来配置社会资源的经济形态,等价交换和自由竞争是其最基本的要求。等价交换的实现不仅要求所交换商品价值的相等,更要求进行商品交换主体地位的平等,等级与特权的存在就成为其进一步发展的障碍。自由竞争的目的在于提高劳动生产率、降低生产成本,这只有生产资料和劳动力的市场化才能实现。这就要求破除旧的人身依附关系及经济的自闭状态。可见,要满足发展资本主义经济的愿望就必须扫除障碍、打破束缚。

2. 资产阶级革命的爆发和自由民主制度的建立为近代宪法的产生提供了政治条件

随着资本主义经济的发展,代表先进生产力的资产阶级逐渐取得了经济上的统治地位,为了打破旧制度对经济发展的束缚、改变政治和生活中的不平等地位、满足发展资本主义经济的愿望而爆发了资产阶级革命,建立了自由民主制度,并将取得的自由和权利法律化、制度化,将已取得的民主事实法律化并置于最高法律地位。这就为近代宪法的产生提供了政治条件。

3. 资产阶级的启蒙思想为近代宪法的产生提供了思想条件

17、18世纪,西方资产阶级启蒙思想家高举理性的大旗,大力宣扬天赋人权和自由平等思想,宣扬君主立宪政体和共和政体,使这些思想和学说广为流传、深入人心,成为社会的思潮。而且他们积极投身资产阶级革命,把启蒙思想作为革命的指导思想,为近代宪法的产生提供了思想条件,同时也使近代宪法有了深厚的思想基础。

三、中国宪法的产生和演变

(一)旧中国宪法的产生和演变

我国近现代意义上的宪法是在清朝末年以后逐步产生发展的,可分为三类:

1. 晚清皇帝,北洋军阀政府和国民党政府时期所炮制的宪法。主要有清朝于1908年颁布的《钦定宪法大纲》和1911年的《重大信条》、袁世凯于1913年颁布的《天坛宪草》和1914

年的《中华民国约法》(也称“袁记约法”、“袁记宪法”)、曹锟于 1923 年颁布的《中华民国宪法》即“贿选宪法”、段祺瑞执政府 1925 年的《中华民国宪法草案》、国民党 1931 年的《中华民国训政时期约法》、1946 年《中华民国宪法》。

2. 中国民族资产阶级制定的资产阶级民主共和国宪法，即 1912 年 3 月以孙中山为首的资产阶级革命派制定和颁布的《中华民国临时约法》,是我国仅有的反映民族资产阶级意志和利益、真正体现资产阶级民主共和国方案的宪法文件。

3. 新民主主义革命时期的人民革命根据地的一些宪法性文件。主要有 1931 年的《中华苏维埃共和国宪法大纲》、1941 年的《陕甘宁边区施政纲领》和 1946 年的《陕甘宁边区宪法原则》。

(二)新中国宪法的产生和发展

1. 1949 年的《共同纲领》

1949 年,共产党领导的人民革命已取得基本胜利,但当时社会秩序还不够稳定、全国经济也处于一种崩溃的局面,没有大规模选举经验,而且也不具备普选和召开全国人民代表大会的条件。因而召开了政治协商会议宣告中华人民共和国成立，制定了起临时宪法作用的《共同纲领》,共 7 章 60 条,7000 余字。采取了过渡措施与奋斗目标相结合的方式,确立了新中国政治制度的基础是人民代表大会制度。

2. 五四宪法

新中国成立后,经过全国人民的不懈努力,全国政治局面比较稳定,国民经济得到了恢复。基层选举工作按 1953 年颁布的《选举法》来操作,积累了一定的选举经验,也就提出了制定正式宪法的要求。

1953 年 1 月 13 日,宪法起草委员会成立。6 月 11 日,宪法起草委员表决通过,并向中央人民政府委员会提交了宪法草案。6 月 16 日向社会公布了宪法草案,开始全民讨论。到 9 月 11 日,根据人民的意见作了修改,最终出台了 1954 年宪法。

3. 七五宪法

1975 年 1 月第四届全国人大第一次会议通过了第二部宪法。虽仍然是一部社会主义性质的宪法,但因正值“文化大革命”后期,国内一片混乱,以阶级斗争为纲的中心指导思想及无产阶级专政下的继续革命理论来修订的宪法就存在着严重的缺陷。

4. 七八宪法

1978 年 3 月,第五届全国人大第一次会议通过了我国第三部宪法。由序言、四章组成,大体恢复了 1954 年对国家机关的规定,初步改变了 1975 年削弱国家机关的做法,是一部过渡性的宪法。

5. 八二宪法

1978 年党的十一届三中全会的召开,果断地把党和国家的工作重点转移到了经济建设上来。就是在这一正确的路线、方针、政策指引下,1982 年 12 月,第五届全国人大第五次会议通过了我国第四部宪法。这部宪法确认了四项基本原则,对经济工作重心进行调整,重视国家机构的合理建设，高度重视社会主义文化制度和精神文明建设。这部宪法经过修正案日益完善,是我国的现行宪法。

四、宪法的发展趋势

(一)当代宪法的发展趋势

1. 对社会的制度安排上表现为加强行政权力以及中央集权趋势明显

加强行政权力是宪法对国家权力进行横向配置方面的发展趋势。宪法对国家权力的横向配置主要有三权分立制和议行合一制两种形式。这两种模式下的行政权在近代宪法时期都没有处于国家权力的核心地位。这种情况在现代宪法时期已大有改观,即行政权力的扩大。具体表现在行政权干预立法权、行政紧急命令权、行政机关经委托享有了一定的立法权。

中央集权趋势是宪法对国家权力进行纵向配置方面的发展趋势。这种纵向配置一般为中央集权和地方分权两种模式。中央集权趋势在传统的中央集权国家主要表现为国家权力的重心在中央,地方分权、地方自治不具有实际意义;而在奉行地方分权、实施地方自治的国家,中央对地方的干预越来越多,包括立法监督、行政监督和财政监督。在联邦制国家中,尽管联邦中央的权力在理论上是有限的,但现实中联邦中央的权力也在不断扩张。

2. 宪法内容上、形式上更加丰富完备

随着国家权力进入社会经济和文化生活领域,宪法对经济和文化方面的规定越来越多,并在宪法中形成基本经济制度和文化制度,内容不断丰富和完善。随着宪法对教育、文化的规定成为宪法的重要内容,宪法已经不再仅仅是政治法,而是内容更为全面丰富的社会法。

从形式上看,宪法的渊源也日益多样,在国际法成为宪法重要渊源的同时,宪法性法律、宪法惯例和宪法判例也受到了广泛重视。

3. 重视公民基本权利的保护

宪法在组织配置公共权力的同时,对公民基本权利的保护日益重视,公民基本权利的范围进一步扩大。首先,宪法不再局限于只规定政治权利和自由权,而是扩大到对经济和文化权利的规定;其次,宪法强调公民的社会权利及利益不得放弃,如家庭、婚姻、劳动时间以及雇主与劳动者的关系和社会保险等;而且对环境保护作了专门规定,以有效治理工业化带来的环境问题,使环境权成为一项新的公民基本权利;最后,现代宪法都强调权利的保障,在设定公民基本权利的同时对权利的实现规定具体的保障措施已成为普遍的趋势。

4. 重视宪法保障

随着社会的发展,宪法不仅仅是政治宣言、而且是最高法律的观念日益普及,各国纷纷建立了宪法保障制度,设立宪法法院监督宪法实施已成为发展潮流。规定宪法最高的法律地位、严格设定宪法的修改程序、明确社会组织和公民在维护和遵守宪法中的责任等保障手段为各国宪法广泛采用。

5. 宪法发展国际化趋势加强

全球化趋势和经济一体化使得宪法发展也呈现出国际化趋势。在这种趋势下,现代国家一改近代宪法基于主权观念而对国际法采取的保留态度,直接承认和接受了国际法,并基于国际合作的需要,宪法对国家主权进行了有条件的限制。许多国家加入人权公约,也体现了公民基本权利领域的国际化趋势。而且从以往的依靠政治手段直接接受国际化,演进发展到了在经济一体化进程中国家主动采取有关措施来顺应国际化的趋势。

(二)中国宪法的发展趋势

1. 宪法对社会的影响力不断扩大、适用性不断增强

随着中国特色社会主义法律体系的建立,法治以宪法为基础,依法治国的基础与核心是依宪治国的观念深入人心,宪法与社会生活之间的关系得到了进一步的协调与发展,宪法更加贴近民众生活,全国人民在实际生活中感受到了宪法的价值与功能,宪法在社会的影响力不断地扩大、适用性不断增强。

2. 宪法保障制度不断完善

中国共产党在国家政治生活中处于领导地位。党章总纲中“党必须在宪法和法律的范围内活动”的规定,为宪法实施提供了政治保证;宪法最高法、根本法的地位的确立,为宪法实施提供了法律保证;最高机关违宪审查制为宪法实施提供了制度保证。

3. 宪法发展与社会发展相协调

随着中国法治化的发展和市场经济的进一步发展,宪法规定更加完善,赋予了公民更多的自由权利,包括平等权、基本的人身权利和自由、政治权利和自由等,而且公民宪法权利救济制度也进一步完善,以人民法院审判权为核心的司法权将得到进一步的加强,政府行政权受到相应限制。这些都表现出宪法发展与社会发展相协调的趋势。

【案 例】

中国宪法第一案

1990 年齐玉苓参加中考,被济宁市商业学校录取为 90 级财会班的委培生,但是齐玉苓就读的滕州市第八中学在收到录取通知书后,却将它交给了和齐玉苓同学的陈晓琪。陈晓琪遂冒用其姓名在该校财会班就读直至毕业,后被分配到银行工作。直至 1999 年初,齐玉苓才得知自己已经被冒名 10 年。于是将陈晓琪、济宁商业学校、滕州市第八中学等推上了被告席。

齐玉苓认为,上列被告侵犯了其姓名权和受教育权,请求其赔偿经济损失 16 万元和精神损失 40 万元。

1999 年 5 月,枣庄市中级人民法院作出一审判决:原告姓名权被侵犯,陈晓琪及其父应负主要责任,其他被告也应承担责任。被告陈晓琪停止对原告姓名权的侵害,一干被告向原告赔礼道歉并按各自份额赔偿 35000 元精神损害费。原告主张的受教育权是一般人格权范畴,侵权不能成立。齐玉苓对此判决不满向山东省高级人民法院提起上诉,主张受教育权也被侵害,应当得到赔偿。

对于此案,2001 年最高人民法院批复:陈晓琪等以侵犯姓名权的手段,侵犯了齐玉苓依据宪法规定所享有的受教育的基本权利,并造成了具体的损害后果,应承担相应的民事责任。山东省高级人民法院据此批复二审审结此案,依据宪法第 46 条作出判决:被告陈晓琪停止对齐玉苓姓名权的侵害并赔礼道歉;赔偿原告因受教育的权利被侵犯造成的直接经济损失 7000 元;间接损失 4 万元;精神损害赔偿费 5 万元。[1]

---

[1] 参见《中国宪法司法化第一案》,http://lkb. jsu. edu. cn/dyjd/law/read.asp?id=168。

第三节 宪法制定与宪法渊源

一、宪法的制定

(一)制宪权、制宪主体和程序

制宪权是指制宪主体按照一定的原则或目的创制作为国家根本法的宪法的权力。这一概念最早由法国思想家西耶斯提出,其理论基础是根本法思想和国民主权说。西耶斯认为:一个国家存在两种权力,即制宪权和国家权力。制宪权包括宪法的制定权和修改权;国家权力就是由宪法所创立的权力,包括立法权、行政权和司法权等社会管理的权力。制宪权不属于国家权力。马克思主义学者则认为:制宪权是国家权力的一部分,属于国家权力中处于最高地位的那部分,即国家主权;而且制宪权仅指宪法的制定权,不包括宪法修改权。

制宪主体就是享有和实际行使制定宪法权力的人或团体,一般认为有两种制宪主体:一是理论主体,即全体人民;一是实际行使主体,即由普选产生的代表所组成的制宪机关。

制宪的程序主要有组成制宪机关、起草宪法、审议、公布。

(二)宪法修改

宪法修改就是在宪法实施过程中,随着社会现实的变化,出现宪法的内容与社会现实不相适应的时候,由有权机关根据法定程序删除、增加、变更宪法内容的活动。宪法实际蕴涵了两个基本原理, 即可变性原理和安定性原理。可变性原理是指宪法必须适应现实的变化和发展。安定性原理是指宪法是国家根本法、最高法,不可经常变更。这就确定了宪法修改的基本属性。修宪权有限说成为主流。在事实上,许多国家在宪法中也明确规定了修宪内容上的限制,如《德国基本法》规定"基本法修正案凡影响联邦体制者不得成立"、《法国宪法》规定"修改有损于领土完整时,任何修改程序不得进行"、《意大利宪法》规定"共和国政体不得为修改对象"。这些规定被学者称为"宪法的核心"。

宪法修改的程序主要是:修宪提案、先决投票、公告、议决和公布。

二、宪法解释

(一)宪法解释的概念及属性

宪法解释就是有权释宪的机关依照一定的程序对存在歧义的宪法内容所作的说明和解释。一方面,宪法解释不可避免地带有法适用的属性,因此,释宪必须在法适用活动中填补漏洞;另一方面,宪法解释又离不开政治价值的考察,因为,如果不把握宪法规范本身所蕴涵的政治思想和宪法理念,仅从字义本身去解释,就会更加脱离实际。可见,宪法解释具有释义学和政治的双重属性。在宪法解释中, 若只强调释义就会使宪法解释偏离制宪者的基本理念而成为释宪者在逻辑外衣下个人价值的宣示;若只强调政治,则就宣告了宪法是"政治的婢女",丧失了宪法对政治的规范力。

(二)宪法解释的分类与模式

一般的宪法解释可分为正式解释和非正式解释两种。正式解释也称狭义解释、法定解释,也就是指法定释宪者的解释主要有立法机关解释、司法机关解释和特设机关解释三种模式。这种解释"是以合理的、可得事后审查的程序取得合宪的结论,该结论并以合理的、可得事后审查的方式加以证立，以此来保证宪法的明确性和可预见性”。[1]非正式解释也称广义解释、一般解释，就是指国民、社会团体、国家机关等对宪法所作的解释。这种解释发挥了它们创造性的力量，对宪法意识的培养有重要意义。

我国宪法解释采取的是立法机关解释模式。

三、宪法渊源和宪法结构

（一）宪法渊源

宪法渊源即宪法的表现形式，主要有以下几种：

1. 成文宪法典

成文法典是指将一国最根本、最重要的问题由一种有逻辑、有系统的法律文书加以明确规定而形成的宪法。宪法典一般由特定制宪机关采用特定制宪程序制定，在一国法律体系中具有最高的法律效力。这是现在绝大多数国家采用的形式。

2. 宪法性法律

宪法性法律是指在内容上涉及国家根本问题的某一方面，但形式上又不具备最高法律效力及严格制定和修改程序的法律文件。如组织法、选举法、代表法、立法法等。

3. 宪法惯例

宪法惯例是指宪法条文无明确规定，但在实际政治生活中存在，并为国家机关、政党及公众所普遍遵循，且与宪法具有同等效力的习惯或传统。宪法惯例多在实际政治生活中存在和通行；一般由国家元首、代议机关、政府首脑等所创；属于政治性规则；不适用于普通案件的审判中。

4. 宪法判例

宪法判例指由司法机关在审判实践中逐渐形成，并经国家认可、具有宪法效力的判例。宪法判例一般存在于以判例法为主要渊源的英美法系国家。

5. 宪法解释

宪法解释是指一定主体对宪法内容、含义及其界限所作的一种说明。在这里仅指狭义解释。

6. 国际条约和国际习惯

国际条约是国际法主体之间就权利义务关系缔结的一种书面协议，而国际习惯则指各国在相互交往中形成的一种有法律约束力的行为规则。“条约必须遵守”是国际法的一项基本原则，国际习惯一旦被各国所接受，就应该具有普遍的约束力。

（二）宪法结构

宪法结构是指一部宪法是怎样构成的，是宪法内容的组织和排列形式。由于不成文宪法往往由不同历史时期的宪法性法律、宪法判例和宪法惯例组成，无所谓严格的结构问题，因而宪法结构主要是就成文宪法典而言的。综观世界各国宪法，尽管在修正案是否尾列其后，有无序言、附则，以及在其他具体内容的安排上存在不同，但就宪法典的总体结构而言，一般包括序言、正文、附则三大部分。

1. 序言。序言亦称前言、绪论，通俗地说就是“写在前面的话”。各国之间虽然也有不同，但大致包括国家的斗争历史，制宪的宗旨、目的和指导思想，国家的基本任务和奋斗目标等。

[1]〔台〕《当代公法学新》上，731页，台北：元照出版有限公司，2002。

2. 正文。宪法的正文是宪法的主要内容,也是宪法的重心,具体包括以下几方面的内容:第一,国家和社会生活诸方面的基本原则,一般将其称之为总纲或者总则、基本原则。第二,公民的基本权利和义务。第三,国家机构。第四,国旗、国徽、国歌和首都。第五,宪法的保障实施和修改程序等方面。

3. 附则。宪法的附则是指宪法对于特定事项需要特殊规定而作出的附加条款。

第四节 违宪审查

一、违宪审查及其基本功能

(一)违宪审查的概念及其特点

违宪审查是指由宪法授权或宪法惯例认可的机关,以一定方式进行合宪审查,取缔违宪事件,追究违宪责任,从而保证宪法实施的一种宪法制度。它主要表现出以下几个特点:

1. 审查机关的特定性。世界各国在违宪审查方面所采取的模式是各不相同的,或由立法机关或最高国家权力机关进行、或由特设机构进行,但这些行使违宪审查权的国家机关都即由宪法明确规定。

2. 审查对象的特殊性。违宪审查的对象不是一般法律行为,而是宪法行为,即国家机关或政党组织直接依据宪法所进行的行为。

3. 制裁手段和结果特异。违宪审查只是依据宪法对国家机关或政党组织的行为作违宪或合宪判断。所以在作出违宪判断后,只能进行宪法制裁,或撤销、改变违宪的法律文件,或拒绝适用认为违宪的法律文件。

(二)违宪审查的基本功能

1. 维护和保证宪法的根本法地位。只有建立违宪审查制度,才能对违背宪法规定、原则或精神的行为予以宪法制裁,宪法的最高权威和根本法的地位才能得以维护和保证。

2. 保证宪法秩序。保证宪法秩序,主要就是对法律的合宪性进行审查,这是违宪审查制度得以建立的出发点和归宿点。因而,不论是资本主义国家还是社会主义国家,也不论采取怎样的违宪审查体制,其目的都是一样的,即保证宪法秩序。

3. 保障公民的基本权利和自由。在现代国家,公民的权利和自由都是由宪法规定和确认的,法律、法规就是这些权利和自由的具体化的规定,并为其实现提供保证。违宪审查制度就保证了宪法秩序,保证了法律、法规与宪法规定的一致性,当然就保证了公民的基本权利和自由。

【案　例】

马伯里诉麦迪逊案

在1800年美国的总统选举中,联邦党人亚当斯总统落选,民主党人杰弗逊当选新总统。在同时举行的国会选举中,联邦党也遭受重大的失败。这样,他们不但失去了总统的宝座,同时也失去了国会的控制权。于是,联邦党人就把希望寄托于联邦司法部门,借以维持他们在美国政治生活中的影响。乘着新总统上台和新国会召开之前，通过法案，增加联邦法官的职位。为此，亚当斯忙乎了半个月，直到卸任前一天(1801 年 3 月 3 日)午夜才结束所有 58 个法官的任命程序，国务卿马歇尔则在所有"星夜法官"的委任状上盖上国玺。但由于马歇尔又被任命为最高法院的首席大法官忙于向新国务卿交接工作，还要以首席大法官的身份主持新总统的宣誓就职仪式，竟然来不及把由他亲自盖章的 17 份委任状送到所委任的"星夜法官"之手。

新总统杰弗逊上任后，得知有 17 份法官的委任状仍滞留在国务院，便指示国务卿麦迪逊扣发了这些委任状。未拿到委任状的治安法官马伯里等人向最高法院起诉麦迪逊，要求最高法院下令麦迪逊交出委任状，以便走马上任。他们起诉的根据是《1789 年司法条例》第 13 条的规定："联邦最高法院在法律原则和习惯所容许的范围内，有权向联邦政府现职官员下达命令，命其履行其法定义务"。

1803 年 2 月 24 日，马歇尔宣布了最高法院的判决，主要对三个问题进行判断：

第一，申诉人马伯里是否有权得到他所要求的委任状？

第二，如果他有这个权利而且这一权利受到侵犯时，政府是否应该为他提供补救的办法？

第三，如果政府应该为申诉人提供补救的办法，是否应该由最高法院来下达强制执行令，要麦迪逊将委任状派发给马伯里？

对第一个问题，马歇尔明确表示"委任状一经总统签署，任命即为作出；一经国务卿加盖合众国国玺，委任状即为完成"。因而拒发委任状就侵犯了其法律权利。

对第二个问题，马歇尔说："每个人受到侵害时，都有权要求法律的保护。政府的一个首要责任就是提供这种保护。合众国政府被宣称为法治政府，而非人治政府。如果它的法律对于侵犯所赋予的法律权利不提供补救，它当然就不值得这个高尚的称号。"

对第三个问题，马歇尔认为：根据美国联邦宪法第 3 条第 2 款的规定，只有涉及大使、公使、领事等外国使节或州政府为一方当事人的案子时，最高法院才有初审权，而马伯里既非外国使节也不是州政府的代表，因此最高法院对他的案子并无初审管辖权。同时，在联邦宪法规定的最高法院的固有权限方面，也没有把向行政官员下达执行令包括在内，因此它无权命令麦迪逊发出委任状。马歇尔指出，国会通过的《司法条例》在规定最高法院有权向政府官员发出状纸时，它实际上把联邦宪法所规定的原始司法权扩大了。如果最高法院执行了《1789 年司法条例》，就等于最高法院承认国会可以扩大宪法明确授予它的权力。但事实却是，国会没有这个权力。因为宪法是人民制定的，所以，宪法一旦制定，其基本原则也就确立起来，这些原则所产生的权威在制宪时就被认为拥有"超越一切的"和"恒久的"性质。因此，当宪法和一项普通法同时适用于某个案件，而且两者存在冲突，只能实行其中一个时，最高法院的决定当然以宪法为准。他宣布，"与宪法相抵触的法律无效。"[1]

[1] 参见韩大元、莫纪宏《外国宪法判例》，13~14 页，北京：中国人民大学出版社，2005。

二、现代违宪审查体制

(一)现代违宪审查体制

1. 由全国人民代表大会和全国人民代表大会常务委员会共同行使。

2. 司法审查制。即由普通法院在审理具体案件中附带地就适用于该案件法律的合宪性进行审查。这本是美国最高法院在审判实践中形成的宪法惯例,后来为许多国家所仿效,并在宪法中作了明文规定。这种体制以美国为代表,有60多个国家和地区采用,除日本外均为英美法系国家。

3. 特设机关审查制。即设立专门机构处理违宪案件,保证法律性文件同宪法的一致。主要有三种情况,一是以德国和意大利为代表的宪法法院审查制,二是以奥地利、西班牙为代表的宪法法庭审查制,三是以法国为代表的宪法委员会审查制。采用这种体制的国家和地区有50多个,多在欧洲大陆。

(二)我国违宪审查制度的现状

1. 违宪审查的主体模糊不清,未能实际建立违宪审查机构

我国违宪审查由全国人民代表大会及其常委会行使,在理论上力度最大。(但宪法又规定,国务院有权改变或者撤销各部、各委员会发布的不适当的命令、指示和规章,改变或者撤销地方各级国家行政机关的不适当的决定和命令; 地方各级人民代表大会有权改变或者撤销本级人民代表大会委员会不适当的决定等。这些规定就使国务院、地方权力机关及地方各级人民政府都享有一定的违宪审查权(因为前所谓的“不适当”的各种规范性文件当然而且首先指的是违宪的规范性文件),这样就使我国的违宪审查权的归属变得模糊,而且这种由上到下的单向系统的内部循环使“决策权成为不受监督的权力”[1],也就使违宪审查在实践中无法操作,在实际中就变成了自我监督。另外,违宪审查的专业性、技术性、经常性及司法性要求也与最高权力机关的职能及活动方式相去甚远,且没有规定具体操作程序,因而实际效果不理想。

2. 宪法缺少可适用性,违宪审查失去了基础

宪法只有在具体运用和实际执行中才能发现其他规范性文件或行为与之不一致。而长期以来,我国将宪法的作用局限在为具体的立法提供法律依据方面,缺少可适用性。法院不受理也不审理以宪法为依据提起的宪法诉讼案件, 在具体案件审理中不能直接引用宪法条款,也就不会考虑裁决所依据的规范性文件的合宪性,因而,发现这些法律文件与宪法有抵触的几率很小。而最高权力机关又不直接适用和执行法律,加之其特殊的地位,其所制定的法律只能是进行自我审查,因为“合宪性问题似乎已经解决在立法过程中,立法过程之外已经很难或者根本不用去寻找违宪问题了,否则就会与全国人大及其常委会制定法律时‘依据宪法’的政治判断产生矛盾。”[2]这样,违宪审查就失去了它的基本前提和基础。

3. 宪法监督启动机制缺失,违宪审查实际提起困难

纵观各种违宪审查体制都为违宪审查的提起设置了相应的启动程序。如在实行司法审查制的国家,当事人提起一个普通的诉讼成为法院启动违宪审查的程序机制;在实行特设机

[1] 参见陈云生《改善和加强我国宪法监督制度的几点思考》,《当代法学》,1998-03。

[2] 莫纪宏《违宪审查的理论与实践》,409页,北京:法律出版社,2006。

关审查制的国家,提起宪法诉讼或普通法院的提交成为启动违宪审查的程序。在我国,违宪审查如何启动、什么人可以针对宪法争议提起审查、应按照什么程序什么方式提起审查及向什么机构提起审查等问题都找不到答案,在实践中也没有解决。因此,在实践中,即使发现了违宪案件或者发生了宪法争议,也会因启动程序的缺失而使得违宪审查实际提起困难。

第二章 宪法基本制度

第一节 宪法与国家

一、关于国家的理论

(一)国家构成的要素

国家构成的要素就是指国家的存在必须具备的条件。根据《奥本海国际法》的解释,当人民在自己的主权政府下定居于一块土地之上时国家就存在了。因此,国家的存在必须具备以下要素:

1. 必须有人民,即共同生活在一个社会里的个人集合。这是构成国家的基本条件。只有存在人民才能构成社会进而形成国家,而不论其数量和成分。

2. 必须有人民定居的土地,即确定的领土。这是形成国家的物质基础,是国家行使主权的空间。构成国家必须有确定的领土,不论领土的大小及边界是否完全划定。

3. 必须有一个为人民并按本国法律进行统治的主权政府。政府即代表国家进行对内统治和对外交往的机构,不论其名称、组成和形式。主权即对内的最高权和对外的独立权。主权作为国家固有的根本属性,是国家区别于其他实体的根本标志。[1]

在国内法上,宪法作为根本法也首先来确认其所赖以存在的国家构成要素,并以宪法的规定作为国家存在的正当性前提。但主要强调主权属于全体人民,国家构成要素处于分散状态。

(二)西方国家学说的历史发展

西方国家学说发端于古希腊,柏拉图认为国家是人类追求互助的结果,亚里士多德提出国家源起于人类合群的天性,建立国家的目的是追求自足且善的生活。在中世纪,托马斯·阿奎那提出了神权论的国家学说,认为国家是引导人们达到快乐和有道德的生活的组织,神权高于政权,国家从属教会。到近代以霍布斯、洛克、孟德斯鸠、卢梭为代表的启蒙思想家提出契约论的国家学说,主张契约建国,倡导权力分立。19世纪的康德和黑格尔则认为国家是“伦理的现实”,“是绝对自在自为的理性的东西”,提出了哲理论的国家学说,追求理想王国。现在随着经济的发展,国家任务的变化,一些学者提出政治科学不应再将国家作为研究的对象,主张放弃国家概念,而代之以“政治系统”,如美国学者伊斯顿。

(三)马克思主义国家学说与国家性质

“国家是一个阶级压迫另一个阶级的机器,是使一切被支配的阶级受一个阶级控制的机器。”这是列宁对马克思主义国家学说最全面、最准确的概括。它包含了以下几层含义:

1. 国家是有阶级社会的组织。这说明国家是一种历史现象,不是从来就有的,也不会永远存在下去。它是社会内部矛盾运动发展的结果,是私有制出现、阶级形成后,阶级矛盾不

[1] 参见《奥本海国际法》第1卷,92页,王铁崖译,北京:中国大百科全书出版社,1995。

可调和的产物。同样,国家也必然伴随着阶级、阶级矛盾的彻底消灭而自行消亡。这是国家的产生、发展、消亡的客观规律。

2. 国家是阶级统治。这指出了国家的本质,即国家是哪个阶级的政权,是哪个阶级的统治。在有阶级的社会中,任何一个阶级的统治都来源于它们的经济统治,而一个阶级的经济统治又必须依靠它的政治统治来维护和巩固,因此国家政权总是属于在经济上占统治地位的阶级。政治统治是统治阶级的联合力量,是统治阶级的集体意志和力量的表现,一般都是通过国家意志来实现的。

3. 国家是机器。它形象地指出国家是由许多部件所组成的互相联系的有机整体。国家组织与其他社会组织的主要区别,就在于它有强迫被统治阶级服从国家意志的能力,有行使这种权力的官吏(干部),有实现这种权力的军队、警察、法院、监狱等强制机关,还有供养官吏与强制机关的捐税和国债。这就构成一种组织力量和物质力量,即特殊的社会权力。

马克思主义国家学说认为,国家的性质就是国家的阶级本质,通常被称为"国体",即在一个国家里,各个阶级在国家政治生活中的地位,其中哪个阶级是统治阶级,哪个阶级是被统治阶级。宪法学上所讲的国家性质就是通过特定的宪法规范和宪法制度所反映的一国在政治、经济、文化等方面的基本特征,反映着该国的社会制度的根本属性。

(四)宪法对国家性质的规定情况

近现代西方国家(资本主义国家)不认为国家为特定阶级所掌握,因而不直接明确规定国家性质,但都以若干词句进行掩饰,抽象体现出国家的本质。如《美国宪法》序言就明确宣称"我们,美利坚合众国的人民……为美利坚合众国制定和确立这一部宪法。"《法国宪法》第 2 条规定"法兰西为不可分割的、非宗教的、民主的并为社会服务的共和国。"《德国基本法》第 20 条规定"德意志联邦共和国是一个民主的和社会的联邦国家"。

社会主义国家宪法与国家性质关系尤为密切,明文规定国家性质,以宪政的眼光看国体,主要解决统治权的归属问题。如我国《宪法》第 1 条规定:"中华人民共和国是工人阶级领导的、以工农联盟为基础的人民民主专政的社会主义国家。社会主义制度是中华人民共和国的根本制度。"

亚、非、拉美、大洋洲等新兴殖民地独立的民族民主主义国家,其规定比较复杂。如宗教因素、君主制特点、社会主义、资本主义等。

二、国家性质的政治要素

我国的国家性质包含三个因素:人民民主专政的国家政权、有中国特色的社会主义经济制度、有中国特色的社会主义文化制度。

(一)我国国家政权的性质是人民民主专政

我国宪法第 1 条:"中华人民共和国是工人阶级领导的、以工农联盟为基础的人民民主专政的社会主义国家",表明了我国的国家性质。

1. 人民民主专政实质上即无产阶级专政。

2. 人民民主专政是对人民实行民主与对敌人实行专政的统一。在人民内部实行民主是实现对敌人专政的前提和基础。对敌人实行专政是人民民主的有力保障。

(二)人民民主专政的特色

1. 共产党领导下的多党合作

中国共产党是社会主义事业的领导核心,是执政党、领导党;各民主党派接受共产党的领导,同共产党通力合作、共同致力于社会主义事业,是中国共产党的亲密友党,是参政党。坚持中国共产党的领导,坚持四项基本原则,是中国共产党同各民主党派合作的政治基础;“长期共存、互相监督、肝胆相照、荣辱与共”是共产党同各民主党派合作的基本方针。

2. 爱国统一战线

现行宪法在序言中有明确规定:爱国统一战线属于人民民主专政的组成部分。其组织形式就是中国人民政治协商会议,这是中国共产党与各民主党派、各界人士合作的重要形式,也是其发扬民主、联系群众的重要形式。

三、国家的基本经济制度

(一)经济制度在宪法中的表现

经济制度是指一国通过宪法和法律调整以生产资料所有制形式为核心的各种基本经济关系的规则、原则和政策的总和。资本主义经济发展推动了宪法的产生,宪法产生的同时也产生了与宪法相适应的经济制度。在自由资本主义时期,宪法规定了保护私有财产的制度,即通过保护公民权利间接反映基本经济制度。19 世纪末 20 世纪初,宪法对经济制度的规定出现了两种趋向,即资本主义国家进入到垄断时期,强化国家经济制度;社会主义国家实行公有制经济。二战后各国出现了许多新的经济原则。如更加重视经济计划、福利政策进入宪法、关注经济环境、一些社会主义国家实行了不同于苏联的政策等。

(二)我国宪法所确立的经济制度

对经济制度作出系统规定是我国历部宪法的鲜明特色。现行宪法经过四次修订更是体现了有中国特色的社会主义经济制度的基本特征。

1. 社会主义公有制是我国经济制度的基础

全民所有制和劳动群众集体所有制是我国社会主义公有制的两种基本形式,劳动者个体经济和私营经济、中外合资企业、中外合作企业、外商独资企业是我国社会主义市场经济的重要组成部分。

2. 我国社会主义的分配制度

分配制度是经济制度的重要方面。宪法修正案第 14 条规定“实行各尽所能,按劳分配的原则。”“国家在社会主义初级阶段,坚持公有制为主体、多种所有制经济共同发展的基本经济制度,坚持按劳分配为主体、多种分配方式并存的分配制度。”

在我国社会主义初级阶段,按劳分配只是占统治地位的公有制经济内部的分配原则。由于在公有制之外还有其他经济形式,因而也必然相应地存在着其他的分配方式。如利息收入、股息收入、私营经济和三资企业的利润等都不是根据按劳分配原则取得的。这些收益和分配方式都是市场经济发展的必然结果,理应受到宪法和法律的保护。同时,这一分配制度不仅有利于国家在提倡共同富裕的目标下,允许一部分人通过诚实劳动和合法经营先富起来,而且有利于在防止贫富悬殊的前提下,既使劳动者的劳动收入存在合理的差距,又能坚持社会主义共同富裕的方向。

四、基本文化制度

(一)基本文化制度在宪法中的表现

文化制度是指一国通过宪法和法律调整的以社会意识形态为核心的各种基本文化关系的规则及运行机制的总和。近代意义的宪法产生以来,文化制度就成为宪法不可或缺的内容。近代宪法对文化制度的规定内容较少,仅限于著作权和教育等方面,对国家发展文化的规定则更少。意识形态原则来自启蒙思想家的自然法学说,强调天赋人权、人人平等。现代宪法就有了更大的进步,主要表现在:内容广泛,涉及教育、艺术、科学、学术、意识形态等各方面,强调全民国家思想。二战后,宪法对文化制度的规定更加丰富和完善,规定了国家文化政策、发展教育卫生事业、发展科学事业、发展文学艺术事业、意识形态基本原则等。

(二)我国宪法所确立的文化制度

2004年宪法修正案第12条指出:国家的根本任务就是集中力量进行社会主义现代化建设,而“社会主义现代化应该有繁荣的经济,也应该有繁荣的文化”[1]。我国现行宪法也明确规定了国家发展教育事业、发展科学事业以科教兴国,发展医疗卫生体育事业以提高人民健康水平,发展文学艺术及其他文化事业以丰富人民精神生活,加强思想道德建设在全社会形成共同理想和精神支柱。[2]

第二节　宪法与政权组织制度

一、国家政权组织制度

(一)政体与政权组织制度

政体是指拥有国家主权的统治阶级实现其国家主权的宏观体制。政权组织制度是指一定的社会中,统治阶级为了行使国家权力,依据一定的原则和方式而确立的旨在反对敌人、保护自己、治理社会的国家政权机关的组织体系。政体是对政权组织制度的抽象概括,政权组织制度是政体的具体化;政体是宏观上的国家政权构架,政权组织则是宏观政权组织构架的微观体现。两者分属两个不同的层次。

(二)政权组织制度分类

1. 剥削阶级国家政权组织制度

剥削阶级国家政权组织制度可分为君主制、立宪君主制和共和制三种。君主制就是在国家政权组织制度中君主成为国家权力机关。在人类历史上有不同的君主制形式,如贵族君主制、等级君主制、专制君主制等,这几种形式都存在于封建社会及以前的社会中。

立宪君主制是资本主义国家的一种政权组织形式,有二元制君主立宪制和议会制君主立宪制两种形式。二元制君主立宪制是以君主为核心,由君主在国家机关体系中发挥主导作用的政权组织形式,君主的实际权力较大,与议会构成两个权力中心。这种制度为早期资本主义国家普遍采用。现在约旦、沙特阿拉伯等国仍采用这种制度。议会制君主立宪制,即国家奉行“议会至上”原则,君主的权力受到宪法和议会的严格限制,其行使的只是一些形式上的或者礼仪性的职权,而且对议会、内阁、法院都没有实际控制能力。现在英国、西班牙、荷兰、比利时和日本等国家实行这种制度。

共和制最主要的特征是最高国家权力机关和元首由选举产生并有一定任期。主要有贵族共和制和民主共和制两种。贵族共和制由有任期限制的执政官为国家行政长官,元老院掌握最高权力。这种形式主要在古罗马时期实行。民主共和制是近现代资本主义国家普遍

[1]《中国共产党第十五次全国代表大会文件汇编》,36页,北京:人民出版社,1997。

[2] 见《中华人民共和国宪法》19~24条规定。

采用的政权组织形式,主要有总统制、议会制、委员会制、半总统制等形式。

在总统制国家,总统既是国家元首,又是政府首脑;总统由选民选举产生,不对议会负责,议会不能通过不信任案迫使总统辞职,总统也无权解散议会。美国就是典型的总统制国家。

在议会制国家,议员由选民选举产生,政府由获得议会下院多数席位的政党或构成多数席位的几个政党联合组成;议会与政府相互渗透,政府成员一般由议员兼任,议会可通过不信任案迫使政府辞职,政府也可以解散议会。意大利是典型的议会共和制国家。

在委员会制国家,最高国家行政机关为委员会,委员会成员由众议院选举产生,总统(行政首长)由委员会成员轮流担任,任期一年,不得连任;众议院不能对委员会提出不信任案,委员会也无权解散议会。瑞士是典型的委员会制国家。

在半总统制国家,总统是国家元首,拥有任免总理、主持内阁会议、颁布法律、统帅武装部队等大权;总理是政府首脑,对议会就政府的施政纲领或政府的总政策承担责任,议会可通过不信任案或不同意政府的施政纲领和总政策,迫使总理向总统提出政府辞职。法国是典型的半总统半议会制国家。

2. 社会主义国家政权组织制度

社会主义国家政权组织制度主要有巴黎公社制、苏维埃制、人民代表大会制、人民代表会议制等。巴黎公社制是法国无产阶级在1871年建立巴黎公社后实行的政权组织制度。它的特点是实行普遍的直接选举,公社管理人员直接向选民负责,并接受监督。公社委员会是最高权力机关。苏维埃制是苏联的政权组织制度,它是十月革命胜利的结果。在这一制度中,苏维埃是最高立法机关和权力机关,其他国家机关均由此产生,由它授权,对它负责。苏维埃代表由人民选举,对人民负责。新中国成立后,中国人民在共产党的领导下创建了人民代表大会制这种全新的政权组织制度。

二、人民代表大会制度

(一)人民代表大会制的宪法依据

1.《中华人民共和国宪法》第2条的规定。主要是第1款:“中华人民共和国的一切权力属于人民。”第2款:“人民行使国家权力的机关是全国人民代表大会和地方各级人民代表大会。”第3款:“人民依照法律规定,通过各种途径和形式,管理国家事务,管理经济和文化事业,管理社会事务。”

2.《中华人民共和国宪法》第3条的规定。主要是第1款:“中华人民共和国的国家机构实行民主集中制的原则。”第2款:“全国人民代表大会和地方各级人民代表大会都由民主选举产生,对人民负责,受人民监督。”

(二)人民代表大会制的概念

人民代表大会制是根据民主集中制的原则,通过普选,组成全国人民代表大会和地方各级人民代表大会,以人民代表大会为基础,建立全部国家机构,实现人民当家做主的一种基本政治制度。结合宪法,可以从四个方面来理解:

1. 国家的一切权力属于人民是人民代表大会制度的逻辑起点。国家的一切权力属于人民既是人民代表大会制与资产阶级议会制的根本区别,也是人民代表大会制得以建立和运行的逻辑起点,是人民代表大会制度概念中最重要的环节。国家的一切权力属于人民就是国家权力属于全体人民,人民成了政治现实中的主人。人民代表大会制度则使人民能够形成统一意志，集中行使国家权力，建立民主集中的政治制度。

2. 选民民主选举代表是人民代表大会制度的前提。由选民通过民主选举程序选举产生人大代表，由他们代表人民，组成各级人民代表大会，行使国家权力，也就构成了人民代表大会制度的前提和基础。

3. 在人民代表大会的基础上，建立全部的国家机构，是人民代表大会制度的核心。人民代表大会可以直接行使宪法和法律赋予各级人民代表大会的职权，或者由人民代表大会选举产生国家行政机关、审判机关和检察机关，通过这些国家机关来间接行使宪法和法律赋予的职权，这些国家机关对人民代表大会负责，受人民代表大会监督。

4. 对人民负责、受人民监督是人民代表大会制度的关键。列宁指出：任何由选举产生的机关或代表会议，只有承认和实行选举人对代表的罢免权，才能被认为是真正民主的、确实代表人民意志的机关，这是真正民主制的基本原则。因此，我国宪法规定："全国人民代表大会和地方各级人民代表大会都由选民选举产生，对人民负责，受人民监督。"否则，人民代表大会就可能脱离人民，违背人民的意志和利益，从而使人民代表大会制度改变性质。

（三）人民代表大会制度是我国实现社会主义民主的基本形式

1. 社会主义民主就其本质来说是人民当家做主，这种民主需要通过一定的形式才能实现，人民代表大会制度就是实现这种民主的形式。

从人民代表大会的组成来说，各级人民代表大会都是由人民通过民主选举方式选举产生的人民代表组成。从人民代表大会的职权来说，人民代表大会代表人民行使国家权力。从人民代表大会的责任来说，它要向人民负责，要受人民的监督。因而，人民代表大会制度是我国人民行使当家做主权利、实现社会主义民主的重要形式。

2. 在各种实现社会主义民主的形式中，人民代表大会制度居于最重要的地位。

在所有实现社会主义民主的形式中，除人民代表大会制度以外，其他实现社会主义民主的形式在主体、范围和效能等方面都要受到法律和事实的限制。而人民代表大会制度则无限制地、全面地、全权地保障人民实现当家做主的权力。

3. 人民代表大会制度是我国的根本政治制度。

人民代表大会制度直接全面地表现了我国的阶级本质，是我国国家机构得以建立、健全和国家政治生活得以全面开展的基础，是其他政治制度的核心，集中反映了我国政治生活的全貌，是我国的根本政治制度。

三、如何坚持和完善人民代表大会制度

（一）我国人民代表大会制的现实问题

我国人民代表大会制自确立以来，发挥了重要作用，显现了巨大的适宜性和优越性。但也表现出了会期过短、代表过多，人大及其常委会的一些权力不实、威信不高、其地位往往沦为"二线机关"，以及我国的民主制度不够完善，民主观念还不够强等等现实问题，需要进一步改革和完善。

（二）完善路径

1. 加强和完善人民代表大会制的组织建设

从现阶段人大代表的产生和构成情况来看，人大代表政党提名的多、"官员代表"多，"圈定代表"现象和"劳模代表"现象较为普遍，甚至带有浓郁的"荣誉"色彩，这种"被代表"就使得代表们的参与动机不高。因而必须要改革和完善选举制度和选举程序，大力推行专

职代表制。

改革和完善选举制度和选举程序主要包括：实行以居住地为选民登记地的选民登记办法，从政治上保证广大群众参与国家事务的权利；取消以协商方式产生正式候选人的方法，而代之以公开、公平、竞争产生候选人的方法，激发选民的政治热情；对国家机关正职领导人实行差额选举，真正建立责任政府。

与各国议会会期相比较，全国人民代表大会的会期最短，一年一次，一次15天左右，人大常委会也是一年6次，每次4天左右；而美国，国会会期是两年内12个月，日本是一年150天，英国是一年7个月。由于会期太短，讨论就不充分，表决就较为草率。二是人数多，全国人民代表大会的代表近3000人，而从世界范围看，国家议会议院超过600人的只有英国、德国、意大利、朝鲜和古巴等国家。因为人数多，所以人代会只能采取小组讨论审议方式，代表的意见就不可能得到充分的表达。推行专职代表制一来可以使代表全身心地投入参政议政活动，提高代表参政议政的能力和水平，也使减少人数、延长会期成为可能。更重要的是，使人民代表大会避免了监督不力的顽疾而成为真正的权力机构。[1]

2. 加强和完善工作制度建设

由于前述之原因，在我国人大代表与选民之间缺乏实质意义上的联系，出现了"开会集中在北京，散会各自回单位"的情况，这样就不能很好地反映民意、代表民意。因而必须予以改善、加强和完善，建立人大代表与选民的联系制度，包括双向联系制度化，监督、罢免的制度化。代表向选民收集情况、向选民汇报工作等形成定制，并作为选民考察代表是否称职以及应否罢免的主要依据。建立人大代表的视察、调查制度，包括对其范围、程序的规定，为其提供必要条件等。建立各级人大常委会与代表的联系制度，将实践中的主任接见代表日制度，代表小组活动日制度，常委会组成人员和机关干部分片负责、深入基层走访代表制度等行之有效的方法固定化、法律化。

现阶段我国虽有"全国人大议事规则"和"全国人大常委会议事规则"为人民代表大会及其常委会的会议制度提供了依据，但很多内容仍然过于原则化，因而也有待于制定其他有关条例以建立系统、全面的议案制度、质询制度、罢免制度等，使会议制度和程序更加规范和完善。另外，如果在法案审议中放弃分组笼统审议的方法而代之以全体会议审议，逐条进行辩论的办法，必将大大提高审议的质量。[2]

第三节　宪法与选举制度

一、概述

（一）选举制度的概念及一般情况

在现代国家中，国家立法机关的代表及国家机关的主要公职人员均由法定程序选举产生，充分体现了主权在民的宪政理念。可见，选举制度就是国家宪政的重要内容。所谓选举制度就是关于选举国家代表机关代表、国家公职人员的原则、程序和具体方法的各项制度的

[1] 参见何鹏程《专职代表制和我国人民代表大会制度的完善》，载《人大研究》，2001-01。

[2] 参见蔡定剑《论人民代表大会制度的改革和完善》，载《政法论坛》，2004-06。

总称。选举制度是现在各民主国家最基本的政治制度，为国家权力提供了合法性或正当性的依据。

纵观人类历史,我们不难发现选举制度古已有之,如原始社会首领的选举撤换,古罗马执政官由元老院通过选举产生等。在我国古代,“选”为选官,“举”为举士,所言选举和今天的意思大不相同。近代以上的选举,作为一种基本政治制度发端于资产阶级革命时期,是反对专制、反对世袭的结果,构成了民主政治的有机组成部分,也为国家权力提供了合法性或正当性的依据。

如果说古代所表现出来的选举是“君权神授”思想的体现,那么,近现代意义上的选举制度则是“主权在民”思想的体现。因为选举的机制使国家权力的运行始终得到人民的认可和支持,国家机关行使国家权力得到绝大多数被统治者的认可和支持。正如《美国独立宣言》所宣称“政府的正当权力来自被统治者的同意”。

(二)西方选举制的几个特点

1. 多受财产状况限制。在英国,选举对选民财产有较为严格的要求,议员选举土地收入不得少于 600 英镑、每年收入不少于 10 英镑的成年男子才有选举权,直到 1969 年,才实现了由身份选举向纳税选举的转变。在法国，国家根据公民纳税状况把公民分为积极公民和消极公民，只有积极公民才有资格参加选举。美国在 1964 年宪法第 24 条修正案才取消选民人头税和其他税种的限制,其总统选举中采用的“选举人团制度”也是源于罗马据财产划分、百人一组、一组一票来选举议员的制度,因而在 2000 年出现戈尔选票领先却因选举人票数不足而未能当选的情况也不足为怪。

2. 性别有限制,即女性不享有选举权。因为女性特殊的生理特点、男女之间的社会分工,以及不承担兵役义务,在西方国家女性不享有选举权。这种规定直到 20 世纪后才逐渐取消。

3. 与金钱关系密不可分。西方国家的选举制度与金钱有着密切的关系,美国 1964 年总统选举花费 2 亿美元、1972 年是 4.25 亿、2000 年是 30 亿。安然公司 2001 年破产时被爆向共和党和民主党提供了大量选举经费,从政府获得了巨额回报。2002 年美国作出规定:每人每次在选举中对国会候选人捐款上限为 2000 美元,对政治行动委员会捐款的上限为 10000 美元,希望以此来遏制选举中的权钱交易。就是基于这个原因人们才称“金钱是政治的母乳”。

二、选举制度的基本原则

(一)选举的普遍性原则

选举的普遍性原则就是指公民除法律规定的基本条件外,不受任何限制而享有选举权。从世界范围来看普遍选举权是在 19 世纪以后才逐步实现的。

在我国,现行宪法规定了享有选举权的基本条件有三:一是具有中国国籍,是中华人民共和国公民,二是年满 18 周岁,三是依法享有政治权利。这就充分体现了选举的普遍性原则。而且,与其他国家的选举制度相比较,我国的选举也不存在以下几方面的限制:

1. 居住期限。依据我国宪法和选举法的规定,在国内的、旅居国外的中国公民及台湾同胞可参加原籍地或出国前居住地的选举。而在西方国家，选民参加选举一般都有居住期限的要求,如德国和英国都规定,在境内居住必须达 3 个月以上,美国规定必须满 1 年。

2. 精神病患者。在西方国家精神病患者不得享有选举权,而我国则承认精神病患者享有行使选举的权利能力,只是由于其不能实际行使选举权利而不列入选民名单。

3. 军人参加选举。在西方国家,一般都规定军人不得行使选举权和被选举权。如美国就明确规定军人不得被选为总统,有 20 多个州规定军人不得参加选举。在我国则没有这样的规定。

(二)选举的平等性原则

选举的平等性原则是指在选举中所有选民具有平等法律地位,所投选票具有同等的法律地位。这一原则在我国除了与普遍性原则相联系外还表现在"一人一票"、"一票一值"、"弱势保护"等方面。"一人一票"是指每一个选民在一次选举中只有一个投票权,不能一人多票。"一票一值"是指每一个选民所投选票的价值与法律效力相同。"弱势保护"是指国家采取纠偏措施以保护弱势群体实现平等的选举权。如对少数民族特别的照顾和对妇女代表比例的原则性规定。

(三)直接选举与间接选举并用原则

直接选举是指由选民直接投票选举国家代表机关代表和国家机关公职人员的方式。间接选举是指选民选举产生选举代表或选举机关,再由其选举应选的代表或国家机关公职人员的方式。总的来看直接选举更能反映民意,但组织困难、成本高;而间接选举易于组织、成本低,但反映民意较弱。两者各有优缺点。

我国现采取两种选举方式并用原则。全国人大代表和省、自治区、直辖市的人大代表,以及设区的市、自治州的人大代表采用间接选举方式,由下一级人民代表大会选举产生,而不设区的市、市辖区、县、乡、镇的人大代表由选民直接选举产生。国家机关公职人员一律采用间接选举制。

虽然两种选举方式各有长短,采用什么样的选举方式在很大程度上也取决于本国国情,但从理论上来讲,直接选举更增强了国家权力行使的合法性,也使国家权力的行使更具民主性,因而扩大直接选举范围是民主政治发展的必然趋势。

(四)秘密投票原则

秘密投票原则是指选民在选举时不在选票上署名及其他标识个人身份的符号和文字的投票方式,包括秘密填写选票、不标识个人身份、不公开投票意向。这种方式为世界大部分国家所采用。我国《选举法》第 36 条就明确规定:全国人民代表大会和地方各级人民代表大会代表的选举,一律实行无记名投票。

三、选举的程序

(一)选举的组织

根据有关法律的规定,我国主持选举工作的组织有两种:一是在实行间接选举的地方,如全国人大,省、自治区、直辖市的人大,设区的市和自治州的人大,由人大常委会主持本级人大代表的选举工作;二是在实行直接选举的地方,设立选举委员会主持本级人大代表的选举。

(二)划分选区和选民登记

选区是指以一定数量的人口为基础进行直接选举、产生人大代表的区域,也是人大代表联系选民开展活动的基本单位。在我国直接选举的地方,人大代表的名额分配到各个选区,由选民按选区直接投票选举。选区可以按居住状况划分,也可以按生产单位、事业单位、工作单位划分。

选民登记是对选民资格的法律认可。根据我国选举法的规定,凡年满 18 周岁没有被剥夺政治权利的我国公民都应列入选民名单。

(三)提出候选人

提出候选人即按照选区或者选举单位提名产生并公布候选人。我国在现阶段实行提名推荐、讨论协商、确定人选的方法。也就是候选人由选民和各政党、各人民团体提名推荐、选民小组或全体代表讨论协商调,确定正式人选。

(四)投票选举

设立投票点和流动票箱进行投票,在选举投票结束后,对选票进行统计和核对,代表候选人获得参加投票的选民过半数的选票或获得全体代表过半数的选票即为当选。

(五)公布选举结果

(六)对代表的罢免和补选

我国《选举法》规定,罢免选举所产生的代表,须经原选区过半数的选民通过或经原选举单位过半数的代表通过,在代表大会闭会期间,须经人大常委会组成人员过半数通过。被罢免的代表可以提出申诉。罢免决议须报上一级人大常委会备案。人民代表因故在任期内出缺,由原选区或原选举单位补选。全国人大代表,省、自治区、直辖市、设区的市、自治州的人大代表,均可向选举他的人大常委会提出辞职。

【示 例】

美国总统选举制度

美国总统选举制度复杂,过程漫长。主要包括预选、各党召开全国代表大会确定总统候选人、总统候选人竞选、全国选民投票选出总统"选举人"、"选举人"成立选举人团、投票表决正式选举总统和当选总统就职典礼等几个阶段。

预选是美国总统选举的第一阶段,通常从大选年的年初开始,到年中结束。预选有两种形式,分别是政党基层会议和直接预选。前者是指两党在各州自下而上,从选举点、县、选区到州逐级召开代表会议,最终选出本党参加全国代表大会的代表。后者在形式上如同普选,一个州的两党选民同一天到投票站投票选出本党参加全国代表大会的代表,这是大多数州目前采用的预选方式。

预选结束后,两党通常将分别在七八月份召开全国代表大会。会议的主要任务是最终确定本党总统、副总统候选人,并讨论通过总统竞选纲领。全国代表大会之后,总统竞选活动便正式拉开帷幕。这一过程一般要持续8至9周。在此期间,两党总统候选人将耗费巨资,穿梭于全国各地,进行广告大战、发表竞选演说、会见选民、召开记者招待会以及进行公开辩论。此外,候选人还将通过多种形式阐述对国内外事务的政策主张,以赢得选民信任,争取选票。

全国选民投票在选举年11月份举行,这一天被称为总统大选日。所有美国选民都到指定地点进行投票,在两个总统候选人之间作出选择,一个(党的)总统候选人在一个州的选举中获得多数取胜,他就拥有这个州的全部总统"选举人"票,这就是全州统选制。由于美国总统选举实行"选举人团"制度,因此总统大选日的投票结果产生的实际上是代表50个州和哥伦比亚特区的538位"选举人"。另外,在总统大选日,选民还要在联邦范围内进行参议院和众议院选举。根据美国宪法,两院议员由各州选民直接选举产生。

选举人票的数量,体现州权平等原则,根据各州在国会的议员数量而定。例如,每个州都在国会有2名参议员和至少1名众议员,所以,任何州都至少有3票。但人口多的大州,除了这3票以外,众议员人数越多,选举人票数也就越多。1961年,美国宪法修正案批准华盛顿特区可以像州一样有总统选举人。这样,美国国会有100名参议员、435名众议员,加上华盛顿哥伦比亚特区的3票,总统选举人票总共为538票。一位候选人赢得的选举人票超过总数的一半(270张),即当选总统。

真正的总统选举是在12月举行,届时,各州和哥伦比亚特区被推选出的"选举人"将前往各州的首府进行投票。获270张选票以上的候选人将当选总统,并于次年1月20日宣誓就职。就职典礼是美国总统选举的最后一道程序,只有到当选总统于次年1月20日手抚《圣经》宣誓就职时,美国的总统选举才告结束。

第四节　宪法与国家结构形式

一、国家结构形式概述

(一)国家结构形式及其分类

国家结构形式是指表现国家整体与组成部分、中央政权与地方政权之间的相互关系的一种形式。一般来说,主要有单一制、复合制两种形式。复合制又有联邦和邦联两种形式,其中以联邦为主。

单一制是指国家由若干普通行政单位或者自治单位组成,这些组成单位都是国家不可分割的一部分的国家结构形式。其基本特征有,国家只有一部宪法;只有一个中央国家机关体系,包括立法机关、行政机关和司法机关;地方政府的权力由中央政府授予;每个公民只有一个统一的国籍;国家整体是代表国家进行国际交往的唯一主体。现在,世界上大多数国家都实行单一制,以英国和法国最为典型。

联邦制是指国家由两个或者两个以上的成员单位组成的国家结构形式,如邦、州、共和国等。一般说来,联邦成员单位原本拥有独立主权,只是为了某个共同目的,而与其他成员单位组成联盟国家或者加入到联盟国家之中。其基本特征是,各成员国还有自己的宪法;有自己的立法机关、行政机关和司法系统;联邦与各成员单位的权力由宪法规定;公民既有联邦的国籍,又有成员国的国籍;联邦是对外交往的国际法主体,而联邦组成单位虽然一般没有对外交往的主体资格,但有的联邦国家却允许成员单位同外国签订某方面的协定。现在在世界上实行联邦制的有20多个国家,以美国和瑞士最为典型。

邦联是几个独立的国家为了某种目的而结合的松散国家联合。它不是一个完整意义上的国家,不具国家主体地位,没有统一宪法和最高立法机关、行政机关,各成员国独自保留主权,通过平等协商解决问题,可以自由退出邦联。最为典型的就是独联体。

(二)单一制与联邦制下的权力关系

1. 国家主权的来源不同。对单一制国家而言,中央政府的权力是一种固有权力,而地方政府权力则是中央政府授予的权力;而对联邦制国家来说,中央政府的权力来自各成员的让与,不是中央政府的固有权力,而地方政府的权力不是中央政府的授予而是固有权力的一部分。

2. 权限划分的方式不同。在现代国家,中央和地方的权限都由宪法作出规定,单一制国家对这种权限划分取决于中央政府的需要,可以视具体情况予以变更,而联邦制国家则不能由中央政府进行变更;对“剩余权力”,即宪法上列举未尽的权力,在单一制国家归属于中央政府所有,而在联邦制国家则属于各成员国。

3. 权力关系的模式不同。在单一制国家为中央集中制,由中央政府统一行使国家权力。而在联邦制国家则是地方分权制,联邦政府只能在宪法所列举的权力范围内行使职权,对各成员保留的权力,一般不能干涉。

随着发展与交流,单一制和联邦制的区别呈现出相对化趋势,界线日益模糊,日益相互接近。就其基本价值而言两者也没有优劣高下之分。

二、中国的国家结构形式——单一制

(一)我国实行单一制的主要原因

1. 历史因素。我国在历史上几乎一直是实行中央集权制的统一国家,分裂状态极为短暂,统一是历史的主流。清末革命团体主张以联邦方式重组国家的想法主要是出于宣布与封建专制决裂的决心,讨袁战争后出现的“联省自治”也随着北伐战争而告结束。因而,从历史上看,我国从未出现复合制的国家结构形式。

2. 民族因素。我国是一个多民族的国家,民族融合程度极深,结合影响非常深远,各民族共同创造了灿烂的中华文明,这就使得各民族都有很高的统一中华大家庭的认同感。再者,我国民族人口和民族分布极不平衡,汉族占到了总人口的91.2%,是主体民族,在各民族居住状况上呈现出“大杂居、小聚居”的特点,非但没有实行复合制的基础,而且也不具构成“独立经济单位”、“民族人口聚居”这两个成立民族国家的基本条件。

3. 其他因素。从理论基础看,马列主张建立单一制国家,认为联邦制“削弱经济关系,它对于一个国家来说是不合适的形式”[1]。从实际需要看,少数民族地区地域广,但生产力水平低,经济落后。而汉族居住地区面积小,但生产力水平高,经济较发达,只有发挥各自优势,才能共同创造新的辉煌。历史证明只有国家的统一、人民的团结才能符合中华民族的根本利益,才是我们取得中国特色社会主义胜利的保证。

(二)我国单一制的特征

我国采取单一制国家结构形式表现出两个特征,一是通过建立民族区域自治制度解决单一制下的民族问题,二是通过建立特别行政区制度解决单一制下的历史遗留问题。两者都实现了预期目的,显现了巨大的优越性和生命力。

(三)我国的行政区划

根据宪法的规定,我国现行行政区划可分为三类:

1. 一般行政区域单位。原则上分为省、县、乡三级。由于直辖市及设区的市包括了市、区(县)两级政权组织,就在事实上出现了四级区划的现象。

2. 民族自治地方。民族自治地方是我国根据民族区域自治制度建立的行政区划,有自治区、自治州、自治县(旗)三级。

[1]《列宁全集》第46卷,379页,北京:人民出版社,1990。

3. 特别行政区。特别行政区是我国依据“一国两制”的构想而设立的特别行政区域，是中央政府领导下的一级地方行政单位，与省、自治区、直辖市属同一等级。我国目前有香港和澳门两个特别行政区。

三、民族区域自治

(一)民族区域自治的概念和特点

民族区域自治制度是指在国家的统一领导下，以少数民族聚居区为基础，建立相应的自治地方，设立自治机关，行使自治权，使实行区域自治的民族的人民自主地管理本民族地方性事务的制度。这一制度有以下特点：

1. 国家统一与民族自治相结合。各民族自治地方都是中华人民共和国不可分离的部分，各民族自治地方的自治机关都是中央统一领导下的地方政权机关；在民族自治地方设立自治机关，民族自治机关除行使宪法规定的地方国家政权机关的职权外，还可以依法行使广泛的自治权。

2. 政治因素与经济因素相结合。建立民族自治地方既要有利于各少数民族的平等自治，满足自己管理本民族内部事务的政治愿望，又要有利于民族地区的经济发展，两者不可偏废。

3. 民族自治与区域自治相结合。我国实行的是民族区域自治，而不是单一的民族自治或区域自治。只要符合建立自治区、自治州、自治县的条件都可建立自治地方。

(二)民族自治机关和自治权

1. 民族自治机关及其特征

民族自治机关就是自治区、自治州和自治县的人民代表大会和人民政府。它们行使同级地方国家机关的职权，同时按照宪法和法律规定行使自治权，具有机关限定、权力扩大、任职人员规定等特征。机关限定是指自治机关在宪法中作出了明确的规定，就是自治地方的人民代表大会和人民政府。因此在民族自治地方，同级的法院和检察院不是自治机关，不属于自治范围。权力扩大是指按照宪法规定，自治机关除行使国家机关职权外还行使自治权。任职人员规定是指自治机关的任职人员宪法有明确的规定，人民代表大会常务委员会中应当有实行区域自治的民族的公民担任主任或副主任。自治区主席、自治州州长、自治县县长由实行区域自治的民族的公民担任。人民政府的其他组成人员以及自治机关所属工作部门的干部，也要尽量配备实行区域自治的民族和其他少数民族的人员。

2. 民族自治地方的自治权

民族自治地方的自治权就是自治机关根据法律规定自主地管理本地方、本民族内部事务的权力。主要有：制定自治条例和单行条例；根据当地民族的实际情况，贯彻执行国家的法律和政策；自主地管理地方财政；自主地管理地方性经济建设；自主地管理教育、科学、文化、卫生、体育事业；组织本地方维护社会治安的公安部队；使用本民族的语言文字。

四、特别行政区

(一)特别行政区的概念和特点

特别行政区是指在我国版图内，根据我国宪法和基本法的规定而设立的，具有特殊的法律地位，实行特别的政治、经济制度的行政区域。我国于 1997 年 7 月 1 日和 1999 年 12 月 20 日分别设立了香港特别行政区和澳门特别行政区，创造了一种全新的自治形式。它具有以下四个特征：

1. 特别行政区是一种新的区域类型，直辖于中央人民政府，享有高度的自治权，如司法独立、财政独立、货币发行、出入境管制权等。

2. 在特别行政区范围内，保持原有资本主义制度和生活方式50年不变，实行与其他行政区划不同的基本社会制度。

3. 原有的法律基本不变。香港基本法和澳门基本法均规定：原有法律、条例、附属立法和习惯法，除同基本法相抵触或经特别行政区的立法机关作出修改的以外，都予以保留。

4. 行政机关和立法机关由该地区永久性居民依照基本法的有关规定组成。特别行政区行政长官由年满40周岁、在香港通常居住连续满20年并在外国无居留权的香港特别行政区永久性居民中的中国公民，或在澳门通常居住连续满20年的澳门特别行政区永久性居民中的中国公民担任。行政长官在当地通过选举或协商产生，由中央人民政府任命。

(二)中央与特区的关系

1. 特别行政区与普通行政区域一样，是相对于中央的一级地方行政区域，虽享有高度自治权，但不是完全自治、政治独立，显现了政治地位的从属性。

2. 中央政府享有对特区的主权事务，主要表现为外交、防务、官员的任命、修改基本法、解释基本法、紧急状态决定权等方面。

3. 特区享有高度自治权，主要有立法权、行政权、独立的司法权、终审权、货币发行权、外事方面的权力、法律规定的其他权力等。

(三)特别行政区的政治体制

1. 特别行政区行政长官

特别行政区行政长官是特别行政区的首长，代表特别行政区，同时领导特别行政区政府，对中央人民政府负责，对特别行政区负责，对立法会负责。行政长官在当地通过选举或协商产生，由中央人民政府任命，每届5年，可连任1次。

2. 特别行政区行政机关

特别行政区行政机关就是特别行政区的政府，由行政长官领导，香港设政务司、财政司、律政司和各局、厅、处、署等，对立法会负责。其主要官员由在香港通常居住连续15年、且在外国无居留权的香港永久性居民中的中国公民担任。澳门设司、局、厅、处，其主要官员由在澳门通常居住连续15年的澳门永久性居民中的中国公民担任。

3. 特别行政区立法机关

特别行政区立法会是特别行政区的立法机关，行使立法权。每届任期4年(第一届另有规定)。其职权主要有：根据基本法的规定依法制定、修改和废除法律；审核、通过政府的财政预算；根据政府提案决定税收和公共开支；听取行政长官的施政报告并进行辩论；对政府工作提出质询等。

4. 特别行政区司法机关

香港特别行政区的司法机关是香港特别行政区的各级法院，包括终审法院、高等法院、区域法院、裁判署法庭和其他专门法庭，不设检察院，由律政司主管刑事检察工作。澳门特别行政区的司法机关是澳门特别行政区法院和检察院，包括初级法院、中级法院和终审法院，检察院独立行使法律赋予的检察职能。

特别行政区法院独立进行审判，只服从法律，不受任何干涉。

第三章　宪法与公民的权利

第一节　概述

一、公民和国籍

(一)公民和国籍的概念

公民是宪法学的一个基本范畴，是指具有一国国籍的自然人。国籍是指一个人隶属于某个国家的法律上的身份,一个人一旦具有某个国家的国籍,通常就被认为是该国的公民,就享有该国宪法和法律规定的权利、承担该国宪法和法律规定的义务。同时,该国对侨居他国的本国公民也有义务给予外交保护，并在必要时接纳其回国。可见将公民和国籍纳入宪法,实际上就把个人的法律地位提升到了与国家并列的高度,从而为宪法调整个人与国家的关系提供了坚实的社会基础。

(二)国籍的取得

根据各国国籍法的有关规定,国籍的取得主要有因出生取得和因继有取得两种方式。

1. 因出生而取得,就是因出生事实而取得一国国籍,也称为原始国籍。

世界上采用这种方式取得国籍有不同的立法规定,或采取血统主义原则,即以一个人出生时父母的国籍为依据来确定其国籍;或采取出生地主义原则,即以一个人的出生地所属的国家为依据来确定其国籍;或采取混合主义原则,即血统主义与出生地主义相结合来确定其国籍,这种原则为当今世界大多数国家所遵循。我国采取的是以血统主义为主、以出生地主义为辅的原则。

2. 因继有而取得,就是因为申请加入而取得国籍,也称为继有国籍。

根据我国法律的规定,外国人或无国籍人申请加入中国国籍必须具备两个前提:一是申请人必须愿意遵守中国的宪法和法律；二是必须出于本人的自愿。同时还须具备法律规定的其他条件,主要有:申请人是中国公民的近亲属;本人定居在中国;有其他正当理由等等。只要具备两个前提并符合上述条件之一的,就可以申请加入中国国籍。

我国管理国籍申请的机关,在国内是申请人居住地的县、市公安机关,在国外是中国外交代表机关和领事机关。这些机关只负责受理申请并审查申请人是否符合法律规定，最后的审批权则属于中华人民共和国公安部。一旦经公安部批准,由有关公安机关发给证书后,申请人就具有了中国国籍,成为中华人民共和国公民。被批准加入中国国籍的人,不得保留外国国籍。

中国公民也有权申请退出中国国籍，办理程序与申请程序基本相同。曾经具有中国国籍的外国人,如有正当理由,可以申请恢复中国国籍;在申请被批准恢复中国国籍后,不得再保留外国国籍。国籍法同样适用于香港和澳门的中国公民。我国不承认双重国籍,但基于香港和澳门的特殊情况,香港和澳门的中国公民可以保留其在外国的居留权。

(三)公民与人民概念的区别

在我国,“公民”和“人民”是两个不同的概念:第一,根本性质不同。公民是与外国人、无国籍人相对应的法律概念,人民则是与敌人相对应的政治概念。第二,概念范围不同。公民的范围比人民的范围更加广泛,公民中除包括人民外,还包括人民的敌人。第三,法律后果不同。公民中的人民,享有宪法和法律规定的一切公民权利并履行全部义务;公民中的敌人,则不能享有全部公民权利,也不能履行公民的某些义务。此外,在使用上,公民所表达的一般是个体概念,而人民所表达的往往是群体概念。

二、公民和公民权

(一)公民权的概念及其要素

公民权是指宪法和法律所保障的公民实现某种愿望、获得某种利益的可能性。享有权利的公民,有权为或不为某种行为,并要求他人相应地为或不为某种行为,如果他的权利受到侵害,国家有保护义务。这一概念包含以下要素:

1. 反映了主体之间对等的法律关系。在权利关系中主体双方是对等的,不存在藉某种外在力量而御制对方的情形。一方享有权利就意味着对方必须承担相应的义务。

2. 公民权利是法律认可的。权利只有通过法律规范的确认,才能获得法律上的正当性和有效性,成为真正的公民权利。

3. 公民权利是一种法律上的资格, 是只有通过法律确认才能为或不为某种行为的资格。

(二)公民权的特征

1. 公民权的法定性和可选择性

公民权是以特定的法律形式表现出来的,“是载入法律的、供所有公民行使的普遍权利”[1]。这就是指公民权的类型、范围、行使方法等均由宪法和法律予以规定,也只有通过宪法和法律的确认,公民权利才能因法律的保障而得以实现。但这种权利是否行使、如何行使均取决于权利主体自身,任何人都无权干预。

2. 公民权利的目的性和相对性

公民权利的行使总是指向一定的利益, 利益是公民享有并实现权力的动机和目的。但权力作为一种法律行为,必然受到法律严格的限制,一旦越过界限就失去了合法性基础。因而,绝对意义上的权利都是不可能存在的。

(三)公民权和人权

对人权的保障是现代宪法的基本价值取向, 但一个国家宪法和法律所确认和保护的不是抽象的人权而是具体化的人权。所谓的人权就是指作为一个人应该享有的权利, 将这种权利在国内法上予以承认就是公民权。因此,公民权就是人权的法律表现形式,是宪法和法律所规定的本国公民所享有的权利。从这两种权利的本源看,人权是一种抽象的权利,是应然的权利;而公民权则是法律化的权利,是宪法和法律所保护的公民实现其利益的资格,是一种实然性的权利。因此,人权很少被按照一套相应义务而加以概念化,而对于公民权而言,与其对应的公民权利在宪法和法律中的规定则是非常明确的。

---

[1] 〔英〕特纳《公民权研究手册》,18页,王小章译,杭州:浙江人民出版社,2007。

(四)公民基本权利和基本义务

权利是指国家通过宪法和法律规定的公民从事某种行为的可能性；义务则是指国家通过宪法和法律规定的公民从事某种行为的必要性。权利和义务的根本区别就在于:权利可以放弃,义务必须履行。

公民的基本权利也称宪法权利或者基本人权,是指由宪法规定的公民享有的主要的、必不可少的权利。

公民的基本义务也称宪法义务，是指由宪法规定的公民必须遵守和应尽的根本责任。公民的基本义务是公民对国家具有首要意义的义务,它构成普通法律所规定的义务的基础。公民的基本义务具有法定性、强制性和约束性的法律特性。这也就是说义务法定,只有法定的义务才是公民必须履行的义务,而这种义务不具选择性、不可放弃。

总之，公民的基本义务与基本权利一起共同反映并决定着公民在国家中的政治与法律地位,构成普通法律规定的公民权利义务的基础和原则。

第二节　公民的基本权利

一、平等权

(一)平等权的概念

平等权是指公民依法平等地享有权利,不受任何差别对待,要求国家给予同等保护的权利。作为一项公民最基本的权利其内涵包括：

1. 立法中的平等地位和平等权利。

2. 禁止歧视。任何公民不分民族、种族、性别、职业、家庭出身、宗教信仰、教育程度、财产状况、居住期限,都一律平等地享有宪法和法律规定的权利,也都平等地履行宪法和法律规定的义务。

3. 法律适用的平等。任何人的合法权利都一律平等地受到保护,对违法行为一律依法予以追究,绝不允许任何违法犯罪分子逍遥法外。

4. 废除特权和贵族制度。在法律面前,不允许任何公民享有法律以外的特权,任何人不得强制任何公民承担法律以外的义务,不得使公民受到法律以外的处罚。

5. 合理差别。宪法和法律在强调平等的同时,承认平等权具有相对性,因而合理差别是符合宪法的,但前提必须是这种差别是合理的而非任意的或歧视性的。

(二)我国宪法有关平等权的规定

我国宪法规定的平等权是由一般规范及具体规范组合设置的。一般平等权条款主要有《中华人民共和国宪法》第 33 条:中国公民在法律面前一律平等。第 5 条:任何组织和个人都不得有超越宪法和法律的特权等。具体平等条款主要有第 4 条规定的民族平等权、第 34 条规定的选举平等权和宗教信仰平等权、第 48 条规定的性别平等权等。

二、个人性基本权利与自由

(一)概况

个人性基本权利与自由是在自然状态下的人所享有的自由与权力的宪法确认，是免于国家权力侵犯和干涉的权利，是自由价值的体现。这种权利的存在和获得以对人的自然性的尊重和认可为价值选择，无须以国家的存在为前提，因而对这类权利的保障一般是不需要公民身份的获得的。这种权利在各国宪法中具体内容主要有：人身完整的权利（生命权）；人身自由与人身安全，包括人身自由不受侵犯、免受奴役、迁徙自由、通讯自由、住宅不受侵犯、保有私生活秘密等；人格尊严的保护和精神信仰的自由等。

（二）我国现行宪法中个人性基本权利与自由的内容

1. 宗教信仰自由

宗教信仰自由是指公民享有的确信有超自然力量的存在并且以一定方式对其表示崇拜的自由。具体指公民有信仰宗教和不信仰宗教的自由、有信仰何种宗教的自由、有参加宗教活动的自由、有宗教结社的自由。但这种自由以不破坏社会秩序与公共安全、不损害公民身体健康、不损害公共福祉为界限。一旦超出这个界限就不再是宪法所给予保障的自由。我国宪法第 36 条就明确规定"中华人民共和国公民有宗教信仰自由"，"任何人不得利用宗教进行破坏社会秩序、损害公民身体健康、妨碍国家教育制度的活动。宗教团体和宗教事务不受外国势力支配"。

2. 人身自由不受侵犯

人身自由是指不受非法限制或剥夺的自由。它是人身自由权的核心内容。广义的人身自由包括人身自由不受侵犯、住宅不受侵犯及公民自由迁徙等权利。狭义的人身自由仅仅指人身自由不受侵犯，即个人不受非法搜查、拘禁、逮捕、奴役等限制或剥夺其人身自由的权利。

在合法目的且遵循法定程序前提下可以对人身自由予以适当限制，这种限制必须由特定司法机关依法律规定以合理理由才能作出。我国宪法第 37 条规定，"任何公民，非经人民检察院批准或者决定，或者人民法院决定，并由公安机关执行，不受逮捕。""禁止非法拘禁和以其他方法非法剥夺或者限制公民的人身自由，禁止非法搜查公民的身体。"

3. 人格尊严不受侵犯

人格尊严是指以人身为载体的，但具有区别于身体感官的特定内涵和独立价值。人格尊严不受侵犯就意味着，只要是人就具有的作为人的尊严和资格而不论其所处的环境和境遇。主要包括不受奴役和非法强迫劳动、不得被施以酷刑、不得未经同意而对其进行科学实验等。我国宪法第 38 条规定，"中华人民共和国公民的人格尊严不受侵犯。禁止用任何方法对公民进行侮辱、诽谤和诬告陷害。"

4. 住宅不受侵犯

住宅是指公民居住和生活的场所。住宅不受侵犯包括三层意思，一是住宅不受非法侵入，二是住宅不受国家权力的非法搜查，三是禁止对其内部进行监听窥视等行为。我国宪法第 39 条规定，"中华人民共和国公民的住宅不受侵犯。禁止非法搜查或者非法侵入公民的住宅。"

【案 例】

陕西"黄碟案"

2002 年 8 月 18 日晚 11 时许，延安市万花派出所民警接到群众电话举报，称辖区内一居民家中正播放黄色录像。派出所遂派出 4 名民警前去调查。当民警闯进该居民家中时发现,房间内只有新婚夫妻张秋林和李小叶两人,此时电视机已关闭。几名民警表明身份,并要求夫妻俩拿出“黄碟”,遭拒绝。双方发生冲突。警方以张某妨碍公务为由将其带回派出所,并将从现场搜到的3张淫秽光碟,连同电视机、影碟机作为证据一起带回派出所。次日,在缴纳了1000元暂扣款之后,张秋林被释放。10月21日,张秋林突然又被宝塔公安分局治安大队带走,随即以“涉嫌妨害公务”被刑事拘留。但人民检察院以“事实不清,证据不足”为由作出不予批捕的决定。张秋林以取保候审的形式被释放回家。后,宝塔公安分局以“案件撤销”为由,解除了对张秋林的取保候审,1000元暂扣款同时返还当事人。迫于舆论压力,2002年12月31日下午,由宝塔区政法委、区政府等部门领导组成的专门协调小组向当事人赔礼道歉;一次性补偿当事人医疗费及误工费人民币29137元。2003年1月14日,宝塔区公安分局正式免除了警方当事人之一——万花派出所所长贺宏亮的职务;同时,该所警长尚继斌被调离万花派出所,调往其他派出所待岗,其他两名协警也被公安机关辞退。[1]

5. 通信自由和通信秘密受保护

通信自由指以所有通信方式进行自由的通信而不受非法干涉和侵犯的自由。通信秘密就是反映在通信中的个人不愿为他人知晓的内容。我国宪法第40条规定,“中华人民共和国公民的通信自由和通信秘密受法律的保护。除因国家安全或者追查刑事犯罪的需要,由公安机关或者检察机关依照法律规定的程序对通信进行检查外,任何组织或者个人不得以任何理由侵犯公民的通信自由和通信秘密。”

三、政治权利和自由

政治权利和自由是公民作为国家政治主体而依法享有的参加国家政治生活的权利和自由。

(一)政治权利

1. 选举权和被选举权

选举权是指选民依法选举代议机关代表和特定国家机关公职人员的权利;被选举权则指选民依法被选举为代议机关代表和特定国家机关公职人员的权利。这种权利主要反映在权利主体的资格上,主要以是否具有公民资格为限,还往往受年龄、智力状况及是否受刑事处分等条件的限制。

2. 言论自由

言论自由就是表达的自由,包括持有思想和观点的自由、以各种方法传递这些思想观点的自由、寻求和接收信息的自由。言论自由在国际公约和各国宪法中有广泛的规定,《公民权利和政治权利国际公约》明确规定“人人有自由发表意见的权利”,但这绝不是一种绝对的权利,基于更高的法律利益及对他人权利的保障,言论自由受到一定的限制。

3. 监督权和获得赔偿权

监督权是指宪法赋予公民监督国家机关及其工作人员的活动的权利。有许多国家在宪

---

[1] 参见《夫妻家中看“黄碟”是否违法之专家解读篇》,2004-08-15,载 http://wenku. baidu. com /view /f16928ee4-afe04a1b071de2d. html。

法中规定公民对国家权力进行监督的主要权利就是请愿权。我国则是指批评权、建议权、控告权、检举权、申诉权和获得赔偿权六种具体权利。

(二)政治自由

政治自由是指公民表达自己政治意愿的自由。许多国家将其列入言论自由,在我国宪法中将言论、出版、集会、结社、游行、示威六大自由归结为政治自由。我国宪法第 35 条规定公民享有言论、出版、集会、结社、游行示威的自由。

四、社会权利

(一)财产权

财产权是指公民对其合法财产享有的不受非法侵犯的所有权。近代宪法所规定的财产权主要在排斥和抵抗国家权力对个人财产的剥夺,宣布财产“神圣不可侵犯”。在现代宪法上财产权有:财产权的保障、财产权的限制以及对财产权的征用补偿二个层次。

2004 年 3 月我国宪法的修改确立了现行宪法的财产权制度,主要有:公民的合法的私有财产不受侵犯、国家依照法律规定保护公民的私有财产权和继承权、国家为了公共利益的需要,可以依照法律规定对公民的私有财产权实行征收或征用并给予补偿。[1]

(二)劳动权

公民的劳动权是指有劳动能力的公民有从事劳动并取得相应报酬的权利。对劳动权的宪法保护主要有:国家保障公民选择劳动机会的自由,不得侵害公民劳动的自由;国家通过积极手段创造就业机会藉以解决公民劳动就业谋求生存发展的需要; 国家对不能提供就业机会而无法生活者给予最低生活保障;保护劳动者获得报酬等权利。我国宪法第 42 条第 2 款规定:“国家通过各种途径,创造劳动就业条件,加强劳动保护,改善劳动条件,并在发展生产的基础上,提高劳动报酬和福利待遇。”

(三)休息权

休息权是指劳动者在享受劳动权的过程中,有为保护身体健康,提高劳动效率,根据国家法律和制度的有关规定而享有的休息和休养权利。对这一权利的保障主要有两个方面,一是国家权力不能通过立法或行政行为侵犯人们休息的权利;二是国家要通过立法,确立并实施劳动者的工作时间制度和休假制度,同时保证提供所需设施。我国宪法第 43 条规定:“中华人民共和国劳动者有休息权利。国家发展劳动者休息和修养的设施,规定职工的工作时间和休假制度。”

(四)获得物质帮助的权利

获得物质帮助的权利是公民因失去劳动能力或者暂时失去劳动能力而不能获得必要的物质生活资料时,有从国家和社会获得生活保障,享有集体福利的一种权利。《世界人权宣言》规定:“所有公民,作为社会成员之一,都享有社会保障权。”这一权利主要有:社会救济权、社会保险权和社会优抚权。在我国宪法中这一权利主要体现在退休人员的生活受国家和社会的保障的退休制度,公民在老、病或丧失劳动能力情况下获得物质帮助的权利及对残疾军人、烈士家属、军人家属的特别保障制度。

---

[1] 见《中华人民共和国宪法》第 13 条。

(五)受教育权

受教育权是公民接受文化知识、科学技能等方面教育培训的权利。主要包括接受教育的自由、受教育的平等权、国家为保障权利实现而承担的义务。我国宪法第 19 条规定了国家发展教育事业的国家政策,间接体现了国家责任和义务,第 46 条规定公民有“受教育的权利和义务”。在现实生活中,权利主体多为适龄儿童和少年,义务主体则是其父母及监护人。

(六)进行科学研究、文学艺术创作和其他文化活动的自由

在许多国家的宪法中,都将这一权利置于“社会权利”中,强调国家对实现这一权利的积极义务。主要有排除国家公力对此项权利的干涉和侵犯, 国家负有创造物质条件建立具体设施的义务。我国宪法第 22 条就规定了国家在此方面的相关政策与制度; 第 47 条规定了公民的自由与国家的义务,即公民享有自由,国家予以鼓励和帮助。

(七)对特定主体权利的保护

《经济、社会和文化权利国际公约》规定了对家庭、婚姻自由、母亲、儿童的特别保护。这种对特定主体权利的保护就体现了分配正义和实质平等的价值观念。我国宪法所保护的特定主体主要是妇女、儿童、老人、残疾人与华侨。

第三节 公民的基本义务

一、宪法义务制度与公民的基本义务

(一)宪法义务制度

作为国家根本法的宪法通过对个人与国家的相互义务的设定来规范两者之间的宪法关系,是世界各国宪法的重要特色。在宪法中所设定的义务就是针对个人与国家的,是与宪法所规定的权利相互统一的。因而,与宪法权利相对应,各国都建立了宪法义务制度。所谓宪法义务制度就是宪法规定的要求个人与国家向对方为一定行为的义务性规范体系及其运行机制。

从世界范围看,国家的宪法义务主要有:保障个人必须享有的基本人权,并为其实现创造条件;维持和平,防治侵害公民权利的战争发生;保护侨民合法利益;保护在境内的外国人及无国籍人的基本人权;不得随意中止与个人的法律联系。对个人、对国家的“宪法义务”,世界各国的宪法中都有明确规定,一般都采用专章形式,且以“公民的规定义务”、“国民的义务”等名称明确表达。所以,人们一般都认为,宪法义务就是宪法规定的公民基本义务。[1]

(二)公民的基本义务

公民的基本义务是与公民基本权利平行的法律概念, 就是指宪法中规定的公民对国家所承担的义务。1919 年德国《魏玛宪法》第 2 章以“德国人民的基本权利和基本义务”为题目,列举了服兵役的义务、服务或劳动的义务、教育子女的义务、负担公共费用的义务等从而使公民基本义务在宪法上得到了落实。从世界范围看, 各国宪法普遍承认的公民的基本义务有依法纳税的义务、服兵役的义务、受教育的义务三种。

---

[1] 参见莫纪宏《宪法学原理》,311~324 页,北京:中国社会科学出版社,2008。

二、我国公民的基本义务

(一)维护国家统一和民族团结

国家统一和民族团结是我国建设有中国特色社会主义的根本保证，全体公民必须自觉维护国家的统一和各民族的团结,坚决反对任何分裂国家和破坏民族团结的行为。因而宪法第52条明确规定:“中华人民共和国公民有维护国家统一和全国各民族团结的义务。”

(二)遵守宪法和法律,保守国家秘密,爱护公共财产,遵守劳动纪律,遵守公共秩序,尊重社会公德

(三)维护祖国的安全、荣誉和利益

国家安全是中国公民生产生活、安居乐业的必要条件;国家的荣誉就是国家和民族的尊严;国家的利益则是相对于外国国家利益的国家整体利益。如果国家不安全,公民的工作和生活也就无法正常进行；国家的荣誉和利益受到破坏也就是中国人自己的荣誉和利益受到损害。因此,我国宪法第54条规定:“中华人民共和国公民有维护祖国的安全、荣誉和利益的义务,不得有危害祖国的安全、荣誉和利益的行为。”因此,任何公民都不可为了一己之私利或小集团的利益而危害国家的安全、荣誉和利益。否则,将受到法律追究。

(四)服兵役和参加民兵组织

国家的主权独立、领土完整不仅关系到祖国的前途和命运,而且关系到人民生活的安定和幸福。因此,我国宪法第55条规定:“保卫祖国、抵抗侵略是中华人民共和国每一个公民的神圣职责。依照法律服兵役和参加民兵组织是中华人民共和国公民的光荣义务。”

(五)依法纳税

税收是国家筹措资金的重要方式和国民收入的重要来源。公民纳税就是支付国家的财政需求,是对国家建设的支援。因此,我国宪法第56条规定:“中华人民共和国公民有依法纳税的义务。”

(六)其他基本义务

除了上述所列义务外,我国宪法还规定了计划生育、劳动和受教育、抚养和赡养扶助等义务。

第四章　宪法与国家机构

第一节　概述

一、国家机构概念和特征

国家机构指统治阶级按照一定的组织原则所建立的一整套有机联系的国家机关的总和,由统治阶级中极少数的中坚分子组成,参与国家权力行使,具有阶级性、组织性、强制性历史性等特点。

1. 阶级性

阶级性是指国家机关反映统治阶级的意志和利益。马克思主义认为，国家是阶级矛盾不可调和的产物，作为国家组成要素及其存在形式的国家机构，其本质就取决于国家的本质。由于国家有剥削阶级专政的国家和无产阶级专政的国家之别，因而与此相适应也就有剥削阶级国家机构和社会主义国家机构之分。在剥削阶级专政的国家里，国家权力掌握在剥削者手中，为它服务的国家机构则成为对劳动阶级进行政治压迫和经济剥削的工具。在社会主义国家,人民当家做主,掌握国家权力,他们通过自己的国家机构加强无产阶级专政和组织经济、文化建设。可见,国家机构具有阶级性特点,实际上是掌握国家权力的阶级实现其阶级统治的工具。

2. 组织性

组织性是指国家机关是保证国家职能实现的完整严密的统一整体。国家机关的建立、活动以及国家机关之间的相互关系均依据一定的原则和程序进行,不同层次的国家机关、同一层次的不同的国家机关、国家机关的整体与组成部分组成了一个严密的系统。

从国家机关的组成来说,现代国家的国家机构十分复杂。以其行使职权的性质为标准,各国宪法所确立的机关和赋予的职权不同就有不同的分类。西方国家一般根据立法、行政、司法三权将国家机关分为立法机关、行政机关和司法机关三种;社会主义国家则按国家权力的统一原则将国家机关分为权力、行政和司法等机关。以国家机关行使职权的地域范围为标准,则可分为中央国家机关和地方国家机关两种。

3. 强制性

强制性是指国家机关以国家暴力作为行使国家权力的后盾。国家机构的某些组成部分如警察、监狱等,本身就是暴力机关,而其他的国家机关则以国家强制力作为坚强后盾。

4. 历史性

历史性是指国家机关属历史范畴，是一定历史阶段存在的现象。在不同历史时期的国家,国家机构的组织、活动、职能是不一样的,并随着国家的发展变迁而变化。

二、国家机构的组织活动原则

(一)国家机构的组织活动原则

国家机构的组织活动原则就是调整国家机关相互关系以及指导国家机关的组成与活动

的基本准则。主要包括以下两方面的内容:一是国家机关通过何种方式组建;二是国家机关遵循何种原则开展活动。

(二)我国国家机构的组织和活动原则

1. 民主集中制原则

民主集中制是一种民主与集中相结合的制度，是指在民主基础上的集中和在集中指导下的民主的结合。这是我国国家机构的重要原则。宪法第 3 条明确指出“中华人民共和国的国家机构实行民主集中制的原则。”根据现行宪法的规定,我国国家机构贯彻民主集中制原则主要体现在以下几个方面。第一,在国家机构与人民的关系方面,体现了国家权力来自人民,由人民组织国家机构。宪法第 2 条规定:“中华人民共和国的一切权力属于人民。人民行使国家权力的机关是全国人民代表大会和地方各级人民代表大会。” 第 3 条第 2 款规定:“全国人民代表大会和地方各级人民代表大会都由民主选举产生，对人民负责，受人民监督。”第二,在同级国家机构中,国家权力机关居于主导地位。宪法第 3 条第 3 款规定:“国家行政机关、审判机关、检察机关都由人民代表大会产生,对它负责,受它监督。”第三,在中央与地方国家机构的关系方面,实行“中央和地方的国家机构职权的划分,遵循在中央的统一领导下,充分发挥地方的主动性、积极性的原则”。第四,在国家机关内部,无论是实行合议制的国家机关,还是实行首长个人责任制的国家机关,在作出决策和决定时,都在不同程度上实行民主集中制。

2. 联系群众,为人民服务的原则

在我国,人民是国家的主人,国家一切权力属于人民。国家机关及其工作人员是人民的公仆、人民的勤务员。在思想上应能够认识国家权力来自于人民的授予,树立密切联系群众、一切为人民服务的意识。在具体活动中表现为:第一,国家机关作为制定和执行国家法律机关,一切工作都要从最大多数人的最高利益出发,为人民的根本利益服务。第二,国家机关及其工作人员在自己的工作中必须认真贯彻“从群众中来,到群众中去”的工作方法,密切联系群众,倾听他们的意见和要求,尊重他们的主人翁地位和首创精神,确立为人民服务的具体办法和措施,不断取得人民的信任和支持,从而使国家机关能够和人民群众呼吸相通、艰苦与共,提高为人民服务的效能。第三,要开辟各种途径,如组织人民群众参加宪法草案以及其他重要法律草案的讨论,接受人民群众来信来访,建立人民代表联系群众的制度,吸引群众通过各种会议、报刊、座谈等发表个人意见、建议等,广泛地吸引人民群众参加国家管理。这既是我国政权本质的要求,也是贯彻群众路线的重要形式和有效方法。第四,要倾听群众的批评和意见,接受人民群众的监督。我国现行宪法第 27 条第 2 款规定:“一切国家机关和国家工作人员必须依靠人民的支持,经常保持同人民的密切联系,倾听人民的意见和建议,接受人民的监督,努力为人民服务。

3. 社会主义法治原则

社会主义法治原则主要包括以下几个方面:第一,所有国家机关的设立都必须有宪法和法律依据,防止任意因人因事设立机构;第二,所有国家机关的职权都应有法律依据,国家机关只能行使宪法和法律赋予的属于本机关的职权,既不能滥用也不能失职。第三,一切国家机关的工作程序必须符合法律的要求,工作结果也必须符合法律规范;第四,任何国家机关违反宪法和法律的行为，都必须予以纠正，并追究有关责任人的法律责任。以上可概括为“有法可依”、“有法必依”、“执法必严”、“违法必究”的十六字方针。

4. 责任制原则

责任制原则就是指国家机关及其工作人员无论是行使职权,还是履行职务,都必须对其产生的后果负责。在我国,权力和责任紧密相连且相互统一,不存在没有权力的责任,也不存在没有责任的权力。根据宪法规定,我国国家机构贯彻责任制原则表现在,各级人民代表大会都要向人民负责,每一代表都要受原选举单位的监督,它们可以随时罢免自己所选出的代表;国家行政机关、审判机关和检察机关等则向同级人民代表大会及其常务委员会负责。

责任制按机关行使国家权力的性质的不同而具体表现为集体负责制和个人负责制两种形式。集体负责制是指由全体组成人员集体讨论,并且按照少数服从多数的原则作出决定,集体承担责任的一种体制。集体组织每个成员的地位和权利平等。各级人民代表大会及其常务委员会、人民法院和人民检察院等即是实行集体负责制的机关。集体负责制能够集思广益,充分发挥集体的智慧和作用,避免主观性、片面性,而且还可以避免国家权力过多地集中于个人或者极少数人手中,防止独断专行和个人决定重大问题。个人负责制是指由首长个人决定问题并承担相应责任的领导体制。在我国,国务院及其各部委,中央军委以及地方各级人民政府等都实行个人负责制。个人负责制权责明确,果断迅速,讲究效率,因而适合于国家行政机关和军事机关的性质和工作特点。同时,贯彻个人负责制的国家机关大多是执行机关,而且在执行过程中并不排斥在民主基础上的集体讨论。

第二节　中央国家机关

一、立法机关

(一)立法机关及其地位

立法机关是指建立在现代民主政治基础之上通过选举方式产生和组成的、以行使国家立法权为主要职责的国家机关,也称代表机关。在西方国家中主要是代议机关,即通常所说的议会、国会,一般由人民民主选举产生议员组成,并由该机关决定国家大政方针,同时行使国家立法权。以立法机关的院制为划分标准,可分为一院制和多院制的立法机关。在我国这个最高的代议机关就是全国人民代表大会。

由于国家政体的不同,立法机关的地位也不相同,具体有以下几种情况:

1. 立法机关地位至上。以瑞士为代表的委员会制国家为典型。在这些国家中,立法机关地位至上,它不仅有立法权,还行使行政权、监督权和裁判权。行政机关无条件服从立法机关,对于它通过的法律,总统无权否决,法院也不得宣布其违法。

2. 立法机关地位优越。以英国为代表的责任内阁制国家为典型。一切法律均由议会制定,立法机关为最高权力机关,内阁处于从属地位。高等法院和行政机关必须执行议会决议,受议会监督。内阁虽有权解散下院,但不足以抵消议会的优越地位。

3. 立法机关与行政和司法机关地位平行。以美国为代表的分权制衡国家属于这种类型。立法、行政、司法三权分立相互制约,国会由选民选举产生,行使立法权、修宪提议权、对外宣战权和监督财政权。总统亦由选民选举产生,集国家元首、政府首脑、三军统帅于一身,直接对选民和宪法负责,而不对国会负责。总统无权解散国会,国会也没有要求总统辞职的权力。

4. 立法机关地位次要。以法国为代表的半总统制国家属于这种类型。行政权在立法权之上,总统有权以命令宣布议会特别会议的召开和闭会,有权就一切涉及公共权力组织的法案交公民复决,有权在期限内要求议会重新审议其通过的法案,议会不得拒绝。

(二)我国的立法机关

在我国,全国人民代表大会是最高国家权力机关和最高国家立法机关,在国家机构体系中居最高地位。

1. 全国人民代表大会

(1)全国人民代表大会的组成、任期及职权

全国人民代表大会由省、自治区、直辖市、特别行政区和军队选出的代表组成。代表名额总数不超过3000名,由全国人大常委会确定各选举单位代表名额比例的分配。每届任期为5年,在任期届满前的2个月以前,全国人大常委会必须完成下届全国人大代表的选举工作。

全国人民代表大会的职权主要有修改宪法、监督宪法实施;制定和修改基本法律;选举、决定和罢免国家机关的重要领导人;决定国家重大问题;最高监督权。

(2)全国人大的会议制度和工作程序

全国人大开展工作的主要方式是举行会议。根据宪法规定,全国人大会议每年举行一次。如果全国人大常委会认为有必要或者1/5以上的全国人大代表提议,可以临时召集全国人大会议。

全国人大通过法律案以及其他议案须经过提案、审议、通过、公布四个阶段。

2. 全国人民代表大会常务委员会

(1)全国人大常委会的性质和地位

全国人大常委会是全国人大的常设机关,是最高国家权力机关的组成部分,是在全国人大闭会期间经常行使国家最高权力的机关,也是行使国家立法权的机关。全国人大常委会对全国人大负责并报告工作,接受其监督;在全国人大闭会期间,国务院、最高人民法院、最高人民检察院对全国人大常委会负责并报告工作。全国人大常委会通过的决议、制定的法律,其他国家机关和全国人民都必须遵守执行。

(2)全国人大常委会的组成、任期及职权

全国人大常委会由委员长、副委员长若干人、秘书长和委员若干人组成。这些组成人员必须是全国人大代表,并由每届全国人大第一次会议选举产生。组成人员不得担任国家行政机关、审判机关和检察机关的职务。在全国人大常委会的组成人员中,应当有适当名额的少数民族代表。全国人大常委会的任期为5年,委员长、副委员长连续任职不得超过两届。

全国人大常委会的职权主要有:解释宪法,监督宪法的实施;根据宪法规定的范围行使立法权;解释法律;审查和监督行政法规;国民经济和社会发展计划以及国家预算部分调整方案的审批权;监督国家机关的工作;决定、任免国家机关领导人员;国家生活中其他重要事项的决定权等。

(3)全国人大常委会的会议制度与工作程序

全国人大常委会主要通过举行会议、作出会议决定的形式行使职权。全国人大常委会全体会议一般每两个月举行一次,由委员长召集并主持。

全国人大常委会举行会议期间,全国人大各专门委员会、国务院、中央军委、最高人民法院和最高人民检察院、常委会组成人员10人以上联名可以向全国人大常委会提出属于常委

会职权范围内的议案。议案由委员长会议决定提请常务委员会审议，或者先交有关的专门委员会审议，提出报告后再提请常委会会议的审议。审议后的议案由常委会全体会议进行表决，获得全体组成人员的半数以上通过方能通过法律，通过后由国家主席公布，其他决议由全国人大常委会自行公布。

二、国家元首

(一)国家元首及类型

国家元首是指依据宪法规定具有特定职权的人格化的国家机关，是一个政权组织的首脑或国家的最高代表，是国家主权的代表，是一个国家统一的象征。其特征有：对外代表国家、居于国家机构的首脑部分、根据宪法行使元首职权、享有礼仪上的特殊待遇。

按照不同标准，国家元首制度有不用的分类。以政体为标准可分为君主制元首和共和制元首。以权力行使的状态为标准可分为实权元首(如总统制国家元首)、虚权元首(如议会内阁制国家元首)。以元首本身的组织构成为标准可分为个体元首制和集体元首制。

(二)我国的元首制度

我国的国家元首制度体现为国家主席制度。

1. 国家主席的性质和地位

中华人民共和国主席是我国国家机构的重要组成部分，是一个独立的国家机关，对内对外代表国家。国家主席是我国的国家元首，依法行使宪法规定的国家主席职权。1954 年宪法规定，国家主席与全国人大常委会联合行使国家元首的职权。1975 年宪法、1978 年宪法均未设置国家主席。1982 年宪法恢复了设置。相比 1954 年，此时的国家主席不再统帅全国武装力量，不再具有召开最高国务会议的职权，国家主席所行使的职权只是履行特定的法律手续。国家主席不参与行政工作，不对全国人大负行政责任。

2. 国家主席的产生、任期及职权

国家主席、副主席由全国人大选举产生。根据宪法规定，当选国家主席和副主席的基本条件有二：一是政治方面的条件，即国家主席、副主席的人选，必须是有选举权和被选举权的中华人民共和国公民；二是年龄方面的条件，即他们必须年满 45 周岁。

国家主席、副主席的任期同全国人大每届任期相同，均为 5 年，连续任职不得超过两届。

国家主席的职权主要有：

(1)命令发布权，即立法机关制定的法律由国家主席以主席令的形式予以公布。此外，国家主席还可据全国人民代表大会及其常委会的决议发布赦免令、动员令、战争令等。

(2)任免权，即任免国务院的组成人员和驻外全权代表。

(3)外交权，即代表国家进行国事活动、接受外国使节、据人大常委会的决议派遣或召回驻外代表、批准或废除同外国缔结的条约或协定。

(4)荣典权，即对国家功勋人员授予国家勋章和荣誉称号。

在我国，国家副主席没有独立的职权，他的职责主要是协助国家主席工作。副主席可以受国家主席的委托，代替执行主席的一部分职权。副主席受托行使国家主席职权时，具有与国家主席同等的法律地位，他所处理的国务具有与国家主席同等的法律效力。

三、国家行政机关

(一)概述

国家行政机关是指行使国家行政权力，管理国家行政事务和社会公共事务的国家机关，通常被称为政府。国家行政机关在各国有不同的称谓,如政府、内阁、政务院、国务院、部长会议等。在我国,中央人民政府就是国务院,是最高的国家行政机关。

(二)我国国家行政机关

1. 国务院的性质和地位

中华人民共和国国务院,即中央人民政府,是最高国家权力机关的执行机关,是最高国家行政机关。它对外以国家政府的名义活动,对内统一领导地方各级人民政府。

国务院是最高权力机关的执行机关,从属于最高权力机关,由最高权力机关产生并对它负责和报告工作。

国务院是最高行政机关,在国家行政机关系统中处于最高领导地位。它统一领导各部、各委员会以及地方各级行政机关的工作。

执行和行政表明了国务院的性质,即国务院是通过在全国范围内进行一系列的组织活动和行政管理活动,执行最高国家权力机关各项决议的国家机关。

2. 国务院的组成和任期

国务院由总理,副总理若干人,国务委员若干人,各部部长、各委员会主任、审计长、秘书长组成。国务院的任期与全国人大的任期相同,即每届为5年。总理、副总理、国务委员连续任职不得超过两届。

3. 国务院的领导体制

(1)总理负责制,即国务院总理领导国务院全部工作,享有完全决定权,并向最高权力机关负责。

(2)会议制度。国务院的会议分为国务院全体会议和国务院常务会议。国务院全体会议由国务院全体成员组成,一般每两个月召开一次。国务院常务会议由总理、副总理、国务委员、秘书长组成,一般每周召开一次。

4. 国务院的职权

国务院的职权主要有:行政法规的制定和发布权,行政措施的规定权,提出议案权,对所属部委和地方各级行政机关的领导权及监督权,对国防、民政、文教、经济等各项工作的领导权和管理权,对外事务的管理权,行政人员的任免、奖惩权等。

四、中央军事委员会

(一)概述

一般地,武装力量的统帅权并不单独作为一项与立法、行政、司法相并列的权力。在许多国家该权力往往归并为国防部长,而国防部长受总理或总统的统一指挥。同时根据“军队国家化”原则,实行军队中立,军队与政党没有直接关系,所以在宪法中也不将军事机关视为独立的国家机关予以规定。而我国宪法则将军事机关视为独立的国家机关。

(二)中央军事委员会的性质、地位及其组成和任期

宪法第93条规定:“中华人民共和国中央军事委员会领导全国武装力量。”可见,在我国,中央军事委员会是全国武装力量的最高领导机关,享有对国家武装力量的决策权和指挥权。中央军事委员会由主席、副主席若干人、委员若干人组成。中央军事委员会实行主席负责制,主席由全国人大选举产生。全国人大根据中央军事委员会主席的提名,决定中央军事委员会其他组成人员的人选,有权罢免中央军事委员会主席和其他组成人员。

中央军事委员会是从属于全国人民代表大会的专门从事武装力量组织和管理的国家机

关,对全国人大及其常委会负责,每届任期同全国人大每届任期相同,即都是5年。

第三节　地方国家机构

一、地方国家机构和地方政府

地方国家机构是相对于中央国家机构而言的法律概念,是指设在地方的国家机构,即地方自治机关和地方行政管理机构。因此,在西方国家多将其称为地方政府,在我国或称为地方机关,或称为地方国家机构,其中,“地方国家机构”是宪法中的法定用语。

地方国家机构是一国宪法体系的重要组成部分,具有重要的宪法地位,因为“关于立宪政府政治结构理论的重要组成部分必须是关于地方政府制度的设计。”[1]在我国其主要表现为省、自治区、直辖市,自治州、市、市辖区,县、自治县,乡、民族乡、镇的国家机构。地方国家机构除地方各级人民代表大会和地方各级人民政府外,还包括地方各级人民法院和地方各级人民检察院。

二、地方各级人民代表大会

(一)地方各级人大的性质和地位及任期和职权

1. 地方各级人大的性质和地位

地方各级人大是地方国家权力机关,本级的地方国家行政机关、审判机关、检察机关都由人民代表大会选举产生,对它负责,受它监督。因此,地方各级人大在同级国家机关中处于支配和核心的地位。

2. 地方各级人大的组成和任期

地方各级人大由人民代表组成。代表的产生采取直接选举与间接选举并用的方式。不设区的市、市辖区、县、自治县、乡、镇的人大代表,由选民直接选举产生;省、自治区、直辖市、设区的市、自治州的人大代表,由下一级人大选举产生。地方各级人大的每届任期均为5年。

3. 地方各级人大的职权

保证宪法、法律、行政法规的遵守和执行;选举和罢免国家机关负责人;决定重大的地方性事务;监督权;制定地方性法规。

(二)县以上地方各级人大常委会

1. 地方各级人大常委会的性质、地位、组成和任期

县级以上地方各级人大常委会是本级人大的常设机关,是同级国家权力机关的组成部分,地方各级人大常委会对本级人大负责并报告工作。省、自治区、直辖市、自治州、设区的市的人大常委会由本级人大在代表中选举主任、副主任若干人、秘书长、委员若干人组成;县、自治县、不设区的市、市辖区的人大常委会由本级人大在代表中选举主任、副主任若干人和委员若干人组成。

县级以上地方各级人大常委会的任期同本级人大任期相同,均为5年。

---

[1]〔美〕斯蒂芬·L. 埃尔金《新宪政论》,165页,上海:三联书店,1997。

2. 地方各级人大常委会的职权

(1)保证宪法、法律、行政法规和上级人大及其常委会决议在本区域内的遵守和执行。

(2)领导或主持本级人民代表大会代表的选举;召集本级人民代表大会会议。

(3)决定本区域内政治、经济等各方面工作的重大事项;根据本级人民政府的建议,对本区域内的国民经济和社会发展计划、预算作部分变更;决定授予地方荣誉称号。

(4)对本级人民政府、人民法院、人民检察院和下一级人大及其常委会的工作进行监督,受理人民群众对国家机关及其工作人员的申诉和意见。

(5)依法任免国家行政机关、人民法院和人民检察院的有关工作人员;在本级人大闭会期间,补选上一级人大出缺的代表和撤换个别代表。

(6)省、自治区、直辖市的人大常委会,可以依法制定和颁布地方性法规;省、自治区人民政府所在地的市和经国务院批准的较大的市的人大常委会可以依法制定地方性法规。

三、地方各级人民政府

(一)地方各级人民政府的性质和地位及领导体制

1. 地方各级人民政府的性质和地位

地方各级人民政府是地方各级国家权力机关的执行机关,是地方各级国家行政机关。它从属于本级国家权力机关,由国家权力机关产生,向它负责,受它监督。此外,还要服从上级人民政府的领导,向上一级人民政府负责和报告工作,执行上级行政机关的决定和命令。全国的地方各级人民政府都要接受国务院的领导,同时要发挥自己的主动性。

2. 地方各级人民政府的组成、任期和领导体制

省、自治区、直辖市、自治州和设区的市的人民政府分别由省长、副省长、自治区主席、副主席、市长、副市长、州长、副州长和秘书长、厅长、局长、委员会主任等组成。县、自治县、不设区的市、市辖区人民政府分别由县长、副县长、市长、副市长、区长、副区长和局长、科长等组成。乡、民族乡、镇人民政府,分别由乡长、副乡长、镇长、副镇长组成。地方各级人民政府实行首长负责制。每届任期与本级人民代表大会的任期相同,均为5年。

3. 地方各级人民政府的职权

(1)执行决议、发布决定和命令。

(2)领导和监督权。

(3)管理各项行政工作。

(4)依法保障各方面的权利。

(二)地方各级人民政府工作部门

县级以上地方各级人民政府,根据工作需要和精干的原则设立各工作部门(厅、局、委员会、办公室、科等)。乡级政府一般不设工作部门。

省、自治区人民政府,经国务院批准,可以设立若干行政公署,作为其派出机关。县、自治县的人民政府,经上级人民政府批准,可以设立若干区公所,作为它的派出机关。市辖区、不设区的市的人民政府,经上一级人民政府批准,可以设立若干街道办事处,作为它的派出机关。

(三)基层群众性自治组织

基层群众性自治组织指的是依照有关法律规定,以城乡居民(村民)一定的居住地为组

带和范围设立,并由居民(村民)选举产生的成员组成的,实行自我管理、自我教育、自我服务的社会组织。宪法第11条规定:“城市和农村按居民居住地区设立的居民委员会或者村民委员会是基层群众性自治组织。”村民委员会据村民居住状况、人口多少,按照便于群众自治的原则设立;由主任、副主任、委员共3~7人组成;由村民直接选举产生,每届任期3年,其成员可以连选连任。居民委员会据居民居住状况、便于居民自治为原则,以100~700户作为所辖居民户数的范围设定;由主任、副主任和委员共5~9人组成;由居民选举产生,任期为3年,其成员可以连选连任。

基层群众性自治组织的任务主要有:宣传,教育,维护居民的合法权益,办理公共事务和公益事业,调解民间纠纷,协助维护社会治安,协助人民政府或者它的派出机关工作,反映居民的意见、要求和提出建议等。

第四节　宪法与司法机关

一、司法机关与司法体制

司法机关就是指行使司法权以解决法律关系冲突，使其制度化的国家机关。世界各国由于对司法权的界定有所不同，所以在对司法机关的认识上也存有一定的差异。在英美法国家,司法权仅仅是指审判权,检察权则属于行政权范围,所以司法机关仅指法院。而在大陆法国家,司法权包括了审判权和检察权两个方面,故司法机关也就包括法院和检察院。在我国则是从广义、中义和狭义三个层面来认识司法机关。从狭义上讲仅指法院;从中义上讲是指除法院外还有负责提起刑事公诉的检察机关;从广义上讲除了法院、检察院之外还包括公安机关和司法执行机关。

所谓司法体制就是国家司法权的运行机制。大陆法国家一般是二元制司法体制,及由普通法院组成的司法系统和由行政法院组成的司法系统共同组成。英美法国家中,美国是一元双规司法体制,即最高法院享有最高司法权,联邦和各州又都有独立的法院系统;英国则是一元多轨司法体制,即上院享有最高司法权,但苏格兰和北爱尔兰有自己的司法制度和法律。

我国是一元制司法体制。法院为审判机关,检察院为法律监督机关。

二、审判机关

(一)审判机关的地位

我国宪法第123条规定:“中华人民共和国人民法院是国家的审判机关。”第126条规定:“人民法院独立行使审判权,不受行政机关、社会团体和个人的干涉。”从这些宪法的规定可以看出以下含义和特点:

1. 人民法院是我国的审判机关而非司法机关

在我国,全国人民代表大会是国家最高权力机关,其行使的权力是最高的也是统一的。在这种权力下衍生出种种具体的国家权力,承担审判权的就是法院。这是“权力分工”。因而审判机关要向最高权力负责。而司法机关的概念则是奠基于三权分立理论。民意是最高的、统一的,但国家权力产生后有膨胀的天性,易脱离民意,从而对国民构成侵害;因此需要对权力进行制约。这种制度性安排就是立法、行政、司法三权分立。司法机关只服从于宪法和法律,独立于任何机关和组织,也不存在一个更高的权力对其进行监督。

2. 是法院独立而非法官独立，是审判权独立而非司法独立

我国宪法规定：人民法院独立行使审判权，不受行政机关、社会团体和个人的干涉。法院行使审判权，即法院独立，与西方国家法官独立不同。在西方国家，法官独立，即法官只服从于法律和良知，独立行使审判权并独立承担审判的法律后果，职位终身。而在我国行使独立审判权的是法院，法官因其公务员身份，除了服从法律外还要服从党的领导和国家的利益、人民的利益，且法院内的活动也奉行民主集中和首长负责制，因而就无法推行根本意义上的法官独立。所以，其独立权相对较弱。审判机关要接受权力机关的监督和制约，要接受行政机关在机关运作方面的保障或制约。可见，在我国审判机关只是构成统一的最高权力之下的一种权力分工，并不能构成国家权力中的一极。

（二）人民法院的组织体系与职权

1. 组织体系

全国设立最高人民法院、地方各级人民法院和专门人民法院；地方各级人民法院分为高级人民法院、中级人民法院、基层人民法院；专门人民法院包括军事法院、海事法院、森林法院等。

上下级法院之间的关系不是领导关系，而是监督关系。上级人民法院不能直接指挥命令下级人民法院如何进行审判，只能对下级人民法院在审判活动中是否正确适用法律进行审查监督。这种监督主要体现在上级人民法院按照上诉程序、审判监督程序及死刑复核程序对下级人民法院具体案件的监督，纠正错误的判决和裁定。

2. 职权

最高人民法院是我国最高审判机关，其职权主要有：

(1)上诉管辖权，即审判对高级人民法院、专门人民法院判决和裁定的上诉案件和抗诉案件；

(2)审判监督权，即监督地方各级人民法院和专门人民法院的审判工作，审判最高人民检察院按照审判监督程序提出的抗诉案件，依照审判监督程序提审或者指令下级人民法院再审地方各级人民法院和专门人民法院确有错误的生效判决、裁定；

(3)司法解释权，即对在审判过程中如何具体应用法律的问题进行司法解释；

(4)死刑核准权，核准除由最高人民法院判决之外的死刑案件。

高级人民法院的职权主要有：

(1)一审管辖权，即审判法律规定由它管辖的第一审案件(主要是在全省、自治区或直辖市有重大影响的案件)、下级人民法院移送审判的第一审案件；

(2)上诉管辖权，即审判对下级人民法院判决和裁定的上诉案件和抗诉案件、对海事法院判决和裁定的上诉案件；

(3)审判监督权，即监督下级人民法院的审判工作，审判省级人民检察院按照审判监督程序提出的抗诉案件，依照审判监督程序提审或指令下级人民法院再审下级人民法院确有错误的生效判决、裁定；

(4)死刑核准权，即核准中级人民法院依法判处死刑缓期执行的案件。

中级人民法院的职权主要包括如下几个方面：

(1)一审管辖权，即审判法律规定由它管辖的第一审案件(在刑事案件方面，包括危害国家安全案件，可能判处无期徒刑、死刑的普通刑事案件，外国人犯罪的刑事案件；在民事案件

方面,包括重大涉外案件,在本辖区有重大影响的案件和最高人民法院确定由中级人民法院管辖的案件;在行政案件方面,包括确认专利权的案件、海关处理的案件,对国务院各部门或者省、自治区、直辖市人民政府所做的具体行政行为提起诉讼的案件,本辖区内重大、复杂的案件)、基层人民法院移送审判的第一审案件;

(2)上诉管辖权,即审判对基层人民法院判决和裁定的上诉案件和抗诉案件;

(3)审判监督权,即监督基层人民法院的审判工作,审判省级人民检察院分院、省辖市及自治州人民检察院按照审判监督程序提出的抗诉案件,依照审判监督程序提审或指令基层人民法院再审基层人民法院确有错误的生效判决、裁定。

基层人民法院的职权主要包括如下几个方面:

(1)一审管辖权,即审判除法律规定由上级人民法院管辖的案件外的所有一审案件;

(2)庭外处理权,即处理不需要开庭审判的案件;

(3)调解指导权,即指导人民调解委员会的工作。

(三)审判基本制度

1. 两审终审制。一个案件经过任何连续两级的人民法院的审判即告终结。

2. 合议制。人民法院在审理案件时,一般应由三人以上单数的审判员或审判员与人民陪审员组成合议庭,采用少数服从多数原则,作出判决或者裁定。

3. 审判委员会制度。在各级法院内设立审判工作组织,即审判委员会,其成员包括人民法院院长、副院长、各庭庭长及审判业务骨干,成员由人大常委会任命。主要任务是讨论重大的或者疑难的案件;总结审判经验,讨论分析审判工作中出现的新情况、新问题,检查执法情况,提出本院审判工作中的改进办法;讨论其他有关审判工作问题等。审判委员会以少数服从多数表决原则作出决定。

4. 审判监督制度。在两审终审制的前提下,发现确有错误,依法重新进行审判,纠正审判工作中可能出现的错误。

5. 回避制度。在审判人员是本案当事人或者当事人的近亲属,或是自己或其亲属与本案有利害关系,或是担任过本案的证人、鉴定人、辩护人、附带民事诉讼当事人的代理人,或是与本案当事人有其他关系可能影响案件公正处理等的情形下,应当自行回避。当事人也可在这些情形出现下申请其回避。是否回避由院长或者审判委员会决定。

(四)审判中的宪法原则

1. 独立审判。人民法院独立行使审判权,不受行政机关、社会团体和个人的干涉。

2. 公民适用法律一律平等。人民法院对一切案件中的当事人都必须平等地依据法律规定进行适用,不得考虑法律以外的其他因素。

3. 公开审判。人民法院审理案件中,除了涉及国家机密、个人隐私和未成年人犯罪案件,一律公开审理,公开宣判,允许旁听、采访和报道。

4. 被告人有权获得辩护。被告人除自己进行辩护外,有权委托律师为他辩护,也可以由人民团体或被告人所在单位推荐的或者经人民法院许可的公民为他辩护,也可以由被告人的近亲属、监护人为他辩护。必要时,人民法院可以指定辩护人为他辩护。

5. 使用本民族语言文字进行诉讼。

三、检察机关

(一)人民检察院的性质、地位与任务

宪法第129条规定:“中华人民共和国人民检察院是国家的法律监督机关。”这一规定明确了人民检察院的性质,即对国家机关、国家机关工作人员是否违反刑法实行监督,以及对在刑事诉讼中公安机关、人民法院和监狱等机关的活动是否合法实行监督,并包括对人民法院的民事审判和行政审判活动的事后监督。

人民检察院的任务是:通过行使检察权,打击一切叛国的、分裂国家的犯罪活动,惩治危害国家安全的犯罪分子和其他犯罪分子,保卫国家的安全,保卫人民民主专政的政权和社会主义制度,维护社会主义法制,维护社会秩序、生产秩序、工作秩序、教学科研秩序和人民群众生活秩序,保护社会主义的国有财产和劳动群众集体所有的财产,保护公民私人所有的财产,保护公民的人身权利、民主权利和其他权利,保卫社会主义现代化建设的进行,并通过检察活动,教育公民忠于社会主义祖国,自觉地遵守宪法和法律,积极同违法行为作斗争。

(二)人民检察院的组织体系与领导体制

1. 组织体系

全国设立最高人民检察院、地方各级人民检察院和专门人民检察院。地方各级人民检察院分为省、自治区、直辖市人民检察院;省、自治区、直辖市人民检察院分院,自治州和设区的市人民检察院;县、不设区的市、自治县和市辖区人民检察院。专门人民检察院包括军事检察院、铁路运输检察院等。

2. 领导体制

人民检察院实行双重从属制,既要对同级国家权力机关负责,又要对上级人民检察院和最高人民检察院负责。在人民检察院内部实行检察长统一领导与检察委员会集体领导相结合的领导体制。

(三)人民检察院的职权

1. 立案侦查,即对违反刑法的犯罪案件特别是重大刑事案件的直接受理、立案侦查权。

2. 批准逮捕,即公安机关要求逮捕犯罪嫌疑人时,应当提请人民检察院审查批准,人民检察院根据情况分别作出批准逮捕或者不批准逮捕的决定。

3. 提起公诉,即公安机关侦查终结的案件和人民检察院直接受理侦查终结的案件,均由人民检察院审查作出提起公诉、不起诉或者撤销案件的决定。人民检察院对刑事案件提起公诉,并派员出席法庭支持公诉。

4. 侦查监督,即人民检察院对于公安机关(包括国家安全机关、走私犯罪侦查机关等)的侦查活动是否合法实行监督。人民检察院发现公安机关的侦查活动有违法情况时,有权通知公安机关予以纠正,公安机关应当将纠正情况通知人民检察院。

5. 审判监督,即人民检察院对人民法院的审判活动是否合法实行监督。在刑事诉讼中,人民检察院如发现人民法院审理案件违反法律规定的诉讼程序,有权向人民法院提出纠正意见;地方各级人民检察院如认为本级人民法院第一审判决、裁定确有错误,有权按照上诉程序提出抗诉;最高人民检察院对各级人民法院已经发生法律效力的判决和裁定,上级人民检察院对下级人民法院已经发生法律效力的判决和裁定,如果发现确有错误,有权按照审判监督程序向同级人民法院提出抗诉。在民事诉讼和行政诉讼中,人民检察院对人民法院已经发生法律效力的判决和裁定,如发现违反法律、法规规定的,也有权按照审判监督程序提出抗诉。

6. 执行监督,即人民检察院对监狱和其他刑罚执行机关执行刑事判决、裁定的活动是否合法实行监督，如果发现有违法情况，有权通过执行机关予以纠正。这种监督还包括人民检察院对人民法院执行死刑、裁定减刑和假释等活动的监督等。

【案　例】

河南省人民检察院首次提起无罪抗诉案

1991 年春节后，河南周口鹿邑县杨湖口乡连续发生抢劫案。次年 2 月，胥敬祥穿的毛背心被发现是其中一受害人所编制，于是被警方拘留。在刑讯下他很快承认指控，被县检察院批准逮捕。而实际上，他所穿背心是在集市地摊上买的旧衣服。

1997 年 3 月，鹿邑县法院以抢劫罪、盗窃罪判胥敬祥有期徒刑 16 年。11 月，河南省人民检察院在审查其他案件时调阅了此案案卷，认为存在很大问题。2001 年 5 月，在河南省人民检察院指令下，周口检察院向周口中级人民法院提出无罪抗诉，认为胥敬祥案判决错误。周口中院下达再审决定，指令鹿邑县法院另行组织合议庭进行审理。

2002 年 4 月，鹿邑法院审理结果为维持原判。胥敬祥提出上诉，周口中院于 2003 年 3 月作出维持原判的裁定。河南省检察院认为此案属于错判，提出无罪抗诉。

2004 年 6 月河南高院对此案进行审理，2005 年 1 月 10 日下达终审裁定，撤销一审、二审法院对胥敬祥的有罪判决，发回鹿邑县法院重审。3 月 15 日，鹿邑县检察院在河南省检察院的督办下向胥敬祥宣读不起诉决定书，当日胥敬祥被河南省第一监狱释放。[1]

---

[1] 参见赵国勤《河南省人民检察院首次提起无罪抗诉，胥敬祥服刑 13 年获释》，载正义网 http//www. jcrb. com/zyw/n566/ca360889. htm。

第三编　行政法学原理

引 例

美国摩根诉合众国案

1930年4月,美国农业部长发出一项命令,要求调查当时的价格是否合理。1932年5月,在收集到大量的证据和材料的同时,发布了规定价格的命令,同年7月,基于对业已改变了的农业条件的考虑,又重新举行了听证。听证会于1932年11月结束,并收集到大量的证据。1933年6月14日,农业部长作出关于最高价格的决定,并拒绝再次举行听证会。其因此而被起诉。美国最高法院在同时提起的对农业部长的五十起基于同一原因的案件中,只受理了作为代表的摩根案。原告声称,农业部长在签署命令时,既未参加“正式听证”,也未审阅有关证明材料,更没有阅读和考虑原告呈送的证据要点和听证会上的辩论记录。他仅仅是在别人作出的决定上签了名而已。因而,农业部长的命令是非法的,武断的,并剥夺了他们第五修正案中“正当程序”所保障的合法财产的权利。因而,要求撤销农业部长关于规定最高价格的命令,请求法院保护其“正当程序”所赋予的听证权。地区法院三名法官判决支持农业部长的命令,驳回了原告的诉讼请求。随后,原告直接向联邦最高法院提起上诉,最高法院受理了原告的上诉。

最高法院认为,正式听证的规定与传统的法院审理程序相关联,在这种审理中,作出判决的审判官必须听取并研究证据。听证就是要听取证据和辩护词,如果认定此项命令中事实的人没有研究证据和辩护词,那就表明听证根本没有举行。而在此案中,作出最后命令的农业部长在签发命令时没有亲自听取或审阅本案听证中所提出的任何证据,也没有听取或研究原告提出的案情要点;农业部长所知晓的一点情况是在原告及其代理人不在场的情况下,从与农业部的职员的讨论中得到的。这根本不是正式听证所要求的“听取另一方意见”。首席大法官休斯认为:作裁决的权力和责任是授予农业部长的,而不是作为行政机关的农业部,因此没有理由说,农业部的一位官员可以审查证据,而另一个没有研究过证据的人可以制定命令。因此,农业部长必须亲自听取证据,认真思考,作出他认为公正的结论。

在这一案件中,首席大法官休斯所强调的“作裁决的人必须听证”成为著名的摩根原则。他指出,“作裁决的人必须听证”并非一个机械的要件,它允许在搜集证据时利用部长的助手,也允许部长的下属对证据进行筛选和分析,以便在裁决中帮助行政首长。辩护词可以是口头的,也可以是书面的,但关键“听证”是要实质意义上的“听证”。这样的听证要求作裁决的人必须注意案情,研究案情,成为真正作裁决的人,把形式上作裁决的人和事实上作裁决的人统一起来。大法官文森也认为:“作裁决的人必须听证”并不是要农业部长在摩根案中亲自主持听证会,而是意味着程序上的一种最低限度,以保证负有制作最终裁决和命令责任的人能够作出明智的和他人认为公正的判断。因此,地区法院驳回原告诉讼请求是错误的,行政裁决应相当于法院判决,农业部长必须答复原告的问题,原告有权获得正当听证的机会。[1]

[1] 参见胡建淼《外国行政法规与案例评述》,488~489页,北京:中国法制出版社,1997。

第一章　行政法的基本范畴

第一节　行政法的概念及特点

一、行政与行政法

(一)行政的概念

“行政”(Administration)一词源于拉丁语,原意为执行事务,现可理解为“行政”、“管理”、“执行”、“政府”等意。在汉语中较为简单,主要从两种意义上使用这一词汇,一指行使国家权力的活动,一指机关、团体等内部的管理工作。但在法律上讲,通行的用法主要指前者,即公共行政。马克思就认为行政是国家的组织活动。

对于此,国内外学界对这个词的含义的认识没有统一的界定,主要观点有:

1. 除外说。这种观点与三权分立的政体模式相适应,也就是认为行政是指除立法、司法以外的所有国家职能。

2. 国家意志执行说。这种观点以“政治、行政两分说”为基础,也就是认为行政是国家意志的执行。

3. 目的说。这种观点是针对除外说的缺陷而提出的,认为行政是为实现国家目的而进行的活动。

4. 目的+职能说。这种观点认为行政就是指国家行政机关为实现国家目的和任务而行使的执行指挥、组织、监督等诸职能。

在我国,一般地在法律书籍中将“行政”表述为:行政就是国家行政机关依法行使职能,对国家事务进行组织和管理的活动。

现在,学术界提出了一种新的观点,即从动态和静态两方面来把握行政的概念。从动态上定义:行政就是执行国家意志的关于国家事务和公共事务的执行性决策、组织、调控、处理等公共管理活动。从静态上定义:行政就是执行国家意志的承担执行性国家事务和公共事务的公共管理组织,即国家行政机关。

(二)行政法的概念

简单地说,行政法就是对于行政法规根本规定之总概念。但从法学意义上讲,关于行政法的概念,在国内外并没有形成一个公认的定义。在国外,大陆法学者将行政法列入公法范畴,强调行政的公法属性,代表性的观点有:德国法学家奥托·迈耶认为“行政法是指调整作为管理者的国家与作为被管理者的臣民之间的法律规范”。土耳其法学家罗拉认为“行政法是公法的一个部门,它是调整行政机关与国民之间的关系、规定国家官员的法律地位及公民在同作为国家代表的政府官员交往中的权利和义务的法律规范的总称”。法国法学家奥科认为“行政法即规范行政以及行政权对于人民关系法规之总体”。荷兰法学家克鲁尔认为“行政法通常是宪法的延伸和具体化,它主要是关于政府行政和对行政的司法审查”。而英美法学者则将行政案件也交由普通法院审理,强调行政法对政府行政权的控制。如英国法学家韦德认为“行政法定义的第一个含义就是它是关于控制政府权力的法。其目的就是要保证政府权力在法律的范围内行使,防止政府滥用权力,以保护公民”。[1]美国法学家戴维斯认为“行政法是有关行政机关权力和程序的法律,其中特别包括调整对行政行为进行司法审查的法律”。美国法学家施瓦茨认为“行政法是管理政府行政活动的部门法。它规定行政机关可以行使的权力,确定行使这些权利的原则,对受到行政行为损害者给予法律补偿。”“行政法的对象仅限于权力和补救,并回答以下问题:1. 行政机关可以被赋予什么样的权力?2. 这些权力有什么限度?3. 用什么方法把行政机关限制在这个限度之内?”[2]

在我国,对于行政法学的研究长期处于空白状态,到 20 世纪 80 年代逐步发展。总的来说,学界有代表性的行政法概念主要有以下几种:

1. 单一关系调整说,即认为行政法主要指称行政关系,认为行政法“是指有关国家行政管理法律规范的总称,是以行政关系为调整对象的一个仅次于宪法的独立法律部门”。[3]

2. 两种关系同时调整说,即认为行政法“既调整行政关系,又调整监督行政关系,是调整这两类关系的法律规范和原则的总称”。[4]

3. 行政权力双向规范说,即认为“行政法是关于行政权力的组织分工和行使、运作,以及对行政权力进行监督并进行行政救济(或补救)的法律规范的总称。”[5]

4. 广义狭义说,即认为:“所谓行政法广义地讲是指对行政活动过程特别是行政权力运行过程加以规范、监督与补救,调整行政与监督行政的主体及其行为所形成的社会关系的有关法律规范和原则的总称。”“狭义地讲是指行政主体行使行政权力,实施行政管理及其损害救济有关的法律规范和原则的总称。”[6]

可以看出,上述观点和看法虽有不同,但主要倾向于大陆法系的观点。所以在我国对行政法的概念一般在教科书中简单表述为“行政法是调整由于国家行政管理活动发生的行政关系的法律规范的总称”,“是调整行政法律关系的法律规范的总称”。

二、行政法的特点

(一)形式上的特征

1. 没有统一、完整的实体行政法典。世界上迄今为止没有一部统一、完整的实体行政法典,而是由分散于宪法、法律、法规、规章等为数众多的法律文件中的规范组成。这主要是因为其调整范围广泛、规范性质繁杂且变化频繁,因而“制定为统一的法典,乃倍见困难”。[7]

2. 有统一的行政程序法典。行政法作为一个独立的基本部门法,虽没有实体法典,但都有统一的诉讼法典,而且,自 19 世纪末以来,越来越多的国家在行政法体系中还有了行政程序法典。

---

[1] 〔英〕威廉·韦德《行政法》,5 页,北京:中国大百科全书出版社,1997。

[2] 〔美〕伯纳德·施瓦茨《行政法》,1~2 页,徐炳译,北京:群众出版社,1986。

[3] 张焕光《行政法学原理》,3 页,北京:劳动人事出版社,1989。

[4] 罗豪才《行政法学》,5 页,北京:中国政法大学出版社,1996。

[5] 王连昌《行政法学》,1 页,北京:中国政法大学出版社,1997。

[6] 莫于川《行政法学原理与案例教程》,19 页,北京:中国人民大学出版社,2007。

[7] 〔台〕林纪东《行政法之法典立法问题》,载张剑寒《现代行政法基本论》,273 页,台北:台湾汉林出版社,1995。

3. 规范形式多样、数量巨大。行政法的表现形式多种多样，在西方国家，其法源除制定法外，还有判例和行政惯例；在我国，除宪法、法律、行政法规、地方性法规外，还有法律解释、国际条约和惯例等，因而数量居各部门法之首。

（二）内容上的特征

1. 内容广泛、数量庞大。行政法所涉及的社会领域非常广泛，涉及国家事务管理和社会事务管理的各个方面，这就决定了行政法有着广泛的内容和庞大的数量。

2. 稳定性较弱，易于变动。由于行政法涉及社会生活的各个方面；而这些又处于不断的变化和发展之中，这就需要不断地补充、修改和完善，以便及时调整。所以，与其他法律相较，行政法就表现出稳定性较弱、易于变动的特点，但绝非朝令夕改。

3. 实体规范与程序规范相融合。在行政法领域，行政法常常融实体规范与程序规范于一身，行政程序法、行政救济法同属行政法范畴。各种行政法规范中不仅包括规定权利义务的行政实体法，还包括行政权利义务实现程序的行政程序法，它们紧密地交织共存于一个法律文件中，很难将其截然分开。如我国的《行政处罚法》、《行政复议法》、《行政许可法》等均体现了这一特点。

第二节　行政法的地位和作用

一、行政法在法律体系中的地位

（一）行政法是独立的基本部门法

行政法是现代法律体系中三大部门法之一，是不属于任何其他部门法而独立存在的，是一个以一定层次的公共利益与个人利益关系为基础和调整对象的部门法，在一国法律体系中占有重要的地位。由于调整对象的特殊性和调整内容的系统性，行政法与民事法律、刑事法律共同构成完整的法律体系。

（二）行政法是宪法的实施法

行政法与民法、刑法等基本法都是宪法的实施法。但行政法与宪法的关系更为密切，对社会的影响也更加广泛。

1. 从社会生活角度看，现代社会国家行政活动无处不在、无所不包，离开了它的作用，国家在政治上的和民主经济上的发展、社会上的公正和秩序就无从谈起。正如日本法学家室井力所言“若无视法律的作用，就不能言谈现代社会。”[1]

2. 从法律体系结构看，行政法不仅直接以宪法作为自己的法律渊源，而且是对宪法原则和内容的更进一步的具体化。从这个意义上看，行政法就不仅仅是一国法律体系中的重要组成部分，而且是完善宪政制度、维护宪法尊严、保证宪法实施的部门法，因而被誉为“动态的宪法”，是一个独立的不同于其他法律部门的部门法。

---

[1]〔日〕室井力《日本现代行政法》，1页，北京：中国政法大学出版社，1995。

二、行政法的作用

(一)关于行政法作用的主要观点

1. 英美法系国家的看法和观点

英美法系国家对行政法作用的看法和观点就是所谓的控权论。即认为行政法的作用就在于控制政府权力,保证政府权力在法律范围内行使,防止政府滥用权力,从而保护行政相对人的合法权益。美国法学家施瓦茨指出:行政法就是回答"1. 行政机关可以被赋予什么样的权力?2. 这些权力有什么限度?3. 用什么方法把行政机关限制在这个限度之内?"[1]英国法学家韦德指出:行政法"就是要保证政府权力在法律的范围内行使,防止政府滥用权力,以保护公民"。[2]

2. 大陆法系国家的看法和观点

大陆法系国家对行政法作用的看法和观点就是所谓的保权论。即强调行政法的作用就在于维护和保障国家行政权的有效行使,重点就在于规范行政相对人的行为,保障行政管理的顺利进行,以建立和维护有利于提高管理效率、实现管理任务和目的的法的秩序。

3. 我国学者的主要观点

我国学者对于行政法的作用的观点主要有平衡论和综合论两种。平衡论就是强调行政法的作用在于平衡国家行政机关和相对人的权利义务关系,认为行政法"应该是平衡法"。[3]综合论则是既肯定保权作用、也肯定控权作用、还要讲求平衡。也就是通过监督行政权力来保护公民权利及行政相对人的合法权益,通过保障行政权的有效行使来保证行政目的的实现,并平衡国家行政机关和行政相对人的权利义务关系。[4]

(二)对行政法作用的总结和归纳

根据上述各种观点和看法,我们认为可以将行政法的作用总结归纳为以下四个方面:

1. 控制和监督国家行政权力主体,规范行政活动,防止权力滥用。

2. 保障行政权力合法有效实施,实现行政目的,维护社会秩序和公共利益。

3. 保护相对人合法权益,实现社会公正。

4. 调整行政关系,建立维护和谐的社会秩序。

第三节　行政法的基本原则

一、行政法基本原则的含义

根据布莱克法律辞典的解释,所谓法律原则就是法律的基础性真理、原理,或是为其他法律要素提供基础或本源的综合性原理或出发点。[5]法律原则有指导性、稳定性等特点。学界对行政法基本原则虽有不同的看法和表述,但对其是基础性、本源性准则的认识是完全一致

[1] 〔美〕伯纳德·施瓦茨《行政法》,1~2页,徐炳译,北京:群众出版社,1986。

[2] 〔英〕威廉·韦德《行政法》,5页,北京:中国大百科全书出版社,1997。

[3] 参见黄德林《行政法行政诉讼法学》,66页,武汉:武汉大学出版社,2007。

[4] 参见莫于川《行政法学原理与案例教程》,26页,北京:中国人民大学出版社,2007。

[5] 张文显《法理学》,74页,北京:北京大学出版社,1999。

的。因而,我们把它表述为:行政法的基本原则是指导行政法的制定、执行、遵守以及解决行政争议的基本准则,贯穿于规范行政法的立法、行政执法、行政司法和行政监督的各个环节。行政法的基本原则是对行政法规范精神的实质概括,反映了行政法的基本价值观念和目的。

二、对行政法基本原则的一般看法和观点

(一)英美法国家的看法和观点

英美法国家认为行政法有两大基本原则,即越权无效原则和自然公正原则。前者亦称越权原则,要求行政机关必须在法律授权范围内行事。如果在实体上或是在程序上违反了法律规定或与法律要求不符,属于越权行为,越权行为在法律上就是无效行为。后者亦称自然正义原则,要求行政机关对于法律授予的权力应当公正正当地行使。英国法学家韦德指出,"它包括公正程序的两项根本规则:一个人不能在自己的案件中做法官;人们的抗辩必须公正地听取。"[1]

(二)大陆法国家的看法和观点

大陆法国家认为行政法有两大基本原则,即合法性原则和比例原则。前者要求行政行为必须有法律依据,必须符合法律要求,行政机关必须以自己的行为来保证法律的实施。后者要求,开展行政活动必须在合法范围内注意合理的比例和协调,简单地讲就是行政行为必须合法、合理、协调。

三、我国行政法的原则

我国学术界对行政法的原则有不同的看法和观点,主要有应松年教授的两原则说,即行政合法性原则和行政合理性原则;罗豪才教授的三原则说,即合法性原则、合理性原则和应急性原则;姜明安教授的四原则说,即行政法治原则、行政公正原则、行政公开原则、行政效率原则;马怀德教授的新三原则说,即依法行政原则、信赖保护原则与比例原则。

结合国内外学者的不同观点和看法以及我国的实际情况,我们认为行政法应包括以下几个基本原则:

(一)行政合法性原则

行政合法性原则是指行政权力的设立、行使必须依据法律规定,符合法律要求,不能与法律相抵触,否则就必须承担违法的法律责任。它包括实体合法和程序合法两个方面的内容。

实体合法就是指行政主体的行政活动只能在法定的范围内,依照法律规定进行;行政行为必须符合法律。超越法定权限的行为无效。"这是因为,法律效力必须法律授予,如不在法律授权范围内,他就在法律上站不住脚。"[2]

程序合法则主要指三方面的内容,一是一个人不能在自己的案件中做法官;二是人们的抗辩必须公正地听取;三是作出对当事人不利的行政决定时,应预先通知当事人并给其申诉之机会。正如美国法学家盖尔霍恩所言"没有事先通知其利益有可能因政府的决定而受到影响的人,一切其他程序权利便可能毫无价值。"[3]

---

[1] 〔英〕威廉·韦德《行政法》,95 页,徐炳译,北京:中国大百科全书出版社,1997。

[2] 〔英〕威廉·韦德《行政法》,44 页,徐炳译,北京:中国大百科全书出版社,1997。

[3] 〔美〕盖尔·霍恩《行政法和行政程序概要》,133 页,黄列译,北京:中国社会科学出版社,1996。

(二)行政合理性原则

行政合理原则是指行政行为的内容要客观、适度、符合公平正义等法律理性，符合全社会共同行为准则的社会公理。主要有四个方面的内容，一是行政行为动因合乎立法目的；二是行政行为要有正当动机；三是行政行为的内容合乎情理；四是行政行为合比例，措施和手段应当必要、适当，应当避免采用损害当事人权益的方式，尽量使相对人所受的损失保持在最小范围和最低程度。

(三)行政应急性原则

行政应急性原则是指在紧急情况下，出于国家安全、社会稳定和公共利益的特别需要，行政主体可以在限制条件下采取无法律依据甚至是同法律规定相抵触的措施和行为。在这种情况下，这些紧急措施和行为有极大的紧急性、优先性、强制性和权威性，因而要特别注意两个方面的问题，一是要有底线限制，不得限制和剥夺最基本的人权，如生命权、语言权、宗教信仰权等；二是必须要有有效的监督约束机制和法律救济机制作保障。

(四)信赖保护原则

信赖保护原则是指行政主体对其在管理过程中形成的可预期的行为、承诺等可预期因素，必须遵守信用，不得随意变更，否则需承担相应法律责任。如出于重大公共利益的考量确需变更时必须作出相应的补救安排。主要内容有三个方面，一是行政法不得溯及既往；二是行政行为必须真实，确定；三是行政主体必须信守诺言。

(五)责任行政原则

责任行政原则指国家行政机关必须对自己所实施的行政活动承担责任，整个行政活动应处于一种负责任的状态，不允许行政机关只实施行政活动，而可以对自己的行为不承担责任。责任行政原则的主要内容有三个方面：一是责任行政原则的目标是实现行政活动的有责任状态；二是必须有明确的主体；三是将行政机关的各种活动与责任相连，不存在无责任的行政活动；四是要建立实现责任的法律制度。

【案 例】

香港中旅集团有限公司投资路桥案

1995年，福州市政府推出了一个路桥建设的境外招商项目，并力邀中央政府在香港设立的四大中资企业之一的香港中旅集团有限公司投资。经过协商成立了合作公司，并于1997年10月签订《专营权协议》，约定合作公司以人民币12亿元受让闽江二桥、三桥、四桥及白湖亭收费站产权、经营权及通行费收费权和其他相关权益，28年后再无偿归还中方。针对港方对城市道路扩建后白湖亭收费站可能受到影响的担心，福州市政府在《专营权协议》中作了一系列承诺，明确保证自合作公司经营之日起9年内，所有从福州南大门进出的车辆都通过该收费站，并保证在28年的专营权有效期限内采取措施维护收费站的正常运营，同时在协议中约定如果在9年内因特殊情况导致通行费收入严重降低或通行费停收时，福州市政府应收回专营权，并保证港方除收回本金外，按实际经营年限获取年净回报率18%的补偿。

《专营权协议》签订后，港方所投入的8.4亿元人民币资金中，用4亿元新建了闽江四桥，其余的4.4亿元进了福州市财政专户，由市政府进行支配。港方投资的8.4亿元，其中3.02亿元由境外现金投入，其余以合作公司名义向银行贷款，由港中旅集团提供全额担保。这一招商项目完成后，港方投资新建的闽江四桥被评为福州市当年十大杰出项目，并被誉为以市政建设项目进行BOT(特许经营)引资的成功范例。

2004年5月，福州二环路三期路段正式通车，此后大量车辆绕过白湖亭收费站走不收费的二环路，造成合作公司通行费收入急剧减少，经营陷于绝境。港方在福州市8.4亿元的巨额投资在近7年的时间里不仅几乎没有回报，还要承担2亿多元未还银行贷款的还款责任。

为此合作公司多次与福州市政府交涉，提出了多种解决方案，港中旅集团主要领导也亲赴福州，与福州市政府主要领导进行了多次磋商谈判并一再作出让步，但均未得到福州市政府的批准。从2003年12月起，福州市政府干脆对港中旅集团的多次致函和派人上门求见不理不睬。港中旅集团将情况如实上报主管部门国务院国资委后，国资委和中央政府驻香港联络办公室出面与福州市政府联系，但同样未获得回应。

在要求进一步谈判磋商无门的情况下，合作公司向中国国际经济贸易仲裁委提出了仲裁申请，要求终止与福州市政府的《专营权协议》，并由福州市政府返还总额达9亿多元的投资本金和投资补偿款。此申请在7月6日获得正式受理后，福州市政府随即以中国国际经济贸易仲裁委无权受理为由，向福州市中级人民法院起诉提起管辖权异议。港方为合作公司写了答辩状，但掌管合作公司印章的中方不敢盖章，致使合作公司无法应诉。

这一案件引起了强烈的社会反响，也引起国外媒体的极大关注。法学专家一致认为：双方签署的《专营权协议》合法有效，双方均应依法履行；福州市政府适应当地经济社会发展的需要，提前修通二环路，这一做法无可非议，但是，对二环路开通后收费站的收费格局改变造成的投资者经济损失，福州市政府有责任予以合理补偿；由于福州市政府未能按照《专营权协议》约定采取增设收费站或迁移原有收费站等措施，致使被许可人不能按照协议约定收取道路通行费用，由此遭受的损失应由行政许可机关福州市政府承担。[1]

[1] 参见《法制日报》，2004-09-02。

第二章　行政主体法

第一节　行政主体和行政组织概述

一、行政主体及其范围

(一)行政主体的概念

行政主体就是依法享有国家行政职权,能代表国家独立进行行政管理活动,并能独立承担法律责任的组织。这一概念可从以下几个方面把握:

1. 行政主体是组织而非个人。这是构成行政主体的形式要件。组织是人类社会活动的基本形式,尽管行政活动的开展是由行政机关工作人员具体实施,但这种活动都是以组织的名义来进行的,因而个人不能成为行政主体。

2. 行政主体依法享有行政职权。行政主体享有行政职权是构成行政主体的实质要件。其职权的享有基于两种途径:一是由法律法规设定,在行政主体成立时就享有;二是由有权机关通过法定程序授予。在我国,行政主体主要是行政机关。

3. 行政主体有权代表国家以自己的名义独立行使行政权力。行政主体具有独立的法律人格,能够代表国家以自己的名义实施行政管理活动。

4. 行政主体能独立参加行政诉讼,承担因其行为而产生的法律责任。由于行政主体能够代表国家以自己的名义行使行政权力,因而也能够独立参加行政诉讼,成为行政诉讼的被告,承担法律责任。

(二)行政主体的种类和范围

根据不同的标准,可以将行政主体划分为不同的种类。根据行政职权来源的不同,行政主体可划分为职权主体与授权主体。前者是指依据法律规定,在其成立时就享有行政职权并取得主体资格的组织,如国家各级行政机关。后者是指其成立时不具行政职权,而是通过有权机关的授权获得行政职权的组织,如行政机关的内部机构。

根据行政主体行政职权的层级范围可把行政主体划分为中央行政主体与地方行政主体。前者指其职权范围及于全国的组织,如国务院。后者是指其职权范围仅限于本行政区域的组织,如地方各级政府。

根据行政主体构成和行使职权的对象,可把行政主体划分为地域性行政主体与公务性行政主体。前者指以行政地域为基础,职权行使范围和行政区域相联系的组织。后者是指不以行政区域为基础,而是承担某一项公务的组织。在我国,地域性行政主体居多,公务性行政主体较少。此外,还有根据行政主体中派出关系而将行政主体划分为本行政主体和派出主体,根据是否以自己的名义行使行政权力把行政主体划分为名义主体和实际主体等。

由上述可见,行政主体的范围十分广泛,在我国主要有国务院及其组成部门、国务院直属机构和经国务院授权的办事机构、国务院部委管理的国家局、地方人民政府及其职能部门、经授权的派出机关和派出机构、经授权的行政机关内部机构、议事协调机构和临时机构、法律法规授权的其他组织。

（三）行政主体的资格及确认

所谓行政主体的资格就是指行政主体应当具备的条件。主要有以下两个方面：

1. 组织要件，即组织自身具备的要件。

职权性主体的组织要件主要有：行政机关的设立有法律依据，属国家行政组织序列；成立经有权机关批准；对外公告成立；有法定编制和人员；有行政预算经费；具备必需的办公条件。授权性主体的组织要件主要有：法律法规授权组织须具有法人资格；不以营利为目的。

2. 法律要件，即在法律上应具备的条件。

从现在的行政主体理论来看，行政主体的法律要件就是必须要有法律法规的明确授权。没有法律法规的明确授权，任何组织都无权行使行政职权。

行政主体资格的确认应从上述两个要件加以衡量。现在我国行政组织法尚不完备，在实践中侧重从法律要件上予以确认，即看一个组织有无法律法规明确规定的行政职权。而在组织要件上还没有明确的规定。

二、行政组织

（一）行政组织的概念

行政组织是指担当行政事务、享有行政权力的各级政府及其设置的行政机关的综合体。这一概念要从以下几个方面把握。

1. 行政组织是行政机关的组合体，是行政机关组成的有机系统。

2. 行政组织是各级政府的组织，由各级政府及其设置的行政机关组成。

3. 行政组织是担当行政事务、行使行政权力的组织。

（二）行政组织与相关概念

1. 行政组织与行政机关

行政机关是指为实现行政目的而依法设置，承担行政事务并独立地进行行政管理的组织体。行政组织与行政机关是一种包容关系，行政组织由行政机关组成，行政组织是一个学理性概念，而行政机关则是一个实用性概念。行政组织由政府及其下设的各类机关组成，承担的行政事务具有整体性；而行政机关则是行政组织的基础单位，其所承担的行政事务具有具体、特定的特点。

2. 行政组织与行政机构

行政机构主要是指行政机关的内设机构，它只是作为行政机关的分支部分而存在，可以代表所在行政机关对外活动，但不能独立行使行政职权。而行政组织是行政机关的集合体。

3. 行政组织与公务员

公务员就是指基于行政公务身份而代表行政主体行使行政职权、实施行政管理的人员。他们代表行政组织行使行政职权，进行行政管理活动，管理行为的后果由国家承担，是行政组织的基本构成要素。

（三）行政组织的设置

一般地，一国的行政组织可分为中央行政组织和地方行政组织两部分。在我国，中央行政组织由国务院、国务院的组成部门、国务院直属机构和国务院办事机构组成。地方行政组织由地方各级政府及其工作部门组成。

第二节　中央和地方行政组织

一、中央行政组织的界定和设置

中央行政组织是指国家设置的担当中央行政事务、行使行政权力的中央人民政府及下属行政机关的集合体。

在我国，按《宪法》、《国务院组织法》的规定，中央行政组织由国务院、国务院组成部门、国务院直属机构、国务院办事机构以及部委管理的国家局等构成。

1. 国务院

国务院即中央人民政府，是最高国家权力机关的执行机关，是最高国家行政机关，在行政系统中处于最高地位，能够代表中国政府活动。国务院由总理、副总理、国务委员，各部部长、各委员会主任、审计长和秘书长等组成，实行总理负责制。

2. 国务院机构的种类

国务院机构设置主要有：

(1)国务院办公厅，协助国务院领导处理国务院日常工作的机构，由国务院秘书长领导。

(2)国务院组成部门，主管特定国家行政事务的行政机构，依法分别履行国务院的基本行政管理职能。它包括各部、各委员会、中国人民银行和国家审计署，实行部长、主任和署长、行长负责制。

(3)国务院直属机构和国务院办事机构。国务院直属机构是国务院主管某项专门业务的行政机构，具有独立的行政管理职能。国务院办事机构是协助国务院总理办理专门事项的行政机构，不具有独立的行政管理职能。

(4)国务院部委管理的国家局。由国务院组成部门管理，主管特定业务，是行使行政管理职能的行政机构。

(5)国务院议事协调机构。承担国务院行政机构重要业务工作组织协调任务。

二、中央行政组织的管理体制

(一)国外体制

1. 美国联邦垂直管理体制

这种体制的主要特点是：联邦政府的各项管理事项都由联邦设置的行政机关承担；联邦政府的分支机构直接隶属于政府总部，受其管辖和节制；联邦政府对州政府没有行政上的监督权，但可通过司法途径对各州实施法律监督。

2. 德国分级管理体制

这种体制的主要特点是：法律政策的制定在联邦一级，而法律的执行则属于各州事务；各州可根据具体情况设置行政机关负责法律执行；对于必须由联邦自行执行的事项，才设置联邦行政机关。

3. 法国国家垂直管理体制

这种体制的主要特点是：国家行政与地方行政分立；中央行政组织管辖范围及于全国，地方行政组织作为国家在地方的代表，在一定区域内执行事务。

4. 日本国家行政管理体制

这种体制的主要特点是:国家行政与地方行政分立;国家行政的决策权集中在中央,国家行政在地方的实施主要委托地方完成;少数情况下,国家也设置地方分支机构来直接履行国家行政职能。

(二)我国体制

中央行政机关行使行政决策权,地方行政机关负责执行;国家行政在地方的推行依赖地方行政机关;公共事务归属于国家,没有国家行政和地方行政的严格划分;地方行政机关多为双重领导。

经过几十年的实践,我国的这种体制发挥了巨大的作用,但也显现了一些不足之处,主要表现在:

1. 由于国务院主管部门对地方行政机关没有直接指挥权,更缺乏对地方政府的直接控制能力,一旦地方行政机关拒不执行国务院主管部门的相关政策和决议时,就缺失了相应的纠正机制,国务院主管部门政策的执行就难以保证。

2. 由于在各行政事务中,地方各行政机关分别受国务院不同的主管部门领导,这样条块分割就不利于地方政府的统一管理,容易出现各自为政的情况。而且在一些领域内,行政管理还很难得到地方政府的支持。这就使得地方行政管理的统一与协调难以保证。这些年显现出来的环保谜题就是最好的注解。

3. 由于这种管理体制实际上是中央和地方双重领导,这就形成了政府对政府、部门对部门的管理思路和管理的实际,就使得机构日益增多,规模日益扩大,地方政府的规模就难以控制。

鉴于上述的问题,我们认为必须借鉴国外管理体制的经验,革除双重管理的弊端,根据我国单一制国家的特点,由国务院及其职能部门直接控制地方政府,建立单一的领导体制,全面推进有中国特色社会主义建设事业。

三、地方行政组织

(一)地方行政组织的界定和设置

世界上各个国家所实施的地方制度各不相同,对地方行政组织的认知也就有所差异。在实行地方自治的国家,地方行政组织是地方自治团体的组织,也称为地方团体,它与国家行政组织分立。而在没有实行地方自治的国家,地方组织则是国家在地方设置的行政机关,代表国家对地方的行政事务进行管理。但不论是哪种形式,地方组织都以承担地方行政为使命,都受到国家的控制,都是行政机关的集合体,由不同层级的各类地方组织组成。

在我国,按《宪法》和《地方组织法》规定,我国地方组织有地方各级权力机关、地方各级人民政府及其工作部门组成,还有派出机关和派出机构。

1. 地方各级权力机关

同我国的行政区划相一致,我国地方各级权力机关也划分为省(自治区、直辖市)、市(副省级市、局级市)、县(县级市)、乡四级。地方权力机关的组织形式是各级人民代表大会。县以上人民代表大会设常务委员会。

2. 地方各级人民政府

地方人民政府也分为省、市、县、乡四级。它们是地方性的行政决策机关和行政指挥机关,负责所在地区的行政事务管理,并对下一级行政机关进行领导和指挥。地方人民政府既要对本级人民代表大会负责,也要对上级国家行政机关负责。

3. 地方各级政府工作部门

在我国县以上地方各级政府可根据需要设立工作部门。省级政府工作部门的设立、增减和合并必须报请国务院批准,其他各级则报请上一级政府批准。地方各级政府工作部门受本级政府统一领导并对其负责,同时,又接受上一级政府主管部门的指导。

4. 派出机关

派出机关是一级政府在一定行政区域内设立的派出组织。主要有行政公署、区公所、街道办事处。

5. 派出机构

派出机构是政府工作部门据工作需要在一定行政区域内设立的派出组织,主要有派出所、税务所、工商所等,其职能较单一。

6. 非政府组织

非政府组织是指由法律法规授权或行政机关委托、以授权或委托机关的名义、责任归授权或委托机关的组织。主要有居委会、村委会。

(二)我国地方行政组织制度存在的问题

1. 中央集权过多,地方分权不够,缺乏独立的行政主体地位

我国传统上是中央集权国家,新中国建立后所实行的民主集中制也成为支配中央与地方关系的制度支撑,但在实际中哪些方面民主、哪些方面集中都没有明确的法律规定。这样就使得中央集中权力过多,地方缺乏独立的行政主体地位,一些必要权力欠缺,如行政组织权、财政权、国家决策的参与权。

2. 民主程度不高,行政官员唯上不唯民

我国是一个有着悠久封建主义传统的国家。“旧中国留给我们的封建专制传统比较多,民主法制传统很少。”[1]在现行制度中,地方居民参与管理的程度有限,为法律所确认的权利只有选举和被选举的权利,而且,这种权利还多为间接方式。至于地方居民的直接请求权、行政参与权等尚未得到充分的确认和保障,这就使得民主程度不高。由于民主程度不高,地方居民缺乏对行政官员的直接控制,地方官员就更关心是否得到上级的肯定,而不太在意是否得到地方居民的支持。其直接后果就是对地方的利益和地方的发展重视不够。

3. 中央对地方缺乏有效控制

现在我国一方面表现出地方权力过小、权力多集于中央的情况,但在另一方面,却又显现出了中央对地方缺乏有效控制的实际状况。这是因为在我国现行的管理制度中,中央除了立法控制、项目控制、人事控制外,缺乏有效的对地方的行政控制和司法监督,而所倚重的人事控制手段,一方面与民主精神和理念不符,另一方面也难以保证地方对法律的执行。

(三)我国地方行政组织制度的发展构想

1. 通过法律明确地方的法律地位、事权和权限范围,规定中央和地方的关系。

2. 扩大地方自主权,减少官治色彩、增加民主成分,保障地方居民权利。

---

[1]《邓小平文选》第2卷,332页,北京:人民出版社,1994。

3. 加强国家对地方的控制，改变过分倚重人事控制的官治手段，强化行政控制、引入司法控制机制。

4. 完善保障机制，确保中央和地方都在自己的权限范围内活动。

第三节 国家公务员

一、公务员概述

(一)公务员制度的由来和发展

公务员一词源于西方，最早译自英文 civil servant 或 civil service，意为“文职人员”、“文官”，是指除军事机关之外的政府雇员的总称。这一制度创始于中国，现已成为当今世界各国普遍实行的人事管理制。1983 年，我国邀请时任美国人事总署署长的艾伦·坎贝尔来华讲学，艾伦·坎贝尔说：我很感惊讶，“因为在我们西方所有政治学教科书中，当谈及文官制度时，都把它的创始者归于中国”。[1]

1854 年，英国诺斯科特在调查英国政府人事制度的基础上提出《关于建立英国常任文官制度的报告》，建议确立公开考试、择优录用，建立统一的文官制度。1870 年，英国借鉴中国科举制的优点，正式确立了职业文官制度，公务员制由此发端，现在已成为世界各国公职人员人事管理制度的主流。但其称谓有所不同，英国沿用了文官制度传统，称之为 civil servant，意为“文职人员”、“文官”，美国称之为 government employee，意为政府雇员，法、德等大陆法国家称之为公务员。

新中国成立以来，我国的干部人事制度没有现代意义上的公务员概念，一般称为“国家干部”。1987 年，在党的十三大报告中第一次明确提出“进行干部人事制度改革，建立国家公务员制度”，1993 年 10 月 1 日《国家公务员暂行条例》正式实施，公务员这一概念正式开始使用。2005 年 4 月 27 日《中华人民共和国公务员法》在第十届全国人民代表大会常务委员会第十五次会议顺利通过，于 2006 年 1 月 1 日施行。

(二)公务员的概念及分类

我国《公务员法》第二条规定“本法所称公务员，是指依法履行公职，纳入国家行政编制，由国家财政负担工资福利的工作人员”。从这一规定可以看出这一概念的三个基本内涵：一是公务性，即履行公职；二是组织性，即纳入国家行政编制；三是经济性，即由国家财政负担其工资福利。

根据我国《公务员法》的规定，我国的公务员不再局限于行政机关工作人员，其范围扩大为以下几个方面：党的机关工作人员、人大机关工作人员、行政机关工作人员、政协机关工作人员、审判机关工作人员、检察机关工作人员、民主党派机关工作人员。

职位分类在公务员制度中为各国普遍采用，在国外主要有两种类型。一是美国式的以职位、工作、责任进行的职位分类，二是英国式的以公务员个人具有的条件进行的品位分类。美国公务员职位分类分为一般职位类和技术保管类共 28 个等级，英国分为综合类、专业技术类、秘书类、法律类、警察类等 10 类 6 个等级。我国《公务员法》将公务员分为三类两级。

[1] 转引自仝志敏《国家公务员管理——高层次人力资源开发》，95 页，天津：百花文艺出版社，1994。

三类是指综合管理类、专业技术类和行政执法类。综合管理类公务员主要是综合行使决策权、执行权,制定管理社会公共事务的方针、政策并实施具体的管理。专业技术类公务员主要履行专业技术职责,为管理社会公共事物提供专业技术支持和保障。行政执法类公务员只存在于履行社会管理职能的行政机关基层部门,直接履行现场执法,纯粹的执行性和现场强制性是其基本特征,他们只有执行权,而没有解释权,更不具对出现纠纷的裁定权。两级是指公务员的职务层次分为领导职务和非领导职务两级。领导职务有国家级(正职 1 级,副职 2~3 级)、省部级(正职 3~4 级,副职 4~5 级)、厅局级(正职 5~7 级,副职 6~8 级)、县处级(正职 7~10 级,副职 8~11 级)、乡科级(正职 9~12 级,副职 9~13 级)共 10 级。如再加上非领导职务的科员(9~14 级)和办事员(10~15 级),就是人们所说的 15 级公务员。综合类非领导职务有巡视员、调研员、主任科员、副主任科员、科员、办事员。

二、国家公务员的资格条件及身份

(一)国家公务员的条件

所谓公务员的条件是指报考公务员所必须具备的资格，也就是国家和主考机关规定的成为某职位公务员不可或缺的基本条件。一般地,公务员要具备以下基本条件:

1. 国籍和政治条件。即具有一国国籍,享有选举权和被选举权,参加国家管理、担任公职等权利的公民。

2. 年龄条件。必须年满 18 周岁以上。

3. 健康条件。公务员要身体健康,具有正常履行职责的身体条件。

4. 能力和学历条件。公务员要具有法定权利能力和行为能力,且具备与其所担任的职位相应的学历。因为没有一定的文化程度,就难以很好地行使公共权力。

5. 其他条件。即针对特定职位法律所规定的其他限制要求和条件。

我国《公务员法》第 2 章中就对公务员的条件作了专门规定,基本内容与上述相同。

(二)公务员的身份

公民成为公务员后,其公民身份和法律地位并不因此而丧失,因而,公务员就具有双重身份,即既是公务员又是公民,相应地,其行为也就具有双重行为,即个人行为和公务行为。以个人名义进行的活动属于个人行为,以国家公务员身份进行的活动属于公务行为。如果混淆了这两者之间的相互对应性及其法律关系,就会导致身份和行为的错位。以公民身份对待法定职责就会导致失职或渎职;以公务员身份从事个人行为就会导致权力滥用。因而,必须要确认公务员在具体活动中的身份要素。一是确认职务要素,即依据法定职务关系确定法定职责;二是确认公务要素,即依据其是否在执行公务过程中来确定其身份和行为性质;三是确认时间要素,即依据是否在法定履行职责的范围和时间内确认行为与身份(对警察的特殊要求不在此列);四是确认命令要素,即依据是否在执行命令来确认其行为与身份。

【案　例】

潘根生诉镇政府、镇管委会人员打人致死案

2000 年 3 月，潘根生的运煤车经过南京市江宁区横溪镇时被该镇镇政府的委托组织、镇管委会工作人员胡德文等人拦下。胡德文等人以路面受污染为由收取保洁费,双方发生争执并揪打,经派出所警察劝解后平息。胡德文等非常气愤,当在市场上发现参与揪打自己的潘根生的父亲潘立志时,即上前对其进行殴打而致其死亡。潘根生向法院起诉,要求确认横溪镇镇政府、镇管委会人员殴打致死其父的行政行为违法并要求赔偿死亡赔偿金等。法院审理后认为:胡德文等人的行为系个人行为,横溪镇镇政府、镇管委会不承担行政赔偿责任。法院判决驳回原告诉讼请求。[1]

三、公务员的权利和义务

(一)公务员的权利

1. 职权保障权。即公务员有权获得为履行职责所应具有的权力和工作条件。这种权力必须是在履行职责时才享有,经法律规定或认可。

2. 职务保护权。即非经法定事由、法定程序,不被免职、降职、辞退或处分。

3. 获得报酬权。即获得工资报酬、享受福利、保险待遇的权利。

4. 学习培训权。即参加政治理论和业务知识的学习和培训的权利。满足公务员提高理论水平、更新知识结构、增强业务能力的需求,以适应工作的需要。

5. 批评建议权。即公务员可以向任何国家机关和领导人提出批评和建议。这对克服官僚主义,提高工作质量,改进工作作风有重要意义。

6. 申诉控告权。即公务员对涉及本人的权益受到侵害或认为受到不公平的待遇时,有权向有关机关提出申诉或控告的权利。

7. 法定辞职权。即公务员有权依法提出辞职以选择职业的权利。

8. 其他权利。即法律规定的公务员所享有的其他权利,如人身自由权、休息权等。

(二)公务员的义务

1. 模范守法。即模范遵守宪法和法律的义务。

2. 履行职责、提高效率。即按照规定的权限和程序履行职责、提高工作效率的义务。

3. 为民服务、接受监督。为民服务即是公务员从事公务活动的出发点和归宿点。为保证更好地为人民服务就必须接受人民群众的监督。

4. 维护国家安全、荣誉和利益。

5. 忠于职守、勤勉尽责、服从命令。

6. 保守秘密。即保守国家秘密和工作秘密的义务。

7. 守纪崇德。即遵守工作纪律、恪守职业道德、遵守社会公德的义务。

8. 廉洁公正。即公务员在其职位上必须清正廉洁、公道正派的义务。

9、法定其他义务。即法律规定的其他义务。

四、公务员的管理

(一)公务员管理的基本原则

1. 考试录用、功绩晋升

这一原则是指用公开考试、择优录用的方法选拔公务员;以功绩主义作为公务员享受待遇和级别升迁的依据。这是现代公务员制度的根本标志。主要包括机会均等、优胜劣汰、功绩

[1] 参见《中国审判案例要览》2002年商事审判即行政审判案例卷,837~841页,北京:中国政法大学出版社,2003。

工资、论功行赏等。在考试录用上,英国强调通才标准,注重个人学历、较关注知识面和基础理论;美国则强调专才标准,注重职务上的专业技能。但在功绩主义上两国均从考勤、考绩两个方面进行,重点在考绩,而不论资历、亲疏或党派关系。

在我国这一原则的主要内容是公开、平等、竞争、择优的公务员考试制度,以及严格标准、全面考核、结果入档的考核制度。考核内容主要有德、能、勤、绩、廉五个方面,基本方法是领导与群众相结合、平时与定期相结合,结果分为优秀、称职、基本称职和不称职四档。考核结果记入个人档案,以为奖惩、任用、晋级等依据。

2. 政事分开、两官分途

这一原则源于西方政治学所强调的"政治—行政两分法",也就是将国家公职人员分成"政务官"和"事务官"两大类。前者根据选举或政治任命产生,有任期,属"制定政策型"、行使国家权力的"高级"或"特别职"公务员,随选举胜负而进退;后者则通过公开考试择优录用,属"执行政策型"、执行国家公务的"低级"或"一般职"公务员,不与内阁共进退,实行职务常任制。

3. 政治中立、职务常任

这一原则产生于西方三权分立、多党制政治制度,是改革"政党分肥"的产物。所谓政治中立就是要求公务员对政党政治采取公正、超然的态度,以保证公务员不受党派纷争的影响而公正地履行职责,保证政府工作的连续性和稳定性。美国《公务员法》明确规定公务员"在政治上必须采取中立态度,禁止参加竞选等政治活动,禁止进行金钱授受。"[1]日本《国家公务员法》规定公务员"不得作为政党或其他政治团体的负责人、政治顾问或同等作用的成员。"[2]所谓职务常任就是指公务员职业身份稳定,受国家法律保护。非因过失不得免职和受罚,也不随政党的变更而进退,以保证公务员队伍的稳定,保持政府工作的连续性。

4. 规范培训、工资福利保障

规范培训是指按照公务员职位的要求和发展的需要,有计划、有组织地开展旨在提高公务员素质、能力和水平的教育培养训练活动。主要有初任培训、任职培训、专门业务培训、知识更新培训等。培训以国家主办为主、社会性培训机构为辅为原则。一般地,各国均建立国家行政学院、培训中心等机构负责对公务员的培训;此外还委托国内外著名高校和大中型企业对公务员进行培训。

工资保障主要包括同工同酬、平衡比较、定期加薪以及与物价挂钩等内容。同工同酬是指相同职类的公务员享有相同的报酬,不因政治、宗教、种族、性别、单位的不同而存有差别。平衡比较是指公务员工资与其他行业同类人员的工资大体平衡。定期加薪就是周期性地增加公务员工资。与物价挂钩就是指根据物价指数变动来调整公务员工资,使工资的增长高于或等于物价上涨率,以保障其工资水平不因物价上涨而降低。福利保障主要包括假期制度和社会补助。主要有周末、法定节假日和病、产假,带薪休假,以及住房、交通、加班、困难补助等。

---

[1] 参见谭功荣《公务员制度概论》,21页,北京:北京大学出版社,2007。

[2] 参见李如海《中国公务员管理学》,15页,北京:法律出版社,1993。

附表：公务员报酬构成[1]

		依据合同提供部分		非合同/不确定部分
		货币部分	实物部分	
当前报酬	基本报酬	1. 基本工资(包括带薪休假)	2. 健康保险	3. 职业保障、声誉、社会特权
	津贴	4. 交通、住房、饮食、电话、旅行、生活费等	5. 交通、住房、饮食、旅行等	6. 国外旅行、培训
未来预期		7. 退休金	8. 住房、地产等	9. 名誉、退休后再就业

(二)公务员的录用、任用

在我国公务员任职实行选任制、委任制和聘任制三种形式。选任制就是通过民主选举确定选用人选的任用方式,适用于通过各种选举而获得职务的领导职位。选任制公务员,在选举结果生效时即任当选职务,任期届满不再连任,或者在任期内辞职、被罢免、被撤职的,其所任职务即终止。委任制就是由任免机关以委托任命的形式使被委任人担任一定职务,适用于经录用取得公务员身份的非领导职位。委任制公务员,遇有试用期满考核合格、职务发生变化、不再担任公务员职务以及其他情形需要任免职务的,应当按照管理权限和规定的程序任免其职务。聘任制则是以合同规定予以聘任一定的职务，适用于专业性或辅助性职位,但涉及国家秘密的除外。主任科员以下职位采取考试录用,试用期 1 年;专业技术职位、辅助职位经省级以上公务员主管部门批准可聘任,期限 1~5 年,试用期 1~6 个月。试用期满合格的,予以任职;不合格的,取消录用。受过刑罚和开除处分的均不得录用。

(三)公务员奖励与惩戒

公务员的奖励是指对工作表现突出的公务员给予一定的精神和物质利益的褒奖和鼓励。在我国采取精神鼓励与物质鼓励相结合,以精神奖励为主的原则,奖励分为嘉奖、记三等功、记二等功、记一等功、授予荣誉称号等。并对受奖励的公务员或者公务员集体予以一次性奖金或其他待遇。

公务员的惩戒是指对违反法律和纪律应当承担纪律责任的公务员所给予的处分。在我国《公务员法》第 53 条就明确规定了禁止公务员从事的 15 项行为,对公务员个人的违法意愿表达行为和其他不符合公职要求的行为进行了严格禁止，违反者将受到纪律处分。主要有警告、记过、记大过、降级、撤职和开除。

另外在公务员管理中基本都规定了公务员反对上级错误权,即公务员在执行公务时,认为上级的决定或者命令有错误的,可以向上级提出改正或者撤销该决定或者命令的意见;上级不改变该决定或者命令,或者要求立即执行的,公务员应当执行该决定或者命令,执行后果由上级负责,公务员不承担责任;但是,公务员执行情况明显违法的决定或者命令的,应当依法承担相应的责任。

(四)公务员的职务升降

公务员的职务晋升就是职务与级别的提高。主要有委任晋升、内部晋升、外部晋升等形式,要经过民主推荐、组织考察、讨论决定、任前公示和任职试用等程序。公务员的降职是指

[1] 资料来源:世界银行,http://wwwl. wordbank. org/publicsector/civilservice/government. htm。

由于各种原因不能胜任现职的予以改任较低的职务。这不是对公务员的惩戒,但公务员可以提出复核、申诉等救济手段以维护自身利益。

(五)公务员的职务交流和回避

公务员的职务交流是指不同机关之间的公务员的职务转换、机关内部相互转换及地域转换等。主要包括调任、转任、轮岗和挂职锻炼。回避是对公务员在岗位任职、地域任职或处理公务等方面遇有应当避开的法定情形时所作的限制性规定。主要有职务回避、地域回避和公务回避。职务回避主要包括公务员之间有夫妻关系、直系血亲关系、姻亲关系的,不得在同一机关担任直接隶属于同一首长的职务;不得在同一机关担任直接上下级领导关系的职务;不得在一方担任领导职务的机关从事组织、人事、财务、纪检、审计等工作。地域回避主要针对县级以下公务员,即在县乡级机关任主官,不得在原地任职。公务回避是指执行公务时凡涉及相对人与本人或与本人亲属有利害关系的都应当回避。

(六)公务员公职的退出

公务员公职的退出有退休、辞职、辞退三种。退休就是公务员达到一定年龄或为国家服务达到一定年限,离开工作岗位,由国家给予生活保障和妥善安置。

辞职分为辞去公职和辞去领导职务两种。辞去公职是公务员出于个人原因,申请并经任免机关批准退出国家公职,消灭公务员与机关之间公职关系的制度。其程序是,首先向任免机关提出书面申请,任免机关在法定时间内予以审批。但未满服务年限,未满解密期限,公务未处理完毕,审计、审查期间均不得辞职。辞去领导职务分为三种:一是法定辞职,即因为工作变动依法需要辞去现任职务的;二是个人辞职,即因个人原因或者其他原因自愿提出辞去领导职务;三是引咎辞职,即因工作严重失误、失职造成重大损失或者恶劣社会影响,或者对重大事务负有领导责任应当引咎辞职,不辞职的要责令辞职。

辞退是因为公务员担任公职存在缺陷,国家单方面解除公务员与机关之间公职关系的制度。辞退的条件有:连续两年不称职;不能胜任现职又不接受其他安排;工作调整本人拒绝;不履行义务、不守纪律、教育无转变;不适合在机关工作;旷工或因公外出、请假期满逾期不归,连续超过 15 天,或年内累计超过 30 天。辞退决定应当以书面形式通知被辞退的公务员。被辞退的公务员,可以领取辞退费或者根据国家有关规定享受待业保险。遇有以下情形不得辞退公务员:因公致残,被确认丧失或者部分丧失工作能力的;患病或者负伤,在规定的疗养期内的;女性公务员在孕期、产假、哺乳期内的;法律行政法规规定的其他不得辞退的情形。

(七)公务员公职的保障与救济

公务员公职的保障分为物质保障和权益保障。物质保障是指公务员的工资保险福利制度。公务员实行国家统一的职务与级别相结合的工资制度。工资包括基本工资、津贴、补贴和奖金。公务员工资应当按时足额发放;公务员享受国家规定的福利待遇;公务员享受国家建立的公务员保险制度,保障公务员在退休、患病、工伤、生育、失业等情况下获得帮助和补偿。任何机关不得违反国家规定自行更改公务员工资、福利、保险政策,擅自提高或者降低公务员的工资、福利、保险待遇。任何机关不得扣减或者拖欠公务员的工资。

权益保障是指公务员的申诉控告制度, 国家有义务保障公务员申诉权和控告权的依法实现。

公务员对涉及本人的处分等人事处理决定不服的,可以向原处理机关申请复核;对复核结果不服的，可以按照规定向同级公务员主管部门或者作出该人事处理的机关的上一级机关提出申诉;也可以不经复核,直接提出申诉。公务员申诉的受理机关审查认定人事处理有错误的,原处理机关应当及时予以纠正。机关因错误的具体人事处理对公务员造成名誉损害的,应当赔礼道歉、恢复名誉、消除影响。造成经济损失的,应当依法给予赔偿。

公务员认为机关及其领导人侵犯其合法权益的，可以依法向上级机关或者有关的专门机关提出控告。受理控告的机关应当按照规定及时处理。对于聘任制公务员的权益保障,可以通过国家设立的人事争议仲裁程序解决聘任制公务员与所在机关之间因履行聘任合同发生的争议。当事人对仲裁裁决不服的,可以向人民法院提起诉讼。

第三章　行政行为法

第一节　行政行为概述

一、行政行为的概念和特征

(一)行政行为的概念

行政行为是行政法学体系中一个基础性的概念,也是一个极具争议的概念。主要有主体说,即行政机关实施的行为[1];行政权力说,即行使行政权的行为[2];公法行为说,即具有行政法意义或效果的行为[3]。在我国,一般认为应从广义、中义和狭义三个层面理解:广义上讲,行政行为是指国家行政机关实施的行政管理活动的总称,它是国际公认的研究行政法学的专用词,实际上是行政管理活动的代称;中义上讲,行政行为是指国家行政机关依法实施行政管理,直接或间接产生行政法律效果的行为;而狭义的行政行为仅指具体的行政行为。

结合上述我们认为对这一概念应把握四个基本要素:

1. 主体要素,即行政行为是行政主体所做出的行为;

2. 职权要素,即行政行为是行政主体行使行政职权的行为;

3. 法律要素,即行政行为是具有法律意义和法律效果的行为;

4. 外部要素,即行政行为是行政机关对外实施的行为,不包括对内部事务的组织和管理。

因而将这一概念表述为:行政行为是指行政主体履行行政职责、运用行政职权所实施的行政管理或提供行政服务并产生法律效果的行为。

(二)行政行为的特征

1. 行政行为的专属性与单方性

专属性是指行政行为的主体有着严格的要求,只有具有行政主体资格的机关和组织,或者被授权的组织和个人所实施的并产生法律效果的行为才是行政行为。单方性是指行政行为是行政主体的一种单方面的意思表示,这就是说行政主体单方面的意思表示即可成立行政行为,而无须取得行政相对人的同意。

2. 行政行为的服务性和从属性

现代行政法学认为,行政行为是行政主体所做的公共服务行为,行政主体与行政相对人是一种利益一致关系、服务与合作关系、相互信任关系,因而从根本上改变了行政行为即主权者命令的传统观念,强调社会的协调、全面和可持续发展,这与我国和谐社会的理念是一致的。

---

[1] 参见王名扬《法国行政法》,131页,北京:中国政法大学出版社,1988。

[2] 参见〔台〕张金鉴《行政法新论》,166页,台北:台湾三民书局,1984。

[3] 杨海坤《中国行政法基本理论研究》,214页,北京:北京大学出版社,2004。

从属性是指在行政与法的关系上,法律地位优越,行政行为具有从属性,行政主体的行政权力的直接来源就是法律。因此,意思自治原则“不适用于公行政之行政法意思表示”[1],行政行为必须全面接受法律的监控,行政行为的权限和内容必须符合法律,行政行为必须符合法定程序,只有这样才能实现行政法治。

3. 行政行为的无偿性和可救济性

行政权力是一种以公共利益的增加为最终目的的公权力,是一种职责和义务,且公务活动的相关费用已由国家向行政相对人征收,因此行政行为是无偿的、免费的,如果行政主体在为行政行为的过程中再收取费用,就会使公共服务的性质发生变化。

没有救济的权利就不是权利。为了保障行政相对人的合法权益,监督行政主体依法行政,法律规定行政相对人可对国家工作人员予以监督,可以提出申诉和控告,必要时可提请进行行政复议和行政诉讼。行政行为的这一特点体现了依法行政的基本原则。

二、行政行为的内容和分类

(一)行政行为内容

行政行为的内容就是指行政行为作用于行政相对人所产生的影响和效果。这是行政行为的主要构成要件。这种影响和效果在行政行为中明确地表达出来,具有多样性的特点。具体地讲,行政行为的内容主要包括以下两个方面:

1. 赋予权利或免除义务

赋予权利就是指行政主体赋予行政相对人某种以前所不具备的权利或权能,如批准行为,故此也称授益行政行为。免除义务就是指行政主体消灭行政相对人已负有的作为义务或不作为义务,如免税、许可。

2. 设定义务或剥夺权益

设定义务是指行政主体使行政相对人承担某种义务,如命令、禁令。剥夺权益是指行政主体依法消灭已有的某种权利和权能,包括对权利的撤销(如撤销专利权)、对权力的剥夺(如没收财物)、对权能的消灭(如吊销执照或许可证),也被称为侵益行政行为。

3. 确认法律事实或法律地位

确认法律事实或法律地位也就是对行政相对人权利和义务有关的法律事实和地位的确认和证明。

(二)行政行为的形式

行政行为的形式就是指行政行为的外在表现形式,主要有明示和默式两种。明示是指行政主体以语言或文字等形式直接表达其内在意思,可分为口头和书面两种形式。这种方法具有表意直接明确的特点,具有广泛的适用性。默示形式是指行政主体以使人可推知的方式间接表示其内在意思的形式,如交通信号、指挥手势、推定同意。

(三)行政行为的分类

1. 以行政行为所针对的对象是否特定为标准,行政行为可分为抽象行政行为与具体行政行为。抽象行政行为是指行政机关针对不特定相对人的具有普遍约束力的行政行为。具体行政行为是指行政主体针对特定的对象,就特定事项所作的处理决定,并直接对特定对象

[1] 〔台〕陈敏《行政法总论》,721页,台北:台湾三民书局,1999。

的权利义务产生影响的单方行为。

2. 以法律规定行政行为约束的程度为标准,行政行为可分为羁束行政行为和自由裁量行政行为。羁束行政行为是指法律明确规定了行政行为的范围、条件、形式、程序、方法等,行政机关没有自由选择的余地而做出的行政行为。自由裁量行政行为是指法律只对行为的内容、方式、程度等规定一定的范围和幅度,行政主体可以凭自身对法律精神的理解和执法经验,在法律规定的限度内,做出自认为是最恰当、最合适的行政行为。

3. 以行政主体行使职权的前提条件为标准,行政行为可分为应申请的行政行为和依职权的行政行为。应申请的行政行为是指行政行为以相对人的申请为前提条件,行使行政权力而做出的行政行为。依职权的行政行为是指行政机关主动行使行政权力而做出的行政行为。

4. 以行政行为成立时参与其意思表示的当事人的数目为标准,行政行为可分为单方行政行为和双方行政行为。单方行政行为是指行政机关单方意思表示就能够成立的行为。双方行政行为是指必须经过行政主体和行政相对人双方意思表示一致才能成立的行为。

5. 以行政行为是否必须具备法定的形式、程序为标准,行政行为可分为要式行政行为和非要式行政行为。要式行政行为是指法律、法规规定必须具备某种方式或形式才能产生法律效力的行政行为。非要式行政行为是指法律没有明确行政行为的具体形式,只要明确表达了意思就能产生法律效果的行政行为。

三、行政行为的成立和效力

(一)行政行为的成立

行政行为的成立是指行政行为应当具备哪些要件,才能构成行政行为,具备行政行为的效力。主要包括以下内容:

1. 主体条件。即行政行为的主体必须是具有行政权能的组织,具备行政主体资格,也就是说只有具备行政权能的组织所做出的行为才是行政行为。

2. 职权条件。即行政主体只有在自己职权范围内做出的行政行为才具法律效力,也就是说享有行政权能并在职权范围内行使行政权的行为才是行政行为。

3. 内容条件。即行政主体对权利义务的处理必须符合法律规定。包括符合法律规定的原则、目的等。还要求行政行为是出于行政主体真实的意思表示,行政行为的内容清楚、具体。

4. 程序和形式条件。即行政主体做出的行政行为必须符合法定程序、具备法定形式。

【案　例】

林晓荣诉镇政府案

1994年8月,林晓荣与卢洪煦向镇政府提出离婚登记申请。在办完相关手续后,由于未带照片无法领取离婚证而离开。当天下午,卢洪煦带着自己及林晓荣的照片来到镇政府办公室,把照片交给婚姻登记员。工作人员贴上照片加盖公章后将两本离婚证发给卢洪煦。卢离开后未将林晓荣的离婚证交给其本人。几天后,林晓荣向镇政府表示反悔，卢也应镇政府工作人员的要求将本该由林晓荣持有的离婚证交回。但林晓荣拒绝领取并向县人民法院提起行政诉讼,要求撤销镇政府发出的离婚证。法院在经过审理后作出判决,撤销了镇政府发出的离婚证。[1]

(二)行政行为的效力

行政行为的效力是指行政行为所发生的法律效果，这种法律效果表现为它产生特定的法律约束力或强制力。对于此问题,行政法学界有两大派别,一是以日本为代表的公定力理论,二是以德国为代表的存续力理论。在我国也有王连昌教授主张的确定力、拘束力、执行力的三效力说[2],罗豪才教授主张的公定力、确定力、拘束力、执行力四效力说[3],胡锦光教授主张的公定力、拘束力、执行力、不可争力、不可变更力的五效力说[4]等。

综合上述各种观点和看法,我们认为行政法的效力主要包括以下几方面的内容:

1. 公定力。即行政行为一旦做出即被推定为合法。它要求一切机关、组织和个人对行政主体所做出的行政行为表示尊重,不能任意否认其效力。如果允许任何人都可根据自己的判断来否定行政行为的合法性,而予以抵制,那么,任何权利义务关系就无法得以建立和维护,稳定的社会制度和秩序就无从谈起。

2. 确定力。即行政行为对行政主体和行政相对人所具有的不被任意撤销和改变的法律效力。这是从公定力所引申出的一个重要效力。但要注意的是,这种确定力是相对的,如果有正当理由,行政主体对有瑕疵的行政行为是可以改变的。

3. 拘束力。即已生效的行政行为具有约束和限制行政主体、行政相对人的法律效力。对行政主体而言,就是要求行政主体按行政行为的内容履行职责,不得违背和超越。对行政相对人而言,就是必须服从行政行为的内容,履行所确定的义务。

4. 执行力。即已生效的行政行为要求行政主体和行政相对人对其内容予以实现的法律效力,包括自行履行力和强制履行力。前者指自愿主动履行义务的效力,后者指强制义务人履行义务,保证权利人权利的实现的效力。

(三)行政行为的效力时间

1. 行政行为的生效

行政行为的生效主要有三种情况:一是即时生效,即行政行为一经做出即具有效力;二是送达生效,即送达文书一经送达即具有效力;三是附条件生效,即一旦法定事实发生或是时间届满就发生效力。

2. 行政行为的失效

行政行为的失效,一是因行政行为有重大而明显的瑕疵而确认或宣告无效;二是因行政行为违法的撤销或作为行政处罚的撤销;三是行政行为的废止;四是行政行为期限届满;五是因其他失效情形,如权利主体放弃权利主张、相对人死亡等而致行政行为失效。

---

[1] 参见《人民法院案例选》行政卷,431页,北京:人民法院出版社,1997。

[2] 王连昌《行政法学》,122页,北京:中国政法大学出版社,1999。

[3] 罗豪才《行政法学》,112~114页,北京:北京大学出版社,1996。

[4] 胡锦光《行政法专题研究》,56页,北京:中国人民大学出版社,1998。

第二节　抽象行政行为

一、抽象行政行为概述

(一)抽象行政行为的概念

抽象行政行为是指行政机关针对不特定相对人的具有普遍约束力的行政行为。它具有普遍性、持续性、准立法性和不可诉性的特点。

普遍性就是指对象普遍性和效力普遍性。抽象行政行为是以不特定的人或事作为行政对象,因而对某一类的人或事就具有普遍的效力。

持续性是指抽象行政行为具有后及力,不仅适用于当时的行为或事件,而且适用于以后将要发生的同类行为或事件。

准立法性是指抽象行政行为具规范性、强制性等法律特征,而且必须经过立项、起草、审定、公布等程序。

我国行政法明确规定抽象行政行为不能成为行政诉讼的直接对象。因而在我国抽象行政行为就具有不可诉性, 这是我国现行法律的一大特点。在发达国家建立了较完善的违宪审查制度、宪法诉讼制度,因而公民可以对抽象行政行为直接提出诉讼。随着我国法律制度的完善,相信包括抽象行政行为在内的更多的公权力行为必将纳入司法审查范围,届时,抽象行为的不可诉性这一特点也必将不复存在。

(二)抽象行政行为的分类

根据不同的标准,抽象行政行为有不同的分类,但最常见的是以其规范程度与效力等级为标准, 而分为行政机关的行政立法行为和行政机关除行政立法行为以外的其他抽象行政行为两种。行政机关的行政立法行为即行政立法,也就是国家行政机关制定发布行政法规和行政规章的行为。在我国,享有行政规章制定权的最低一级国家机关是国务院批准的较大的市,主要有唐山、大同、包头、大连、鞍山、抚顺、吉林、齐齐哈尔、青岛、无锡、淮南、洛阳、宁波、邯郸、本溪、淄博、徐州、苏州等 18 个。行政机关除行政立法行为以外的其他抽象行政行为是指行政机关规定行政措施、发布决定和命令的行为。在我国各级行政机关都有权对管理本行政区内的行政事务发布决定和命令,因而,这类抽象行政行为的主体极为广泛。

上述抽象行政行为要有效成立就必须具备以下要件:

1. 行政机关讨论决定。对行政法规而言,须经国务院常务会议或全体会议讨论决定;对享有规章制定权的地方政府而言,须经该级政府常务会议或全体会议讨论决定;对行政机关的其他抽象行政行为,基本上也是经过相关正式会议或非正式会议的讨论决定的。

2. 行政首长签署。这是抽象行政行为成立的必要条件。没有行政长官签署,行政法规、规章就不能对外发生法律效力。

3. 公开发布。行政立法与一般抽象行政行为都必须公开发布,其中行政立法必须以首长令发布,并在法定刊物上登载;而一般抽象行政行为则多以行政公文形式发布,或在法定刊物上登载,或以公告、通告等形式广为张贴,或通过广播、电视等媒体播放。

二、行政立法

(一)行政立法概念与特点

行政立法就是国家行政机关依照法律规定的权限和程序,制定行政法规和规章的活动,具有行政性和立法性的特点。

行政性主要表现在立法主体特定、调整对象特定、立法目的特定三个方面。立法主体特定是指立法的主体是具有一定权限的国家行政机关;调整对象特定是指行政立法所调整对象主要是行政管理事务;立法目的特定是指行政立法的目的就是实现行政管理职能。

立法性主要表现在行政立法是以国家名义创制法律法规的活动,具有权威性;所制定的行为规则属于法的范畴,具有普遍性、规范性、强制性等法的基本特征;行政立法必须遵循相应的立法程序。

(二)行政立法的分类

1. 一般授权立法和特别授权立法

一般授权立法是指国家行政机关依照法律规定的职权制定行政法规和规章;特别授权立法是指根据法律、法规授权,或国家权力机关、上级国家机关的委托,制定规范性法律文件。

2. 中央行政立法与地方行政立法

中央行政立法就是国务院制定行政法规和国务院制定部门规章的活动,主要调整全国范围内的普遍性问题和必须由中央作出统一规定的重大问题。地方行政立法就是一定层级以上的地方政府制定行政规章的活动,一方面是将中央立法具体化,另一方面则是对地方性问题作出规定,以更好地调整区域性的社会关系。

3. 执行性立法、补充性立法与实验性立法

执行性立法就是指为执行法律、法规而作出具体规定,如实施细则等。补充性立法是指对已发布法律、法规予以适当补充,如补充规定等。实验性立法是指经过一段实验期后再总结经验由法律正式规定,如暂行条例。

(三)行政立法的主体

根据我国宪法、组织法及其他相关法律的规定,我国的立法主体有:国务院,国务院各部、委员会、中国人民银行、审计署、具有行政管理职能的直属机构,省、自治区、直辖市人民政府,省、自治区人民政府所在地的市人民政府,经济特区的市人民政府,较大的市的人民政府。

(四)行政立法的原则和程序

行政立法的原则是指贯穿于行政立法的过程中,对行政立法起指导作用的基本准则。主要有以下几项:

1. 依法立法原则,即行政立法必须依照法定权限和法定程序进行,必须做到主体合法、内容合法、程序合法。

2. 民主立法原则,即通过各种形式保证民众广泛参与,做到草案提前公布、将意见的听取作为立法必经环节和法定程序、公布对立法意见的处理结果、设置专门咨询机关。

3. 科学立法原则,即要处理好维护行政权力与保障公民权益的关系。

行政立法的程序就是行政立法主体依法定权限在制定行政法规和规章时所遵循的步骤、方式和程序。主要有立项、起草、审查、通过、公布、备案。立项是指编制行政立法计划。起

草是指对列入计划、需要制定的行政法规和规章,进行法案的草拟工作。审查就是对草案的审议和核查。通过就是将审查完毕的草案交由会议讨论或首长审批。公布就是将通过的法规、规章予以公布,使人们知晓并执行。备案是指将已公布的法规、规章,上报法定机关,使其知晓并入档备查。

(五)行政立法的适用

1. 行政立法的效力等级

宪法具有最高的法律效力,法律的效力高于行政法规、规章。行政法规的效力高于地方性法规、规章。地方性法规的效力高于本级和下级地方政府规章。省、自治区的人民政府制定的规章的效力高于本行政区域内的较大的市的人民政府制定的规章。部门规章之间、部门规章与地方政府规章之间具有同等效力,在各自的权限范围内施行。

2. 行政立法规则冲突的解决

同一机关制定的行政法规、规章,特别规定与一般规定不一致的,适用特别规定;新的规定与旧的规定不一致的,适用新的规定;行政法规之间对同一事项的新的一般规定与旧的特别规定不一致的,由国务院裁决。

地方性法规与部门规章之间对同一事项的规定不一致的,由国务院提出意见。国务院认为应当适用地方性法规的,应当决定在该地方适用地方性法规的规定;认为应当适用部门规章的,应当提请全国人民代表大会常务委员会裁决。部门规章之间、部门规章与地方政府规章之间对同一事项的规定不一致时,由国务院裁决。

三、制定行政规范性文件

(一)行政规范性文件的概念及特征

行政规范性文件是指各级各类国家行政机关为实施法律执行政策在法定权限内制定除行政法规和规章以外的具有普遍约束力的决定、命令及行政措施等。其具有主体广泛性、效力的多层级性和从属性、规范性等特点。

1. 主体广泛性是指有权制定行政规范性文件的行政主体非常广泛,上至国务院下至乡镇人民政府都可成为行政规范性文件的制定主体。

2. 效力的多层级性和从属性是指行政规范性文件种类庞杂、数量巨大,其效力与其制定主体相对应,体现出相应的层级性特点;相对于法律、法规和规章具有从属性特点,且不得与上级的规范性文件相抵触。

3. 规范性是指行政规范性文件,也为人们提供行为规则和模式,在一定范围内可反复适用,且具有执行力。

(二)行政规范性文件与行政立法的关系

行政规范性文件与行政立法密不可分,二者都属于抽象行政行为,行政规范性文件的制定以法律、行政法规和规章为依据;二者都具有规范性和反复、多次适用的特点。

二者的主要区别表现在:

1. 制定主体的范围不同。简单地说就是一广一窄。对行政规范性文件的制定主体而言,几乎所有的国家机关都可成为制定主体,这就使得其制定主体极其广泛;而行政立法的主体仅仅是享有行政法规和规章制定权的国家机关。

2. 效力不同。简单地说就是一低一高。行政规范性文件的效力要低于行政法规和规章,其内容不得与行政法规和规章相违背。

3. 可予规范的内容不同。简单地说就是一无一有。行政规范性文件无权直接对相对人设定权利、义务;而行政法规和规章则可在权限范围内予以设定。

4. 制定程序不同。简单地说就是一简一繁。行政规范性文件的制定程序较为简易,现行法律尚无明确的规定。而行政法规和规章的制定则必须遵循严格的行政立法程序,现行法中有详尽的规定。

第三节　具体行政行为

一、具体行政行为概述

(一)具体行政行为的概念

具体行政行为指行政主体针对特定的对象,就特定事项所作的处理决定,并直接对特定对象的权利义务产生影响的单方行为。对这一概念的把握要注意以下几个基本要素:

1. 具体行政行为是法律行为,是行政机关对公民、法人或者其他组织作出的行政意思表示。目的就是要发生一定的法律后果,使行政法上的权利义务得以建立、变更或者消灭。具体行政行为是行政法上的意志行为和有法律约束力的处理。

2. 具体行政行为是针对特定人与特定事项的处理,具有个别性特征。

3. 具体行政行为是单方行政职权行为,它的做出不需要公民、法人或者其他组织的同意,具有命令服从性质。

4. 具体行政行为是实现行政职能的外部行为措施,是对公民、法人或者其他组织权利义务的安排。

(二)具体行政行为的成立

1. 主体要件。做出具体行政行为的是享有行政职权的行政机关,实施该具体行政行为的工作人员意志健全,具有行为能力。

2. 内容要件。行政机关要求行政相对人应当做什么或者不准做什么的意思,应当以正确和可识别的方式清楚地表示出来,使其知道行政机关为其安排了什么样的权利义务。

3. 程序要件。具体行政行为要按照法律规定的时间和方式进行送达,未经送达领受程序的具体行政行为,不发生法律约束力。

(三)具体行政行为的无效

具体行政行为的无效, 就是指具体行政行为成立之时存在重大明显的瑕疵而自始当然无效。我国对具体行政行为无效的界定承袭了大陆法国家的这种理论,认为具体行政行为无效就是因其严重和明显违法所致,其构成条件主要有四个方面的内容:一是要求从事将构成犯罪的违法行为;二是明显缺乏法律依据的;三是明显缺乏事实根据或要求从事客观上不可能实施的行为;四是越权无效。

从无效制度看,既然行政行为存在重大明显的瑕疵,就不必等待专门机关的判断,而可认定无效。因而具体行政行为无效的一个最重要后果就是行为自始无效,相对人可以不履行义务且不承担法律责任。其他的后果主要有:该具体行政行为致使其合法权益受到损害的相对人,可以在任何时候主张该行为无效;要求相对人履行的所有义务取消;对相对人造成损害要予以赔偿。但在我国,这一制度并未完全建立,法律也没有赋予所有机关、组织和个人具有自行判断的权力,法定国家机关对具体行政行为无效的认定具有唯一性和垄断性。因而,无效仅是有权机关以确认或宣告方式使具体行政行为丧失法律效力。基于此种情况,一些学者就将这种无效称为"完全公定力模式下的行政行为无效"[1]。

(四)具体行政行为的可撤销

具体行政行为的可撤销是指有关国家机关认为已发生效力的具体行政行为在成立时存在瑕疵,即一般违法,按一定程序依职权或应申请作出撤销决定使其不再具有法律效力。因而,构成可撤销具体行政行为的条件主要有四个方面的内容:一是事实不清、证据不足;二是适用法律错误;三是违反法定程序;四是滥用职权。

一般地,行政行为因撤销而失效,所做出的具体行政行为就自始没有发生效力,权利义务关系就应恢复到该行为做出之前的状态。这就是说行政行为的撤销效力溯及既往。这是撤销的原生法律后果。对于因撤销而引发的补救性和保障性的法律后果则主要是追回利益、解除负担、赔偿损失和责令重作。追回利益、解除负担是指行政行为在撤销后,行政相对人因该行为享有的利益就应当收回,所设定的负担亦应当解除。也就是说如果相关利益已经享有则追回,如果相关义务已经履行或者已经执行,则予以解除,能够恢复原状的应当恢复原状。赔偿损失是指如果该行为给当事人造成损失的,行政机关应当承担赔偿责任。责令重作就是指被原行政行为处理的问题需重新进行处理。具体地讲包含两个方面的内容,一是具有可罚性,即对确有违法行为的行政相对人进行制裁;二是授益性,即赋予行政相对人各项权利,并对其合法权益予以保护。要注意的是,在我国,具体行政行为因撤销而失去效力并不是自始无效,而是自撤销之日起失效。

二、行政许可

(一)行政许可的概念

行政许可是指在法律一般禁止的情况下,行政主体据相对人的申请,通过特定形式赋予其从事某种活动或实施特定行为的权利或资格的具体行政行为。这一概念有三层含义:一是存在法律一般禁止规定;二是行政主体予以行政相对人这种一般禁止的解除;三是行政相对人因此获得从事某种活动或实施某种行为的资格或权利。

2003 年 8 月 27 日,第十届全国人民代表大会常务委员会第四次会议通过了我国《行政许可法》,并于 2004 年 7 月 1 日起施行。按照我国《行政许可法》第 2 条的规定:行政许可"是指行政机关根据公民、法人和其他组织的申请,经依法审查,准予其从事特定活动的行为。"这一界定强调了行政许可的申请、审查和准予,但没有显现出存在法律一般禁止和对一般禁止的解除这两个基本特点,存有很大的缺憾。

(二)行政许可的作用

行政许可的作用就是指设立和实施行政许可时其所应具有的积极效用。主要有以下几个方面:

1. 控制危险

行政许可的直接目的就是把那些对社会与人而言是必须或者是有益的,但又可能造成某些不便甚至是危害性的活动置于直接监控之下。这样,通过事先的严格审查及对这种活动

[1] 黄德林、夏云娇《行政法与行政诉讼法学》,187 页,武汉:武汉大学出版社,2007。

的监督,就排除了可能出现的危害,维护了社会秩序和人的合法权益。

2. 配置资源

单纯的市场调节无法解决自然资源日益减少、生态环境急剧恶化的情况,这就要求政府在资源配置上必须进行积极干预。实施行政许可就可将对自然资源的开发利用及生态环境的保护置于有效管理和监督之下,实现自然资源的合理分配和利用。

3. 提供公信力证明

行政许可承载了政府向社会提供相关信息的功能。一方面,政府通过行政许可,规定应登记的特定事项;另一方面也将从事特定活动所要求具有的资格和条件以法律形式规定下来,以此向社会提供公信力证明。

(三)行政许可程序

行政许可程序可分为一般程序和特别程序两种。一般程序主要包括:

1. 申请与受理,即申请人以书面方式提交申请,许可机关予以接受。在这里行政机关负有申请答复义务、一次性告知义务和有对外窗口义务。申请答复是指无论是许可还是拒绝都必须予以答复。一次性告知是指申请材料不全或不符法定形式,应当场或5日内一次告知申请人,逾期不告知的视为受理。对外窗口是指行政机关要确立一个机构统一受理许可申请。

2. 审查与决定,即行政机关在受理许可申请后对申请予以审查并决定是否许可。期限一般为20天,20天内不能作出决定的经本单位负责人批准可延长10天。作出许可决定就向申请人颁发许可证件。

3. 听证,即行政机关实施许可时听取当事人和利害关系人的意见,允许其陈述理由、出具证据,并进行质证或就适用标准进行辩论。有申请听证、组织听证、举行听证和作出决定等程序。

行政许可的特别程序主要是指对自然资源的开发利用和有限公共资源的配置等特许事项的招标、竞拍程序;对职业、行业设定资格、资质要求的特定相对人的认可程序;登记程序。

三、行政处罚

(一)行政处罚概念及特征

行政处罚是指国家行政机关对构成行政违法行为的相对人给予行政制裁的具体行政行为,具有法定性、特定性、制裁性等特点。法定性是指实施行政处罚的主体是具有法定权限的行政主体,其他任何机关、团体、组织和个人均无权实施。特定性是指处罚的对象特定,只能是违反行政法规的公民法人或其他组织。制裁性是指对违法相对人的权益的限制、剥夺,或科以义务。

我国于1996年3月17日,在第八届全国人民代表大会第四次会议上通过了《行政处罚法》,并于同年10月1日起正式实施。

(二)行政处罚的原则

1. 处罚法定原则

处罚设定法定、实施处罚的主体法定、处罚依据法定、处罚程序法定。相对人的行为,只有法律明文规定应予行政处罚的才受处罚;行政处罚设定权只能由法律规定的国家机关在法定职权范围内行使;行政处罚的适用,必须严格依照有关行政违法构成的实体法和适用行政处罚的程序法进行，否则行政处罚无效。

2. 公正公开原则

公正即公平、正直、没有偏私。这就要求处罚必须客观、必须罚过相当、不得滥用裁量权。公开就是公之于众，让他人知晓。这就要求必须向社会公开处罚依据，必须公开处罚程序，在实施过程中要有相对人的参与。因此，一般都规定了表明身份制度、告知制度等。

3. 处罚救济原则

处罚救济原则就是必须保证相对人取得救济途径，无救济即无处罚。相对人享有陈述权、申辩权、申请复议权、提起诉讼权和请求国家赔偿权等救济权。

4. 一事不再罚原则

一事不再罚原则就是对同一违法行为不得给予两次以上同类处罚。在我国，这种情况仅限于“罚款”，如需要给予其他处罚形式，就可仍给予其他的处罚。要注意的是一个违法行为违反了一个法律或法规的规定，两个或两个以上的行政机关都有处罚权；一个违法行为，违反两个以上的法律规范，两个以上的行政机关都有处罚权。

5. 处罚与教育相结合原则

（三）行政处罚的种类

1. 人身自由罚，即短期内剥夺人身自由的处罚。在我国，《行政处罚法》中只规定了“行政拘留”一种处罚方式，且明确了“限制人身自由的行政处罚只能由法律设定”，但在实际中还有劳动教养。

2. 行为罚，即限制或剥夺行政相对人某种行为能力或资格，如责令停产停业，吊销许可证、执照等。

3. 财产罚，即交纳一定数额的金钱或没收一定财物，使受罚人的财产权利和利益受到损害以示警戒，如罚款、没收非法所得等。

4. 申戒罚，即使受罚人的荣誉、名誉等精神利益受到损失以示警戒，如警告。

我国《行政处罚法》规定的警告，罚款，没收非法所得，责令停产停业，吊销许可证、执照，行政拘留等六类处罚，均可纳入上述处罚的种类中。

（四）行政处罚的程序

行政处罚的程序可分为决定程序和执行程序两大类。决定程序主要有：

1. 简易程序。即由执法人员当场表明身份，出具和交付依法填写统一制作的行政处罚决定书，将行政处罚决定报所属行政机关备案。只有是违法事实确凿并有法定依据，且处罚种类和幅度较低，对公民处以50元以下，对法人或者其他组织处以1000元以下的罚款或者警告的才适用简单程序。

2. 一般程序，也称普通程序，具有内容最完善、适用最广泛的特点。主要包括立案、调查取证、说明理由并听取申辩、作出处罚决定等步骤。

在这一程序中有一个特殊的环节，即听证。所谓听证就是指在重大行政处罚决定作出前，应当事人的申请，由行政机关专门人员主持，听取当事人申辩、质证和意见，以查清事实、保证处罚的公正合法。这里就看出举行听证会有两个基本的条件：一是行政机关将要作出责令停产停业、吊销许可证或者执照和较大额罚款等行政处罚决定；二是经当事人依法提出听证要求，由行政机关组织。

一般地，由行政复议机关通知听证会举行的时间和地点。听证时，由调查人员提出当事人违法的事实、证据和行政处罚建议，当事人进行申辩和质证，对会上所出示的材料、当事人陈述及辩论等，都应制作笔录交当事人审核后签字或者盖章，并入档封卷。在听证结束后，行政机关依照一般程序作出处罚决定。可见，在我国，听证案件的最后决定权仍属于行政机关。

执行程序主要有三方面的内容：一是罚收机构相分离，二是实行收支两条线，三是处罚强制执行。

【案　例】

河北平山劳动就业局诉税务局行政处罚错误案

河北平山劳动就业局从1994年1月至1996年10月共收取劳务管理费、劳务服务费及劳务市场收入等共计57万余元。1996年11月平山地税局向就业局发出限期申报纳税通知书，12月又两次发出限期交纳税款3万余元的通知，就业局均未按期履行。12月13日，地税局以平地税字第1号税务处理决定，对就业局作出处以应缴未缴的营业税、城建税、教育费附加31394.71元的3倍罚款计94184.13元，限于12月18日前入库。就业局不服，提起行政诉讼。平山县人民法院认为，行政机关在作出行政处罚决定前，应当依照行政处罚法规定，将作出行政处罚决定的事实、理由及法律依据告知当事人，并告知当事人依法享有陈述和申辩、申请行政复议和提起行政诉讼的权利；并依照规定，收集有关证据，制作调查笔录。但这些工作，地税局都没有做。且作出数额较大的罚款处罚决定之前，应当告知当事人有要求听证的权利。地税局也没有做。因而，该行政处理决定从程序上违法，依法应予撤销。据此，平山县人民法院判决：撤销河北省平山县地方税务局1996年12月13日所作的平地税罚字第1号税务处理决定。[1]

（五）行政处罚的管辖和适用

行政处罚的管辖主要有：

1. 地域管辖，就是指同级同类行政机关之间对行政违法案件行使行政处罚权的权限分工。原则上，行政处罚案件由违法行为发生地的有权行政机关管辖。

2. 级别管辖，是指上下级行政机关之间对行政违法案件行使行政处罚权的权限分工。原则上，行政处罚案件由县级以上地方人民政府具有行政处罚权的行政机关管辖。

3. 指定管辖，是指行政机关就管辖事项发生争议，应当报请上级行政机关指定管辖。

行政处罚的适用是指处罚实施主体对违法案件具体运用行政处罚法规范实施处罚的活动。主要有以下几种情况：

1. 对不满十四周岁的人有违法行为的，精神病人在不能辨认或者不能控制自己行为时有违法行为的，违法行为轻微并及时纠正，没有造成危害后果的，不予处罚。

2. 对满十四周岁未满十八周岁的，能主动消除或减轻行为后果的，受胁迫的，有立功表现的，从轻或减轻处罚。

---

[1] 参见《最高人民法院公报》，1997-02。

3. 发出前未向当事人行说明义务或拒绝听取陈述和申辩的处罚不成立。

4. 无依据、违程序、罚款不出具收据、没收财物不出具没收财物单据的处罚无效。

对于行政处罚的追诉时效，原则上行政违法行为在2年内未被发现的，不再给予行政处罚。但法律另有规定的除外。

四、治安管理处罚

(一)概念及原则

治安管理处罚是公安机关给予实施治安违法行为的公民、法人和其他组织的行政制裁。其前提是确定违反治安管理行为的社会危害性、行政违法性和应受行政处罚性。我国2005年8月通过《治安管理处罚法》并于2006年3月1日起施行。基本原则主要有：

1. 违法行为与行政处罚相适应原则。治安管理处罚必须以事实为根据，与违反治安管理行为的性质、情节以及社会危害程度相当。

2. 公开、公正，尊重和保障人权，保护公民的人格尊严原则。

3. 教育与处罚相结合原则。

(二)治安处罚的种类和适用

治安处罚共有四个主罚和一个附加罚。四个主罚是警告、罚款、行政拘留和吊销公安机关发放的许可证；附加罚是限期出境或者驱逐出境，适用对象仅限于违反治安管理的外国人。

公安机关可根据违法行为人的责任能力和行为情节，决定是否给予处罚、给予何种处罚和给予何种程度处罚。具体有以下内容：

1. 应受处罚的违法行为主体。对自然人，自然人应当具备责任年龄和责任能力两方面的条件。对单位，应当对其直接负责的主管人员和其他直接责任人员给予行政处罚。其他法律、行政法规对同一行为规定给予单位处罚的，依照其规定处罚。

2. 多个违法行为和共同违法行为。对前者分别作出处罚决定，合并执行。行政拘留处罚合并执行的，最长不超过20日。对后者根据行为人在违反治安管理行为中所起的作用，分别处罚。

3. 不予处罚：不满14岁；精神病人；民间纠纷所致的打架斗殴或毁物，情节较轻微，公安机关调解达成协议的。

4. 减轻处罚或者不予处罚：情节特别轻微的，主动消除或者减轻违法后果，并取得被侵害人谅解的；出于他人胁迫或者诱骗的；主动投案，向公安机关如实陈述自己的违法行为的；有立功表现的。

5. 从重处罚：有较严重后果的；教唆、胁迫、诱骗他人违反治安管理的；对报案人、控告人、举报人、证人打击报复的；6个月内曾受过治安管理处罚的。

6. 从轻、减轻处罚：已满14周岁、不满18周岁。

7. 从轻、减轻处罚或者不予处罚：盲人、聋哑人。

8. 不执行处罚。依照治安管理处罚法应当给予行政拘留处罚的，不执行行政拘留处罚：已满14周岁不满18周岁的；已满16周岁不满18周岁，初次违反治安管理处罚法的；70周岁以上的；怀孕或者哺乳不满1周岁婴儿的。

违反治安管理行为在6个月内没有被公安机关发现的，不再处罚。期限从违反治安管理行为发生之日起计算；违反治安管理行为有连续或者继续状态的，从行为终了之日起计算。

(三)违反治安管理的行为

按照依法行政的原则，对于治安管理处罚法没有明文规定的行为，不得进行治安管理处罚。我国治安管理处罚法明确规定了四类具体违反治安管理的行为和处罚。

1. 扰乱公共秩序的行为和处罚。扰乱公共秩序的行为，是对生产和生活等正常社会活动秩序的侵害。

2. 妨害公共安全的行为和处罚。妨害公共安全的行为，是对不特定多数人生命健康和财产安全的危害。

3. 侵犯人身权利、财产权利的行为和处罚。侵犯人身权利、财产权利的行为是对特定人和特定财产的侵害。

4. 妨害社会管理的行为和处罚。妨害社会管理的行为，是以危害国家机关正常管理为中心内容的其他违反治安管理的行为。

(四)处罚程序

1. 调查，即治安管理机关查证违反治安管理案件。主要包括对报案、控告、举报和投案的受理，对违反治安管理行为人的传唤和询问，对行为人、有关场所和物品的检查。

2. 决定，即治安管理机关对违反治安管理案件作出处理结论。主要包括决定机关管辖权、证据、当事人程序权利、决定的种类和形式、决定的送达、当场决定、结案期限和权利救济途径。

3. 执行，即治安管理机关实施治安管理处罚决定。

五、行政强制

(一)概念和特征

行政强制是指为了保证行政管理的顺利进行通过强制手段迫使相对人履行义务，或对相对人的人身财产采取一定强制性措施的具体行政行为的总称。具有特定性、目的性、可诉性等特点。

(二)行政强制种类

1. 以调整内容为标准，可分为对人身的强制措施和对财产的强制措施

对人身的强制措施主要有：拘留、扣留、限期出境、驱逐出境、强制约束、强制遣返、强制隔离、强制治疗、强制戒毒、强制传唤、收容审查等。对财产的强制措施主要有：冻结、扣押、查封、划拨、强行拆除、强制销毁、变价出售、强制退还等。

2. 以适用目的和程序为标准，可分为即时性强制措施和执行性强制措施

即时性强制措施有：强制带离现场，盘问；约束、扣留；收容审查；强制检疫、强制治疗；使用警械、武器。执行性强制措施有间接措施和直接措施之分。间接措施有代履行，即行政主体雇人代替不履行义务的相对人履行义务而强制其缴付劳务费用；执行罚，即对不履行义务的相对人可处以一定数额的金钱给付义务，以促使其履行。直接措施有查封、扣押、冻结、划拨、强制收购、限价出售。

3. 以执行主体为标准可分为自己执行和法院执行

自己执行就是指享有行政强制执行权的行政机关可依法对行政相对人进行行政强制执行，也称行政主体行政强制执行。法院执行是指没有行政强制执行权的行政机关可以发

申请法院进行行政强制,因而也称非诉行政强制执行。一般地,法院在受理后30日内作出决定。

(三)行政强制原则

1. 程序原则。即必须遵行先动员后强制的程序,在强制执行前,行政机关应当进行督促教育,动员义务人自己履行。当事人履行了行政法义务的,就不再实施行政强制执行。这是一个确定强制必要性的重要程序规则。

2. 适当原则。这是行政法比例原则在强制领域的具体体现,主要包括三方面内容。一是设定和实施行政强制必须出于维护公共利益和公共秩序的需要;二是行政强制只能在其他手段无效的前提下适用;三是优先选择轻微方式,如果有两个以上强制措施可供选择时,行政机关不得首先使用最严厉的措施,而应当遵循由弱到强的使用顺序。

3. 权利救济。包括事前、事中和事后的权利救济。事前和事中救济是指在被强制之前及强制过程中,被强制者享有知情权、陈述权、申辩权、申请听证权等。事后救济主要是指行政强制执行若侵犯当事人利益,以国家赔偿法或相应的行政补偿程序请求赔偿或补偿。

第四章　行政监督救济法

第一节　行政监督救济的基本理论

一、行政违法、行政不当

(一)行政违法

行政违法就是指行政主体实施的违反行政法律规范，应予以追究行政责任的行政管理行为。[1]其构成要件一是行为人有相关义务；二是行为人没有履行这种法定义务；三是行为人有过错，即行为人是故意或者是过失。

这一概念具有以下三个基本特征：

1. 实施主体有限性，就是指行政违法行为仅仅是行政主体所实施的行政行为，其他任何主体所实施的行为都不可能构成行政违法。

2. 行为内容特定性，就是指行为内容是违反行政法律法规的，侵害了受法律保护的行政法律关系。这就使其与违纪行为、侵权行为区别开来。

3. 程度和责任有限性，就是指行为违法的后果尚不严重，并未达到犯罪的程度。因而，其法律后果就是承担相应的行政责任。

对行政违法的分类，各国的看法不同。法国行政法将其分为无权限、形式缺陷、滥用权力、违反法律四类。英国则分为破坏自然公正原则、程序错误、超越权限、不履行义务、滥用权力、记录中的法律错误、禁止翻供、其他理由等八类。在我国一般将其分为行政失职、行政越权、滥用职权、事实根据错误、适法错误、违反程序、行政侵权七类。

(二)行政不当

行政不当是指行政主体以行政合法为前提所做出的有瑕疵的行政行为。这种行为以合法为前提，主要表现为显失公正，侵害了行政合理性，因而只引起补救性行政责任，构成行为可撤销的一种理由。

一般地，行政不当可分为以下几种：

1. 以自由裁量权内容为标准，行政不当分为对象不当、时间不当、地点不当等。

2. 以自由裁量行为的性质为标准，行政不当分为权力赋予对象不当、权利赋予量的不当、义务科以对象不当和义务科以量的不当。

行政不当就会引起一定的法律后果，在行为效力上，行政不当就构成了行为可撤销的理由，因而，该行为应予撤销甚至行为无效；在行政责任上，行政不当与责任的承担并没有直接因果关系，因而只引起补救性责任；在救济上，行政不当若造成损害就必须予以法律救济，以保障相对人的权益。

---

[1] 应松年《行政法学新论》，572页，北京：中国方正出版社，1998。

【案　例】

南京江浦消防器材厂诉市统计局案

2003年南京江浦消防器材厂因不服5000元的行政处罚决定，愤而将南京市统计局推上了法院被告席，玄武区人民法院一审判决南京市统计局败诉。

2003年初，南京市统计局根据国家及省统计局的统一安排，对辖区内有关企业进行全国性的投入产出调查，而原告江浦消防器材厂被列入调查对象，但消防器材厂对此未予理睬。南京市统计局认为，江浦消防器材厂以各种借口拒绝参加由他们组织的统计业务培训会议，拒不领取统计报表，对依法发出的统计检查查询书不按期据实答复，其行为已经影响了整个调查工作。依据有关法规，该厂已经构成了拒报统计资料的违法行为，遂对其作出行政处罚决定。江浦消防器材厂则认为，市统计局仅仅下发一个培训会议通知，非要企业参加培训会才能拿到调查报表，并且培训安排在一个风景区召开，企业需食宿自理，这与国家规定培训费用由财政解决相悖，有乱收费之嫌。

玄武法院经审理认为，统计局发出《统计检查查询书》的前提是在进行统计执法检查时，法律法规没有规定统计检查员在执法检查以外发出《统计检查查询书》，故市统计局发出的《查询书》，其形式要件和文书内容不规范。另外，南京市统计局在实施行政行为时，没有对江浦消防器材厂违法行为的程度作出认定就直接给予处罚的做法，法院认为市统计局认定事实不清。故一审判决：撤销南京市统计局2003年6月24日作出的宁统行决字〔2003第004号〕行政处罚决定书，同时责令市统计局对江浦消防器材厂在去年南京市投入产出调查期间的行为，重新作出具体回应。[1]

二、行政责任

（一）行政责任的概念和特征

对行政责任这一概念的理解学者们有较大的差别。或认为行政责任既包括法律责任又包括纪律责任[2]，这种看法将私行政与公行政混为一谈而显得过于宽泛[3]；或认为“行政责任意味着行政处分的适用和实现”[4]，这种看法将行政责任的承担指向行政相对人，是传统的管理论观点，虽在理论界已被摒弃，但在实践中仍有较大的影响；或认为行政责任就是国家赔偿责任[5]，这种看法将行政责任局限于国家赔偿责任而显得过于狭窄。

综合各种观点和认识，我们认为行政责任应具备以下几个基本特征：

1. 行政责任是因法律规定而产生的法律责任。

---

[1] 参见 http://www.sina.com.cn2003-10-31新华网。来源：《现代快报》。

[2] 《法学词典》，337页，上海：上海辞书出版社，1984。

[3] 《法学词典》，337页，上海：上海辞书出版社，1984。

[4] 〔苏〕马诺辛《苏维埃行政法》，209页，黄道秀译，北京：群众出版社，1983。

[5] 参见应松年《行政法学新论》，607页，北京：中国方正出版社，1998。

2. 行政责任是基于一定的行政法律关系而产生的法律后果。

3. 行政责任是一种不可取代的独立责任。

4. 行政责任是一种行政主体的外部责任。

因而行政责任的概念就可表述为：行政责任就是行政主体因违反行政法律规范而依法必须承担的法律责任，是行政违法以及部分行政不当所引起的法律后果。

（二）行政责任的构成及种类

行政责任主要有四个构成要件，一是行政行为已构成行政违法或行政不当，二是这种违法行为损害了相对人的权益，三是相对人权益受损是由该违法或不当的行为造成的，四是责任和后果由作出该行为的行政主体承担。

对于行政责任的种类，世界上普遍接受英国学者的观点，即根据行政主体的行为性质划分为国家行政侵权责任和国家行政合同责任两类。这种观点认为行政主体的侵权行为被诉后由普通法院管辖，且责任一旦确定就由国家予以承担。如违反行政合同就要负赔偿责任，但如果是出于社会公益而单方改变行政合同的内容则要承担补偿责任。[1]此外，行政法学界还根据责任的内容和表现形式有两种不同的划分，一是将其划分为惩罚性行政责任和补救性行政责任；二是将其划分为制裁性行政责任、强制性行政责任和补救性行政责任。

四、监督行政

（一）监督行政的概念和特征

监督行政是指具有监督权的国家机关、社会组织及公民对行政机关及其工作人员行使行政权力、实施行政管理的过程进行监督的法律制度，也就是人们常说的“对行政的监督”。具有对象特定、主体多元、内容广泛等特点。也就是说在监督行政中，监督的对象是确定的，主要是指行政机关及其工作人员，包括授权组织、受委托组织及其工作人员；就监督主体而言，则多元多样，包括国家权力性监督和非国家权力性监督，即国家权力机关监督、国家行政机关监督和司法机关监督及国家机关以外的组织和个人的监督；就监督内容来看不仅包括行政立法、行政执法、行政司法等行政主体活动的全过程，而且涵盖了主体活动的合法性、合理性、合目的性等各个方面。

（二）监督行政的原则

行政权力具有天生的扩张性和侵害性，因而，监督行政对于防止行政权力的失衡、失控具有重要意义。对于指导监督行政全过程的基本原则主要有：

1. 高位和强效原则。这是从监督机关的权威性而言的。高位原则是指监督机构有较高的法律地位，强效原则是指监督机构有强效的监督手段。

2. 专职和独立原则。这是从监督机关的独立性而言的。就是指监督机关专门监督、不兼司他职，且享有自主性和独立性，不会因其他因素而受制于被监督的对象。

3. 责任和保障原则。这是从监督机关的制度建设上而言的。就是指必须在制度上、组织上明确监督职责，实现“监督者也被监督”，并且予以充分的制度保障。

4. 民主和网络原则。这是从加强非国家权力性监督而言的。就是指要大力加强和充分发挥民主党派、人民团体、各种传媒及群众个人在监督中的作用，形成一个网络化的监督体

---

[1] 参见〔英〕威廉·韦德《行政法》，442~491 页，徐炳译，北京：中国大百科全书出版社，1987。

系,切实做好监督工作。

(三)监督行政的分类

从不同的角度出发,可以将监督行政作以下分类:

1. 按监督主体的不同,监督行政可分为国家权力性监督和非国家权力性监督。

2. 按监督对象的不同,监督行政可分为对行政机关的监督和对公务员的监督。

3. 按监督范围的不同,监督行政可分为对抽象行政行为的监督和对具体行政行为的监督。

4. 按监督内容的不同,监督行政可分为合法性监督、合理性监督、合目的性监督。

5. 按监督程序的不同,监督行政可分为预防性监督、纠错性和补救性监督、行为过程监督。

6. 按监督效力的不同,监督行政可分为直接产生法律效力的监督和间接产生法律效力的监督。

第二节　行政复议

一、行政复议概述

(一)行政复议的概念

行政复议是行政救济的一种重要方式。法国将其称为“行政救济”,英国将其称为“行政裁判”,美国将其称为“行政上诉”,日本将其称为“行政审查”。[1]在我国将其称为行政复议。我国于 1999 年 4 月通过了《行政复议法》,并于同年 10 月 1 日起施行。

行政复议就是指公民、法人或其他组织认为具体行政行为侵犯其合法权益,向行政复议机关提出复议申请,行政复议机关对其进行审查并作出复议决定的行政行为。这一概念具有以下特征:

1. 行政性,即行政复议活动由行政复议机关主持,过程和复议决定依然体现的是行政机关的自主权和单方意志性。

2. 司法性,即行政复议要求通过相对独立的行政机关,适用司法性质的程序审理和裁决行政争议案件,体现行政复议的公正性。

3. 被动性和非终局性,即行政复议依申请进行,不具最终的法律效力,可寻求司法途径获得救济。

(二)行政复议与行政诉讼的关系

行政复议与行政诉讼都是由具体行政行为引起,都由行政相对人提起,以解决行政争议为直接目的。但两者相较还是有着明显的区别。主要表现在:

1. 审理机关不同。行政复议机关是行政机关,而行政诉讼的机关则只能是人民法院。

2. 行为性质不同。行政复议是行政系统内部的一种自我监督方式,而行政诉讼则是独立于行政系统之外的司法机关按照司法程序进行的诉讼活动。

3. 审查内容和范围不同。行政复议审查的是行政行为的合法性与合理性,是以合法行

---

[1] 参见应松年《中华人民共和国行政复议法讲话》,1 页,北京:中国方正出版社,1999。

为基础合理性为补充,而行政诉讼则只审查行政行为的合法性。

4. 救济的层级不同。行政复议不具最终的法律效力,如果对复议结果不服,可寻求司法途径获得救济。而行政诉讼则是最终的救济方式。

(三)行政复议的原则和制度

行政复议的原则就是指导行政复议制度运行的基本准则。根据我国《行政复议法》第4条的规定主要有合法、公正、公开、及时、便民等内容。合法原则就是指复议活动对法律的服从,具有与法律的一致性,具体就是主体合法、内容合法、程序合法、形式合法。公正原则就是禁止对任何一方当事人的偏私袒护,无论是在程序权利上还是在对实体权利的处理上都要平等对待申请人和被申请人。公开原则就是行政复议机关的基本义务,应当满足和保障当事人和公众的了解权、监督权。行政复议活动应当为公众所了解,接受当事人和公众的监督。及时原则就是处理案件应当尽量程序简单、时间短暂,以使行政争议较快得到解决,行政关系得到较快确定,行政秩序得到较快恢复。便民原则就是尽量使当事人在复议中以最少的付出获得最有效的权利救济。

在适用上,我国行政复议主要有以下制度:

1. 一级复议制度。及行政争议只经过一级行政机关的审理即告结束,即便是申请人不服复议结果,也不能再次申请复议。

2. 复议前置制度。就是指在同一案件的救济上,一般采取先复议后诉讼,也可以直接进行诉讼,但不能先诉讼后复议,或边复议边诉讼。对一些特定案件只有对复议结果不服时才能提起诉讼。

3. 书面复议制度。即行政复议一般采取书面审查的办法,但并未排除其他的审理方式,如类似庭审的质证和辩论。

4. 复议不停止执行制度。即行政主体做出的具体行政行为,一般不因行政相对人申请行政复议而停止执行。这一是因为行政权的优先性决定了行政行为的先定性,二是因为对公共利益的维护需要行政活动的连续稳定。

5. 被申请人负责举证制度。即作为行政复议被申请人的行政机关负有提供做出具体行政行为的依据和证据的责任,如果不能提供就要承担相应的法律后果。

6. 不适用调解制度。即行政复议机关在处理行政争议案件时不能以调解的方式结案。行政主体对其所享有的行政职权是不能处分和放弃的,因而不能由行政主体和行政相对人自行协商解决。

二、行政复议范围

(一)行政复议范围的概念及行政复议范围的确定标准

行政复议范围就是指行政复议机关受理复议案件的权限,即公民、法人或者其他组织对哪些行政行为有权提起行政复议申请。

我国《行政复议法》第6条主要列举了以下行政复议范围的确定标准:行政处罚行为,行政强制措施,行政许可行为和确认行为,侵犯经营自主权的行为,侵犯农业承包权的行为,违法要求履行义务的行为,不依法办理证照和给予许可的行为,不依法履行保护义务的行为,不依法发放抚恤金、社会保险金或者最低社会保障费的行为。

如果认为具体行政行为所依据的规定不合法,在对具体行政行为申请行政复议时可以一并提出对该规定的审查,主要包括:国务院部门的规定,县级以上地方人民政府及其工作部门的规定,乡、镇人民政府的规定。这就意味着“红头文件”也能告。这种突破及这种改革的逐步完善和发展,就给人民群众提供了一个权利维护的平台,确保国家公权力不会轻易侵犯人民权益,且一旦侵犯将要受到法律的追究。这也要求法院始终坚持和维护司法公正,只有这样才能真正解决百姓不能告、不愿告、不便告和不会告的问题,也只有真正解决了这些问题,才能真正实现司法公正,实现政府依法行政,彻底改变靠文件行政的习惯做法。

(二)行政复议的排除范围

行政复议的排除范围主要包括内部行政行为、居间行为。内部行政行为是指行政机关作出的行政处分及其他人事处理决定。对这些行为所产生的纠纷，可通过内部的程序予以解决,而不能提起复议。居间行为是指行政机关通过说服教育的方式解决民事纠纷的方式。目的是达成一致、消除纷争。在这种行为中,行政机关以国家法律为依据、双方自愿为原则,居间主持进行调解,因而,如当事人在达成协议后又后悔的不能以此申请行政复议。

三、行政复议主体与管辖

(一)行政复议机关及其种类

行政复议机关就是享有和行使行政复议权的行政主体。一般地,行政复议机关可分为行政复议分离主体和行政复议复合主体两类。

行政复议分离主体是指作出具体行政行为的行政主体和审核该行为的行政主体相分离。具体表现在两个方面,一是作出被申请的具体行政行为的行政机关的上一级行政机关,二是作出被申请的具体行政行为的行政机关所属的人民政府。这种分类是我国行政复议的基本模式。

行政复议复合主体就是指作出具体行政行为的行政主体和审核该行为的行政主体为同一法律主体。简单地说就是行政复议主体就是作出被申请的具体行政行为的行政机关本身。如省、自治区、直辖市及国务院所属部门作出的行政行为如引起行政复议,这些作出行政行为的部门则同时又是行政复议机关。这显然违背了自然公正原则。

(二)行政复议机构及职责

行政复议机构是指在行政机关内负责法制工作,具体办理行政复议事项的专门机构。它们不能以自己的名义对外行使职权，上下级行政复议机关的行政复议机构之间不具领导和监督关系,它们各自对所属机关负责。

根据《行政复议法》的规定,行政复议机关的职责主要有:受理复议申请、调查取证、实施审查、处理申请、提出建议、行政应诉和其他职责。

(三)行政复议的管辖

行政复议的管辖是指行政复议机关受理行政复议案件的法定权限及具体分工。在我国,法律确定的基本原则就是“上议下”,即由上一级行政机关对下级行政主体所作出的行为行使行政复议权。

四、行政复议参加人

(一)行政复议的申请人

行政复议的申请人是指认为行政机关的具体行政行为侵犯其合法权益，依法向行政复议机关提出行政复议申请的公民法人或其他组织。可见,申请人是行政相对人,是认为具体行政行为侵害其权利的人,是以自己的名义申请复议、参加复议的人。但在特定条件下申请人资格也可能发生转移,主要有三种情况,一是公民死亡引起的申请权转移,由其近亲属承受;二是无民事行为能力人或者限制行为能力人的申请权转移,由其法定代理人代为申请;三是组织终止引起的申请权转移,由承受其权利的法人或者其他组织申请。

(二)行政复议的被申请人

行政复议的被申请人是指作出被申请复议的具体行政行为的行政机关。可见，行政复议的被申请人是实施具体行政行为的行政主体，是行政复议申请所指向的行政主体。有独立被申请人、共同被申请人、继续行使被撤销行政机关权限的被申请人、法定授权的组织作为被申请人、派出机关和派出机构作为被申请人。

(三)行政复议第三人

行政复议第三人是指同被申请的具体行政行为有利害关系,参加行政复议的其他公民、法人或者其他组织。在主体上,第三人是申请人以外的其他公民、法人或者其他组织;在实体权利义务上,第三人同被申请行政复议的具体行政行为有利害关系,即具体行政行为对第三人的合法权益产生直接影响，第三人参加行政复议是为了维护自己的合法权益；在程序上,第三人在行政复议开始后终结前,经过申请或者复议机关决定参加行政复议。

(四)行政复议的代理人

行政复议的代理人是指以行政复议申请人或第三人的名义，在代理权限内进行行政复议活动的人,主要有法定代理人和委托代理人。他们以被代理人的名义参加行政复议,只能在代理权限内进行活动,因代理活动而产生的法律后果由被代理人承担。

五、行政复议的申请与受理

(一)行政复议的申请

行政复议的申请就是指行政相对人不服行政主体的具体行政行为而向行政复议机关提出撤销或变更其行政行为的请求。申请的期限一般规定为 60 天,即行政相对人在知道具体行政行为之日起 60 日内提出复议申请。因不可抗力或其他正当理由耽误法定申请期限的,申请期可以自障碍消除之日起继续计算。

行政复议申请以书面申请为主,如果行政相对人书面申请确有困难,可以口头申请,但口头申请应当作出翔实记录,并由申请人核对后签名盖章或按手印。

(二)行政复议申请的受理

行政复议申请的受理就是行政复议机关接到行政复议申请后进行审查并依法处理的行为。行政复议机关在收到申请后 5 日内,对申请进行审查并作出有关受理的决定,7 日内送申请书副本于被申请人,被申请人在 10 日内作书面答辩后审理。对不符合法律规定的申请决定不予受理，并书面告知申请人。对符合法律规定但是不属于本机关受理的行政复议申请,应当告知申请人向有关行政机关提出;否则,行政复议申请自行政复议机关负责法制工作的机构收到之日起即为受理。

对公民、法人或者其他组织依法提出行政复议申请,行政复议机关无正当理由不予受理的,法律规定了相应的监督机制。主要有三方面的内容,一是由上级行政机关责令该行政复议机关受理;二是由上级行政机关直接受理;三是在接到通知书之日起 15 日内向法院起诉。

此外法律规定县级地方人民政府在收到属于其他行政复议机关受理的行政复议申请时,有义务转送有关行政复议机关。具体地看主要有五种情形,即对派出机关的复议、对派出机构的复议、对授权组织的复议、对共同机关的复议、对被撤销机关的复议。移转的期限是在收到该行政复议申请后的7日内。移转时应当同时告知行政复议申请人。接受转送的行政复议机关应当在法定期限内作出有关受理的决定。但是接受转送的受理时间，应当从收到转送之日起计算。

一般地,在行政复议期间具体行政行为不停止执行。但如果被申请人认为需要停止的,行政复议机关认为需要停止的,申请人申请得到复议机关认可并决定停止执行的,法律规定停止的,可以予以停止。

六、行政复议的决定

(一)对有关行政规定和行政依据的审查和处理

1. 对申请人提出对行政规定进行审查的申请,行政复议机关有权处理的,应当在30日内依法处理。其中由下级行政机关制定发布的,应当责令下级行政机关限期撤销和修改,也可直接作出决定予以撤销;由复议机关制定发布的,由行政复议机关直接予以撤销。行政复议机关无权处理的，应当在7日内按照法定程序转送有权处理的行政机关依法处理。接受行政复议机关转送的有权机关,应当在60日内依法作出处理。

2. 对行政复议机关依职权发现具体行政行为依据不合法的，行政复议机关有权处理的,应当在30日内依法处理;无权处理的,应当在7日内按照法定程序转送有权处理的国家机关处理。

(二)对具体行政行为的决定

对具体行政行为的决定由行政复议机关进行审查，提出审查处理意见，并作出复议决定。主要有以下几种。

1. 行政复议机关经过审查,认为原具体行政行为认定事实清楚、证据确凿、适用依据正确、程序合法、内容适当的,作出维持的决定。

2. 行政复议机关经过审查,认为被申请人没有履行法定职责的,作出履行法定职责的决定,要求被申请人履行义务。

3. 行政复议机关经过审查,认为主要事实不清、证据不足、适用依据错误、违反法定程序、超越职权或者滥用职权、明显不当的,作出撤销、变更、确认违法和重新作出具体行政行为的决定。

4. 赔偿决定。赔偿决定有依申请作出的赔偿决定和依职权作出的赔偿决定两种情况。依申请作出的赔偿决定,就是申请人在申请行政复议时一并提出了行政赔偿请求,行政复议机关对符合国家赔偿法的有关规定应当给予赔偿的,在决定撤销、变更具体行政行为或者确认具体行政行为违法时,应当同时决定被申请人依法给予赔偿。依职权作出的赔偿决定,就是申请人在申请行政复议时没有提出行政赔偿请求，但是行政复议机关可以在法定情形下直接作出有赔偿效果的决定,如行政复议机关依法决定撤销或者变更罚款、撤销违法集资、没收财物、征收财物、摊派费用以及对财产的查封、扣押、冻结等具体行政行为时,同时责令被申请人返还财产,解除对财产的查封、扣押、冻结措施,或者赔偿相应的价款。

七、行政复议决定的执行

(一)行政复议决定的生效条件

1. 依法在法定期限内作出行政复议决定。行政复议机关应当自受理申请之日起60日内作出行政复议决定。

2. 依法制作和送达行政复议决定书。行政复议机关作出行政复议决定后，应当制作加盖机关印章的行政复议决定书，并依法送达。一旦送达，行政复议决定即可立即生效。送达时间，就是行政复议决定开始发生法律效力的起始时间。

（二）不履行义务及其执行措施

1. 被申请人不履行义务及其执行措施

行政复议机关或者有关上级机关对被申请人完全不履行或无正当理由不及时履行义务的，可责令其限期履行。

2. 申请人不履行义务及其执行措施

维持具体行政行为的行政复议决定，由作出具体行政行为的行政机关依法强制执行，或者申请人民法院强制执行；变更具体行政行为的行政复议决定，由行政复议机关依法强制执行，或者申请人民法院强制执行。

第三节 国家赔偿

一、国家赔偿概述

（一）国家赔偿的概念及特征

国家赔偿是指国家对国家机关及其工作人员违法行使职权造成的损害给予受害人赔偿的制度。它对社会的稳定与发展、民主与法治有重大意义。现在，世界许多国家都建立了国家赔偿制度，我国也于 1994 年 5 月通过了《国家赔偿法》，并于 1995 年 1 月 1 日起正式实行。在我国国家赔偿具有以下基本特征：

1. 赔偿主体特定性。国家赔偿最主要的特征就是国家责任，机关赔偿。国家是抽象主体，不可能履行具体的赔偿义务，一般由具体的国家机关承担赔偿义务，而实施侵权行为的公务人员并不直接对受害人承担责任，履行赔偿义务。

2. 赔偿范围有限性。国家赔偿只对国家机关及其工作人员的部分违法侵权行为承担赔偿责任，是有限赔偿责任。对于间接损害、民事案件错判等不承担赔偿责任。

3. 赔偿方式和标准法定性。国家赔偿不按受害人的要求和实际损害给予赔偿，而是按照法定的方式和标准，以保障受害人生活和生存的需要为原则，给予适当的赔偿。

4. 赔偿程序多元性。国家赔偿规定了取得赔偿的多种程序供受害人选择，若受害人要求行政赔偿，可以直接向赔偿义务机关提出，也可以在行政复议、行政诉讼中一并提起，还可以单独提起行政赔偿诉讼。若受害人提出司法赔偿请求，须先向司法赔偿义务机关提出，然后再向其上级机关提出，最后才能向人民法院赔偿委员会提出；不能通过诉讼途径解决。

（二）国家赔偿责任的构成要件

1. 主体要件，即国家对哪些组织和个人的侵权行为负赔偿责任。在国家赔偿中主体为侵权行为主体而不是责任主体。一般包括国家机关和国家机关工作人员，在特殊情况下，还包括法律法规授权的组织和行政机关委托的组织和个人。

2. 行为要件，即国家对侵权主体实施的何种行为承担赔偿责任。在我国国家只对侵权主体实施的执行职务的行为承担赔偿责任，即致害行为必须是与执行职务有关的行为。

3. 损害结果要件。所谓损害就是指对财产和人身造成的不利。没有损害结果或遭受损害的是普遍对象，国家就不必负责赔偿。我国《国家赔偿法》中把侵权损害的范围概括为人身权和财产权。主要有人身自由权、人格尊严权、婚姻自主权、名誉权、荣誉权、名称权、生命健康权、肖像权、亲属关系中的权利，以及继承权、物权、经营自主权、债权、知识产权等种种财产权。

4. 法律要件，即必须满足“有法律规定”，如果法律没有规定国家赔偿责任，即使公民受到国家机关违法侵害，国家也可能不承担赔偿责任。

(三)界定执行职务行为的标准

对于界定执行职务行为的标准学术界一般有以下几种观点和看法：

1. 主观标准说，即以行为人的主观意思表示判断行为的性质。这种观点存有很大缺陷。以国家机关的意思表示判断某一行为的性质，容易导致国家机关以未委托命令为由推卸其责任，不利于保护受害人的权利；以工作人员的意思表示为准，又难以确定公私利益交织情况下行为的性质，容易扩大国家赔偿责任的范围。

2. 客观标准说，即以执行职务的范围应当以社会观念为准，凡在客观上、外形上可视为社会观念所称的“职务范围”，或者受害人有理由相信工作人员是在执行职务，或客观上足以认为其与执行职务有关的，不论行为者意思表示如何，其行为均可认定是执行职务行为。这种观点比较抽象和笼统，但有利于保护相对人的合法权益。

3. 有关说，即凡与执行职务、行使职权有关的行为，只要符合其他赔偿责任的构成要件，国家就应当对该行为造成的损害承担赔偿责任。这种观点过于抽象，而且具有很大的随意性，易造成国家赔偿责任的扩大。

我们认为，为了准确地判断某一行为是否属于执行职务行为，必须根据上述理论结合一些具体标准进行，也就是综合说的观点。这些具体标准包括：职权标准，即行为人是否享有职权；时空标准，即行为人的行为是否在行使职权、履行职责的时间和空间范围内；名义标准，即行为人是否以国家机关及其工作人员的身份和名义来实施行为；目的标准，即行为人行为的目的是否是维护公共利益。

二、行政赔偿

(一)行政赔偿的概念和特征

行政赔偿是指行政机关及其工作人员在行使职权过程中违法侵犯公民、法人或其他组织的合法权益并造成损害，国家对此承担赔偿责任的制度。

行政赔偿的主要特征是：

1. 主体的特定性。在行政赔偿中侵权主体和赔偿请求人都是特定的。侵权主体特定是指行政赔偿是由行政机关及其公务人员的行为引起的，其他国家机关及其工作人员的行为不能引起行政赔偿。赔偿请求人特定是指行政赔偿的请求人是合法权益受到侵权行为侵害的公民、法人或其他组织。

2. 行为的限定性和违法性。引起行政赔偿的行为必须是行政机关及其公务人员行使职权的行为，且这种行为违法，这是国家承担行政责任的前提。如果所实施的行为与职权无关，就不可能承担行政赔偿责任。如果是合法行政行为也不会承担行政赔偿责任，而仅是对受害人进行一定的补偿。

3. 相对人受到损害性。引起行政赔偿的行为必须是相对人受到了损害，且这种损害是行政机关及其公务人员的违法行为直接造成的。

4. 国家承担性。行政机关及其公务人员代表国家，以国家名义实施行政管理活动，其行为后果归于国家。因而,行政赔偿的费用由国库列支。国家在承担责任后可向有故意或重大过失的公务人员进行追偿。

(二)行政赔偿的归责原则

行政赔偿的归责原则就是指承担赔偿责任的依据和标准。从各国的法律规定来看,行政赔偿的归责原则主要有三种:

1. 过错责任原则,即执行职务时因过错造成损害就承担责任。

2. 无过错责任原则,即执行职务时只要造成损害就承担责任而不论行为人是否有过错。

3. 违法归责原则,即执行职务时的违法行为侵犯权益造成损害则承担责任。

在我国,国家赔偿法中的行政赔偿适用的是违法归责原则。违法的具体情形包括:

1. 违反明确的法律规范,干涉他人权益。

2. 违反诚信原则、尊重人权原则及公序良俗原则,干涉他人权益。

3. 滥用或超越行使自由裁量权,提供错误信息、错误的指导及许可获批准,造成他人权益损害。

4. 没有履行对特定人的法律义务或尽到合理注意义务。[1]

(三)行政赔偿范围

1. 侵犯人身权的行政赔偿范围

侵犯人身权的行政赔偿主要有:违法拘留或采取限制公民人身自由的行政强制措施;非法拘禁或以其他方法非法剥夺公民人身自由; 以殴打等暴力手段或唆使他人以殴打等暴力手段造成公民身体伤害或死亡;违法使用武器、警械,造成公民身体伤害或死亡;其他造成公民身体伤害或者死亡的违法行为。

2. 侵犯财产权的行政赔偿范围

侵犯财产权的行政赔偿主要有:违法实施侵犯财产权的行政处罚,如罚款、没收、吊销许可证和执照、责令停产停业等;违法实施侵犯财产权的行政强制措施,如查封、扣押、冻结、保全、拍卖等;违法征收财物、摊派费用;其他侵犯财产权的违法行为。

3. 国家不承担赔偿责任的情形

国家赔偿法规定了国家不承担赔偿责任的三种情形: 一是行政机关工作人员实施的与行使职权无关的个人行为;二是因公民、法人和其他组织自己的行为致使损害发生的;三是其他情形,如不可抗力、第三人过错等。

(四)行政赔偿关系

1. 行政赔偿请求人

行政赔偿请求人是指依法享有取得国家赔偿的权利, 请求赔偿义务机关确认和履行国家赔偿责任的公民、法人或者其他组织。

能够成为行政赔偿请求人的公民有两种情况,一是受害的公民本人或其监护人、法定代理人,二是受害公民的继承人和其他有扶养关系的亲属。如果出现几个继承人或有扶养关系的亲属,即遵循继承法的相关规定予以继承。

能够成为行政赔偿请求人的法人,主要指受到侵害的法人,如受害的法人终止的,承受其权利的法人或者其他组织是赔偿请求人。

---

[1] 参见应松年《国家赔偿法研究》,84 页,北京:法律出版社,1995。

能够成为行政赔偿请求人的其他组织,主要是受害的其他组织,如其终止的,则承受其权利的法人或者其他组织可以作为行政赔偿请求人。

2. 行政赔偿义务机关

行政赔偿义务机关就是代表国家承担赔偿义务的组织。在现代国家,赔偿责任主体一般都是国家,行政赔偿义务机关以国家名义进行赔偿,赔偿费用来自国库。现阶段,各国对赔偿义务机关的设定主要有两种模式。一是单一机关模式,即国家赔偿机关进行赔偿,如瑞士赔偿义务机关为财政部,韩国赔偿义务机关为法务部,美国的一些州则由社会保险机构为赔偿义务机关。这种模式的优点是赔偿标准统一,且避免了机关的相互推诿。缺点在于,不利于对侵权行为主体进行有效监督,适应性也较弱。二是多元机关模式,即国家不设立专门赔偿机关,而是将作出具体行为的机关作为赔偿机关,这种模式为大多数国家所采取。

我国采取多元机关模式,遵循"谁损害、谁赔偿"的原则。概括起来主要有作出行为的公务员的所在机关;作出行为的机关;机关内设机构造成损害的,由其所在机关;被授权的机构和组织实施行为,由授权机关;被委托的由委托机关;复议案件,决定维持的由原机关,决定变更的由复议机关和原机关。

(五)行政赔偿程序

行政赔偿程序是指受害人依法取得国家赔偿权利、行政机关或者人民法院依法办理行政赔偿事务应当遵守的方式、步骤、顺序、时限等手续的总称。主要有"单独提出"和"一并提出"两种请求程序。我国《国家赔偿法》第9条第2款规定:赔偿请求人要求赔偿应当先向赔偿义务机关提出,也可以在申请行政复议和提起行政诉讼时一并提出。

"单独提出"程序就是单独提出赔偿请求的程序,也称行政先行处理程序。其内容主要是:

1. 确认加害行为的违法性。主要有通过赔偿义务机关自己确认、通过行政复议确认、通过行政诉讼确认等途径。这是提出赔偿请求的前提条件。

2. 受害人提出赔偿请求。受害人以赔偿申请书方式提出赔偿请求,书写申请书确有困难的,可以委托他人代书,也可以口头申请,由赔偿义务机关笔录。

3. 提出赔偿请求的赔偿义务机关受理,制作行政赔偿决定书。赔偿义务机关对赔偿案件处理的法定期限为2个月。即赔偿义务机关在收到赔偿请求人赔偿申请书之日起2个月内要作出是否赔偿的决定。如果决定不予赔偿或逾期不作决定,请求人可向法院提起诉讼。

"一并提出"程序就是一并提出赔偿请求的程序,包括行政复议程序和行政赔偿诉讼程序。

复议机关应当在收到复议申请书之日起60日内作出复议决定,申请人对复议机关作出的包括赔偿裁决在内的复议决定不服,可以在收到决定书之日起15日内,向人民法院提起行政诉讼。当事人提出赔偿请求的时效为2年,从侵害行为被确认为违法之日起计算;对赔偿义务机关逾期不予赔偿或对赔偿数额有异议的,在赔偿义务机关处理期限届满后的3个月内向法院提起诉讼。

(六)行政赔偿的方式和标准

行政赔偿以支付赔偿金为主,能够返还财产或者恢复原状的,予以返还财产或恢复原状。赔偿标准主要有:

1. 人身权损害赔偿标准,侵犯人身自由,每日赔偿金按国家上年度职工日平均工资计算。

2. 生命健康权损害赔偿标准，身体伤害为医疗费和因误工减少的收入，每日赔偿金按国家上年度职工日平均工资计算，最高为国家上年度职工年均工资的5倍。丧失劳动能力为医疗费、残疾赔偿金，若是部分丧失，最高为国家上年度职工年均工资的10倍；若是全部丧失，最高为国家上年度职工年均工资的20倍。造成死亡的，死亡赔偿金、丧葬费，总额为国家上年度职工年均工资的20倍。

3. 财产损害赔偿标准。罚没征收的，返还；查封冻结的，解除；若造成损坏，恢复或给付相应赔偿金；已拍卖的，给付拍卖价款；已变卖的，估价赔偿；吊证、责令停业的，赔偿停业期间必要的经常性开支；其他损失按直接损失赔付。

三、司法赔偿

（一）司法赔偿的概念和特征

司法赔偿是指司法机关及其工作人员在行使侦查权、检察权、审判权和监狱管理职权时违法给无辜的公民、法人或者其他组织的生命、健康、自由和财产造成损害的，国家应当承担赔偿责任的制度。具有特定性、有限性、非诉性等特征。

1. 特定性，包括主体特定和原因特定两个方面。主体特定是指侵权行为主体是司法机关及其工作人员。原因特定是指司法赔偿的原因是司法机关及其工作人员在司法活动中违法行使司法权侵害了公民、法人或者其他组织的合法权益。

2. 有限性是指有限赔偿。在刑事赔偿中，只对无罪被羁押者以及错误判处死刑并已执行的人给予赔偿，而对轻罪重判、有罪被超期羁押的不予赔偿。在民事诉讼、行政诉讼中，国家只对人民法院违法采取妨害诉讼的强制措施、保全措施以及执行措施等造成的损害给予赔偿，对因错误判决造成的损害以及其他诉讼行为造成的损害则不予赔偿。

3. 非诉性是指司法赔偿以独特的非讼程序进行，主要有侵权机关及侵权行为人所在机关自我确认行为违法并赔偿的程序，上级机关对赔偿复议的程序，人民法院赔偿委员会对赔偿的决定程序。

（二）司法赔偿的归责原则和赔偿范围

司法赔偿的归责原则主要有无过错责任原则和过错责任原则。世界上大多数国家对司法赔偿都采用无过错责任为归责原则，因法官的行为导致司法赔偿责任的，则以过错责任原则为归责标准。

我国采取的是违法归责原则。在刑事赔偿上，采取无罪羁押赔偿原则，就是指只有在受害人没有犯罪的情况下，司法机关对其采取的拘留、逮捕以及判处拘役、徒刑等羁押行为的，国家才承担赔偿责任。在民事诉讼、行政诉讼中的司法赔偿采取限制原则，就是指民事诉讼、行政诉讼中的赔偿只针对特定的事项，包括违法采取对妨害诉讼的强制措施、违法采取保全措施和对生效法律文书执行错误。

侵犯人身权的刑事赔偿范围是：错误拘留；错误逮捕；无罪错判，原判刑罚已经执行的；刑讯逼供和殴打等暴力行为造成公民身体伤害或者死亡的；违法使用武器、警械造成公民身体伤害或者死亡的。

侵犯财产权的刑事赔偿范围是：违法对财产采取查封、扣押、冻结、追缴等措施的；再审改判无罪，原判罚金、没收财产已经执行的。

民事、行政司法赔偿范围是：违法采取对妨害诉讼的强制措施、保全措施或者对判决、裁定以及其他生效法律文书执行错误，造成损害的；民事、行政诉讼中司法工作人员侵权的。

此外《国家赔偿法》规定了国家不承担赔偿责任的情形：一是因公民故意作虚伪供述或者伪造其他有罪证据被羁押或者被判处刑罚的；二是法律规定不负刑事责任的人被羁押的；三是依照法律规定不追究刑事责任的人被羁押的；四是司法机关工作人员实施的与行使职权无关的个人行为；五是因公民自伤、自残等故意行为致使损害发生的；六是法律规定国家不承担赔偿责任的其他情形，如不可抗力、正当防卫、紧急避险等。

(三)司法赔偿关系

1. 司法赔偿请求人

司法赔偿请求人是指人身权和财产权被违法司法行为侵害，依法享有国家赔偿请求权的人，包括公民、法人和其他组织。主要有受害的公民、法人或者其他组织有权要求赔偿；受害的公民死亡的，其继承人和其他有扶养关系的亲属有权要求赔偿；受害的法人或者其他组织终止的，承受其权利的法人或者其他组织有权要求赔偿。

2. 司法赔偿义务机关

司法赔偿义务机关是指在国家赔偿中代表国家接受赔偿请求、具体承担赔偿义务并支付赔偿费用的国家机关。主要有作出错误拘留决定的机关；作出错误逮捕决定的机关；再审改判无罪的，作出原生效判决的法院；二审改判无罪的，作出一审判决的法院和作出逮捕决定的机关为共同赔偿义务机关；法院在民事诉讼、行政诉讼的过程中，违法采取对妨害诉讼的强制措施、保全措施或者对判决、裁定以及其他生效法律文书执行错误造成损害的，作出该行为的法院为赔偿义务机关；司法工作人员违法行使职权造成相对人人身权、财产权损害的，该工作人员所在的机关为赔偿义务机关。

(四)司法赔偿程序

1. 确认程序

检察院的司法赔偿确认程序：违法确认；申请受理；申诉(赔偿请求人对被要求的人民检察院不予确认的，有权向其上一级人民检察院提出申诉)。

法院的司法赔偿确认程序：管辖(申请确认由作出司法行为的法院受理，但申请确认基层法院司法行为违法的案件，由中级法院受理)；立案；审理；裁定；申诉。

2. 处理程序

确认侵权行为；提出赔偿请求；受理；审查；处理。

3. 复议程序

复议申请的提出和受理；对复议申请的审理和决定。

4. 司法赔偿决定程序

在我国，中级以上人民法院设立赔偿委员会，负责处理有关司法赔偿案件。赔偿委员会由人民法院 3~7 名审判员组成，设主任 1 人，负责召集、主持赔偿委员会会议，领导赔偿委员会的工作。主要程序包括申请、立案、审理、决定、执行。

(五)国家赔偿的方式

我国的国家赔偿是以金钱赔偿为主要方式，以返还财产、恢复原状为补充。即大部分的赔偿通过支付货币的方式进行赔偿，只有在返还财产、恢复原状为适当时，才可以选择返还财产、恢复原状的方式。除金钱赔偿、返还财产、恢复原状几种方式外，我国国家赔偿法还规定了恢复名誉、赔礼道歉、消除影响等赔偿方式。

(六)赔偿费用的来源、支付与管理

国家赔偿的费用都由国家拨款支出。在我国,财政实行的是中央和地方分列的体制,因此,国家赔偿法实施后,凡属中央财政划拨经费的部门由中央财政作预算,地方政府、人民法院、人民检察院的赔偿费则由各级财政列入预算。

国家赔偿费用由各级政府财政开支,由各级财政部门拨款,由赔偿义务机关向请求权人支付。国家赔偿费用,列入各级财政预算,由各级财政按照财政管理体制分级负担。由各级财政机关负责管理。具体内容主要有以下几个方面:

1. 赔偿义务机关先行支付,支付后再向同级财政机关申请核拨。

2. 财政机关审核申请时,发现该赔偿义务机关因故意或者重大过失造成国家赔偿的,或者超出范围和标准赔偿的,可提请本级政府责令该赔偿义务机关自行承担部分或者全部的国家赔偿费用。

3. 赔偿请求人要求国家赔偿的,赔偿义务机关、复议机关和法院不得向赔偿请求人收取任何费用。

【案　例】

河南赵作海被错判杀人获国家赔偿案

1999年5月8日,河南商丘赵楼村发现一具高度腐烂的无名尸体,疑为村民赵振晌。经过侦查,公安机关把赵作海作为重大嫌疑人于5月9日刑拘。5月10日至6月18日,赵作海做了9次有罪供述。2002年10月22日,商丘市人民检察院以被告人赵作海犯故意杀人罪向商丘市中级人民法院提起公诉。2002年12月5日,商丘市中院一审判决赵作海死刑,缓期二年执行,剥夺政治权利终身。

2003年2月13日,省法院经复核作出裁定,核准商丘中院上述判决。

2010年4月30日,外出的赵振晌回到赵楼村。经调查,1997年10月30日夜,赵振晌携自家菜刀在杜某某家中向赵作海头上砍了一下,怕赵作海报复,也怕把赵作海砍死,就收拾东西于10月31日凌晨骑自行车,带400元钱和被子、身份证等外出,以捡废品为生。5月8日下午,河南省高级人民法院召开审委会,认为赵作海故意杀人一案是一起明显的错案,审委会作出如下决定:

一、撤销省法院(2003)豫法刑一复字第13号刑事裁定和商丘市中级人民法院(2002)商刑初字第84号刑事判决,宣告赵作海无罪。

二、省法院连夜制作法律文书,派员立即送达判决书,并和监狱管理机关联系放人。

三、安排好赵作海出狱后的生活,并启动国家赔偿程序。2010年5月17日上午,被宣告无罪释放的赵作海在村干部和亲属的陪同下,到商丘市商业银行归德支行领走了国家赔偿金和生活困难补助费共65万元。[1]

---

[1] 参见凤凰网评论《冤狱如何救赎》,http://news.ifeng.com/opinion/special/zhaozuohai/。

第四编　刑法学原理

引 例

世纪审判——美国辛普森案

1994年6月12日晚10:35，洛杉矶居民施瓦布在街上遛狗时发现了一条爪子流血的狗，便把它带回家。1小时后，邻居博兹泰佩夫妇去施瓦布家，见这条狗烦躁不安便带上它去寻找主人，6月13日0:00，这条狗把博兹泰佩夫妇领到了南邦迪大街875号，见其围墙门大开，并在昏暗的灯光下发现了一具女尸。0:09，警察里斯克接到报警赶到现场，他发现了离女尸10英尺远处还躺着一具男尸，男尸脚下有一只棕色左手皮手套和一顶编织帽。里斯克认出女尸是辛普森的白人前妻35岁的尼科尔，男尸是尼科尔的白人男友25岁的戈德曼。而那条爪子受伤的狗是尼科尔的，名唤阿基塔。警方传讯辛普森后将其释放。17日，辛普森驾车外逃时被捕，美国全国电视实况转播了在洛杉矶高速公路上的惊险追捕场面。4天之后，警方公布了验尸报告和化验结果，尼科尔喉管被割断，戈德曼身上刀伤达22处之多，而辛普森家中发现的那只皮手套上的血型与受害者的血型相同。据此，洛杉矶地方检察官指控辛普森犯有谋杀罪。但辛普森自称无罪。于是开始了一场历时474天的、震撼全美的“世纪审判”。

奥伦撒尔·詹姆斯·辛普森是美国家喻户晓的大明星，出身贫寒，小时候还双腿畸形，他依靠自己的个人奋斗，从一个普通的黑孩子成为驰骋橄榄球场的明星。告别绿茵场后，又出任电视体育评论员，并出演过影视剧。辛普森靠着自己的努力，成为千万富翁，还娶了个白人太太，成为美国黑人崇拜的偶像，也是依靠个人奋斗改变境遇、进入上层社会的一个榜样。辛普森的名人效应，从明星到杀人嫌疑犯的戏剧性变化，以及黑白通婚等要素完全符合公众和新闻媒介的猎奇需求，于是从1994年6月17日辛案曝光开始，美国的各种媒体无一不竞相密集报道，规模空前。

经过474天的审理，1995年10月3日，由绝大多数黑人组成的陪审团在分析了113位证人的1105份证词后，宣判辛普森无罪。当天上午，美国包括总统在内的1.5亿人都停下了工作注视着电视实况转播。新闻界事后报道说，在宣布前后的这十分钟里，全美国的人几乎停止了一切活动，不工作，不上课，不打电话，不上厕所，人人都在听辛普森的判决。

纽约证券交易所虽然没有停止交易，但在一点钟之后变得非常缓慢，到一点十分，在显示股价的标示板上，多打出了一行字“辛普森被判所有罪名无罪”，之后，交易才恢复正常。首都联邦政府的高级官员，平时你很难让他们承认，有什么事情会比他们手头上的公事更重要，但是这一天，一度各机关部门几乎停摆，从白宫到国会和联邦各部门，原定下午一点钟举行的许多有关国家政策的简报、听证和记者会，不是延期就是取消，只为了等待辛普森的审判……这在美国是异乎寻常的一刻，令美国人自己都无法想象。

当法庭宣布无罪时，被监禁9个月的辛普森笑容满面地与他的律师们拥抱，而尼科尔和戈德曼的亲属则失声痛哭。法庭外，支持辛的人大声欢呼，而多数的人却惊诧不已，以至克林顿总统都亲自出面要大家尊重陪审团的判决。

受害者亲属对判决不满，又将他告到民事法院，1997年，亲属获得了3350万美元。[1]

[1] 参见 http://baike. baidu. com/view/378445. htm。

第一章 刑法概论

第一节 刑法的概念、任务和体系

一、刑法的概念和性质

(一)刑法的概念及分类

一般地讲,刑法就是规定犯罪及其法律后果的法律规范的总和,是国家的基本法律之一。在世界上有“刑法”(penal law)或“犯罪法”(criminal law)不同的称谓,但所指的法律完全相同;只不过使用“刑法”一词,重视的是规范层面,而使用“犯罪法”一词,重视的是事实层面。

总体上说,由于对法律后果的性质和结构等认识的不同,刑法学界对刑法的定义有不同的表述,主要有犯罪说、刑事责任说、刑罚说、综合说等。现在综合说得到广泛的认同而成为通说。因而,刑法的概念可表述为:刑法就是规定犯罪、刑事责任与刑罚的法律规范的总称。

人们一般将刑法分为狭义刑法和广义刑法两大类。狭义的刑法就是指刑法典,也称普通刑法,即国家以刑法名称颁布的、系统规定犯罪及其法律后果的法律,它具有统一的体例,既包括犯罪与刑罚的一般原理、原则,又包括各种具体的犯罪及其刑罚。我国现行刑法典为《中华人民共和国刑法》。广义的刑法是指一切规定犯罪、刑事责任和刑罚的法律规范的总和,包括刑法典、单行刑法与附属刑法。单行刑法也称特别刑法,是国家以决定、规定、补充规定、条例等名称颁布的、规定某一类犯罪及其后果或者刑法的某一事项的法律,如我国《关于惩治骗购外汇、逃汇和非法买卖外汇犯罪的决定》。附属刑法则是指附带规定于经济法、行政法等非刑事法律中的罪刑规范。我国目前的附属刑法一般只是重申刑法典的内容,没有特别内容。

(二)刑法的性质

刑法的性质可从阶级性质与法律性质两个层面来理解。就其阶级性质而言,刑法是阶级社会的产物,是统治阶级意志的反映,是统治阶级实行专政的工具。就其法律性质来看,主要表现在以下几个方面:

1. 内容的特定性和保护的广泛性

刑法规定的是犯罪及其刑事责任,它以各个部门法所调整的社会关系为保护对象,因而对法益的保护具有其他法律部门所不具备的广泛性。

2. 制裁手段的严厉性

刑法通过对犯罪人适用刑罚剥夺其人身权利、财产权利、政治权利,乃至生命权利,对社会关系的保护手段具有其他法律部门所不具备的严厉性。

3. 对其他法律的补充性和保障性

只有当一般部门法不能充分保护某种社会关系时,才由刑法保护,只有当一般部门法还不足以抑制某种危害行为时,才能适用刑法。“没有刑法作后盾、作保证,其他部门法往往难以得到彻底贯彻实施”。[1]因而,刑法具有很强的补充性和保障性。

二、刑法的任务和目的

(一)刑法的任务

刑法的任务就是保护法益。它以禁止和惩罚为主要方式,保护包括国家安全、国家政权与社会制度、经济基础与经济秩序、公民的各项权利与合法财产等各种法益。根据我国《刑法》第2条的规定,我国刑法的任务主要有:

1. 保卫国家安全、人民民主专政政权和社会主义制度。
2. 保护社会主义经济基础和公私财产。
3. 保护公民的人身权利、民主权利和其他权利。
4. 维护正常、良好的社会秩序。

(二)刑法的机能

刑法的机能是指刑法现实发挥的作用与可能发挥的作用。一般认为,刑法有行为规制机能、法益保护机能和自由保障机能。行为规制机能就是宣示刑罚,这是指刑法具有明确犯罪行为规范评价的机能。刑法将一定行为明确规定为犯罪并给予刑罚处罚,这就表明了对这些行为的否定评价,从而使人们作出不能实施这些行为的内心决定。法益保护机能就是适用刑罚,这是指刑法具有保护法益不受侵害与威胁的机能。自由保障机能就是限制刑罚,这是指刑法具有保障公民个人自由不受国家刑罚权的不当侵害的机能,即使犯罪,国家也只能根据刑法规定予以处罚,而不能超出法律规定科处刑罚。

(三)刑法的目的

耶林指出“目的是全部法律的创造者”[2]。从我国《刑法》第2条的规定就可看出,刑罚的目的就是保护法益,其各项任务就是目的的展开。因为刑罚的目的是预防犯罪以实现对法益的保护,而运用刑罚则是为了抑制犯罪,从而保护法益。可见,保护法益才是刑罚的目的,而惩罚犯罪只是保护法益的手段。因此,必须树立权利本位的刑法观,不能为惩罚而惩罚,正是从这个意义上说,刑法是法益保护法。

三、刑法的体系与解释

(一)刑法的体系

刑法的体系有广义、狭义之分。广义的刑法体系是指刑法的各种渊源及其相互关系;狭义的刑法体系是指刑法典的组成和结构。一般地,人们所论及的刑法体系大多是从狭义层面出发的。

刑法典由总则、分则和附则三部分组成。其中总则、分则各为一编,每编之下再划分为章、节、条、款、项等层次。总则是关于犯罪、刑事责任和刑罚的一般原理的规范体系。分则为具体犯罪和具体法定刑罚的规范体系,是解决具体定罪量刑问题的标准。它们是一般与特殊、抽象与具体的关系。总则指导分则,分则是总则的具体体现,二者相辅相成。刑法规范均以条文形式出现,用统一的顺序号码编号。一个条文的同一款中包含两个或两个以上意思,称为“段”,在具这种关系的条款中有用“但是”一词表示转折关系的,称为“但书”。“但书”或

---

[1] 〔台〕林山田《刑罚学》,128页,台北:台湾商务印书馆,1985。

[2] 转引自博登海默《法理学——法律哲学与法律方法》,109页,邓正来译,北京:中国政法大学出版社,1999。

表示对前段的补充，如刑法第 13 条规定“但是情节显著轻微危害不大的，不认为是犯罪”；或表示是前段的例外，如刑法第 65 条规定对累犯“应当从重处罚，但是过失犯罪除外”；或表示对前段的限制，如刑法第 21 条第 2 款规定“应当负刑事责任，但是应当减轻或者免除处罚”。这样就较准确地表达了立法的意图。

(二)刑法解释

刑法解释就是对刑法规定意义的说明。它有助于人们正确理解刑法规定的含义与精神，有利于刑法的正确实施，有利于克服刑法的缺陷，有利于刑法的完善和发展。刑法解释可分为按效力解释和按方法解释两大类。

按解释的效力来划分主要有立法解释、司法解释、学理解释。按解释方法来划分主要有文理解释和论理解释。文理解释就是根据刑法用语的文义及其通常使用方式阐释刑法意义。论理解释就是参酌刑法产生的原因、理由、沿革及其他相关事项，按照立法精神，阐明刑法真实含义，有扩大解释、缩小解释、当然解释等。在实践中，如果文理解释的结论不合理或者产生多种结论，则必须进行论理解释。但解释必须符合罪刑法定原则，解释结论必须符合刑法目的。要注意的是，解释结论不是无限的，但解释的方法是无穷的。要做到心中永远充满正义，目光不断地往返于法律规范与生活事实之间；且不可大脑一片空白，目光不断地往返于法条文字与汉语词典之间。[1]

第二节 刑法的基本原则

一、刑法基本原则的确立

刑法基本原则是指刑法本身所具有的，贯穿于刑法始终，必须得到普遍遵循的具有全局性、根本性的准则。国外刑法理论一般将罪刑法定原则概括为刑法的基本原则，具体包括罪刑相适应和罪责自负等内容。也有学者将罪刑法定、法益保护与责任主义概括为刑法的基本原则。与此相适应的是，成立犯罪要求行为符合刑法所规定的构成要件、行为必须侵害了法益、行为人对符合构成要件的违法行为具有责任。[2]在我国，新刑法明确规定了罪刑法定、平等适用刑法、罪刑相适应等三大原则。

二、罪刑法定原则

(一)罪刑法定原则的基本内涵

罪刑法定原则的基本内涵就是“法无明文规定不为罪”，“法无明文规定不处罚”。这一原则的思想渊源，最早可追溯到 1215 年英国的大宪章，现代意义上的罪刑法定原则的法律渊源则是 1787 年法国的《人权宣言》。《人权宣言》第 8 条规定：“法律只应规定确实需要和显然必不可少的刑罚，而且除非根据在犯罪前已制定和公布的且系依法实行的法律，不得处罚任何人。”在这一思想的指导下，1810 年《法国刑法典》首次以刑事立法形式确定了罪刑法定原则，至今已成为文明国家普遍奉行的刑法原则，也得到了国际法的认可，成为人权最有力的保障。

---

[1] 参见张明楷《刑法分则的解释原理》，序说，北京：中国人民大学出版社，2004。

[2] 参见张明楷《刑法学》，48 页，北京：法律出版社，2003。

(二)我国罪刑法定原则的基本内容

我国刑法第3条规定:“法律明文规定为犯罪行为的,依照法律定罪处刑;法律没有明文规定为犯罪行为的,不得定罪处刑。”这一原则的基本内容主要包括以下各方面:

1. 法律主义

罪刑法定所要求的法律主义,是指成文法原则,就是规定犯罪与刑罚的法律必须是成文的法律,法官只能根据法律定罪量刑。在这里,规定犯罪与刑罚的法律只能是立法机关制定的法律,所以排斥行政规章制定罚则;规定犯罪与刑罚的法律必须用本国通用文字表述,所以排斥习惯法、排斥判例。“只有成文法才能保证法的安定性,故此每部现代刑法典都将刑法完全浇注为成文法的形式。”[1]

2. 禁止事后法,禁止溯及既往

禁止事后法,禁止溯及既往就是禁止让国民遵守行为时并不存在的法律,意思是“刑法仅适用于其颁布之后的行为。”[2] 因为法律规范不可能在其颁布并产生效力之前就具有指引人们行为的功能,如果溯及既往,就会损害人的预测的可能性,从而侵害了人的自由。

3. 禁止类推

类推就是指需要判断的具体事实与法律规定的构成要件基本相似时,将后者的法律效果适用于前者。如果适用类推,就会导致刑法的规定适用于相似的情况,这样就使任何与刑法规定相似的行为都有被科以刑罚的危险。

4. 禁止不均衡的、残酷的刑罚

禁止不均衡的刑罚就是“在罚与罪的标度或标准上相当于‘相应’的犯罪的恶或严重性。”[3]所谓残酷的刑罚就是指以不必要的精神肉体痛苦为内容,在人道上被认为是残酷的刑罚。要实现罪与罚的均衡,就必然反对和禁止残酷的刑罚,轻刑化是历史发展的必然趋势。

三、平等适用刑法原则

(一)平等适用刑法原则的基本内涵

平等适用刑法原则就是刑法面前人人平等的原则,就是指刑法规范在根据其内容应当得到适用的所有场合,都予以严格适用。我国《刑法》第4条规定“对任何人犯罪,在适用法律上一律平等。不允许任何人有超越法律的特权。”

(二)平等适用刑法原则基本内容

1. 法益保护平等,即对刑法所保护的合法权益予以平等的保护,而不论法益主体的身份、地位等其他因素。

2. 认定犯罪平等,即对于实施犯罪的任何人,都必须严格依照法律认定犯罪。

3. 裁量刑罚平等,即对于任何犯罪人,都必须根据其犯罪事实与法律规定量刑,行为人的身份、地位等其他因素,都不能影响处刑的轻重。

4. 执行刑罚平等,即对于被判处刑罚的任何人,都必须严格按照法律的规定执行刑罚。

---

[1] 〔德〕拉德布鲁赫《法律智慧警句集》,38页,舒国滢译,北京:中国法制出版社,2001。

[2] 〔法〕卡斯东·斯特法尼《法国刑法总论精义》,158页,罗结珍译,北京:中国政法大学出版社,1998。

[3] 〔英〕哈特《惩罚与责任》,155页,王勇译,北京:华夏出版社,1989。

四、罪刑相适应原则

(一)罪刑相适应原则的基本内涵

罪刑相适应,就是罪刑相当、罪刑均衡,也就是刑罚的轻重应与犯罪的轻重相适应。这一原则的基本内涵,就是有罪必罚、无罪不罚、重罪重罚、轻罪轻罚、罪刑相称、罚当其罪。我国《刑法》第 5 条规定“刑罚的轻重,应当以犯罪分子所犯罪行和承担的刑事责任相适应。”

犯罪是刑罚的前提,刑罚是犯罪的后果。因此,犯罪不仅决定了行为人应当受到刑罚的处罚,也决定了刑罚的轻重必须与犯罪的程度及刑事责任的轻重相适应。

(二)罪刑相适应原则的基本内容

1. 刑罚与罪质相适应,即确定刑罚与犯罪性质相适应。一个国家的刑事立法都是着眼于犯罪性质的不同来制定与之相对应的法定处罚,因而坚持刑罚与罪质相适应,是罪刑相应原则的基本要求。

2. 刑罚与犯罪情节相适应。犯罪情节是指反映主客观方面的情状或深度,从而影响罪行轻重的各种事实情况。它对决定刑罚轻重有重要意义,因而,必须全面考量,做到刑罚与犯罪情节相适应,才能实现罪行相适应原则。

3. 刑罚与犯罪人的危害性相适应。犯罪人的危害性是指表明犯罪人对社会的潜在威胁程度及其消长的本身情况。犯罪人罪前的情况和罪后的表现,可预示其改造程度和再犯罪的可能性的大小,因而,不仅在刑罚轻重的判定上予以考虑外,在执行上也有减刑假释等规定。这也是现代刑法理论注重刑罚对犯罪人再犯趋势的遏制作用的具体体现。

第三节　刑法的效力

一、刑法的空间效力

(一)对国内犯的适用原则

刑法对国内犯的基本适用原则是属地主义。即一个国家对发生在本国领域内的犯罪人,不管行为人是谁,都适用本国刑法。我国《刑法》第 6 条第 1 款规定“凡在中华人民共和国领域内犯罪的,除法律有特别规定的以外,都适用本法。”

现在世界各国基本都将旗国主义作为属地主义的补充, 也就是挂有本国国旗的船舶或者航空器,属于本国领土,不管其航行或停放在何处,对在船舶与航空器内的犯罪,都适用旗国的刑法。这一主张不仅被明确规定在刑法典中,也得到了国际法的认可。

对于以下几种情况,刑法明确规定了不适用这一原则:

1. 享有外交特权和豁免权的外国人,通过外交途径解决;

2. 特别行政区适用其本地刑法;

3. 刑法典颁布后国家立法机关制定了特别刑法,出现法条竞合的情况时,根据特别法优于普通法的原则,适用特别刑法。

属地主义要求必须对犯罪地予以确定,即以什么标准确定犯罪发生在本国领域。主要有行为地说、结果地说和遍在说。我国采取的是遍在说,也就是《刑法》第 6 条第 3 款所规定的“犯罪的行为或者结果有一项发生在中华人民共和国领域内的,就认为是在中华人民共和国领域内犯罪。”这就是说,行为与结果均发生在我国领域内的,适用我国刑法;仅行为或者仅结果发生在我国领域内的,适用我国刑法;仅行为的一部分或仅结果的一部分发生在我国领域内的,适用我国刑法。

根据这一规定,在未遂犯的场合,行为地与行为人希望结果发生之地、可能发生结果之地,都是犯罪地;在共同犯罪场合,共同犯罪的行为或者共同犯罪的结果有一部分发生在本国领域内,就认为是在本国领域内犯罪。

(二)对国外犯的适用原则

1. 中国公民在国外实施的犯罪,适用属人主义。即我国公民在我国领域外犯我国刑法规定之罪的,原则上适用我国刑法,但是按照我国刑法规定的最高刑为3年以下有期徒刑的,可以不予追究。

2. 外国人在国外实施的危害中国国家或者中国公民权益的犯罪,适用保护主义。即其所犯之罪必须侵犯了中国国家或者公民的利益,所犯之罪按我国刑法规定的最低刑为3年以上有期徒刑,所犯之罪按照犯罪地的法律也受处罚。

3. 外国人在国外实施的危害各国共同利益的犯罪,适用普遍管辖主义。主要包括以下四方面的内容,一是适用该原则的犯罪必须是危害人类社会共同利益的犯罪;二是管辖国应是有关公约的缔约国或参加国;三是管辖国的国内刑法也规定该行为是犯罪;四是犯罪人出现在管辖国的领域内。

(三)对外国刑事判决的承认

对外国刑事判决的承认可分为积极承认和消极承认。积极承认是承认外国法院的刑事判决,本国不再追诉。消极承认即外国确定的刑事判决不制约本国刑罚权的实现,不管外国确定的是有罪判决还是无罪判决,对同一行为本国都可行使审判权,但对外国判决及刑罚执行的事实给予一定的考虑。

我国采取的是消极承认,《刑法》第10条规定"凡在中华人民共和国领域外犯罪,依照本法应当负刑事责任的,虽然经过外国审判,仍然可以依照本法追究;但是在外国已经受过刑罚处罚的,可以免除或者减轻处罚。"

二、刑法的时间效力

(一)刑法的生效时间与失效时间

1. 刑法的生效时间

刑法的生效时间有两种情况:一是自公布之日起生效,如《关于惩治骗购外汇、逃汇和非法买卖外汇犯罪的决定》第9条规定"本决定自公布之日起施行",《关于禁毒的决定》第16条规定"本决定自公布之日起施行"。二是公布后间隔一段时间才生效,如现行刑法典于1997年3月14日通过并公布,同年10月1日起施行。

2. 刑法的失效时间

刑法的失效时间,一是由立法机关明文宣布原有法律效力终止或者废止;二是新法的施行使原有法律自然失效。

3. 刑法的溯及力

一般地,刑法不具溯及力。各国刑法对于这一问题的规定可概括为从旧原则、从新原则、从轻原则、从旧兼从轻原则和从新兼从轻原则。

我国采用的是从旧兼从轻原则。《刑法》第12条规定,在1949年10月1日至1997年

9月30日这段期间所发生的行为,如果未经法院审判或判决未确定,应按不同情况分别处理:(1)行为时的法律不认为是犯罪,而现行刑法认为是犯罪的,适用行为时的法律,即不追究刑事责任,现行刑法没有溯及力;(2)行为时的法律认为是犯罪,而现行刑法不认为是犯罪的,适用现行刑法,即不追究刑事责任,现行刑法具有溯及力;(3)行为时的法律与现行刑法都认为是犯罪,并且按照现行刑法的规定应当追诉的,按照行为时的法律追究刑事责任,即现行刑法没有溯及力,但是,如果现行刑法的处刑比行为时的法律处刑轻,则应当适用现行刑法,即刑法具有溯及力;(4)现行刑法施行前,依照当时的法律已经作出的生效判决,继续有效。

第二章 犯罪概说(上)

第一节 犯罪概念与犯罪构成

一、犯罪的概念

犯罪是各国刑法都使用的一个概念,但有不同的立法例。

1. 仅从犯罪的法律角度界定什么是犯罪,典型表述为:犯罪是指违反刑事法律且应当受到刑罚处罚的行为。如瑞士刑法典第1条:犯罪就是“凡是用刑罚威胁所确实禁止的行为”。学者们将其称为形式意义上的概念。这种定义强调犯罪的形式特征,虽简洁明了但忽略了犯罪的实质性特征,因而显得较为片面。

2. 不强调犯罪的法律特征,只是试图揭示犯罪现象的本质。如《苏俄刑法典》第6条规定“威胁苏维埃制度基础及工农政权向社会主义过渡时期所建立的法律秩序的一切危害社会的作为或不作为,都认为是犯罪。”学者们将其称为实质意义上的概念,它强调犯罪的实质特征,但忽略了犯罪的法律特征,同样也显得较为片面。

3. 既指出犯罪的本质特征,又指出犯罪的法律特征,走向形式与实质的统一,学者们将其称为混合概念。如我国《刑法》第13条:“一切危害国家主权、领土完整和安全,分裂国家、颠覆人民民主专政的政权和推翻社会主义制度,破坏社会秩序和经济秩序,侵犯国有财产或者劳动群众集体所有的财产,侵犯公民私人所有的财产,侵犯公民的人身权利、民主权利和其他权利,以及其他危害社会的行为,依照法律应当受刑罚处罚的,都是犯罪,但是情节显著轻微危害不大的,不认为是犯罪。”这一规定揭示了犯罪的本质特征与法律特征,较为科学全面。

二、犯罪的特征

在刑法理论上,关于犯罪基本特征存有较大的争议,主要有二特征说、三特征说、四特征说等观点。二特征说认为犯罪基本特征就是刑事责任程度的社会危害性和刑事违法性[1]。三特征说认为犯罪基本特征就是严重的社会危害性、刑事违法性、刑罚当罚性[2]。四特征说认为犯罪基本特征就是社会危害性、刑事违法性、主观过错性、应当承担刑事责任性[3]。

目前,三特征说是我国主流观点,成为对刑法基本特征的通说,其具体内容包括以下三个方面:

1. 严重的社会危害性,即对刑法所保护的社会关系的侵犯性。一个行为是否构成犯罪,首先取决于它是否具有社会危害性。这是犯罪的本质特征。

---

[1] 参见何秉松《刑法教科书》,142页,北京:中国法制出版社,1997。

[2] 参见韩玉胜《新编刑法教程》,31~42页,北京:中国人民公安大学出版社,2003。

[3] 李光灿《中华人民共和国刑法论》(上),108~113页,长春:吉林人民出版社,1984。

2. 刑事违法性，即犯罪行为是违反刑法的行为，是刑法所禁止的行为。“刑法是为了更好地保护最大多数国民的利益而统制社会整体的手段。既然如此，国民的利益受到侵害就是违法性的原点。”[1]这是法罪的一个重要特征。

3. 应受刑罚处罚性，即犯罪行为是应当受刑罚处罚的行为，只有当该行为应当受到刑罚处罚时，才能成立犯罪。

严重的社会危害性是犯罪的本质特征，刑事违法性是犯罪的法律特征，应受刑罚处罚性是犯罪的必然后果。三者相互关联、不可分割，共同构成了犯罪概念的总体，是区分罪与非罪的基本标准。

张明楷先生认为社会危害性是指对法益的侵犯；应受刑罚处罚性是指对法益的侵犯已达到需用刑罚予以抑制的程度，使用其他法律制裁方法已不足以保护法益。因而，两者是统一的，可表述为应受刑罚处罚程度的社会危害性，这是犯罪的本质特征。而刑事违法性则是犯罪的法律特征。两者不可分割，共同构成了犯罪的基本特征。[2]

我们对这种观点表示赞同，因而认为犯罪的基本特征有二，一是犯罪的本质特征，即严重的社会危害性，二是犯罪的法律特征，即刑事违法性。二者相互关联，不可分割，共同构成了犯罪概念的总体，是区分罪与非罪的基本标准。

三、犯罪的分类

(一)犯罪的理论分类

在刑法学理论上，对犯罪可依据不同的标准进行不同的分类。主要有以下几种：

1. 重罪、轻罪、违警罪。这是以法定刑为标准而作的划分，始于法国，对各国的影响很大。我国刑法没有明文区分，但在理论上则有“犯罪较轻”的认识和表述。

2. 自然犯与法定犯。这是以无需法律规定和必须法律规定为标准而作的划分。这种划分有很强的伦理性，自然犯明显违反伦理道德，而法定犯则没有明显违反伦理道德。

3. 隔隙犯与非隔隙犯。这是以实施犯罪行为与犯罪结果有无间隔为标准而作的划分。前者指实行行为与犯罪结果之间存在时间的、场所的间隔的犯罪；后者是指随着犯罪结果的发生，犯罪即告完成而且终了的犯罪。

(二)犯罪的法定分类

犯罪的法定分类就是指根据刑法的相关规定所作的分类。一般可以分为以下几种：

1. 国事犯罪与普通犯罪。国事犯罪即是危害国家政权、社会制度与安全的犯罪，其他相对于国事犯罪的就是普通犯罪。

2. 自然人犯罪与单位犯罪。

3. 身份犯与非身份犯。前者指以特殊身份作为主体要件或者刑罚加重、减轻的法定事由的犯罪，后者是指特殊身份不影响定罪但影响量刑的犯罪。

4. 亲告罪与非亲告罪。亲告罪就是告诉才处理的犯罪，一般地这种犯罪较轻微，且发生在关系较亲密的人之间。刑法没有明文规定为告诉才处理的犯罪，均属于非亲告罪。

5. 基本犯、加重犯与减轻犯。基本犯是指刑法分则条文规定的不具有法定加重或者

---

[1] 〔日〕前田雅英《刑法总论讲义》，53 页，东京：东京大学出版社，1998。

[2] 参见张明楷《刑法学》，93~107 页，北京：法律出版社，2003。

减轻情节的犯罪。加重犯是指刑法分则条文以基本犯为基础规定了加重情节与较重法定刑的犯罪。减轻犯是指刑法分则条文以基本犯为基础规定了减轻情节与较轻法定刑的犯罪。

(三)我国刑法对犯罪的分类

我国刑法以犯罪所侵害的法益性质,将犯罪分为危害国家安全犯罪,危害公共安全罪,破坏社会主义市场经济秩序罪,侵犯公民人身权利、民主权利罪,侵犯财产罪,妨害社会管理秩序罪,危害国防利益罪,贪污贿赂罪,渎职罪,军人违反职责罪等十个大类。

四、犯罪构成

(一)犯罪构成的概念

犯罪构成,在大陆法国家的刑法理论中称为构成要件,20 世纪 50 年代我国直接从苏联引进了这一理论,但对于犯罪构成的概念,在刑法中并没有作出明确的规定,因而观点和看法也不尽一致。主要有以下几种:

1. 法律说,即认为犯罪构成就是刑法规定的成立犯罪的标准、规格。

2. 罪状说,即认为犯罪构成就是刑法中的罪状,是法定的某种危害社会的应受刑罚处罚的行为的主客观要件的总和。

3. 概念说,即认为犯罪构成就是对法律条文所作的学理解释或理论概念。

4. 理论说,即认为犯罪构成就是依照法律规定说明法律的理论。

5. 事实说,即认为犯罪构成就是法律所规定的犯罪成立必须具备的事实。

6. 法律篦理论说,即认为犯罪构成是犯罪成立的主客观要件的总和,又是刑法理论的组成部分,是定罪量刑的基本理论依据。

目前,在我国刑法学界,主流观点认为:犯罪构成是刑法规定的,决定某一行为的社会危害性及其程度,而为该行为成立犯罪所必须具备的一切客观要件与主观要件的有机整体。具有整体性、法定性、统一性等特点。

(二)犯罪构成的要件

犯罪构成的要件就是组成犯罪构成的各个要素。具体包括犯罪客体要件、犯罪客观方面要件、犯罪主体要件、犯罪主观方面要件等四个方面。

犯罪客体要件是指刑法所保护的而被犯罪行为所侵害的社会关系。犯罪客观方面要件是指行为人通过何种具体的危害行为对犯罪客体进行侵犯,一般包括危害行为、危害结果两个方面。另外,特定犯罪的时间、地点、方法等也可成为某些犯罪的成立要件。

犯罪主体要件是指行为由什么人实施才能构成犯罪的要件。在这里就有了刑事责任能力与特定身份问题。一般地,只有达到一定的年龄,且具有刑事责任能力,才能成为犯罪主体。此外,一些特定的犯罪还对行为人的身份有一定的要求,如职务犯罪。

犯罪主观方面要件是指行为人实施行为时的主观心理态度,包括故意与过失。无故意、无过失的行为就不构成犯罪。

对犯罪构成要件的排列也有不同的观点和看法,一是主张按照犯罪主体、犯罪主观方面、犯罪客体、犯罪客观方面的顺序排列,“因为犯罪构成要件在实际犯罪中发生作用而决定犯罪成立的逻辑顺序是这样的:符合犯罪主体条件的人,在其犯罪心理态度的支配下,实施一定的犯罪行为,危害一定的客体”,因而,“犯罪主体要件是犯罪构成诸要件中的第一要件,它是犯罪构成其他要件乃至犯罪构成整体存在的前提条件,也是主、客观相统一的定罪原则的基础。"[1]二是主张按照犯罪主体、犯罪客体、犯罪主观方面、犯罪客观方面的顺序排列，因为"任何犯罪都是主体对法律所保护的客体的侵害，而主体只有通过一定的中介才能作用于客体。这样就形成了一切犯罪构成的基本结构，即犯罪主体—中介—犯罪客体。"[2]

我们认为犯罪构成的排列应该按照犯罪客体要件、犯罪客观方面要件、犯罪主体要件、犯罪主观方面要件的顺序排列。这是因为：

1. 从理论上讲，刑法的本质就是保护法益，如果将主体置于核心地位，就必然重视主体的危险性而忽略了对法益的侵犯性，这有悖于刑罚本质和犯罪本质。而且，犯罪构成理论也是围绕法益建立起来的，而不是围绕主体建立起来的。因此，在判断行为是否符合犯罪构成时，也应该而且必须以法益是否受到侵害为第一要务。

2. 从实践上看，由客观到主观来认定犯罪是保障人权免受侵害的最佳途径。在实践中，都是在法益受到侵害后，才进一步确认是何行为造成，是何人实施的侵害行为，是在怎样的心理状态下实施的侵害行为。如果以由主观到客观来认定犯罪，则就会出现先考虑行为人再考虑其他要件的情况，从而导致先采取强制措施，再追查犯罪事实的后果和危险。由此可见从客观到主观的排列是合适的，从主观到客观的排列是危险的。

第二节　犯罪客体和客观方面

一、犯罪客体

(一)犯罪客体的概念

在刑法学界，对于犯罪客体的认识可以说是歧见鼎立，主要有法律秩序说、刑事被害人说、利益说和法益说、社会关系说等观点。法律秩序说认为犯罪客体就是由整体性法律所规范的而为犯罪行为所侵害的确定性法律秩序。对象说认为犯罪客体就是犯罪行为所具体作用的人或物。刑事被害人说认为犯罪客体就是法律权利受侵害的人、单位、国家或社会。[3]利益说和法益说认为犯罪客体就是犯罪行为侵害的利益或法益[4]。社会关系说认为犯罪客体就是受刑法保护而为犯罪行为所侵害的社会关系[5]。其中社会关系说成为现在的主流观点，几乎成为通说，我国法学教材几乎都采用这一观点。

(二)犯罪客体的分类

一般地，学者们依据犯罪所侵犯的社会关系的层次将犯罪客体分为以下三类：一是一般客体，就是指一切犯罪所共同侵犯的受刑法保护的社会关系整体。二是同类客体，就是指某一类犯罪所共同侵犯的某一类社会关系，或者说是某一类犯罪所共同侵犯的社会关系的某一方面或者某一部分。我国刑法就是根据犯罪的同类客体，将犯罪分为十大类，故在分则中将四百余不同的犯罪据此分为10章。三是直接客体，就是指具体犯罪所直接侵犯的具体的社会关系。

---

[1] 赵秉志《刑法学通论》，84页，91页，北京：高等教育出版社，1993。

[2] 何秉松《刑法教科书》，208页，北京：中国法制出版社，2000。

[3] 刘生荣《犯罪构成原理》，117~119页，北京：法律出版社，1997。

[4] 甘雨霈《外国刑法学》，282页，北京：北京大学出版社，1985。

[5] 李洁《论犯罪客体与犯罪对象的统一》，陈兴良《刑事法评论》，第1卷，北京：中国政法大学出版社，1997。

【案　例】

陆建中被诉贪污宣告无罪案

1992年江苏常州成立天元律师事务所，其性质为全民事业单位。次年江苏省司法厅将天元律师事务所批准成立为常州第五律师事务所，陆建中被聘任为该事务所主任。该所成立时由陆建中自筹资金，自行解决办公场所。该所在运行中实行独立核算、自负盈亏。1994年，陆建中在离任时将4万余诉讼代理费未作移交。常州市天宁区检察院以其犯有贪污罪提起公诉，天宁区法院经审理认为，陆建中利用职务便利，侵吞公款，贪污罪名成立。陆建中不服判决，向常州市中级人民法院提出上诉，常州市中级人民法院在审理后亦认定贪污罪名成立。陆建中向江苏省高级人民法院提出申诉。2000年江苏高院指令常州中院再审。常州市中级人民法院经再审认为：陆建中在职期间，事务所名为事业单位实为个体性质，故事务所的财产并不属于公共财物，因而其行为并未侵犯贪污罪的犯罪客体，及公共财产的所有权。另外，陆建中虽是司法局聘任的事务所主任，形成了一种委托关系，但其所经营和管理的不是公共财物，所以其亦不具贪污罪主体资格，对其以贪污罪处罚不当。宣告陆建忠无罪。[1]

二、犯罪客观方面

(一)犯罪客观方面的概念

犯罪客观方面就是指行为人通过何种具体的危害行为对犯罪客体进行侵犯。一般包括危害行为、危害结果两个方面，具有客观性、法定性、复杂性等特点。

危害行为就是指在人的意识支配下实施的危害社会的身体活动。首先，危害行为是人的身体的活动，可以分为积极活动与消极活动，这是它的客观要素；其次，这种行为是行为人基于一定的意识而实施的，这是它的主观要素；第三，这种行为必须是在客观上造成了对社会的危害，这是它的实质要素。

“无行为则无犯罪”，“犯罪即行为”，这是刑法理论的基本命题。刑法理论将危害行为概括为作为与不作为两种形式。作为，是指行为人以积极的身体活动实施刑法所禁止的危害行为。不作为，是指行为人在能够履行自己应尽义务的情况下不履行该义务。大多数犯罪都表现为作为犯罪，而成立不作为犯罪在客观上必须具备以下条件：

1. 有法律上、职业上、业务上或先行行为导致的作为义务。这种义务或来自法律的明文规定，或来自职业上、业务上的要求，或是先行行为所引起，一方面要求是法律性质的义务，另一方面要求义务的内容实施是特定的积极行为，以保证危害结果得以免除。

2. 行为人能够履行特定义务而不履行。“法律不强人所难”，这句罗马古老的法谚就告诉人们法律只是要求能够履行义务的人履行义务，而不会强求不能履行义务的人履行义务。因而，对于行为人能否履行义务就必须从其履行义务的客观条件、主观能力及履行存在危险时法益衡量。能够履行就意味着其具有实施防止结果发生的行为的可能性，也意味着具有

[1] 参见朱平《无罪判例名案精析》，280~285页，北京：群众出版社，2004。

防止结果发生的可能性。

3. 行为人不履行特定义务,造成或者可能造成危害结果。危害结果,是危害行为给刑法所保护的社会关系所造成的具体侵害事实,具有因果性、侵害性、现实性、多样性等特点。它是区分罪与非罪、区分此罪与彼罪、区分犯罪形态的一个重要标准,也是影响量刑的一个重要因素。

(二)刑法上的因果关系

如何认定刑法上的因果关系,学界有不同的看法。大陆法系条件说认为:行为与结果只要存在"如无前者即无后者"的条件关系,就存在因果关系。英美法系双层次原因说认为:要从导致结果发生的条件中，找出作为原因的条件，只有这种原因与结果之间才存在因果关系。原因可分为第一层次的事实原因和第二层的法律原因，对于前者是指没有行为就不会发生这一结果;对于后者则是指需要运用一定的标准进行限制筛选,找出其中让行为人对结果负责的行为。[1]

在我国刑法理论中,主要是必然因果关系说与偶然因果关系说的争论。前者主张:当危害行为中包含着危害结果产生的根据,并产生了危害结果时,才是刑法上的因果关系。[2]后者则主张当危害行为本身并不包含产生危害结果的根据，但在发展过程中由于偶然因素的介入而引起危害结果时,危害行为与危害结果之间就是偶然因果关系,介入因素与危害结果之间就是必然因果关系,它们都是刑法上的因果关系。[3]

根据上述观点,我们认为,刑法上的因果关系就是危害行为与危害结果之间的一种引起与被引起的关系,具有客观性、时间顺序性、条件性、复杂性等特点。

(三)犯罪的时间、地点与方法

一般情况下,行为的时间、地点、方法不是犯罪构成的共同要件。但有两种例外情况。

1. 有些条文明确要求行为必须在特定的时间、地点或以特定的方法实施。如"非法捕捞水产品罪"、"非法狩猎罪",就将禁渔期、禁猎期、禁渔区、禁猎区、禁用的工具和方法等作为犯罪的构成要件。

2. 有的条文明确将特定的时间、地点、方法作为法定刑升格的条件或从重处罚的情节。如聚众或者在公共场所当众犯强制猥亵、侮辱妇女罪的,处5年以上有期徒刑。

要注意的是,即使刑法没有明文将行为的时间、地点、方法规定为影响定罪与量刑的因素,但行为的时间、地点与方法也会影响行为本身的社会危害性程度,成为量刑的酌定情节。

第三节 犯罪主体

一、犯罪主体的概念

犯罪主体是指刑法规定的实施犯罪并且承担刑事责任的自然人和单位。事实上，犯罪主体这一概念包括两种含义:一是指已经实施了刑法所规定的犯罪的行为人,即犯罪人;二

[1] 参见朱德才《刑法因果关系理论源流考》,载《政治与法律》,2005-05。

[2] 参见高铭暄《刑法学》,129页,北京:法律出版社,1984。

[3] 参见李光灿《刑法因果关系论》,99页,北京:北京大学出版社,1986。

是指犯罪主体的条件,也就是具备何种条件才能成为犯罪主体,才可能承担刑事责任。作为犯罪构成的一个要件,所研究的是后者,即犯罪主体要件。可分为自然人犯罪主体和单位犯罪主体。

二、自然人犯罪主体

(一)自然人犯罪主体的一般要件

自然人犯罪主体的一般要件就是自然人犯罪必须具备的条件,即达到刑事责任年龄,具有刑事责任能力。

刑事责任年龄是指刑法所规定的,行为人实施刑法所禁止的犯罪行为所必须达到的年龄。现在世界上各个国家一般都将刑事责任年龄划分为几个不同的阶段,主要有以下三种情况。

1. 两分法,即将刑事责任年龄划分为有责任期和无责任期。如《格陵兰刑法典》就规定:15 岁以下儿童实施的行为不适用本法典。

2. 三分法,即将刑事责任年龄划分为无责任年龄、减轻责任年龄和完全责任年龄。如《泰国刑法典》规定:14 岁以下不得处以刑罚,20 岁以下减轻处罚,满 20 岁的人负完全刑事责任。

3. 四分法,即将刑事责任年龄划分为绝对无责期、相对无责期、减轻责任期、完全负责期。如《西班牙刑法典》规定:未满 7 岁为绝对无责期、已满 7 岁未满 15 岁为相对无责期,已满 15 岁未满 18 岁为减轻责任期,已满 18 岁为完全负责期。

年龄的计算以实足年龄为准,具体方法是自生日的第二天起计算,对隔时犯,以其实施行为的时间为基准,即以行为时为准。年龄的计算以公历为标准。

我国刑法采用三分法将刑事责任年龄划分为完全无责任期、相对负责任期、完全负责任期三个阶段。14 岁以下为完全无责任期,行为人对自己所实施的危害社会的行为都不负刑事责任;14 岁以上不满 16 岁的,为相对负责任期,只对犯故意杀人、故意伤害致人重伤或者死亡、强奸、抢劫、贩卖毒品、放火、爆炸、投毒罪负刑事责任;16 岁以上为完全负责任期,对自己的行为负完全责任。但如果行为人未满 18 岁,则处于减轻责任时期,应当从轻或者减轻处罚。

(二)犯罪主体之刑事责任能力

刑事责任能力,就是行为人辨认和控制自己行为的能力。这是自然人犯罪的另一个一般要件。它要求行为人必须同时具备辨认能力和控制能力,缺少其一就不具实施犯罪的能力。这是因为:

1. 辨认能力和控制能力是人的相对意志自由的前提,人只有在相对意志自由的条件下所实施的行为,才可能成为犯罪。没有辨认能力和控制能力的人不可能具有相对意志自由。

2. 辨认能力和控制能力是人实施行为及其危害结果所持的心理态度的前提。没有辨认能力就不可能有故意或过失的认识因素,没有控制能力就不可能有故意或过失的意志因素。

3. 辨认能力和控制能力与法定年龄密切相关。一般情况下,对辨认能力和控制能力的判定以行为人是否达到法定年龄为前提,所以达到法定年龄就无需再证明行为人具有辨认能力和控制能力。但由于这种能力可能会因行为人罹患精神疾病而丧失,因而须在年龄之外另行规定,以求作出准确的判定。

目前在世界范围内都没有一个令人满意的方法与标准。或采取医学、生物学的方法,即以精神障碍要素辨认是非能力为核心；或采取心理学方法辨认是否具有控制能力。我国将这两种方法结合起来，采取了混合的方法，即先确定影响此能力的生理原因，再标明由这种原因所致的影响此能力的心理状态。要注意的是，上述标准和方法所做的结论，必须经过法定程序的确认。

（三）我国刑法对几类特殊对象的刑事责任能力的规定

1. 精神病人的刑事责任能力

《刑法》第 18 条规定“精神病人在不能辨认或者不能控制自己行为的时候造成危害结果，经法定程序鉴定确认的，不负刑事责任，但是应当责令他的家属或者监护人严加看管和医疗；在必要的时候，由政府强制医疗。间歇性的精神病人在精神正常的时候犯罪，应当负刑事责任。尚未完全丧失辨认或者控制自己行为能力的精神病人犯罪的，应当负刑事责任，但是可以从轻或者减轻处罚。”

2. 醉酒的人的刑事责任能力

醉酒就是酒精中毒，可分为生理性醉酒与病理性醉酒。生理性醉酒就是普通醉酒，刑法理论认为这种醉酒的人还具有辨认或者控制自己行为能力，故要承担刑事责任，即便是这种能力有所减弱，也不能成为从轻或减轻处罚的理由。病理性醉酒则属于精神疾病，醉酒人完全丧失辨认控制能力，所以，首次醉酒导致的损害结果发生时，不认定是犯罪。我国《刑法》第 18 条第 4 款规定“醉酒的人犯罪，应当负刑事责任。”

3. 生理缺陷人的刑事责任能力

生理缺陷的人因为其这种缺陷导致对某些行为的辨认和控制能力减弱，但并未完全丧失，因此，他们实施犯罪的，应当承担责任，但由于这种缺陷使其接受教育和参加社会活动受到了一定的限制，故其辨认和控制能力就要低于一般人。所以刑法一般都规定可以从轻、减轻或者免除处罚。我国《刑法》第 19 条就明确规定“又聋又哑的人或者盲人犯罪，可以从轻、减轻或者免除处罚。”要注意的是，这里的规定是“可以”，而非“应当”，这就意味着要视具体情况来适用，如果生理缺陷对辨认和控制能力有影响则适用，如果生理缺陷对辨认和控制能力没有影响则不适用。

（四）自然人犯罪主体的特殊要件

在刑法上，某些犯罪除了要求行为人达到刑事责任年龄、具有刑事责任能力这两个条件外，还必须具有特殊身份，即行为人在身份上的特殊资格。主要有以特定公职为内容的特殊身份、以特定职业为内容的特殊身份、以特定法律义务为内容的特殊身份、基于自然关系而产生的身份、以居住地和特定组织成员为内容的特殊身份等。这些要件对于身份犯的确定及量刑有重要意义。

三、单位犯罪主体

（一）单位犯罪的概念

单位犯罪是指企事业单位、机关、团体为本单位或本单位全体成员谋取非法利益，由单位决策机构决定，由直接负责人员具体实施的犯罪。单位犯罪具有以下特点：

1. 单位犯罪的主体特征是单位，即具有整体性，而不是单位各个成员的犯罪集合，也不是单位成员的共同犯罪。

2. 单位犯罪主观方面的特征是多为故意，是为本单位谋取非法利益或以单位名义为全体成员谋取非法利益。

3. 单位犯罪客观方面的特征是经单位决策机构决定，由直接负责人员具体实施。

(二)单位犯罪的担责形式

对单位犯罪实施双罚制，以处罚单位和直接责任人为原则，以直接处罚责任人员为例外。《刑法》第31条规定："对单位判处罚金，并对其直接负责的主管人员和其他直接责任人员判处刑罚。本法分则和其他法律另有规定的，依照规定。"如果涉嫌犯罪的单位被撤销、注销、吊销营业执照或宣告破产，则只追究该单位直接负责的主管人员和其他直接责任人员的刑事责任。

(三)不以单位犯罪论处的情形

1999年6月，最高人民法院发布《关于审理单位犯罪案件具体应用法律有关问题的解释》，规定以下几种情形不作为单位犯罪论处而以个人犯罪予以处理：一是为违法犯罪活动而成立单位；二是单位成立后主要进行违法犯罪活动；三是盗用单位名义，违法所得归个人或私分。

第四节　犯罪主观方面

一、犯罪主观方面的概念

犯罪主观方面是指刑法规定成立犯罪必须具备的、行为人实施行为时所持的主观心理态度。包括故意与过失两个方面。具有主观性、危害性、法定性等特点。

二、犯罪故意

(一)犯罪故意概念及构成

在刑法理论上，对什么是犯罪故意有不同的认识，主要有容认说、盖然说和动机说。容认说认为，行为人只要容认、放任、同意危害结果发生就成立故意。盖然说认为行为人认识到危害结果发生的盖然性时还实施该行为，就足以表明行为人容认或者放任结果的发生；行为人认识到结果发生的可能性时，就表明没有容认或者放任结果的发生。动机说认为，行为人对危害结果的认识未能抑制行为的动机时，就是故意。其中容认说流传最广，影响最大。我国刑法就采取了容认说，我国《刑法》第14条规定"明知自己的行为会发生危害社会的结果，并且希望或者放任这种结果发生，因而构成犯罪的，是故意犯罪。"可见，犯罪故意就是指明知自己的行为会发生危害社会的结果，并且希望或者放任这种结果发生的心理态度。

犯罪故意由两个因素构成：一是认识因素，即明知自己的行为会发生危害社会的结果。二是意志因素，即希望或者放任这种结果发生。二者的有机统一才是犯罪故意。

(二)故意的种类

我国刑法根据故意的认识因素和意志因素的内容将故意分为直接故意和间接故意。直接故意是指明知自己的行为会发生危害社会的结果，并且希望这种结果发生的心理态度。间接故意是指明知自己的行为可能发生危害社会的结果，并且放任这种结果发生的心理态度。

【案 例】

浙江首例不作为故意杀人案

2003年3月，浙江省浦江县农民李家波和同在工厂打工的女青年项兰临相识并相恋，不久项兰临就怀孕了。同年6月，李家波提出要跟项兰临分手，并要项兰临去医院做流产手术。项兰临坚决不同意，几次欲跳楼自杀。9月5日中午，李家波与项兰临发生争吵，争吵中，李家波用打火机扔打项兰临。项兰临感到绝望，走到走廊里，喝下了事先准备好的一瓶敌敌畏，然后走进了李家波的房间。李家波不但没有及时去救人，反而一走了之，临走时怕被人知道还将房门锁上。李家波走后很长时间，项兰临才被人发现并送往医院，但因救治无效死亡。案发后，李家波向公安机关投案自首。

2003年12月，浦江县法院开庭审理了由浦江县检察院提起公诉的这件见死不救案。法院审理后认为，李家波在发现项兰临服毒后采取放任态度，将宿舍门锁上外出，致使项兰临在李家波宿舍中得不到及时抢救而身亡，李家波作为负有特定义务的人，主观上希望并追求项兰临死亡结果的发生，以解脱自己的负担，这与他不采取救助义务后造成项兰临死亡的严重后果有直接的因果关系，其行为已构成不作为形式的故意杀人罪，鉴于李家波能够主动投案自首，依法从轻判处其有期徒刑五年，并向项兰临父母赔偿损失3.5万元。李家波不服一审判决，提出上诉。金华市中级法院经过审理，驳回上诉，维持原判。[1]

三、犯罪过失

(一)犯罪过失的概念

犯罪过失，是指应当预见自己的行为可能发生危害社会的结果，因为疏忽大意而没有预见或者已经预见而轻信能够避免的心理状态。我国《刑法》第15条规定“应当预见自己的行为可能发生危害社会的结果，因为疏忽大意而没有预见，或者已经预见而轻信能够避免，以致发生这种结果的，是过失犯罪。”

犯罪过失表现出两个特征：

1. 行为人的实际认识与认识能力不一致。这就是说行为人具备认识自身行为的危害性的能力，但在行为时却没有认识到；或者是已经认识到，但对结果发生的可能性作出了错误的判断，而致危害结果的发生。

2. 行为人的主观愿望与客观效果不一致。这就是说行为人在主观上对危害结果的发生持排斥和反对的态度，结果的发生与其主观愿望相违背，是由于缺乏注意、草率行事造成的。

(二)犯罪过失的种类

我国刑法根据是否已经预见危害结果将过失分为疏忽大意的过失和过于自信的过失。疏忽大意的过失是指应当预见自己的行为可能发生危害社会的结果，因为疏忽大意而没有

---

[1] 参见“浙江省首例不作为故意杀人案终审判决”，载http://www.wjjlaw.cn/News/newshtml/alxb/200405162-32022.htm。

预见,以致发生这种结果的心理状态。过于自信的过失是指已经预见自己的行为可能发生危害社会的结果,但轻信能够避免,以致发生这种结果的心理状态。

(三)过失的认定

对过失的认定要注意以下几个方面的问题:

1. 在认定疏忽大意的过失时,判断行为人在当时的情况下能否预见结果的发生,而不能站在事后的立场进行判断。不能因为结果严重就断定行为人能够预见、应当预见;也不能因为行为人所实施的是不道德或违法、犯罪的行为,就认定行为人能够预见危害结果的发生。

2. 在认定过于自信的过失时,不能将合理信赖认定为轻信能够避免,如在高速公路上行车撞死横穿公路的行人,也不能将遵循了行为规则的行为认定为过于自信的过失。

四、无罪过事件

(一)无罪过事件的概念

无罪过事件,是指行为人的行为在客观上虽然造成了损害结果,但这种损害不是出于故意或者过失,而是由于不能抗拒或者不能预见的原因所引起的事件,不予追究刑事责任。我国《刑法》第16条规定"行为在客观上虽然造成了损害结果,但是不是出于故意或者过失,而是由于不能抗拒或者不能预见的原因所引起的,不是犯罪。"

无罪过事件具有以下特征:

1. 行为人的行为在客观上造成了损害结果, 这种结果是由于行为人的行为所引起的,即存在刑法上的因果关系。

2. 行为人在主观上没有过错,既不是故意也不是过失。

3. 这种损害结果的产生是由于不能预见的原因或不能抗拒的原因所引起的。

(二)无罪过事件的分类

1. 不可抗力,即行为人虽然认识到自己的行为可能造成损害结果,但由于当时主客观条件的限制,行为人不可能排除或者防止结果的发生。

2. 意外事件,即根据行为时的情况来判断,既不能够预见、也不应当预见。

五、犯罪的目的与动机

(一)犯罪的目的与动机的概念

犯罪目的只存在于直接故意的犯罪中, 是指犯罪人主观上通过犯罪行为所希望达到的结果。

犯罪动机回答行为人基于何种心理原因实施犯罪行为,是指刺激、促使行为人实施犯罪行为的内心起因或思想活动。产生犯罪动机需要具备两个条件:一是行为人内在的需要和愿望;二是外界的诱因与刺激。

(二)犯罪目的与犯罪动机的关系

犯罪目的与犯罪动机密切相关、相互区别。前者表现为:它们都是行为人的心理活动,都通过犯罪行为表现出来,都反映行为人的某种需要,有时二者甚至是一致的。后者表现在:动机产生在前,目的产生在后;动机回答行为人实施犯罪行为的心理动因何在,目的回答行为人实施犯罪行为所希望发生的结果是什么;动机不以危害结果为内容,目的一般以危害结果为内容;同一性质的犯罪,动机可以多种多样,但目的只有一个;不同性质的犯罪,目的不相同,但动机可以相同;目的的作用重于影响定罪,动机的作用重于影响量刑。

第五节 排除犯罪的事由

一、排除犯罪的事由概述

(一)排除犯罪的事由的概念

排除犯罪的事由,是指行为虽然在客观上造成了一定损害结果,表面上符合某些犯罪的客观要件,但实际上没有犯罪的社会危害性,并不符合犯罪构成,依法不成立犯罪的事由。也称为犯罪阻却事由或正当化事由。

大陆法系国家的刑法理论认为,犯罪成立的条件是构成要件的符合性、违法性和有责性,只要客观上与构成要件行为相符合的行为就被认为具有构成要件的符合性。符合构成要件的行为虽然原则上具有违法性,但在具有特别理由和根据的情况下也可能否认符合构成要件行为的违法性,这就是违法阻却事由。所以,符合构成要件的行为,只要不存在违法阻却事由,就具有违法性。我国刑法理论中的排除犯罪事由就源于这种认识和看法。它的基本特征就是:形式上近似某种犯罪构成,但实质上不具社会危害性和刑事违法性。

为什么客观上造成了一定的损害结果,实际上却没有社会危害性和刑事违法性?这个问题的答案在刑法理论上有法益衡量说、目的说、社会的相当说三种主张。法益衡量说认为,如果侵害法益的行为是为了救济更高或同等价值的法益,那么,该行为就不具违法性。目的说认为,如果行为是为了达到国家承认的共同生活的目的而采取的适当手段,则是正当的。社会的相当说认为社会伦理规范所允许的行为是正当的。

(二)排除犯罪的事由分类

在理论上,排除犯罪的事由可进行不同的分类。但最常见的分类方法是根据其产生的原因所做的划分。主要有划分为正当防卫与紧急避险的两分法;划分为正当防卫、紧急避险、其他排除犯罪性行为的三分法;划分为紧急行为、基于法令行为、正当业务行为、其他排除犯罪的事由的四分法。我国刑法中明文规定的只有正当防卫与紧急避险两种。但理论界普遍认为还有其他的排除犯罪性行为。

二、正当防卫

(一)正当防卫的概念及成立条件

正当防卫,是指为了保护国家、公共利益,本人或者他人的人身、财产和其他合法权利免受正在进行的不法侵害,采取对不法侵害人造成损害的方法,以制止不法侵害的行为。

这种行为在客观上虽造成损害但却不具社会危害性,而是对社会有益的行为。在主观上,这种行为的动机和目的都是为了保护合法的权益。

这种行为正当化的根据是个人保全和法的确证。个人保全就是指个人行使其固有的防卫权,使自己的权益得以保全。法的确证就是指行为是对不法行为的一种否认,是对法秩序的确证。

正当防卫的成立条件主要有:

1. 存在着具有社会危害性和侵害紧迫性的不法侵害行为,这是正当防卫的起因条件。
2. 只能在不法侵害正在进行时实行,这是正当防卫的时间条件。
3. 只能针对不法侵害者本人实行,这是正当防卫的对象条件。

4. 防卫人主观上必须出于正当防卫的目的,这是正当防卫的主观条件。

5. 防卫不能明显超过必要限度且造成重大损害,这是正当防卫的限度条件。

(二)对正当防卫成立条件的几个问题的认识

1. 对正当防卫的起因条件,要注意的是:

(1)对合法行为、正当防卫行为、紧急避险行为、过失犯罪和不作为犯罪等,不能或不宜进行正当防卫。

(2)对假想防卫,则应视情况而定。如果行为人主观上有过失并造成法律规定的损害后果,以过失犯罪论;如行为人主观上无过失,则按意外事件处理。

2. 对正当防卫的时间条件,要注意的是:

(1)侵害行为已经开始。即侵害人已逼近侵害对象,侵害行为已经着手,受侵害人已直接面临不法侵害的现实威胁。

(2)侵害行为尚未结束。即法益仍然处于紧迫、现实的侵害与威胁之中。因而,事先防卫和事后防卫都为法律所否定。

3. 对正当防卫的主观条件,要注意的是:

(1)否定防卫挑拨,因为是出于侵害目的而诱使对方进行不法侵害,然后借口防卫加害对方,这是故意犯罪。

(2)对相互的非法侵害行为要视情况而定。这是指双方均出于非法意图而相互侵害,是故意,若一方停止而另一方继续加害,则停止方所采取的反击可成立正当防卫。

(3)否定为保护非法利益而实施的防卫。

(4)否定偶然防卫,即行为人在故意实施对他人的侵害行为时,客观上制止了他人的不法侵害行为。因为行为人在主观上仍是出于故意,所以是故意犯罪。

4. 对正当防卫的限度条件,要注意的是防卫的必要限度。在刑法学理论中主要有以下几种观点和看法:

(1)客观需要说,即正当防卫的必要限度,就是防卫人制止不法侵害所必需的限度。

(2)基本适应说,即正当防卫的必要限度,就是防卫行为与不法侵害行为在性质、手段、强度、后果上要基本相适应。

(3)相当说,即必要限度应以制止不法侵害所必须为标准,同时要求防卫行为与不法侵害行为在手段强度等方面没有悬殊差异。

(4)法益衡量基础上的必需说,即正当防卫的必要限度应从两方面作衡量和判断:一是法益的衡量,也就是从生命、身体、自由、财产等法益来衡量,对不法侵害人法益的缩小评价。二是必需的判断,即从双方的手段、打击强度、打击部位、人员对比、现场环境等来作出判断。

综合上述观点,"防卫行为只要是为制止不法侵害行为所必需,而根据不法侵害发生的环境、防卫人与不法侵害人的力量对比等客观因素来判断,防卫行为的性质、手段、强度及造成的损害又不是明显超过不法侵害的性质、手段、强度及可能造成的损害,或者虽然防卫行为的性质、手段、强度及造成的损害明显超过不法侵害,但实际造成的损害并不算重大的,均属于正当防卫的范围,而不能认为防卫过当。"[1]

[1] 韩玉胜《刑法学原理及案例教程》,134页,北京:中国人民大学出版社,2009。

(三)防卫过当及特殊正当防卫

防卫过当是指防卫行为明显超过必要限度,对不法侵害人造成重大损害。

防卫过当不是一个独立的罪名,应根据其所符合的犯罪构成确定罪名,在刑事责任的承担上予以减轻或免除。因而在量刑时必须考虑防卫目的、过当程度、罪过形式、权益性质等因素。

特殊正当防卫，是指公民在特殊情况下实施的正当防卫行为造成不法侵害人伤亡后果的,不负刑事责任,也称为无过当防卫。我国《刑法》第 20 条规定:“对正在进行的行凶、杀人、抢劫、强奸、绑架以及其他严重危及人身安全的暴力犯罪,采取正当防卫,造成不法侵害人伤亡的,不属于防卫过当,不负刑事责任。”可见,特殊正当防卫的成立条件,一是具备正当防卫的条件;二是必须是针对正在进行的严重暴力犯罪;三是这些暴力犯罪必须严重危及人身安全。如果不具备这些条件,特殊正当防卫就不能成立。因而在刑法中对严重暴力犯罪也作出了明确的界定,即行凶、杀人、抢劫、强奸、绑架、其他严重危及人身安全的行为。

【案　例】

湖北邓玉娇防卫过当案

2009 年 5 月 10 日晚 7 时许，湖北省巴东县三关镇政府工作人员邓贵大、黄德智等 3 人,酒后到当地休闲中心“梦幻城”消费。黄德智误以为包房中的邓玉娇是洗浴区服务员,便要求邓玉娇提供异性洗浴服务。遭到拒绝后,邓贵大将邓玉娇拦住并两次推坐在沙发上,邓玉娇遂拿出一把水果刀起身向邓贵大刺击,致其左颈、左小臂、右胸、右肩受伤;黄德智上前阻止时,邓玉娇又将其刺成轻伤。后邓贵大因伤势严重,经抢救无效死亡。事后,邓玉娇主动拨打 110 报案。经鉴定,邓玉娇患精神抑郁症,属部分限制刑事责任能力的人。2009 年 6 月 16 日,巴东县人民法院一审宣判,认定邓玉娇的行为系防卫过当而构成故意伤害罪,鉴于其具有防卫过当、自首和限制责任能力等情节而免予处罚。

赵秉志先生评述此案时说“此案社会反响强烈,邓玉娇刺死的是一名官员,甚至被誉为‘巴东烈女’,可见在老百姓心中,对于官员利用公共权力欺压群众贪污腐败的问题是难以容忍的。最终的处理结果可谓‘大快人心’,但民意的影响并非决定性因素。从案情分析来看,邓玉娇的行为构成防卫过当、属于部分刑事责任能力人、具有自首情节,均属法定的从宽处罚情节,这才是免予处罚的根本原因。这种既符合法律规定又顺应民意的处理结果可谓双赢。”[1]

三、紧急避险

(一)紧急避险的概念及成立条件

紧急避险,是指为了使国家、公共利益、本人或者他人的人身、财产和其他权利免受正在

[1] 参见“著名刑法学专家赵秉志点评 2009 年十大刑事案件”,载 http://wenku.baidu.com/view/5fc97e22590-1020207409c0e.html.

发生的危险,在迫不得已的情况下所采取的损害较小合法权益而保全较大合法权益的行为。

紧急避险的本质就是避免现实危险,保护较大合法权益。其客观特征是:在法律所保护的权益遇到危险而不可能采取其他措施予以避免时，不得已损害另一较小合法权益来保护较大的合法权益,使利大于弊。其主观特征是:出于保护国家、公共利益、本人或者他人的人身、财产和其他合法权益免受正在发生的危险的目的,而实施的避险行为,没有犯罪故意和过失。

因为紧急避险是通过损害一种法益的方式对另一种法益进行保护，所以在条件上较正当防卫更为严格。

1. 紧急避险的目的必须是保护合法权益免受正在发生的危险的损害,这是紧急避险的主观条件。故意引起危险,以避险为由侵犯他人法益的是故意犯罪。

2. 紧急避险必须有需要避免的危险存在,这是紧急避险的起因条件。

3. 危险正在发生,即危险即将造成损害或正在造成损害而尚未结束,这是紧急避险的时间条件。

4. 紧急避险只能是通过损害无辜者的合法权益来保全公共利益、本人或者他人的合法权益,即只能是第三者的合法权益,这是紧急避险的对象条件。

5. 必须是出于不得已,即在危险发生时,没有其他合理方法可以排除危险,这是紧急避险的可行性条件。

6. 紧急避险不能超出必要限度,即所引起的损害必须小于所避免的损害,这是紧急避险的限度条件。

(二)对紧急避险成立条件的几个问题的认识

1. 在起因条件上要注意的是:

(1)对于合法行为、正当防卫行为不能实施紧急避险。也就是说紧急避险只能针对危害社会的行为实施。

(2)对假想避险不能实施。如果行为人主观上有过失构成犯罪,以过失罪论;如果主观上无过失则以意外事件论。

2. 在时间条件上,要注意避险不适时的情况,即提前避险、拖后避险或者迟延避险。对避险不适时而造成的损失要承担责任。

3. 在可行性条件上,要注意:如果有其他方法可以避险而不采取,对危险造成的损害要承担责任。

4. 在限度条件上,要注意:

(1)人身权大于财产权,不能因保护财产权而对第三人的人身造成侵害。

(2)在人身权利中,生命权是最高权,不能因保护健康而牺牲生命,更不能牺牲他人生命来保护自己的生命。

(3)在财产权利中,要比较财产价值,不能保小损大。

(4)在公共利益和个人利益不能两全时,要根据权益性质及内容来判定,并不是公共利益永远高于个人利益。

(三)紧急避险的特别例外限制及避险过当的刑事责任

法律规定紧急避险中避免本人危险的规定，不适用于职务上、业务上负有特定责任的人。这类人本身就负有同特定危险作斗争的法律义务,对他们来讲,一旦危险发生就必须履行义务，绝不能以实施紧急避险为由将自己置身于危险之外，否则，就必须追究其刑事责任。

避险过当就是指避险行为超过必要限度造成不应有的损害的情况。从刑法理论上讲，必须具备两个条件才构成避险过当。一是行为人在客观上实施了超过必要限度的行为，是合法权益受到了不应有的损失；二是行为人在主观上对此行为有罪过，即间接故意或是过失。由于其社会危害性和主观恶性较其他犯罪而言都比较小，所以，在刑事责任的承担上，应减轻或者免除处罚。

(四)紧急避险与正当防卫之异同

紧急避险与正当防卫都是为保护法益不受侵害，都是在合法权益正在受到危害时才能实施，若超过必要限度而造成不应有的损害都应负刑事责任，但应减轻或免除。可见，二者的相同点主要表现在行为目的相同、行为前提相同和行为责任相同。而二者的区别则主要表现为以下几个方面：

1. 危险的来源和范围不同。对正当防卫而言，危险只能是源自人的不法侵害行为；而对紧急避险而言，则可能是来自人的不法侵害，自然灾害或者是动物的侵袭。

2. 行为的对象不同。对正当防卫而言，行为的对象只能是不法侵害者本人，而对紧急避险而言，则只能是第三人，是对第三人权益的损害。

3. 行为的限制不同。对正当防卫而言，即使存在能够以其他方式避免不法侵害的可能，也允许进行防卫，而对于紧急避险则是不得已而为之，除避险以外别无选择。

4. 行为限度不同。对正当防卫而言，其造成的损害既可小于不法侵害可能造成的后果，也可等于不法侵害可能造成的后果，甚至可以大于不法侵害可能造成的后果。而对于紧急避险，则只能小于可能造成的后果。

5. 主体的限定不同。正当防卫是每个人都具有的法定权利，而紧急避险则不适用于职务上、业务上负有特定责任的人。

四、其他排除犯罪的事由

(一)法令行为

法令行为就是指基于成文法律、法令、法规的规定，作为行使权利或者承担义务的人所实施的行为。主要有：法律明确规定的，排除犯罪性的行为，如发行彩票。法律明示的合法性条件的行为，如堕胎、引产。职权行为和权利义务行为，如法警执行死刑命令、一般人扭送现行犯等。

(二)正当业务行为

业务是指基于社会生活中的地位反复实施的行为。正当业务强调业务的正当性。所谓的正当业务行为，就是指行为人根据其所从事的正当业务的要求而实施的行为。如医生客观上伤害患者身体的治疗行为、律师为罪犯实施的辩护行为等。

(三)自损行为和自救行为

自损行为就是自己损害自己权益的行为，如自杀、自伤、自己毁损自己所有的财物等。在一般情况下，这些行为不构成犯罪。但如果这种行为同时对国家、社会或他人的权益造成损害或威胁则构成犯罪。

自救行为是指在通过法律程序、依靠国家机关不可能或明显难以恢复的情况下，依靠自己的力量进行救济的行为，如用暴力等手段迅速从抢夺犯手中夺回自己的财物等。它与正当防卫的区别就在于，强调法益受到侵害而不强调侵害行为是刚结束还是已经过去。但这种行为的手段必须适当，造成了不应有的损害可能需承担相应的责任。

(四)义务冲突

义务冲突就是指存在两个以上不相容的义务，为了履行其中的某种义务，而不得已不履行其他义务的情况。如两个幼儿坠入急流中，父亲只能先救助其中的一个，而致另一幼儿得不到及时救助而死亡。

(五)因承诺而排除犯罪

因承诺而排除犯罪有两种情况，一是被害人的承诺，二是基于推定的承诺。对前者，符合一定的条件就可排除损害被害人法益行为的犯罪性。这些条件是：

1. 承诺者对被侵害的法益具有处分权限。即只有承诺者承诺侵害自己的合法权益时，才有排除行为犯罪性的可能。可见，对国家法益、社会法益是不可能承诺的。此外，对个人法益的承诺也受到限定，如帮助自杀的承诺即为法律所禁止，故经被害人承诺而杀害被害人的行为，构成故意杀人罪。

2. 承诺者对所承诺的事项的意义与范围具有理解能力，是基于真实意思而承诺，且承诺至迟必须存在于行为时(前)或结果发生时。

3. 必须有承诺的表示。承诺的表示在刑法理论上有意思方向说和意思表示说。意思方向说是指承诺只要存在于被害人内心即可，意思表示说则认为必须要有承诺的明示或暗示。

4. 所承诺所实施的行为本身不得违反法律规定。

基于推定的承诺是指虽没有现实的承诺，但被害人如果知道事实真相后，会当然承诺的情况。这种推定以合理的普通意志为标准，是为了被害人的权益。如发生火灾，破门闯入被害人居所抢出贵重物品的行为。

第三章 犯罪概说(下)

第一节 故意犯罪形态

一、故意犯罪形态概述

故意犯罪形态就是指故意犯罪在其发展过程中由于某种原因的出现而使结局呈现的各种状态。可分为完成形态和未完成形态。

完成形态是指故意犯罪在发展过程中未停顿而持续到终点的情形，是犯罪行为的完成与终结,即犯罪既遂。未完成形态是指故意犯罪在发展过程中出现停顿而没有完成犯罪的情形。依据停顿的原因和与完成犯罪的距离,分为犯罪的预备、未遂和中止。

犯罪的完成形态,是刑法分则规定的犯罪的基本形态;而犯罪的未完成形态,则是犯罪的特殊形态。犯罪的未完成形态,都是犯罪行为在向完成形态发展的过程中,由于某种原因而停止下来所呈现的形态。

犯罪过程可分为犯罪预备阶段与犯罪实行阶段,两者密切相连。前者是为后者做准备的阶段,后者是前者的发展。处于预备阶段的行为是预备行为,处于实行阶段的行为是实行行为。只有在实行行为终了之后,才可能出现犯罪的完成形态;而犯罪的未完成形态,既可能出现在预备阶段,也可能出现在实行阶段。

犯罪构成以犯罪既遂为模式,但刑法也处罚犯罪预备、犯罪未遂与犯罪中止,故刑法总则对分则所规定的犯罪构成进行了修正,形成了修正的犯罪构成。犯罪预备、犯罪未遂与犯罪中止虽然没有完全符合刑法分则所规定的以既遂为模式的犯罪构成，但符合了刑法总则所规定的修正的犯罪构成。

二、犯罪既遂

(一)犯罪既遂及其类型

犯罪既遂是指行为人实施的行为已具备了某一种犯罪构成的全部要件。主观上行为人特定的犯罪意图以借助犯罪行为的实施全部展开或得以实现；客观上行为人的犯罪行为已经在主观犯罪意图和意志的支配下到达终点,即完成犯罪状态。

犯罪既遂主要有四种类型:

1. 结果犯,即以犯罪结果的发生为既遂的犯罪,如故意杀人罪、抢劫罪等。

2. 行为犯,即以犯罪行为完成为既遂的犯罪,如强奸罪、脱逃罪等;

3. 举动犯,即行为人一着手犯罪实行行为即告犯罪完成而构成的犯罪,如组织、领导、参加黑社会性质组织的犯罪,教授犯罪方法罪等。

4. 危险犯,即实施危害行为造成法律规定的发生某种危害结果的危险状态为既遂标志的犯罪。

(二)犯罪既遂的刑事责任及处罚

犯罪既遂直接按照具体犯罪条文的法定刑进行处罚。

三、犯罪预备

(一)犯罪预备的概念

犯罪预备,是指为了犯罪准备工具、制造条件,但由于行为人意志以外的原因而未能着手实行犯罪的情形。其特点是:主观上为了犯罪;客观上实施了犯罪预备行为;尚未能着手实行犯罪;未能着手实行犯罪是由于行为人意志以外的原因。

犯罪预备可分为两个类型,一是为实施犯罪准备工具的行为,如制造工具、寻求工具、加工工具等;二是为实施犯罪创造便利条件的行为,如选择作案的时间、地点,策划行动方案,跟踪、守候被害人,纠集共同作案人,排除犯罪障碍等。

(二)犯罪预备与犯意表示的区别

犯意表示是行为人在实施犯罪活动以前,以口头、书面或者其他方法对真实犯罪意图表现于外部的行为。仅是一种犯罪意思的流露,不会造成实际危害,不属于犯罪。而犯罪预备则是为实施犯罪准备条件,对社会存在实际威胁,属于犯罪行为。

(三)犯罪预备的责任

我国《刑法》第22条第2款规定:"对于预备犯,可以比照既遂犯从轻、减轻或者免除处罚。"因而要注意区分实施预备犯罪的不同性质;区分实施预备犯罪的不同手段;区分预备行为的不同准备程度。对于情节轻微危害不大的可不认为是犯罪;对于危险性较大的可以比照既遂犯从轻、减轻或者免除处罚;个别重罪也可以不从轻、不减轻处罚。

四、犯罪未遂

(一)犯罪未遂的概念及特征

犯罪未遂是指行为人已经着手实行具体犯罪过程的实行行为,由于其意志以外的原因而未完成的犯罪停止状态。它具有以下特征:

1. 行为人已经着手实行犯罪。着手是实行行为的起点,标志着犯罪行为进入了实行阶段,是未遂处罚的根据。如何认定着手,在刑法学界有主观说、客观说、折中说等观点。主观说认为犯罪意思被发现就是实行行为的着手。客观说认为开始实施具有犯罪的现实危险性的行为就是着手。折中说认为主观上要有实现犯罪构成的意思,客观上实施了部分符合要件的行为时,就是着手。我们赞成折中说的观点,认为行为人以直接犯罪为目的,开始实施刑法分则所规定的具体犯罪构成要件的行为时就是着手。

2. 犯罪未得逞。未得逞是区分即遂与未遂的根本标志。如何认定未得逞,在刑法理论上有目的说、法定结果说等观点。目的说认为犯罪目的没有实现就是犯罪未得逞。法定结果说认为没有发生法律所规定的犯罪结果就是未得逞。我们认为只要是没有达到既遂状态而停止,就是未得逞。

3. 犯罪未得逞是由于犯罪分子意志以外的原因。这些原因主要有抑止犯罪意志的原因、抑止犯罪行为的原因、抑止犯罪结果的原因等三种。

抑止犯罪意志的原因,就是某种事实使得犯罪分子认为自己客观上已经不可能继续实行犯罪,从而被迫停止犯罪。抑止犯罪行为的原因,就是某种情况使得行为人在客观上不可能继续实行犯罪或者不可能造成犯罪结果。抑止犯罪结果的原因,就是行为人已将其认为应当实行的行为实行终了,但意外情况阻止了结果的发生。

(二)犯罪未遂的类型

1. 以实行行为是否实行终了为标准划分为实行终了的未遂与未实行终了的未遂。

实行终了的未遂指犯罪人已将其认为达到既遂所必需的全部行为实行终了，但由于犯罪人意志以外的原因而未得逞。如犯罪人向被害人食物中投放了毒药,被害人中毒后被他人发现后送往医院抢救脱险。

未实行终了的未遂指由于意志以外的原因，使得犯罪人未能将其认为达到既遂所必需的全部行为实行终了,因而未得逞。如在举刀杀人时,被第三者制服。

2. 以犯罪行为本身能否既遂为标准划分为能犯未遂与不能犯未遂。

能犯未遂,是指犯罪人所实施的行为本身可能达到既遂,但由于犯罪人意志以外的原因而未得逞。如向他人开枪射击但未击中目标。不能犯未遂,是指犯罪人所实施的行为本身就不可能达到既遂,因而未得逞,包括为对象不能犯未遂与手段不能犯未遂。如犯罪人以为乙的上衣左口袋中有钱包,便将手伸进乙的左口袋,但乙的钱包实际上在右口袋,这是对象不能犯未遂。犯罪人向乙的食物中投放毒药,但毒药没有达到致死量,因而不可能得逞,这是手段不能犯未遂。

(三)未遂犯的刑事责任及处罚

在国际上对未遂犯的刑事责任及处罚的主要有三种做法:一是必减主义,即比照既遂犯减轻处罚;二是等同主义,即与既遂犯等同处罚;三是得减主义,即比照既遂犯从轻、减轻,也可等同处罚。我国采取得减主义。我国《刑法》第 23 条第 2 款规定:“对于未遂犯,可以比照既遂犯从轻或者减轻处罚。”

五、犯罪中止

(一)犯罪中止的概念和特征

在犯罪过程中,行为人自动放弃犯罪或者自动有效地防止犯罪结果发生,而未完成犯罪的一种犯罪停止形态。犯罪中止具有以下特征:

1. 中止的时间性,即在犯罪行为开始实施之后、犯罪结局呈现之前均可中止。

2. 中止的自动性,即行为人“自动”放弃犯罪,或者“自动”有效地防止犯罪结果发生。这是犯罪中止与犯罪未遂、犯罪预备在主观上的区分标志。

在刑法理论上判定犯罪中止和犯罪未遂的标准一般采取弗兰克公式，即能达目的而不欲时为中止,欲达目的而不能是为未遂。这里的能与不能以行为人的认识标准来判断,而不是据客观事实判断,即只要行为人认为可能既遂而不愿的就是中止,而不论客观上是否可能既遂。

3. 中止的客观性,即要求行为人客观上有中止的行为,即在行为未实行终了的情况下,行为人真实地放弃了犯罪行为,而不是待机再次实施。

4. 中止的有效性,即无论是哪一种中止,都必须是没有发生作为既遂标志的犯罪结果。

(二)中止犯的刑事责任及处罚

对中止犯的刑事责任及处罚,国际上的主要做法有必减主义和得减主义两种,即比照既遂减轻;比照既遂犯从轻减轻也可同罚。我国采用得减主义。我国《刑法》第 24 条第 2 款规定:“对于中止犯,没有造成损害的,应当免除处罚;造成损害的,应当减轻处罚。”

第二节 共同犯罪

一、共同犯罪的概念和要件

(一)共同犯罪的概念

共同犯罪是指二人以上共同实施故意犯罪的行为。对这一概念的把握要注意以下几个方面的问题:

1. 主客观统一性。共同犯罪要求二人以上既有共同故意,又有共同行为,而且二者之间具有统一关系。

2. 整体性。共同犯罪是二人以上在共同故意支配下实施犯罪行为形成的一个整体,不是个人行为的简单相加。

3. 共同犯罪类型。共同犯罪的类型不同,其社会危害性便不同。如集团犯罪的社会危害性通常重于一般共同犯罪的社会危害性。

4. 共同犯罪人的差异性。共同犯罪有两个以上的共犯人,但各共犯人在共同犯罪中所起的作用不同,各共犯人行为的社会危害性不同,因而需要区别对待。

(二)共同犯罪的成立要件

1. 共同犯罪的主体必须是“二人以上”。

2. 必须有共同故意。共同故意包括两方面的内容,一是各共犯人均有相同的犯罪故意,即都明知共同犯罪行为的性质、危害社会的结果,并且希望或者放任危害结果的发生。二是各共犯人之间具有意思联络,即各共犯人主观上相互沟通,彼此联络,都认识到自己不是在孤立地实施犯罪,而是在和他人一起共同犯罪。

3. 必须有共同行为,即各共犯人的行为必须指向同一犯罪目标,形成一个有机的犯罪活动整体,且都与危害结果之间有因果关系。

二、共同犯罪的认定

(一)不构成共同犯罪的情况

1. 共同过失犯不构成共同犯罪。因为缺乏相互之间的意思沟通联络,各犯罪人的行为不是一个有机的整体。

2. 故意犯罪行为与过失犯罪行为不成立共同犯罪。

3. 同时犯不成立共同犯罪。同时犯是指二人以上同时以各自行为侵害同一对象,但彼此之间无意思联络的情况。

4. 先后故意实施的相关犯罪行为,彼此没有主观联系的,不成立共同犯罪。

5. 超出共同故意之外的犯罪,不是共同犯罪。

6. 事前无通谋的事后窝藏、包庇、窝赃、销赃行为,不构成共同犯罪。

(二)构成共同犯罪的情况

1. 事前有通谋的事后窝藏、包庇、窝赃、销赃行为构成共同犯罪。

2. 参与共谋,没有参与实施犯罪行为的构成共同犯罪。

三、共同犯罪的形式

(一)任意共同犯罪与必要共同犯罪

这是根据共同犯罪能否任意形成而作的划分。任意共同犯罪，就是指刑法分则规定的一人能够单独实施的犯罪由二人以上共同故意实施,如故意杀人罪、放火罪、抢劫罪等,既可一个人实施,也可以二人以上共同实施。必要的共同犯罪,就是指刑法分则明文规定必须由二人以上共同故意实施的犯罪,如聚众扰乱社会秩序罪、聚众持械劫狱罪等聚众性共同犯罪和集团性共同犯罪。

(二)事前通谋的共同犯罪与事中通谋的共同犯罪

这是根据共同犯罪故意形成的时间而作的划分。在着手实行犯罪之前，各共犯人已经形成共同犯罪故意,就实行犯罪进行了策划或商议的,就是事前通谋的共同犯罪;在刚着手实行或者实行犯罪的过程中形成共同犯罪故意的,就是事中通谋的共同犯罪。

(三)简单共同犯罪与复杂共同犯罪

这是根据共同犯罪人之间的分工情况而作的划分。二人以上共同故意实行犯罪时,就是简单共同犯罪。在这种情况下,各共犯人都是正犯(实行犯),又叫共同正犯(共同实行犯)。二人以上的共同犯罪存在实行、组织、教唆、帮助等分工时,就是复杂共同犯罪,在这种情况下,存在实行犯、组织犯、教唆犯、帮助犯之分。

(四)一般的共同犯罪和特别的共同犯罪

这是根据共同犯罪人之间结合的程度及组织情况而作的划分。共同犯罪人之间不存在组织形式,而是为实施某一具体犯罪临时结合在一起的,就是一般共同犯罪。共同犯罪人之间存在一定组织形式的共同犯罪就是特别的共同犯罪。

四、共犯人的分类及其刑事责任

(一)分类标准

刑法理论上主要有两种分类标准,一是分工分类法,即以共犯人的分工或行为的形式为标准,将共犯人分为正犯、教唆犯、帮助犯等;二是作用分类法,即共犯人在共同犯罪中所起的作用为标准,将共犯人分成主犯、从犯、胁从犯。我国采用的是作用为主、兼顾分工的综合标准,按共犯人在共同犯罪中的作用分为主犯、从犯、胁从犯;同时又按分工划分出教唆犯。

(二)主犯及其刑事责任

我国《刑法》第26条第1款规定:“组织、领导犯罪集团进行犯罪活动或者在共同犯罪中起主要作用的,是主犯。”可见,主犯包括两类,一是组织、领导犯罪集团进行犯罪活动的犯罪分子,即犯罪集团中的首要分子。二是在共同犯罪中起主要作用的犯罪分子,即除犯罪集团的首要分子以外的在共同犯罪中对共同犯罪的形成、实施与完成起决定或重要作用的犯罪分子。

对于组织、领导犯罪集团进行犯罪活动的首要分子,按照集团所犯的全部罪行处罚,也就是说他们除了对自己直接实施的具体犯罪及其结果承担刑事责任外，还要对集团成员按该集团犯罪计划所犯的全部罪行承担刑事责任。对于犯罪集团的首要分子以外的主犯,应按其参与的全部犯罪进行处罚。

(三)从犯、胁从犯及刑事责任

我国《刑法》第27条第1款规定:“在共同犯罪中起次要或者辅助作用的,是从犯。”可见，从犯包括两类人，一是在共同犯罪中起次要作用的犯罪分子，即对共同犯罪的形成与共同犯罪行为的实施、完成起次于主犯作用的犯罪分子；二是在共同犯罪中起辅助作用的犯罪分子，即为共同犯罪提供有利条件的犯罪分子，通常是指帮助犯。

根据法律的规定，从犯也应对自己参与的全部犯罪承担刑事责任，只是由于其在共同犯罪中的作用次于主犯，一般采取必减主义予以处罚，即应当从轻、减轻或者免除处罚。

胁从犯是被胁迫参加犯罪的人，即在他人威胁下不完全自愿地参加共同犯罪，并且在共同犯罪中起较小作用的人。但行为人在身体完全受强制、完全丧失意志自由时实施某种行为，不构成胁从犯；符合紧急避险条件的不构成胁从犯。如交通工具被劫持，驾驶人员不得已听从劫持者的指令，驾驶交通工具前往劫持者指定的地点。在这种情况下驾驶人员就绝不是胁从犯。

按刑法的规定，胁从犯应当按照他的犯罪情节减轻处罚或者免除处罚。其中的"情节"主要是指被胁迫的程度、在共同犯罪中所起的作用。

(四)教唆犯及其刑事责任

教唆犯是指以授意、怂恿、劝说、利诱或者其他方法故意唆使他人犯罪的人。成立教唆犯需具备几个基本条件：一是教唆犯所教唆的对象必须是达到刑事责任年龄、具有刑事责任能力的人；二是必须有教唆行为；三是必须有教唆故意。

按刑法的规定，教唆他人犯罪的，应当按照他在共同犯罪中所起的作用处罚，如果起主要作用，就按主犯处罚；如果起次要作用，则按从犯从轻、减轻或者免除处罚。教唆不满18周岁的人犯罪的，应当从重处罚。如果教唆未遂，对于教唆犯可以从轻或者减轻处罚。

第三节　罪数形态

一、罪数形态的概念

(一)罪数、罪数形态

罪数就是犯罪的个数，在刑法上称为一罪或数罪。罪数形态是指表现为一罪或数罪的犯罪形态。

区分罪数有利于准确定罪、有利于适当量刑。

(二)罪数判断的标准

关于罪数判断的标准，在刑法理论上有不同的观点和看法。行为标准说主张以行为为标准，实施一个行为为一罪，实施数个行为为数罪。法益标准说主张以侵害法益或犯罪结果的个数为标准，侵害一个法益为一罪，侵害数个法益为数罪。犯意标准说主张以犯罪意思为标准，出于一个犯意为一罪，出于数个犯意为数罪。构成要件说主张以构成要件为标准，一次符合要件的行为是一罪，数次符合要件的行为是数罪。

我国学者认为，行为标准说和法益标准说均以犯罪的客观要素为标准，未考虑主观要素，而犯意标准说则只考虑主观要素，未考虑客观要素，故三种看法均失之片面。但是相比较而言，构成要件说则显得较为合理。所以我国刑法采取的是构成要件说，即以构成要件为罪数判断的标准，一次符合要件的行为是一罪，数次符合要件的行为是数罪。我们认为按照刑法理论，构成要件符合性仅仅是犯罪成立的一个基本条件，因而，还必须考虑违法性和有责性，否则，罪数判断的标准就不全面、不科学。

二、罪数类型

罪数类型包括一罪与数罪两大类型。一罪就是指一个犯罪，我国刑法理论一般将它分为实质一罪、法定一罪、处断一罪三种。数罪就是数个犯罪，主要有实质数罪与想象数罪、异种数罪与同种数罪、宣告前数罪与执行期间数罪。

(一)一罪的类型

1. 实质的一罪

实质的一罪就是刑法规定一行为作为一罪或是处理时作为一罪的情况。包括继续犯、想象竞合犯、结果加重犯。

继续犯，也称持续犯，指行为从着手实行到由于某种原因终止以前，一直处于持续状态的犯罪，这种犯罪自始至终都针对同一对象，侵犯同一法益。如非法拘禁罪、遗弃罪、窝藏罪等。对继续犯，不论其持续时间长短，均以一罪论处。

想象竞合犯，也称想象的数罪，指一个行为触犯了数个罪名的情况。这种犯罪行为人只实施了一个行为，却触犯了数个罪名。如对正在依法执行公务的国家机关工作人员实施暴力使之受伤的，就同时触犯了妨害公务罪与故意伤害罪。在这种情况下按行为所触犯的罪名中的一个重罪论处，而不以数罪论处，即“从一重处断”。

结果加重犯，也称加重结果犯，指法律规定的一个犯罪行为(基本犯罪)，由于发生了严重结果而加重其法定刑的情况。如故意伤害致死罪，认定为一罪，并且根据加重的法定刑量刑，既不能以数罪论处，也不能按基本犯罪的法定刑量刑。

2. 法定的一罪

法定的一罪就是数行为在刑法上规定为一罪的情况，包括结合犯、集合犯。

结合犯，指数个原本独立的犯罪行为，根据刑法分则的明文规定，结合成为另一独立的新罪而使原本独立的犯罪成为新罪的一个部分的情况。简单地讲就是甲罪+乙罪=丙罪，丙罪就是新罪，在处理时以所结合的新罪论处。我国刑法没有规定典型的结合犯。

集合犯，习惯上称为惯犯，是指行为人以某种犯罪为常业，或以犯罪所得为主要生活来源，或长时间多次实施同种犯罪行为的犯罪形态。包括常习犯、职业犯与营业犯。如赌博罪、非法行医罪。

3. 处断的一罪

处断的一罪就是数行为在处理时作为一罪的情况，包括连续犯、吸收犯、牵连犯。

连续犯，是指基于同一的或者概括的犯罪故意，连续实施性质相同的数个行为，触犯同一罪名的犯罪。如多次走私未经处理、多次贪污未经处理。连续犯以一罪论处。

吸收犯，是指事实上存在数个不同的行为，其一行为吸收其他行为，仅成立吸收行为一个罪名的犯罪。如行为人将盗窃枪支藏在家中，私藏枪支的行为被盗窃枪支的行为所吸收，仅成立盗窃枪支罪，只能以一罪论处。

牵连犯，是指以实施某一犯罪为目的，其方法行为或结果行为有触犯其他罪名的犯罪形态。如伪造信用卡后用以诈骗，分别触犯伪造金融票证罪和信用卡诈骗罪。在没有特别规定的情况下，对牵连犯实行从一重处断的原则。

(二)数罪的类型

1. 实质数罪与想象数罪

实质数罪，就是指实施数个行为，构成数个独立的犯罪。想象数罪，就是指实施一个行为,触犯数个罪名,也就是想象竞合犯。

2. 异种数罪与同种数罪

异种数罪就是指行为人出于数个不同犯意,实施数个行为,触犯数个不同罪名。同种数罪就是行为人出于数个相同犯意,实施数个行为,触犯数个相同的罪名。

3. 并罚数罪与非并罚数罪

并罚数罪,是指行为人基于数个罪过,实施数个行为,构成数个独立犯罪,依法实行数罪并罚的数罪。非并罚数罪,是指行为人实施数个行为,触犯数个罪名,只按一罪处罚的数罪。

4. 宣告前数罪与执行期间数罪

宣告前数罪,是指行为人在宣告判决以前一并被发现的数罪。执行期间数罪,是指在刑罚执行期间发现漏罪或再犯新罪的数罪。

第四节 刑事责任

一、刑事责任及其特征

(一)刑事责任的概念

刑事责任是刑法中的核心问题,刑法中的犯罪和刑罚的规定都是围绕"是否追究刑事责任"、"追究怎样的刑事责任"、"如何实现刑事责任"等问题进行。在刑法理论中,对刑事责任的概念有不同的观点和看法,主要有法律后果说、法律关系说、否定评价说、法律义务说、综合说等。

法律后果说主张刑事责任就是行为人实施犯罪应承担的法律后果。法律关系说主张刑事责任就是因犯罪行为而产生的国家与犯罪人之间的一种谴责与被谴责的刑事法律关系。

否定评价说主张刑事责任是国家对犯罪人及其犯罪行为的一种否定评价。法律义务说主张刑事责任是行为人因犯罪而承担的接受法律惩罚的义务。综合说主张刑事责任是指行为人对其实施的犯罪行为所引起的法律后果的一种应有的承担标准、体现国家对行为人否定评价的刑事实体性义务。

我们认为,上述诸说并非相互矛盾,而是相互协调、相互统一的,但综合说从行为人和国家两个方面来界定刑事责任,因而与其他概念相较,显得更加全面。所以我们赞同综合说的观点和看法,即认为刑事责任就是指行为人对其实施的犯罪行为所引起的法律后果的一种应有的承担标准,体现国家对行为人否定评价的刑事实体性义务。

(二)刑事责任的特征

刑事责任具有以下几个基本特征:

1. 应当性和强制性

刑事责任应当性的基本含义是指,如果行为人实施了犯罪行为,就应当承担刑事责任。如果实施犯罪而不担责任,那么,法益就得不到保护,正义就不能实现。因而,刑事责任就会强制行为人向国家承担法律责任,以体现社会正义、实现社会正义。

2. 严厉性和专属性

在所有法律责任中,刑事责任性质最严重、否定评价最强烈、制裁后果最严厉。但这种严厉性只针对犯罪人本身,而不可替代,不能转嫁,这就是刑事责任的专属性。

3. 准据性和时效性

刑事责任是犯罪事实的综合反映，为确定刑罚提供依据。所以，刑事责任一经确认，犯罪人和受害人均不能更改，不能自行协商解决。但国家并非无期限的追究行为人的刑事责任，而是确定追究刑事责任的期限，一旦期限届满，责任即告消失。

二、刑事责任的功能

（一）刑事责任的功能

刑事责任是介于犯罪和刑罚之间的桥梁和纽带，其功能就在于对犯罪和刑罚起调节作用，它既是犯罪的后果，又是刑罚的先导。罪——责——刑的结构是刑法内容的缩影。

（二）刑事责任与刑罚的关系

1. 没有刑事责任就没有刑罚，刑事责任是刑罚的前提，刑罚是刑事责任的后果。刑事责任的存在决定了刑罚适用的现实可能性。

2. 刑事责任的大小是判处刑罚的标准，刑罚的轻重与行为人所犯的罪行及承担的责任相适应。

3. 刑事责任通过刑罚来实现，刑罚是刑事责任的主要体现形式。

（三）刑事责任的过程

刑事责任的过程，就是国家追究责任和迫使行为人履行刑事义务的过程。也是行为人应当负责、实际负责、终止负责的过程。应当负责时间是从犯罪成立之日起到追诉时效期满之日止。一个行为一旦构成犯罪，不论是否被发现，行为人都要对自己的行为负责，直到时效期满都为应当负责时间。可能负责时间是指从国家追究犯罪到判决生效的时间。在这个时间段内，行为人的责任由应当负担转化为实际负担。从理论上讲，立案、侦查、起诉、审判均不是行为人实际担责的时间，但在实际过程中，一旦行为人被确定有罪，行为人在这些时间内已开始承担刑事责任。确定负责时间就是从有罪判决生效到刑罚执行完毕的时间。事实上，对行为人定罪的过程也是确定行为人负刑事责任的过程，一旦被确定有罪，也就确定了行为人的刑事责任，从判决生效直至刑罚执行完毕就是其确定负责时间。在现实中确定负责时间与应当负责时间不一定一致。

四、刑事责任的承担方式

根据我国刑法的规定，行为人承担刑事责任的方式主要有以下几种：

1. 定罪判刑，即判处有罪后处以刑罚，这是最基本、最主要的承担方式。不论是适用主刑还是附加刑，都体现了对犯罪行为的否定评价和对行为人的谴责与处罚。

2. 定罪免刑，即判处有罪后免除处罚。我国《刑法》第 37 条规定："对于犯罪情节轻微不需要判处刑罚的，可以免予刑事处罚"。要注意到的是，免予处罚，只是免除刑罚，而不是免除刑事责任。确定有罪，已是对行为人的否定评价和谴责。

3. 消灭处理，即行为人的行为已构成犯罪，但责任基于一定事实而消灭，如特赦、犯罪人死亡、超过时效期限等。

4. 转移处理，即享有外交特权或豁免权的外国人的刑事责任，通过外交途径解决。

第四章　刑罚概说

第一节　刑罚的概念及功能

一、刑罚的概念

(一)刑罚及刑罚权

刑罚是与犯罪紧密联系的一个刑法概念。任何国家的刑法都由两个内容组成，一是规定所确认的犯罪,二是规定惩罚犯罪的刑罚。因而,简单地讲,刑罚就是指掌握国家政权的统治阶级，以国家的名义实行惩罚犯罪的强制方法。它主要通过法庭判罚和监狱的执行来实现,具有国家性、限定性、强制性等特点。

国家性是指刑罚只能由特定机关代表国家依法适用,除此以外,其他任何机关、团体、组织和个人都不能适用刑罚。而且,特定机关在适用刑罚时,也必须依一定的权限和程序进行。限定性是指刑罚的适用对象只能是构成犯罪的人，没有构成犯罪的人不能适用刑罚。强制性是指刑罚的实现靠国家强制力予以保障,而且是一种最严厉的强制方法,它根据法律规定对行为人施以各种处罚,甚至可以剥夺其自由乃至生命。

刑罚权是基于犯罪行为而对行为人实行刑罚的国家权能。它是国家主权的组成部分,其内容就表现为国家对罪犯施以的刑罚惩罚,主要有制刑权、求刑权、量刑权、行刑权。制刑权是指国家立法机关在刑法中创制刑罚的权力。在我国，这种权力归属于全国人民代表大会及其常务委员会。求刑权是指对犯罪行为提起刑事诉讼的权力。一般地,这种权力由检察机关行使,但国家也将部分权力交由被害人,这就是所谓的“公诉”和“自诉”。量刑权是指对犯罪人科处刑罚的权力，这种权力归法院行使。行刑权是指国家特定机关实现法院对犯罪人判处的刑罚的权力,其内容是执行刑罚,这种权力属司法行政机关和公安机关。

(二)刑罚的正当化根据

关于刑罚的正当化根据在刑法理论上有绝对主义、相对主义和并合主义等不同的观点和看法。

绝对主义以绝对报应刑说为内容,认为“因为有犯罪而科处刑罚”,将刑罚理解为是对犯罪的报应,对罪犯以痛苦的刑罚进行报应就体现了正义,这就是刑罚正当化的根据。相对主义以目的刑说为内容,认为“为了没有犯罪而科处刑罚”,将刑罚的意义理解为实现预防犯罪的目的,主张刑罚的正当化根据就在于刑罚目的的正当性。并合主义认为“因为有犯罪并为了没有犯罪而科处刑罚”,主张刑罚的正当化根据就在于一方面满足正义要求,另一方面实现预防目的。所以并合方式是以报应刑限定刑罚上限,以目的刑减免刑罚。这样就使报应刑和目的刑两说优势互补，使刑罚在整体上保持适当的程度，既不会过于严厉也不会过于轻缓,成为理想的刑罚观念。现在,世界大部分国家都采取并合主义的立场。

二、刑罚的目的

(一)刑罚的目的及相关观点

刑罚目的,就是一个国家制定刑罚、适用刑罚、执行刑罚所追求的结果。刑法理论有单一目的说和多元目的说。就单一目的说而言,或认为刑罚的目的就是惩罚,或认为就是改造,或认为就是预防。就多元目的说而言,或认为是惩罚和教育两重目的,或认为根本目的是预防犯罪、保卫社会,直接目的是惩罚犯罪、伸张正义,或认为是惩罚和改造犯罪人,预防他们重新犯罪,教育和警戒社会上的不稳定分子。

我们认为,惩罚是刑罚的属性,教育、改造及威慑则是刑罚的功能,不能将它们与刑罚的目的混为一谈,而根本目的和直接目的实际上就是整个刑法的目的,刑法所有的规定都是为实现这一目的而设立的,因而没有再将其作为刑罚目的之必要。而刑罚通过制定、适用和执行,就对犯罪者本人及社会上一般人产生影响,从而达到预防犯罪的结果,可见,刑罚的目的就是预防犯罪。

(二)刑罚目的的层次和内容

刑罚预防犯罪的目的包含了两个层次,一是最大限度地减少犯罪,二是最终消灭犯罪。马克思主义法学认为,犯罪是阶级社会特有的现象,必将随着阶级的消灭而消灭,在这一发展过程中,刑罚的使命就是减少犯罪,为最终消灭犯罪的目标服务。

我国刑罚对犯罪的预防可分为特殊预防和一般预防。特殊预防是指预防犯罪人重新犯罪。主要通过两种方式来实现,一是通过死刑的适用,彻底消灭罪行极其严重的犯罪人重新犯罪的可能;二是通过对犯罪人适用刑罚,使犯罪人不能再犯罪、不敢再犯罪乃至不愿再犯罪。一般预防是指对尚未犯罪的人实施犯罪预防。主要通过两种方式来实现:一是通过刑罚的适用,警戒危险分子和不稳定分子;二是教育广大民众加强法制观念。

三、刑罚的功能

刑罚的功能就是指刑罚自身所具有的不同于其他法律强制方法的特殊作用及社会影响。可分为对犯罪人的功能、对社会的功能、对受害人的功能。

(一)刑罚对犯罪人的功能

刑罚对犯罪人的功能就是通过刑罚的适用和执行对犯罪人直接产生人身强制与心理效应,从而实现特殊预防的目的。主要有以下几方面的内容:

1. 惩罚功能。刑罚是犯罪的必然结果,任何人只要实施了犯罪行为,就必然受刑罚的惩罚。这就意味着犯罪人的某种权益被剥夺或者是被限制,而且,通过这种剥夺或限制,一方面使其感受到一定的痛苦,另一方面,也就实现了使其在一定时期乃至永远都不能再犯的可能。

2. 矫正功能。刑罚的适用和执行使犯罪人从中受到教育,恢复道德良知,从而养成良好的规范意识、法律意识,达到不愿再犯的圆满结果。正如格劳秀斯所言"惩罚的目的就是使一个罪犯变成一个好人。"[1]

(二)刑罚对社会的功能

刑罚对社会的功能就是通过刑罚的制定、适用和执行对社会上尚未犯罪的人和一般人

---

[1]《西方法律思想史资料选编》,158页,北京:北京大学出版社,1983。

群产生影响，从而实现一般预防的目的。主要有以下几方面的内容：

1. 威慑功能。这种功能主要是针对有犯罪可能的危险分子和不稳定分子而言的。国家通过刑罚的制定、适用和执行，就宣示和确证了只要敢于以身试法，就必将付出巨大的代价，从而使自己陷入痛苦的境遇。这就使得这些危险分子和不稳定分子权衡利弊得失，放弃犯意，避免犯罪。

2. 教育功能。这种功能主要是针对广大人民群众而言的。刑罚的制定、适用和执行，本身就具有强大的法律教育的功能，这就使得广大人民群众能够知法懂法，明确正当行为与犯罪行为的区别，增强法律意识，唤醒和强化广大人民群众对法秩序的信赖与维护，实现一般预防的目的。

(三)刑罚对受害人的功能

刑罚对受害人的功能就是通过刑罚的适用和执行对犯罪行为的侵害者及其亲属所产生的积极影响。主要有安抚功能和补偿功能。

1. 安抚功能。就是通过刑罚的适用和执行使犯罪人得到应有的刑罚惩罚，从而使被害人及其亲属因受侵害而生的精神创伤和愤懑情绪得以平定和抚慰，并使得被破坏的社会心态得以回复。

2. 补偿功能。就是通过刑罚的适用和执行对被害人及其亲属因受侵害而造成的物质损失予以弥补。这种功能与安抚功能密切联系，成为一个整体，对防止私力救济的发生，公平正义的维护及法秩序的持久有着重要的意义，是刑罚实现一般预防目的的不可忽视的重要功能。

第二节　刑罚的体系

一、刑罚体系概述

(一)刑罚体系概念

刑罚体系，就是指根据刑法的规定以一定顺序排列的刑罚方法的总和，一般可分为主刑和附加刑两种。主刑，也称本刑、基本刑、单独刑，是指只能独立适用的主要刑罚方法。它只能独立适用，不能附加适用。一个罪只能适用一个主刑，不能同时适用两个以上的主刑。根据我国刑法的规定，主刑包括管制、拘役、有期徒刑、无期徒刑和死刑。附加刑，也称从刑，是指补充主刑适用的刑罚方法，它既可以附加主刑适用，也可以独立适用，还可以几种附加刑同时并用。根据我国刑法的规定，附加刑主要有罚金、剥夺政治权利、没收财产。此外还有一个对于犯罪的外国人适用的驱逐出境。

历史上任何统治者，都是按照国情的需要来建立自己的刑罚体系的，但随着社会的发展和进步，借鉴有益的法律文化成果，完善自己的刑罚体系已成为现代国家的共识。因而各国刑法体系都由原来的以死刑、身体刑为中心转变为以自由刑、财产刑为中心，刑种数量由多到少，规定内容由繁杂到简单，刑罚惩罚的严厉性从残酷到人道，在刑罚的适用上也由积极到消极；在刑罚的从执行上，由消极到积极。这些都已经成为各国建立现代刑罚体系的重要思想基础。

(二)我国的刑罚体系及其特点

我国立足于国情需要，适应社会主义初级阶段的价值观念，借鉴有益的法律文化成果，建立并逐步完善了自己的刑罚体系。这一体系具有以下特点：

1. 体系完整、结构严谨

我国刑罚由主刑和附加刑共同组成了一个完整的体系。主刑与附加刑分别包括不同刑种，对于不同的犯罪都能给予有效、适当的刑罚处罚，这就避免了单一刑种处罚的局限性。而且，我国刑罚都采用了由轻到重的排列方法，既反对不论罪行轻重一律严刑峻法，也不倡导为表人道而一律轻刑，而是主次分明，结构严谨。

2. 宽严相济、目标统一

我国的刑罚体系由轻重不一的各种刑种组成，如主刑中就有，只是限制犯罪人一定自由的管制，以及直至剥夺犯罪人生命的死刑，确立这种体系，目的就是收到预防犯罪的实效，这样就体现了整个刑罚体系宽严相济、目标统一的特点。

3. 内容合理、方法人道

我国整个刑罚体系的内容符合我国基本国情，以自由刑为中心，扩大罚金刑的适用范围，遵循少杀、慎杀的原则，反对侮辱犯罪人人格、摧残犯罪人的肉体、牵连犯罪人亲属的内容，既体现了内容合理、方法人道的特点，也反映了世界刑罚立法的基本趋势。

二、主刑

(一)管制

管制是对罪犯不予关押，但限制其一定自由，由公安机关执行和群众监督改造的刑罚方法。这是我国刑法特有的一种轻刑，主要适用于对社会危害程度弱、有悔罪表现、不关押也不致害的轻罪犯人。管制具有以下几个基本特征：

1. 不予关押，即不剥夺犯罪人的人身自由。

2. 限制犯罪人的一定自由。

3. 有一定期限。管制的期限为 3 个月以上 2 年以下，数罪并罚时不得超过 3 年。

4. 由公安机关执行和群众监督改造。

管制的执行内容主要有：遵守法律、行政法规，服从监督；未经执行机关批准，不得行使六大自由的权利；按照执行机关规定报告自己的活动情况；遵守执行机关关于会客的规定；离开所居住的市、县或者迁居，应当报经执行机关批准。

管制的刑期从判决执行之日起计算，判决执行前先行羁押的，羁押 1 日折抵刑期 2 日。执行机关是公安机关。

(二)拘役

拘役是短期剥夺犯罪人自由，就近实行劳动改造的刑罚方法。适用于轻罪，但不关押不足以惩戒的犯人。其特点是剥夺自由、就近实行劳动改造、刑期较短。其期限为 1 个月以上 6 个月以下，数罪并罚时不得超过 1 年。

拘役的执行内容主要有：必须参加以简单作业为主的劳动，发给适当报酬；受刑人每月可以回家一天至两天，可以累计使用假期。

拘役的刑期从判决执行之日起计算，判决执行以前先行羁押的，羁押 1 日折抵刑期 1 日；假期计算在刑期之内。由公安机关在就近的拘役所、看守所或者其他监管场所执行。

(三)有期徒刑

有期徒刑是剥夺犯罪人一定期限的自由，实行强制劳动改造的刑罚方法。适用于刑法所规定的任何一种犯罪。其特点是：

1. 剥夺犯罪人的自由，将犯罪人拘押于监狱或其他执行场所。

2. 具有一定期限，即 6 个月以上 15 年以下，数罪并罚时不得超过 20 年。在我国，有期徒刑共有 1 年、2 年、3 年、5 年、7 年、10 年、15 年 7 格。

3. 对犯罪人实行劳动改造。在我国，有期徒刑的执行内容是必须参加劳动，在劳动中接受教育和改造。因而，它是一种劳改刑，而不是监禁刑，这与西方国家明显不同。

有期徒刑的刑期从判决执行之日起开始计算，判决执行以前先行羁押的，羁押 1 日折抵刑期 1 日；判死刑缓期 2 年执行的，在执行期间有立功表现，期满后减为 15 年以上 20 年以下有期徒刑；无期减为有期的，可减为 18 年以上 20 年以下。

有期徒刑的执行场所是监狱、未成年犯管教所。

(四)无期徒刑

无期徒刑是剥夺犯罪人终身自由，实行强迫劳动改造的刑罚方法，适用于罪行严重，但不够判处死刑而有期又不足以惩戒的犯罪分子。其特点是：

1. 无期徒刑是自由刑中最严厉的刑罚方法，主要表现在剥夺犯罪人终身人身自由。

2. 无期徒刑不可能孤立适用，即对于被判处无期徒刑的犯罪分子，应当附加剥夺政治权利终身。

无期徒刑的执行内容就是对犯罪人实行劳动改造，是一种劳改刑，不是终身监禁刑。对于规定了死刑的犯罪，一般同时将无期徒刑规定为选择刑，以避免绝对的死刑；将无期徒刑规定为最高的法定刑，同时将较长的有期徒刑规定为选择刑。

无期徒刑的执行场所是监狱，有两种执行结果：一是不认罪、不悔罪，服刑终身；二是有悔改表现或立功表现，减为有期徒刑。尽管从法律规定与理论上说，无期徒刑是剥夺终身自由，但由于法律同时规定了减刑、假释、赦免等制度，事实上被判处无期徒刑的犯罪人很少有终身服刑的。

(五)死刑

1. 死刑及死刑存废之争

死刑是剥夺犯罪人生命的刑罚方法，包括立即执行与缓期二年执行两种情况。由于死刑的内容是剥夺罪犯的生命，故被称为生命刑。由于生命具有最宝贵的、剥夺后不可能恢复的价值，死刑成为刑罚体系中最为严厉的刑罚方法，故被称为极刑。

自从启蒙运动思想家提出废除死刑的主张以来，死刑的存废一直争论至今(这是以现代刑法理论的普遍认识来说的。实际上，死刑废除论在我国唐代就已提出，这就是著名的“天宝重杖代死刑法”和“死罪改流刑法”)。死刑废除论的理由主要有：

(1)死刑是野蛮时代血亲复仇的沿袭，是出于本能的报复，而非基于人的理性。

(2)死刑对犯罪分子不足以发生威吓作用，且断绝了犯罪分子悔过自新之路。

(3)死刑不利于社会安定，且助长了人的残忍，违反人道主义。

死刑保留论的理由主要有：

(1)死刑具有最大的威慑力，是实现刑罚预防目的的必不可少的手段。

(2)死刑有利于维护社会安定。

(3)死刑是基于伦理正义的必然要求，对罪大恶极的人处以死刑是人伦道义、公平正义的具体体现。

(4)死刑的适用是人道主义的要求[1]。

我们认为，我国现在还不可能废除死刑，因为只有保留死刑才有利于抑制极严重的犯罪,才能保卫国家的安全、社会的安定,才能保护人民群众的合法权益。此外,保留死刑也符合我国一般的社会价值观念,符合社会心理需要。因此,既不能立足我国实际去指责他国废除死刑,也不能无视我国国情而指责保留死刑,或对死刑的保留心生抵触、感到不安。但另一方面,我们也必须要认识到,社会的发展决定了刑罚的惩罚必然由重到轻,轻刑化是历史的必然,废除死刑是一种发展趋势,问题仅仅在于何时废除。因而必须杜绝错杀,采取少杀、慎杀政策,建议从报应刑的角度出发,对经济犯罪、没有危及人身安全的财产犯罪不再适用死刑,逐步减少死刑的适用,以利于将来废除死刑。

【案　例】

云南“赛家鑫”案

2009 年 5 月 16 日,李昌奎将曾经的女友王家飞掐晕后强奸杀害,王家飞 3 岁的弟弟王家红亦被李昌奎倒提摔死在门前。随后,李昌奎滑过金沙江上的飞索,从云南境内逃至四川。王家飞被杀 4 天后,李昌奎走进四川普格县城关派出所投案。

2010 年 7 月 15 日,云南省昭通市中级人民法院以故意杀人罪、强奸罪判处李昌奎死刑。2011 年 3 月云南省高级人民法院二审此案后,改判李昌奎死缓。理由是“其有自首情节”。

该判决引发了一场轰动全国的舆论风暴,并被称为“赛家鑫”案(赛过药家鑫)。一审法院认为,虽有自首情节,但依法不足以从轻处罚。二审法院则认定了自首情节,并将此作为改判死缓的重要依据。腾讯网的民意投票显示,97.61%的网民要求判处李昌奎死刑,1.39%的网民支持云南省高院判处死缓,1%的网友认为不好说。云南省高级人民法院副院长说“这个国家需要冷静,这个民族需要冷静,这是一个宣泄情绪的社会,但这样的情绪对于国家法律而言,应冷静。我们不会因为大家都喊杀,而轻易草率的剥夺一个人的生命。”“这个案子 10 年后肯定是一个标杆、一个典型。”

2011 年 8 月 22 日,云南高院在昭通市开庭,对李昌奎故意杀人、强奸一案依照审判监督程序进行再审并当庭宣判:撤销原二审死缓判决,改判李昌奎死刑,剥夺政治权利终身,并依法报请最高人民法院核准。[2]

2. 死刑的适用及限制

在我国,死刑只适用于罪行极其严重的犯罪分子,且规定了死刑缓期执行制度。此外我国刑法还规定了不得对犯罪时不满 18 周岁的人和审判时怀孕的妇女适用死刑;不得违反法定程序适用死刑。死刑案件只能由中级以上法院进行一审，死刑除依法由最高人民法院判决的以外,都应当报请最高人民法院核准;死刑采用枪决或者注射等方法执行,不得任意采用死刑执行方法。

---

[1] 参见韩玉胜《刑法学原理与案例教程》,225 页,北京:中国人民大学出版社,2009。

[2] 参见“云南高院副院长:‘赛家鑫’案 10 年后将成标杆”,载 www. yn. xinhuanet. com

3. 死刑缓期执行

我国《刑法》第48条规定："对于应当判处死刑的犯罪分子，如果不是必须立即执行的，可以判处死刑同时宣告缓期二年执行。"这就是死刑缓期执行制度，简称为死缓。它不是一个独立的刑种，只是死刑适用制度。

从刑法的规定可以看出，宣告死缓有两个基本条件，一是"应当判处死刑"，也就是根据刑法的规定与罪行的严重程度，应当判处死刑。这是宣告死缓的前提条件。二是"不是必须立即执行的"，也就是根据案件的具体情况，可以不立即执行死刑。对于这种情况，法律并没有作出明确的规定，从司法实践看一般将以下情况视为"不是必须立即执行的"情形：

(1)犯罪后自首、立功或者有其他法定从轻情节的；

(2)在共同犯罪中，罪行不是最严重的或者其他在同一或同类案件中罪行不是最严重的；

(3)被害人的过错导致被告人激愤犯罪或者有其他表明犯罪人容易改造的情节的；

(4)有令人怜悯的情节的；

(5)有其他应当留有余地情况的。

死刑缓期执行的期间从判决确定之日起计算。具体而言，从判决或者裁定核准死刑缓期二年执行的法律文书宣告或送达之日起计算。死刑缓期执行减为有期徒刑的刑期，从死刑缓期执行期满之日起计算，死缓判决确定之前的羁押时间，不计算在缓期二年的期限之内。死缓减为有期徒刑的，有期徒刑的期限从死刑缓期执行期满之日起计算，而不是从裁定之日起开始计算。

4. 对判死缓的犯罪人的处理

在死刑缓期执行期间，如果没有故意犯罪，2年期满以后，减为无期徒刑；在死刑缓期执行期间，如果确有重大立功表现，2年期满以后，减为15年以上20年以下有期徒刑；在死刑缓期执行期间，如果故意犯罪仅限于表明犯罪人抗拒改造、情节恶劣的故意犯罪，查证属实的，由最高人民法院核准，执行死刑；在死刑缓期执行期间实施轻微故意犯罪的，应根据刑法规定实行并罚，并从新的判决确定之日起重新计算死刑缓期执行的期间。

三、附加刑

(一)罚金

1. 罚金的概念及特点

罚金是法院判处犯罪分子向国家缴纳一定数额金钱的刑罚方法。具有以下两个特点：一是罚金只能执行犯罪分子个人所有的财产的强制性财产罚，二是罚金以缴纳金钱为处罚方式，可用变卖、拍卖的钱款折抵罚金。

2. 罚金数额的确定

(1)没有规定具体数额。在这种情况下，罚金的最低数额不能少于1000元，对未成年人犯罪应当从轻或减轻判处罚金，但最低数额不少于500元；

(2)规定了相对确定的数额，按规定数额；

(3)以违法所得或犯罪涉及的数额为基准，处以一定比例或者倍数的罚金。这就是所谓的浮动刑。如刑法规定非法经营罪处违法所得1倍以上5倍以下罚金。

3. 罚金的适用方式

(1)选处罚金，即罚金作为一种与有关主刑并列的刑罚，由法院根据犯罪的具体情况选择适用。

(2)单处罚金,即只能判处罚金,而不能判处其他刑罚。

(3)并处罚金,即在判处主刑的同时附加适用罚金。

(4)并处或者单处罚金,即在判处主刑的同时附加适用罚金,也可不处主刑单独判处罚金。

4. 罚金的缴纳方式

根据刑法的规定,罚金在判决指定的期限内一次或者分期缴纳,缴纳的期限应为从判决发生法律效力第 2 日起,最长不超过 3 个月。

(1)自动缴纳,也就是按时、自觉、主动缴纳。若处主刑可以作为减刑条件。

(2)强制缴纳,也就是对期满不缴纳的,采取强制措施,强制犯罪分子缴纳。

(3)随时缴纳,对于不能主动缴纳、全部缴纳罚金的,法院一旦发现其有可以执行的财产时,即应随时追缴。

(4)酌情减少或者免除缴纳,在判决生效后,如果由于遭遇不能抗拒的灾祸,缴纳确实有困难的,如火灾、水灾、地震等灾祸而丧失财产,或者罪犯因重病、伤残而丧失劳动能力,或者需要罪犯抚养的近亲属患有重病、需支付巨额医药费等,确实没有财产可供执行的。可以酌情减少或者免除。

(二)剥夺政治权利

1. 剥夺政治权利的概念、内容及适用对象

剥夺政治权利是指剥夺犯罪人参加管理国家和政治活动的权利的刑罚方法。其内容主要包括选举权与被选举权;言论、出版、集会、结社、游行、示威自由的权利;担任国家机关职务的权利;担任国有公司、企业、事业单位和人民团体领导职务的权利。

剥夺政治权利的适用对象主要有以下四种:

(1)对于危害国家安全的犯罪分子应当附加剥夺政治权利;

(2)对于被判处死刑、无期徒刑的犯罪分子,应当附加剥夺政治权利终身;

(3)对于故意杀人、强奸、放火、爆炸、投毒、抢劫等严重破坏社会秩序的犯罪分子,可以附加剥夺政治权利;

(4)对危害国家安全罪、侵犯公民人身权利、民主权利罪、妨害社会管理秩序罪、危害国防利益罪等几种类型的犯罪,罪质较轻或虽然罪质严重但情节较轻的犯罪,可以独立适用。

2. 剥夺政治权利的期限

(1)对于判处死刑、无期徒刑的犯罪分子,应当终身。

(2)在死刑缓期执行减为有期徒刑或者无期徒刑减为有期徒刑的时候,应当改为 3~10 年。

(3)独立适用或者判处有期徒刑、拘役附加适用的,为 1~5 年;

(4)判处管制附加剥夺政治权利的期限与管制的期限相等。

(三)没收财产

1. 没收财产概念及分类

没收财产是指将犯罪人所有财产的一部分或者全部强制无偿地收归国有的刑罚方法。可分为一般没收和特别没收。

一般没收是指将犯罪人所有财产的一部分或者全部收归国有。特别没收是指将与犯罪有密切关系的特定物归入国库。

我国采用一般没收。刑法第 64 条规定:“犯罪分子违法所得的一切财物,应当予以追缴

或者责令退赔;对被害人的合法财产,应当及时返还;违禁品和供犯罪所用的本人财物,应当予以没收。没收的财物和罚金,一律上缴国库,不得挪用和自行处理。”可见,没收财产事实上是没收犯罪人合法所有,且没有用于犯罪的财产。追缴违法所得、没收违禁物品、没收供犯罪所用的个人财务,均不属于没收财产,只是处理方法。

2. 没收财产的适用及范围

没收财产只能适用于刑法分则明文规定可以判处没收财产的犯罪。主要有危害国家安全罪、破坏社会主义市场经济秩序罪、侵犯财产罪、贪污贿赂罪。

没收财产可以没收全部财产,也可以部分财产,具体据犯罪的社会危害性与犯罪人的人身危险性确定。但是,没收全部财产的,应当对犯罪分子个人及其抚养的家属保留必要的生活费用。不得没收属于犯罪分子家属所有或者应有的财产。

3. 正当债务清偿

没收财产以前犯罪人所负的正当债务,即犯罪人在判决生效前所负他人的合法债务,需要以没收财产偿还的,经债权人请求,应当予以偿还。

(四)驱逐出境

驱逐出境是强迫犯罪的外国人离开中国国境的刑罚方法,是一种特殊的附加刑,仅适用犯罪的外国人,包括具有外国国籍与无国籍的人。在附加适用时,应当在主刑执行完毕后将犯罪人驱逐出境。

第三节　刑罚的裁量

一、刑罚裁量的概念和原则

(一)刑罚裁量的概念

刑罚裁量,就是指审判机关依法对犯罪人裁量和决定刑罚的审判活动,也称量刑。它是整个审判工作的重要环节之一,具有以下几个特征:

1. 主体特定性

量刑权是国家刑罚权的主要内容,从属于刑事审判权。所以,量刑的主体是特定的国家机关,即法院,而且有严格的权限。如基层法院就不能判处无期徒刑和死刑。

2. 定罪前置性

量刑对应于定罪,是审判工作的重要环节之一。其基础就是查明犯罪事实、认定犯罪性质。所以只能先定罪后量刑,绝不能先量刑后定罪。

3. 内容确定性

量刑的内容就是裁量刑罚,即决定对犯罪人是否判处刑罚、判处何种刑罚、判处多重的刑罚和是否立即执行。

(二)刑罚裁量的原则

1. 以犯罪事实为根据的罪责刑相适应的原则

这一原则就要求在量刑时必须做到:准确查清犯罪事实,准确认定犯罪性质,全面掌握犯罪情节,综合评价危害程度。

2. 以刑事法律为准绳的法治原则

这一原则就要求在量刑时必须做到:依照刑事法律关于各种刑罚方法的适用权限与适

用条件的规定裁量刑罚；依照刑法关于刑罚裁量制度的规定裁量刑罚；依照刑法关于各种量刑情节的适用原则裁量刑罚；必须依照刑法分则规定的法定刑裁量刑罚。

二、刑罚裁量的情节

量刑情节，是指审判机关对犯罪人决定刑罚使用和刑罚轻重时必须考虑的各种情节。在刑罚理论中有不同的分类，如以有无明文规定为标准而划分的法定量刑情节与酌定量刑情节；以量刑产生的轻重性质为标准而划分的从宽情节与从严情节；以犯罪行为在时间上的关系为标准而划分的案中情节与案外情节等。但最重要的就是法定量刑情节与酌定量刑情节。

法定量刑情节包括硬性情节和弹性情节两个方面。硬性情节就是在量刑时必须考虑的情节，在条文中一般用“应当”来表述。如应当免除处罚的情节；应当减轻处罚的情节等。弹性情节就是在量刑时选择适用的情节，在条文中一般用“可以”来表述。如可以免除处罚的情节等。

酌定量刑情节虽不是法律明文规定的，但对量刑也有重要的影响。在司法实践中，常见的酌定量刑情节主要有：犯罪的手段、犯罪的时空及环境条件、犯罪的对象、犯罪行为造成的危害结果、犯罪的动机、犯罪后的态度、犯罪人的一贯表现等。

三、累犯

（一）累犯的概念及分类

累犯，是指被判处一定刑罚的犯罪人，在刑罚执行完毕或者赦免以后，在法定期限内又犯一定之罪的情况。在刑罚理论上一般将其分为普通累犯、特别累犯、混合累犯三类。普通累犯是指犯罪后再犯罪的情况；特别累犯是指犯一定罪后再犯同类罪的情况；混合累犯是指刑法既规定普通累犯又规定特别累犯的情况。

我国刑法将其分为一般累犯和特别累犯。一般累犯，指被判处有期徒刑以上刑罚，刑罚执行完毕或者赦免以后，在 5 年以内再犯应当判处有期徒刑以上刑罚之罪的犯罪分子。根据刑法第 65 条第 1 款规定，一般累犯有主观条件、刑度条件、时间条件三个要件构成。就主观条件而言，前罪后罪都是故意犯罪；就刑度条件而言，前罪后罪的处罚都是有期徒刑以上；就时间条件而言，后罪发生时间在前罪处罚执行完毕或者赦免以后 5 年之内。

特别累犯，指危害国家安全的犯罪分子在刑罚执行完毕或者赦免以后，再犯危害国家安全罪的。根据刑法第 66 条的规定，特别累犯也有三个构成要件，一是前罪和后罪都必须是危害国家安全的犯罪；二是必须是在刑罚执行完毕或者赦免以后再犯罪；三是对后罪发生没有时间上的限制。

（二）对累犯的处罚

因为累犯无视前刑的体验而更具危险性，所以各国刑法都对其采取了严厉的制裁和处罚，或采用加重处罚主义，即重于法定性处罚；或采用并科主义，即在处以刑罚的同时，再科以一定的保安处分；或采用不定期刑主义，即判处不定期刑，待其有所改善后再予以释放；或采用从重处罚主义，即在罪行相适应原则下从重处罚。我国采用的是从重处罚主义，而且明确规定累犯不适用缓刑、不得假释。

四、自首和立功

(一)自首

自首是指犯罪以后自动投案,如实供述自己罪行的行为,或被采取强制措施后如实供述司法机关尚未掌握的本人其他罪行的行为。前者称为一般自首, 后者称为特别自首或准自首、余罪自首。

一般自首的成立有两个基本条件,一是犯罪以后自动投案,二是如实供述自己的罪行。

对“犯罪以后自动投案”可从以下三个方面加以理解:

1. 尚未归案之前。这是对自动投案的时间限定。通常实行于犯罪后,未被司法机关发觉之前;虽被发觉,但犯罪人尚未被司法机关查获之前;已被发觉,但司法机关尚未进行询问或采取强制措施以前。

2. 将自己置于司法机关的合法控制下。犯罪人必须将自己的人身自由权利交由司法机关支配,自愿服从其管理,向有关人员交代犯罪事实。

3. 接受审查与裁判。

特别自首的成立条件,一是主体是被采取强制措施的犯罪嫌疑人、被告人和正在服刑的罪犯;二是如实供述司法机关尚未掌握的本人其他罪行。

在这里要注意区分自首与坦白的界限。二者都以自己实施了犯罪行为为前提; 都是在归案后如实交代自己的犯罪事实;都是从宽处罚的情节。但二者有明显的区别,主要表现在:

1. 归案情况不同。自首是犯罪人主动归案,而坦白是被动归案。

2. 供述情况不同。自首是如实供述司法机关还未掌握的本人其他罪行的;坦白是如实供述司法机关已经掌握的本人罪行。

3. 量刑情节不同。自首是法定的从宽量刑情节,坦白是酌定量刑情节。

对于自首的法律后果,各国刑法都采取从宽原则。我国刑法就明确规定:对于自首的犯罪分子,可以从轻或者减轻处罚;其中如果犯罪较轻的,可以免除处罚。

(二)立功

立功是指犯罪分子揭发他人的犯罪行为,查证属实的,或者提供重要线索,从而得以破获其他案件的行为。其构成条件是:主体是犯罪分子;检举揭发的行为与犯罪密切相关,是他人的犯罪行为或他人犯罪的重要线索;内容真实,对破案有效。

根据我国《刑法》第 68 条第 1 款的规定,立功表现主要有:检举、揭发他人犯罪行为,经查证属实的;提供侦破其他案件的重要线索,经查证属实的;阻止他人犯罪活动的(主要指在羁押场所);协助司法机关抓捕其他犯罪嫌疑人,包括同案犯的;其他有利于国家和社会的突出表现,如重大创造发明、保护他人安全等。

对有一般立功表现的,即揭发查证的属一般罪行、提供线索并破获的是一般案件的,可以从轻或者减轻处罚;有重大立功表现的,即揭发查证的属重大罪行;提供线索并破获的是重大案件的,可以减轻或者免除处罚;犯罪后自首又有重大立功表现的,应当减轻或者免除处罚。

五、数罪并罚

(一)数罪并罚的概念

数罪并罚,是指法院对行为人所犯数罪分别定罪量刑后,根据法定原则与方法,决定应当执行的刑罚的制度。其特点是:

1. 一人犯数罪；

2. 数罪发生在法定期间以内，即只有在刑罚执行完毕以前发现犯罪人犯有数罪的，才适用；

3. 对数罪分别定罪量刑后，再决定执行的刑罚，即先对犯罪人所犯数罪分别定罪量刑，后决定合并执行的刑罚。

（二）数罪并罚的原则

世界各国刑法对数罪并罚所采取的原则主要有以下几种：

1. 并科原则，即各罪刑罚绝对相加、合并处罚。

2. 吸收原则，即选择最重处罚执行，其余处罚被最重处罚所吸收而不予执行。

3. 限制加重原则，即以最重刑为主，在一定限度内予以加重。

4. 混合原则，即以限制加重为主，兼顾考虑并科和吸收。

我国采取的是混合原则，具体表现在：对于判处死刑和无期徒刑的，采取吸收原则；对于判处有期徒刑、拘役和管制的，采取限制加重原则，总和刑期的限制受数罪并罚法定最高刑的限制；数罪中有判处附加刑的采取并科的原则。

（三）我国数罪并罚的适用

1. 判决宣告以前一人犯数罪的并罚。判死刑或无期的，吸收；同种数罪的，适用升格的法定刑；异种数罪的，总和刑期以下、数刑中最高刑期以上酌情决定，即限制加重；有判处附加刑的，并科。

2. 刑罚执行完毕以前发现漏罪的并罚。“先并后减”，即先并之后再减去已执行过的刑期，从而确定出仍须执行刑罚或刑期幅度；如某甲因为 A 罪而被法院判决有期徒刑 10 年，在执行了 5 年之后发现其还有漏罪 B 罪，B 罪依据法律被判处 8 年有期徒刑，某甲还需要被执行 5~13 年。(10 并 8)−5=(10~18)−5=(5~13)。

3. 刑罚执行完毕以前又犯新罪的并罚。“先减后并”，即先减去已经执行过的刑期，再用余刑与新罪之刑进行并罚，得出的结果就是仍须执行的刑罚或刑期幅度。如某甲因为 A 罪而被法院判决有期徒刑 10 年，在执行了 5 年之后发现其又有新罪 C 罪，C 罪依据法律被判处 8 年有期徒刑，某甲还需被执行 8~13 年。(10~5)并 8=5 并 8=(8~13)。

六、缓刑

（一）缓刑的概念

缓刑是指对犯罪人判处刑罚，但在一定时间内暂缓执行的制度。其特点是：

1. 是暂不执行，但在一定期间保留执行的可能性。

2. 只适用于罪行较轻、危害性和危险性小且有悔罪表现、暂缓执行不致再危害社会的犯罪分子。

3. 原判刑罚不予执行是以犯罪分子在考验期内无漏罪新罪，或没有违反法律法规等规定等为条件。

（二）缓刑的适用条件和考验期限

根据刑法的规定，适用缓刑必须具备三个基本条件：一是缓刑只适用于被判处拘役或者 3 年以下有期徒刑的犯罪人；二是根据犯罪人的犯罪情节和悔罪表现，适用缓刑确实不致再危害社会；三是犯罪分子不是累犯。

拘役的缓刑考验期限为原判刑期以上 1 年以下，不能少于 2 个月；有期徒刑的缓刑考验期限为原判刑期以上5年以下,但是不能少于1年;缓刑的效力不及于附加刑。

(三)缓刑考验期满与缓刑的撤销

缓刑考验期满,是指犯罪人在缓刑考验期内,没有再犯新罪,没有发现判决宣告以前还有其他罪没有判决,没有情节严重的违反有关缓刑的监督管理规定的行为。缓刑考验期满,原判的刑罚就不再执行,并公开予以宣告。

缓刑的撤销,是指由于犯罪人在缓刑考验期内,没有遵守法定条件,而将原判决宣告的缓刑予以撤销,执行原判刑罚。

第四节　刑罚的执行

一、刑罚执行的概念和原则

(一)刑罚执行的概念

刑罚执行,是指刑罚执行机关,依法将发生法律效力的刑事裁判所确定的刑罚内容付诸实施,并解决由此产生的法律问题所进行的各种活动。刑罚执行具有以下特征:

1. 执行主体特定性,也就是指刑罚执行的主体是法律规定的刑罚执行机关。在我国,法院、公安机关、司法行政机关都是特定的刑罚执行机关。

2. 执行对象特定性,也就是指刑罚执行的对象只能是受刑人,即因实施犯罪行为而受刑罚处罚的人。

3. 执行内容的特定性,也就是指将法院刑事判决所确定的刑罚付诸实施。

4. 执行的终局性,也就是指刑罚执行是国家行使司法活动的最后一个阶段,是具有终局性特点的刑事司法活动。

(二)刑罚执行的原则

1. 合法性原则。就是指刑罚执行机关必须合法、执行依据必须合法、执行内容必须合法、执行程序必须合法。

2. 相结合的原则。就是指惩罚与改造相结合、教育与劳动相结合,不能只强调惩罚和劳动,也不能只强调改造与教育。

3. 人道主义原则。就是指在刑罚执行中必须尊重犯罪人的人格,禁止用不人道的执行手段。

4. 效益性原则。就是指刑罚执行应以较少的实际执行获得较大的执行效果。

5. 个别化原则。就是指根据犯罪人本人的具体情况,给予不同的处遇,采取不同的教育改造方法。

二、减刑制度

(一)减刑的概念和分类

减刑就是依照法律规定对特定犯人适当减轻原判刑罚的制度。从减刑的条件上看,减刑分可以减刑、应当减刑两种。可以减刑是指具备一定条件,法院可以裁定减刑;应当减刑指有重大立功表现,法院应当减刑。从减刑的方法与效果来看,减刑分为刑种的变更和刑期减少两种情况。刑种的变更是将无期徒刑减为有期徒刑,但有期徒刑不能减为拘役或管制;刑期减少是将管制、拘役、有期徒刑的刑期减少。

(二)减刑的条件

根据刑法规定,减刑必须具备两个基本条件,第一个条件是只能对被判处管制、拘役、有期徒刑、无期徒刑的犯罪人减刑,这是减刑的对象条件。这里只有刑种的限制,没有刑期和犯罪性质的规定,也就是说,只要是被处上述四种刑罚的犯罪分子,如果具备了减刑的条件都可以减刑。

减刑的第二个条件是实质条件,对可以减刑的,其实质条件是犯罪人在刑罚执行期间确有悔改表现,或者有立功表现。对应当减刑的,其实质条件是有重大立功表现。

(三)减刑的限度与幅度

减刑的限度就是减刑以后实际执行的刑期。根据刑法规定,判处管制、拘役、有期徒刑的,不能少于原判刑期的1/2;判处无期徒刑的,不能少于10年。

对被判处无期徒刑的,在其服刑2年以后,才可以减刑;被判处5年以上有期徒刑的,在服刑1年6个月以后,才可以减刑;较短的有期徒刑、拘役与管制,则应相应缩短。

对较长的刑期,一次可减刑6个月到2年,较短的有期徒刑、拘役、管制,一次可减刑1个月到6个月。可以多次减刑,但两次减刑之间要有一定的时间间隔,一般以1年以上为宜。

三、假释制度

(一)假释的概念

假释就是依照法律规定对在执行了一定刑期的特定犯人附条件地予以提前释放的制度。如果被假释的犯罪人遵守这些条件,就认为原判刑罚已执行完毕,如不遵守这些条件,即行收监执行原判或另行判罚。

假释是附条件地提前释放,但不同于释放。因为不论是因刑罚执行完毕的释放,还是因赦免的释放,都是无条件的,没有再执行的可能。

假释是追求积极的刑罚效果而采取的处理手段,但不同于暂予监外执行。假释适用于被处以有期徒刑或无期徒刑的犯罪人,暂予监外执行则适用于被处有期徒刑、拘役的犯罪人;假释适用于执行了一定刑期、确有悔改表现、不致再危害社会的犯罪人,暂予监外执行则适用于因法定情况不宜在监内执行的犯罪人。

假释是对自新向善而有悔改表现的受刑人的一种奖赏,但不同于减刑。假释适用于被处以有期徒刑或无期徒刑的犯罪人,减刑适用于被处管制、拘役、有期徒刑、无期徒刑的犯罪人;假释只能适用一次,减刑则可多次适用;假释设有考验期,可以予以撤销,减刑没有考验期,也不可能被撤销;假释的直接后果就是提前释放,减刑的后果则仅是对原判刑罚的减轻。

假释也可谓余刑的暂缓执行,但不同于缓刑。假释是有条件的不执行余刑,缓刑是有条件的不执行原判全部刑罚;假释是在原判刑罚的执行过程中予以适用,缓刑则是在判处刑罚时同时宣告;在假释考验期内遵守法定条件的,就认为原判刑罚已执行完毕,在缓刑考验期内遵守法定条件的,原判刑罚就不再执行。

(二)假释的适用条件

1. 对象条件。假释只适用被判处有期徒刑、无期徒刑且已经执行一部分刑罚的犯罪人。因而,对判处其他刑罚的犯罪人不适用假释。

2. 实质条件。假释只适用于确有悔改表现,提前释放后不致再危害社会的犯罪人。在这里,确有悔改表现指的是同时具备以下四个方面的条件:认罪伏法,遵守监规、接受改造,积极学习,积极劳动。

此外,假释的适用还有两个消极条件:

1. 对累犯以及因杀人、爆炸、抢劫、强奸、绑架等暴力性犯罪被判处 10 年以上有期徒刑、无期徒刑的犯罪人,不得假释。

2. 非经法定程序不得假释。根据刑法第 82 条的规定,对犯罪人假释的,由执行机关向中级以上法院提出假释建议书,法院应当组成合议庭进行审理后予以裁定。

(三)假释的考验期限与假释的撤销

对处以有期徒刑的犯罪人,假释的考验期限为未执行完毕的刑期;对处以无期徒刑的犯罪人,假释的考验期限为 10 年。如果被假释的犯罪人在考验期内犯新罪的,假释撤销,按刑法规定实行并罚。如果被假释的犯罪人在考验期内发现在原判决宣告以前还有其他罪行未被判决的,即发现有漏罪,假释撤销,按刑法规定实行并罚。如果被假释的犯罪人在考验期内有其他违反法律法规的行为但未构成犯罪的,假释撤销,收监执行尚未完毕的刑罚。

第五节　刑罚的消灭

一、刑罚消灭的概念

刑罚消灭,是指由于法定的或事实的原因,致使国家对犯罪人的刑罚权归于消亡的情景。它具有以下几个基本特征:

1. 条件特定,即刑罚消灭必须以应当或已经适用刑罚为前提条件,如果这个条件不存在,刑罚消灭就无从谈起。

2. 原因特定,即刑罚消灭必须是由法定的或事实的原因所引起的,法定的原因有不起诉、免除刑罚、赦免、减刑、时效届满等。事实原因主要有犯罪人死亡、刑罚执行完毕等;

3. 主体特定,即刑罚消灭是国家对犯罪人刑罚权的消灭,其主体是国家。

4. 范围特定,即刑罚消灭只是代表国家的司法机关不能对犯罪人行使求刑权、量刑权、行刑权。并不影响国家的制刑权。具体地说,“在行为构成犯罪应当适用刑罚但已超过追诉期限等情况下,刑罚消灭意味着求刑权与量刑权消灭,行刑权也随之消灭;在司法机关已经行使了求刑权而被告人死亡等情况下,刑罚消灭意味着量刑权消灭,行刑权也随之消灭;在已经适用刑罚但国家宣告特赦等情况下,刑罚消灭意味着行刑权消灭。”[1]

二、时效

(一)时效的概念及分类

刑法上的时效,是指刑法规定的国家对犯罪人行使刑事追诉权和刑罚执行权的有效期限。有追诉时效与行刑时效之分。

追诉时效,就是刑法规定的追究犯罪人刑事责任的有效期限。在此期限内,司法机关有权追究犯罪人的刑事责任,超过了此期限,司法机关就不能再追究刑事责任。因此,超过追诉时效,就意味着不能行使求刑权、量刑权与行刑权,因而导致刑罚消灭。

---

[1] 张明楷《刑法学》,491 页,北京:法律出版社,2003。

行刑时效,是指刑法规定的,对被判处刑罚的人执行刑罚的有效期限。在此期限内,司法机关有权执行刑罚,超过了此期限,司法机关就不能执行刑罚。因此,超过行刑时效,意味着在作出了罪刑宣告后也不能行使行刑权。

我国刑法规定了追诉时效制度,而没有规定行刑时效。

(二)追诉时效的期限

根据《刑法》第 87 条规定,犯罪经过下列期限不再追诉:法定最高刑为不满 5 年有期徒刑的,经过 5 年;法定最高刑为 5 年以上不满 10 年有期徒刑的,经过 10 年;法定最高刑为 10 年以上有期徒刑的,经过 15 年;法定最高刑为无期徒刑、死刑的,经过 20 年;如果 20 年以后认为必须追诉的,须报请最高人民检察院核准。如果法定最高刑为有期徒刑的,经过 15 年以后即使认为必须追诉的,也不得追诉。

(三)追诉期限的计算

根据《刑法》第 89 条规定,追诉时效的计算分为两种情况:没有连续与继续状态的犯罪从犯罪之日起计算;有连续或者继续状态的犯罪从犯罪行为终了之日起计算。

如果在追诉期限内又犯罪的,或者是在时效进行期间因发生特定事由致使追诉期限延伸。这就涉及了追诉时效的中断和延长。

所谓追诉时效的中断,也称追诉时效的更新,是指在时效进行期间,因发生法律规定的事由,使以前所经过的时效期间归于无效,法律规定的事由终了之时,时效重新开始计算。我国的追诉时效中断是以犯罪人在追诉期限内又犯罪为条件的,追诉时效中断后时效起算的时间为“犯罪之日”。

所谓追诉时效的延长,是指在追诉时效的进行期间,因为发生法律规定的事由,而使追诉期限延伸的制度。

根据刑法规定,我国追诉时效的延长分为两种情况:一是在国家机关立案侦查或受理案件以后,逃避侦查或者审判的,不受追诉期限的限制;二是被害人在追诉期限内提出控告,相关机关应当立案而不予立案的,不受追诉期限的限制。

三、赦免

赦免是国家宣告对犯罪人免除其罪、免除其刑的一种法律制度,包括大赦与特赦。

大赦是指国家对某一时期内犯有一定罪行的不特定犯罪人免予追诉和免除刑罚执行的制度。经大赦的人,其刑事责任完全归于消灭。

特赦是指国家对较为特定的犯罪人免除执行全部或者部分刑罚的制度。

新中国建立后颁行的第一部宪法规定了大赦与特赦,但从未实行过大赦。在以后的几部宪法中都只规定了特赦,所以,可以认定我国已经取消了大赦制度。

第五编　民法学原理

引　例

孙震诉“世界陶王”履约案

2006年4月1日中央电视台七套《乡约》栏目播出了访谈节目《土与火的传奇》。节目中，有“世界陶王”之称的大连陶艺家邢良坤当众展示了一件精美的陶艺作品五层吊球，并说他制作五层吊球10年来，没有一个人能够破解，为“世界之谜”。如果有人能仿造出来，他的楼(指位于大连市联合路73号的邢良坤艺术中心)，包括里面的所有财产都送给此人。

2007年4月，洛阳陶艺爱好者孙震成功解决了五层吊球的内部旋转和碰壁问题，而且做出了六层吊球。孙震致函邢良坤，寄去他制作的作品照片及DV短片，要求邢良坤兑现诺言。邢良坤未作答复。2007年6月8日孙震向涧西区人民法院提交了民事起诉状，请求法院确认邢良坤“关于五层吊球制作悬赏广告合同”成立并生效，同时承担原告因本案支出的合理费用8000元及本案诉讼费用。法院受理此案。

一审法院认为：当事人在公众场合针对不确定的对象，夸下非常明确的海口，相当于邀请对方与你签合同，一旦对方按照此要求作出了回应，并满足了这一挑战要求，就符合《合同法》中关于合同成立和生效的条件，形成了要约，遂于2007年8月22日作出一审判决：邢良坤与孙震的“五层吊球陶器制作合同”成立并有效。因此判定孙震胜诉。

一审判决后，邢良坤不服并向洛阳市中级人民法院提出上诉。在历时1年零3个月的慎重审理后，二审法院认为：“悬赏广告是指悬赏人以广告形式声明对完成悬赏广告中规定的特定行为的任何人，给付广告中约定报酬的意思表示行为。”邢良坤参加的《乡约》节目，不是广告节目；访谈行为也不是以营利为目的的广告行为。邢良坤在谈话中虽然似有承诺的性质，但其谈话的目的并不是要获得利益，只是在该节目中显露出“陶艺狂人”的形象，认为他做的陶器前人没法达到、后人也不能超过的说大话性质。从民事法律上说，这是一种打赌承诺。邢良坤的真实意思是“我是天下第一”、“任何人都不能做出我所做出的东西”。如果从悬赏的角度看，他的意思表示是不真实的，或者说是一种单方虚构的意思，而不是《合同法》第十六条所规定的“要约是希望和他人订立合同的意思表示”，所以不能构成要约，“一审法院认定事实清楚，但适用法律有误，应予纠正”。

2009年7月21日，洛阳市中级人民法院作出终审判决，孙震败诉，但本案一审和二审受理费共计1000元，由邢良坤承担。[1]

---

[1] 参见 http://news.lyd.com.cn/cy.asp?newsid=230275。

第一章 民法概述

第一节 民法的概念及其调整对象

一、民法的概念

(一)民法的制度语源与发展

民法,从古代罗马法"Jus civile"一语沿袭而来,意思就是"市民法"。公元3世纪,罗马帝国境内的居民原则上都取得了市民权,万民法为市民法吸收。公元6世纪《查士丁尼国法大全》(也称《民法大全》)确立了人法、物法、家庭法、诉讼法的罗马私法体系,被誉为"第一个世界性法律"。迄今,民法已经发展成为调整世界各国不同社会形态下与市场经济相适应的财产关系和人身关系的基本法律规范。

我国历史上有民法内容而无民法概念。《大学》:"《诗》云:'其仪不忒,正是四国。'其为父子兄弟足法而后民法之也。"这里的"民法"绝非我们所讲的民法。但"田土钱债户婚"之民法内容存在于各个时期的法律中。清末,清政府派沈家本为修订法律大臣,聘日本学者松岗义正等起草民法。在1911年完成的《大清民律草案》中采用了津田真道的日语译法,民法一词遂为我国法律采用。

1925年北洋政府完成《中华民国民律草案》,1931年国民党《中华民国民法》施行,共5编1225条,至今仍在台湾适用。新中国成立后先后有56草案、64草案、82草案,但都未实行。直到1986年4月才通过了极具中国特色的民法,并于1987年1月1日起施行。因力求适用于各个方面,所以定名为《民法通则》,共9章156条。

(二)对民法概念的界定

从各国民法规定情况看,均强调私法性质,很少通过立法规定的形式界定民法,对民法下定义的立法例仅有两个,一是1811年的《奥地利民法典》,其第1条规定:"民法为规定人民私的权利义务之法典";二是1971年的《巴西民法典》,其第1条规定:"本法典为规范私的权利义务,即人、物及其关系之法典"[1]。在我国表现出两种不同情况,大陆强调立法概念,《民法通则》第2条就明确规定:"民法是调整平等主体的公民之间、法人之间、公民和法人之间的财产关系和人身关系的法律关系的总和。"台湾则强调学理概念,认为"民法者,规定私人生活关系之私法法规也"[2],"民法系人类社会生活之规范,约束人类私人之间关系。"[3]但是,不论如何界定,我们认为掌握民法概念的关键点就是民法是私法、民法是人法、民法是权利法。就是在这个意义上,黑格尔说"法的基本命令是:自以为人,并敬重他人为人。"孟德斯鸠指出"在民法慈母般的眼神中,每个人就是整个国家。"

---

[1] 李双元《比较民法学》,4页,武汉:武汉大学出版社,1998。

[2] 曾荣振《民法总整理》,1页,台北:三民书局,1976。

[3] 陈铳雄《民法总则新论》,9页,转引自李功国《民法本论》,2页,兰州:兰州大学出版社,1998。

(三)民法的含义

1. 形式上的民法与实质上的民法

形式上的民法就是指民法典,这是按一定逻辑顺序编纂的民事法律规范体系;实质上的民法是指调整人身关系和财产关系的民事法律规范的总和,包括民法典以及各种民事单行法。我国目前尚未完成民法典的制定,因此,在我国不存在形式意义上的民法。民法制定法主要以《中华人民共和国民法通则》以及各种单行法律的形式公布。

2. 广义的民法与狭义的民法

广义的民法就是指所有的私法规范,包括调整人身关系、财产关系、亲属关系、知识产权关系以及商事关系的法律规范;狭义的民法仅仅指调整人身关系和财产关系的法律,通常不包括亲属法、知识产权法和商事法等法律规范。

3. 民法典与民法通则

民法典是按一定的逻辑体系和价值判断将各种民事制度规定于一部法律内的法律文件。如《法国民法典》《德国民法典》;民法通则则是概括规定了民事法律的基本制度,有准民法典的性质。

《法国民法典》分为三编:第一,人,包括婚姻家庭法;第二,财产及对于所有权的各种限制,包括财产分类、所有权和用益物权;第三,取得财产的各种方法,包括继承法、合同法、侵权行为法、担保物权和时效制度。共2281条。《德国民法典》分为五编:一是总则;二是债权;三是物权;四是亲属;五是继承。共2385条。《中国民法典草案建议稿》则建议分为总则、物权、债法总则、合同、侵权行为、亲属、继承等七编,共81章1924条。[1]

二、民法的调整对象

(一)人身关系——自然人的人格权关系和身份权关系

1. 人格、人格关系、人格权

人格,是指自然人主体性要素的总称。人格关系是自然人基于彼此的人格或者人格要素而形成的关系。人格要素是与自然人人身不能分离的,没有直接经济内容的精神性要素,包括生命、身体、健康等物质性要素和姓名、肖像、名誉、荣誉、隐私等。人格权就是人格在法律上不得抛弃、不得转让并不得褫夺的权利。根据民法通则的规定,法人亦享有名称权、名誉权、荣誉权等有限人格权。

2. 身份、身份权

身份是指自然人基于彼此的身份形成相互关系,包括父母子女、兄弟姐妹、祖父母、外祖父母等亲属关系。身份关系仅存在于自然人之间,受法律保护,不得抛弃和转让。

(二)财产关系

1. 财产、财产关系

财产是人们可以支配的有经济价值的资源和物品,财产关系是人们基于财产的支配和交易而形成的社会关系。民法调整的财产关系是发生于平等主体之间的,具有当事人身份的非官方性及平等性、可以被支配性等特点。

2. 平等主体之间的财产关系

平等主体之间的财产关系,表述财产归何人控制的支配型财产关系,回答财产“是谁的”

---

[1] 参见梁慧星《中国民法典草案建议稿》,北京:法律出版社,2011。

或“由谁利用”这样的问题。在这种财产关系中,对物的支配,民法上谓之物权;对智力成果的支配,民法谓之知识产权。表述财产在交易中而发生的移转的流转型财产关系。回答财产因买卖、租赁、借贷、承揽等行为而发生的移转问题,在民法上谓之债的关系。

三、民法的渊源

民法的渊源就是民法的表现形式,指正式载有民法规范的公开文件。在法律效力上,民法渊源是指一切有效民事法律,包括制定法和习惯法。制定法就是由国家立法机关制定的民法典及民事特别法和法规,它是民法的直接渊源。我国民法的渊源在这一层面上就表现为宪法,民事法律,国务院发布的民事法规、决议和命令,最高人民法院的指导性文件,国务院各部委的规范性文件,地方性民事规范,国际条约和国际惯例等。习惯是指人们在社会生活中经过长期实践而形成的一种惯例和准则,只有经过国家机关认可才能成为习惯法,它是民法的间接渊源。《瑞士民法典》就明确规定:“无法从本法得出相应规定时,法官应依据习惯法裁判;如无习惯法时,依据自己如作为立法者应提出的裁判。”我国台湾地区民法也有类似的规定:“民事,法律所未规定者,依习惯,无习惯者,依法理。”

四、民法的适用范围

民法的适用范围,就是民法的效力范围,是指民事法律规范在何时、何地、对何人发生法律效力。

(一)时间上的适用范围

民法在时间上的适用范围,就是民法在时间上所具有的法律效力。有生效、失效和溯及力三个方面的内容。

(二)空间上的适用范围

民法在空间上的适用范围,就是民事法律规范在地域上所具有的效力。一般的原则是,其效力及于制定该法的机关所管辖的领域。所以,在我国就表现出两种情况:一是在全国范围以及根据国际法、国际惯例应当视为我国领域内的一切领域适用;二是区域民法规范,只能在特定的区域内有效。

(三)对人的适用范围

民法对人的适用范围,就是民事法律规范对于哪些人具有法律效力。一般的原则是属地主义。具体表现为两种情况:一是在我国境内的自然人及法人,除了法律另有规定的以外,均适用我国民法;二是我国自然人、法人在国外发生的民事法律关系,一般适用所在地的法律规定。

第二节　民法的基本原则

一、民法原则及修正

(一)传统民法的三大原则

民法基本原则就是表述民法的基本属性和基本价值,为民法所固有并对民事立法与司法活动具有最高指导意义的基本准则[1]。虽然学界对这一问题有不同的观点和看法,但基本

[1] 参见张俊浩《民法学原理》,37页,北京:中国政法大学出版社,2000。

都认为平等、契约自由、私权神圣是传统民法的三大原则，占据了“崇高而足以为一般法律圭臬”之地位。

1. 平等原则

这一原则包含了两个基本内涵：一是它首先体现为一项民事立法和民事司法的准则，也就是指立法者和裁判者对民事主体应平等对待。正如哈贝马斯所说“在保护权利主体人格完整性的同时，对他们加以平等对待。”[1]《法国民法典》第7条明确规定：“民事权利的行使，不以按照宪法与选举法所取得的政治权利为条件”。二是它还体现为一项民事主体进行民事活动的行为准则，就是要求民事主体之间应平等相待。这可以说是民法上平等原则的核心。

2. 契约自由原则

契约自由是意思自治的核心内容。“私法最重要的特点莫过于个人自治或其自我发展的权利。……因此，契约自由在整个私法领域具有重要的核心作用。”[2]一个人取得权利、承担义务，完全依据个人自由意思之行为；契约的成立、内容、方式及相对人的选择等，应由当事人之间的合意为之，国家不予积极干涉。

3. 私权神圣原则

私权神圣即私有权利不可侵犯。在人格权上，法律通过对人权利能力的赋予，保障人永远享有主体地位，而且，在人的自然生命存续期间，权利能力这一主体地位的基础与标志不得转让或抛弃。在物权上，财产归私人所有，所有人对其财产享有无限的绝对的自由支配权，他人不得干涉，甚至也不受国家的限制。因此，有学者提出物权就是“一个人相对于其他人决定权能”。[3]在债权上，将其规定为开放的权利，体现了对私人利益自决权的尊重。

(二)民法原则的修正

1. 契约自由之限制

随着经济的发展，契约自由的公正性越来越具有形式的意义，经济弱者的利益在契约自由原则下受到了损害，“对那些为了换取不足维持生计的报酬而出卖血汗的人谈论契约自由，完全是一种尖刻的讽刺”[4]。因而，限制契约自由就成为必要。主要表现在立法上和司法上进行必要的规制。就立法而言，通过制定特别法限制契约自由，如劳动法和保护消费者的立法。就司法而言，追求实质正义，创设了诚实信用原则、情势变更原则等。明文规定对契约的管理监督，对契约内容形式的限制，对契约效力的确认，对义务履行的督促等。

2. 私权绝对的修正

权利的本质就是自由意志的范围，所以，任何权利都有范围，神圣的私权亦不能例外。因而，私权必须在有限范围内行使，不得背离权利应有的社会目的，不能超越应有的界限。任何权利都受社会公共利益的限制、受善良风俗的限制，因而，任何人在行使自己的权利时，必须兼顾国家和社会的利益。

---

[1] 〔德〕哈贝马斯《在事实与规范之间》，514页，童世骏译，上海：三联书店，2003。

[2] 〔德〕海因科茨《德国民商法导论》，90页，楚建译，北京：中国大百科全书出版社，1996。

[3] 〔德〕迪特尔·梅迪库斯《德国民法总论》，51页，邵建东译，北京：法律出版社，2000。

[4] 〔美〕伯纳德施瓦茨《美国法律史》，210页，王军译，北京：中国政法大学出版社，1990。

二、我国民法的基本原则

1. 平等原则

我国《民法通则》第三条规定:“当事人在民事活动中的地位平等”。这一规定包含了以下几个基本内容:一是公民的民事权利能力一律平等,不因有民族、性别、年龄、宗教信仰等不同而存在差异;二是不同的民事主体参与民事关系,适用同一法律,具有平等地位;三是民事主体在产生变更消灭民事法律关系时必须平等协商, 任何一方都不得将自己的意志强加给另一方;四是民事权利平等的受法律保护。

2. 自愿、公平、等价有偿、诚实信用原则

我国《民法通则》第四条规定:“民事活动应当遵循自愿、公平、等价有偿、诚实信用的原则”。自愿原则,即意思自治原则,也就是当事人从事民事活动意思自由,不受国家和他人干涉。公平原则,即公平公正原则。当事人从事民事活动必须公平合理、公正公允、符合平衡标准。等价有偿原则,包括:(1)当事人从事民事活动权利和义务具有相对性,双方互为给付、互有补偿;(2)当事人从事民事活动,一方取得的财产与其履行的义务,在价值上应该大致相等;(3)当事人从事民事活动,各方均应取得一定利益,一方不得无偿占有、剥夺他方财产;(4)造成损害,应以得到同等价值的补偿为原则,使加害人的赔偿与受害人的损失相符。诚实信用原则,即诚实不欺、讲求信用。

3. 民事权益受法律保护原则

我国《民法通则》第五条规定:“公民、法人的合法的民事权益受法律保护,任何组织和个人不得侵犯。”

4. 合法原则

我国《民法通则》第六条规定:“民事活动必须遵守法律,法律没有规定的,应当遵守国家政策。”

5. 公序良俗原则

公序良俗就是公共秩序和善良风俗的合称。公序良俗原则是现代民法的重要原则之一,是指一切民事活动应当遵守公共秩序及善良风俗。依罗马法学家的解释, 公序即国家的安全、人民的根本利益;良俗即人民的一般道德准则。我国民法亦将其视为一项基本原则,《民法通则》第七条明确作出规定:“民事活动应当尊重社会公德,不得损害社会公共利益,破坏国家经济经济计划,扰乱社会经济秩序。”

三、法律原则成为法官的裁判规范的条件

1. 穷尽规则:穷尽法律规则,方得适用法律原则。
2. 个案正义:法律原则不得径行适用,除非旨在实现个案正义。
3. 更强理由:若无更强理由,方得适用法律原则。

【案　例】

“二奶”继承案

黄永彬和蒋伦芳1963年结婚,婚后无子女,抱养一个儿子。1994年,黄结识比自己小22岁的张学英,并很快在外面租了房子,公然以“夫妻”名义生活。2001

年2月黄被确诊为肝癌晚期。张学英以一个妻子的身份守候在黄的病床前伺候。4月，黄在一位律师的帮助下，订立遗嘱："我决定，将依法所得的住房补贴金、公积金、抚恤金和卖泸州市江阳区一套住房售价的一半(即4万元)，以及手机一部遗留给我的朋友张学英壹人所有。我去世后骨灰盒由张学英负责安葬。"并在公证处公证。4天后，黄去世。黄的遗体刚刚被送进殡仪馆的时候，遗嘱见证人之一的易某当众宣读了这份"遗嘱"。黄的合法妻子蒋伦芳无法接受这个突如其来的事实，拒绝执行。几天后，张一纸诉状交到泸州市纳溪区人民法院，请求法院依据《继承法》和《民法通则》的有关规定，判令被告蒋伦芳按遗嘱履行，同时对遗产申请诉前保全。

原告观点：根据《继承法》第三章第十六条的规定："公民可以立遗嘱将个人财产赠给国家、集体、或法定继承人以外的人。"而本案中的张学英就是《继承法》中所规定的"法定继承人以外的人"，所以人民法院应当支持原告的诉讼请求。

被告观点：所立遗嘱虽然是合法的，也是遗赠人真实意思的反映，但他在立遗嘱时，违犯了《民法通则》中基本原则的第七条的规定："民事活动应当尊重社会公德。"

纳溪区人民法院审判委员会在充分考虑到原被告双方的观点后，于2001年10月11日上午公开宣判，驳回了原告张学英的诉讼请求。[1]

第三节 民事法律关系

一、民事法律关系的概念及其要素

(一)民事法律关系的概念及特征

民事法律关系是由民法规范调整的、以权利义务为内容的社会关系，它包括人身关系和财产关系。民事法律关系具有以下特征：

1. 主体的平等性和私人性，即民事法律关系的主体只能是平等的社会普通成员。

2. 内容特定性，民事法律关系的内容，就是民事权利和民事义务，为私权利和私义务。

3. 产生的自治性，民事法律关系是由当事人根据其意思自主设定的，民事法律关系一旦设立就受法律的承认和保护。

(二)民事法律关系的要素

1. 民事法律关系主体

民事法律关系主体，简称民事主体，是指民事法律关系中享受权利、承担义务的参与者、当事人。自然人成为民事主体，不需要其他附加条件，但社会组织要成为民事主体则必须由法律赋予其主体资格。

2. 民事法律关系客体

民事法律关系客体是指民事主体得以结成相互关系的利益对象，传统上分为物、行为、智力成果三类。物是能满足人的需要，能够被人支配或控制的物质实体或自然力，要求有可支配性、存在性和效用性，它主要是物权法律关系的客体。行为特指能满足债权人利益的行

[1] 参见《人民法院案例选》，2002年第二辑，北京：人民法院出版社，2002。

为,通常也称给付。它是债权法律关系的客体。智力成果是人脑力劳动创造的精神财富。它是知识产权法律关系的客体。

3. 民事法律关系的内容

民事法律关系的内容,指民事主体之间基于客体所形成的具体联系,即民事权利和民事义务。

二、民事权利、民事义务和民事责任

(一)民事权利

民事权利是民法赋予民事主体实现其利益所得实施行为的界限,基于这种界限,民事主体就可保障自己的权益,就可获得法律上的利益。

根据不同的标准,民事权利可划分为不同的类型:依客体所体现的利益为标准,分为财产权、人身权;依民事权利的效力特点为标准,分为支配权、请求权、抗辩权、形成权;依效力所及相对人的范围为标准,分为绝对权与相对权;依各权利的地位为标准,分为主权利与从权利、原权利与救济权;按民事权利与权利人的联系为标准,分为专属权与非专属权;按权利是否现实取得为标准,分为既得权与期待权。但不论怎样划分,民事权利都包括三方面的内容:一是免受他人侵扰,二是自主作出决定,三是受到法律保护。因而,民事权利一旦受到侵害,民事主体就可以通过公力救济和自力救济手段来保护自己的权益、使自己的权利得以实现。

所谓公力救济,就是民事主体请求国家帮助以实现其权利的手段和措施。就是通过行使诉权,诉请法院依民事诉讼和强制执行程序保护自己的权利。所谓自力救济,就是民事主体依靠自己的力量强制他人履行义务,捍卫自己权利的行为,包括自卫行为和自助行为。前者如紧急避险和正当防卫等,后者如公共汽车售票员扣留逃票的乘客等。只有在来不及援用公力救济而权利正有被侵犯的现实危险时,才允许被例外使用,以弥补公力救济的不足。

(二)民事义务

民事义务是当事人为实现他方的权利而受行为限制的界限。对民事权利,当事人既可行使,也可抛弃;而对民事义务,因其有法律的强制力,义务人必须履行,若过失而不履行时,要承担由此而生的民事责任。

以义务产生的原因为标准,民事义务可分为法定义务和约定义务;前者是直接由民法规范规定的义务,如对父母的赡养义务等。后者是按当事人意思确定的义务,如合同义务等,此种义务以不违反法律的强制性规定为界限,否则法律不予承认。以行为方式为标准,民事义务可分为积极义务与消极义务。前者是指以作为的方式履行的义务,后者是指以不作为方式实施的义务。以义务的内容为标准,民事义务可分为基本义务与附随义务。附随义务就是由基本义务引发的义务,它基于诚实信用原则而产生,以求得双方当事人利益之平衡。如通知义务、协助义务、照顾义务等。

(三)民事责任

民事责任就是违反约定或者法定义务所产生的法律后果。根据发生的原因与法律要件,民事责任可分为合同责任、侵权责任与其他责任;根据是否以财产方式救济,民事责任可分为财产责任与非财产责任;根据债务人对其财产所负债务的责任形态,民事责任可分为有限责任和无限责任;根据对责任的承担情况,民事责任可分为单独责任与共同责任;根据责任的构成是否以当事人的过错为要件,民事责任可分为过错责任、无过错责任、公平责任。

一般地，民事责任的归责原则主要有：

1. 过错责任原则，即以行为人主观上的过错为承担民事责任的基本条件。

2. 无过错责任原则，即以损害的客观存在和法律的明确规定为承担民事责任的基本条件。

3. 公平责任原则，即当事人对造成的损害都无过错，而又不能适用无过错责任，则根据实际情况由当事人分担的责任。

我国《民法通则》第134条规定了承担民事责任的10种方式：停止侵害、排除妨碍、消除危险、返还财产、恢复原状、修理重作更换、赔偿损失、支付违约金、消除影响和恢复名誉、赔礼道歉等。

(四)民事法律事实

民事法律事实简称法律事实，是符合民事规范，能够引起民事法律关系发生、变更、消灭的客观现象。主要有事件和行为两种类型。

事件是与人的意志无关的法律事实。事件本是自然现象，只是能引起民事法律关系的变动，才被列为法律事实，如人的死亡、地震等。前者可能导致继承关系的发生；而后者若将房屋震塌导致所有权的消灭，事前若投保时，又使保险赔偿关系发生。

行为是与人的意志有关的法律事实。根据意志是否需明确对外作意思表示，行为又被划分为表意行为和非表意行为。表意行为是行为人通过意思表示，旨在设立、变更或消灭民事法律关系的行为。民事法律行为是合法的表意行为，因行为人有预期的效果意思，所以，该行为能产生当事人意欲达到的民事法律关系产生、变更和消灭的效果。非表意行为是行为人主观上没有产生民事法律关系效果的意思表示，客观上引起法律效果发生的行为。如从事智力创造行为是合法的事实行为，侵权行为则是不合法的事实行为。行为人主观上并没有效果意思，但客观上却导致赔偿的发生。

第二章　民事主体

第一节　民事主体概述

一、民事主体与民事主体制度

民事主体是指在民事法律关系中享有民事权利和承担民事义务的人。民事主体是法律赋予的享有民事权利的地位和资格，是法律对其主体地位的承认。它以民事权利能力为存在基础,权利能力是主体享有权利承担义务的前提。

从法律关系角度看,所谓权利主体,是指民法上规范权利的归属者,是民法所预定的特定法效主体。任何国家的民法典总是在规定各种民事法律关系前，首先对民事主体作出关于权利主体的最一般属性的规定。在民法的历史上,民事主体制度与所有权、债权三位一体的制度贯彻了民法的始终。

民事主体制度是规范哪些人为民事主体及其在民法上具有何种地位的民事法律制度,它与民事法律行为制度、时效制度构成民法总则的主要内容。

二、民事主体的范围

民事主体的范围,有“二元说”和“三元说”之争。“二元说”认为,民法上只有两类主体,即自然人、法人,其他团体不能成为一类独立的民事主体。因为这类团体如合伙,本身不能独立享有权利或承担义务,其财产为合伙人共有,债务也直接归属于合伙人,且不是独立的纳税主体,这与法人团体有质的区别,因而,在德国民法上将其称为“无权利能力的社团”。“三元说”则认为民法上有三类主体,即自然人、法人、合伙等团体组织形式。因为第三类虽不能享有权利或承担义务,但这并不影响其主体地位。现在,“三元说”影响日益扩大,德国学者梅迪库斯就认为：德国判例与学理表现出承认无权利能力社团为主体的倾向。这反映出民法向经济合理性妥协的趋势。

我国民法采用三元说。

三、民事主体的特征

1. 主体资格的广泛性。在民法上,享有主体资格的“人”,都可成为民事主体。

2. 主体资格的平等性。民事主体平等地享有民事权利能力,在法律上处于平等地位,没有特权可言,它们参与民事法律关系都必须遵循平等的原则。

3. 主体资格的独立性。民事主体具有独立人格,不存在上下级关系,不存在命令与服从关系。

4. 主体意思自主性。民事主体既有权利能力又有行为能力,其意思表示自愿真实,不受他人限制和干涉。

5. 主体权利和义务一致性。民事主体的民事权利和义务是相互关联和对应的,双方既是权利主体又是义务主体。任何民事主体都不能只享有权利而不承担义务，或者只承担义务而不享有权利。

第二节 自然人

一、自然人的民事权利能力

(一)自然人概念

自然人,是依自然规律出生而取得民事主体资格的人。这是与法人相对应的概念,以其产生的自然规律性来区别依法成立的法人这一法律拟制的“人”。

自然人与公民不同,其外延包括本国公民、外国人和无国籍人,没有国家色彩,属市民社会的范畴,适用私法调整。而公民是指具有一国国籍并按该国宪法和法律享受权利和承担义务的自然人。宪法上的概念则重于人的国籍,属政治国家的范畴,适用公法调整。外国的或者无国籍的自然人显然不具有公民资格,不能成为宪法主体;但这并不妨碍其成为私法的主体。民法上使用“自然人”,表明民事法律关系的开放性:一个域外自然人只要遵守法律,完全可以成为民事主体,享受民事权利、承担民事义务。公民则显示政治生活的封闭性,任何一个国家的选举、被选举权等参政权只会对公民开放,而不会让所有的自然人享有。政治生活和民事生活的不同特点,决定了区别公民与自然人的必要性。

(二)自然人的民事权利能力

自然人民事权利能力就是法律确认的自然人享有民事权利、承担民事义务的资格。民事权利能力是法律上的人格或主体资格,自然人只有具备了民事权利能力,才能参与民事活动。

自然人的民事权利能力与享有的民事权利是两个既有联系又有区别的法学概念。民事权利能力是民事权利的资格和前提,而民事权利是利用这种资格和前提的结果;民事权利能力包括享有权利的资格和承担义务的资格,而民事权利则不包括民事义务;民事权利能力是法律赋予的,自然人的民事权利终身享有,而民事权利是在具体的民事法律关系中产生的,内容和范围直接取决于民事主体的意志,一般只在一段时期内存在;民事权利能力与自然人人身是不可分割的,而民事权利除人身权外是可以转让或抛弃的。

自然人民事权利能力具有以下特征:

1. 普遍性。法律赋予所有自然人民事主体资格,且涵盖自然人最广阔的生产、生活领域。

2. 平等性。民事主体法律地位平等、权利能力的期限平等、内容平等,且平等地提供法律保障。民法上的平等原则,首先就是指民事主体权利能力的平等。

3. 不可转让性。民事权利能力是自然人生存和发展的必要条件,因此是不可转让的。自然人的权利能力始于出生终于死亡,任何人不得对其进行转让、抛弃,且非依法律不可限制和剥夺。

(三)自然人民事权利能力的取得

自然人民事权利能力因出生而取得。对出生时间的确定就是确定自然人何时开始享有民事权利能力。确定标准有一部露出说、全部露出说、断脐带说、初啼说、独立呼吸说等。近代以后,各国民法多采用全部露出说。我国采用独立呼吸说,即民事权利始于出生,“出”表示与母体分离;“生”表示能自主独立呼吸。出生时间以户籍证明为准,没有户籍证明的以医院出具的出生证明为准,没有医院证明的参照其他证明认定。

对胎儿的法律地位的确认和利益的保护，主要有两种立法主义：一是出生条件主义，二是列举保护主义。出生条件主义，就是以出生为条件，溯及胎儿时期具有权利能力，如瑞士，只要出生时为活体就具有民事权利能力。我国台湾地区民法亦有同样的规定“胎儿以将来非死产者为限，关于其个人利益之保护，视为即已出生。”列举保护主义，就是列举承认胎儿在继承、接受赠与和遗赠、侵权损害赔偿请求、抚养请求等方面有权利能力，如法国、德国、日本等。《日本民法典》第721条规定：“胎儿，就损害赔偿权，视为已出生。”

我国采用列举保护主义，但保护范围只规定了继承中的特留份利益，属个别保护主义。我国《继承法》第28条规定：“遗产分割时，应当保留胎儿的继承份额。胎儿出生时是死体的，保留的份额按照法定继承办理。”这样就显得对胎儿的利益保护很不充分。但也表现出了向出生条件主义发展的趋势。

【案 例】

我国首例对“胎儿”的人身权利予以法律保护案

1981年2月10日，石母由于妊娠难产，医院用产钳助产。在牵拉过程中，牵拉胎头较困难，7分钟后胎儿才娩出。当时新生儿皮肤青紫，经检查，新生儿头顶部表皮破2厘米×1厘米，左颞下产钳伤1厘米，胎头顶部有9厘米×8厘米血肿。当时产儿父母没在意孩子头上的伤疤会给以后带来什么，所以在分娩后第六天产妇即出院。1981年10月11日，“小石头”出生后的第九个月，其父母发觉“小石头”的健康情况欠佳，便到医院检查。被医生诊断为“面黄，头呈方形，前囟未闭”。两岁多时，医生诊断“小石头”为先天性上眼睑下垂。三岁多时，“小石头”又被诊断为颅内高压，并开始出现步态不稳、头围增大的症状，随即住进上海某医院进行治疗。该医院拟诊为“继发性脑积水”。面对不幸，“小石头”的父母开始怀疑孩子的出生医院助产时的问题。

1988年10月12日，在“小石头”父母的多方奔走下，当地医疗事故技术鉴定委员会对“小石头”的病情作出了鉴定，结论为：确认因助产导致继发性脑积水的依据不足，不属医疗事故。无奈，石父石母以“小石头”的名义，向江苏省南通市崇川区人民法院提起民事诉讼，要求被告医院对其在助产过程中损害原告的行为承担责任，给予经济赔偿。当时的“小石头”已经8岁了。法院于1998年6月1日正式委托司法部司法鉴定科学技术鉴定研究所，对原告的继发性脑积水的病因及与产钳伤的关系等进行法医学鉴定。法医学鉴定结论为：被鉴定人石某继发性脑积水与其出生时产程时间过长及产伤之间的直接因果关系难以排除，说明被告的行为具有导致原告病情的一定概率；同时，因原告母亲系高龄产妇，又属过期妊娠，此为对胎儿有不利影响的客观因素，此客观条件虽不属原告的过错，但可以适当减轻医院的责任。根据上述理由，江苏省南通市崇川区人民法院判令某医院一次性赔偿石某人民币106590.42元。[1]

[1] 参见“二十年后他向产钳索赔”，载《法制日报》，2002-12-11。

(四)自然人民事权利能力的终止

自然人民事权利能力因死亡而终止。民法上讲的死亡包括自然死亡和宣告死亡两种。自然死亡是指自然人生命的终止属于自然事件,也叫生理死亡。如何予以确定,也有不同的学说。就目前看主要有两种:一是传统标准说,也称心肺标准说,即以心跳、呼吸、眼的对光反射是否存在为标准。二是现代标准说,也称脑死亡说,即对外部刺激和身体内部需求无知觉无反应;自主运动和自发呼吸停止;脑干反射消失;脑电波平直。在 24 小时或 72 小时内多次复查结果一致,且排除体温过低(32 度)或刚服用巴比妥类药物等中枢神经系统抑制剂两种情况。我国采取的是传统标准说。

对于自然人死亡时间的确定,一般以医生签署的死亡证明为准;有争议的以法院调查后确定的时间为准。如果互有继承权的数人在同一事件中死亡,如不能确定先后时间,推定无继承人的人先死;都有继承人的,推定长辈先死;辈分相同的,推定同时死亡,彼此不发生继承关系。

宣告死亡是法院以判决方式对自然人生存状态的一种推定,结束其生前以住所地为中心的民事法律关系。对这一问题,民法理论上有不同看法:一是认为应当视同自然死亡,民事权利能力终止,但说明其死亡后实际进行的民事行为仍然有效;二是认为应当以单独的法律条文加以规定,并不明确说明权利能力是否终止,实际上只承认自然死亡才能引起权利能力的终止。死亡时间的确定以法院宣告死亡判决中确定的日期为准;没有确定的,以判决生效日期为准。

自然人的民事权利能力始于出生终于死亡,但这一期限向前可推至胎儿的权益保护,向后延至死亡后某些权利能力的存续。自然人死亡后在名誉、遗体、身份等方面仍享有权利能力,不受死亡限制。

二、宣告失踪与宣告死亡

(一)宣告失踪

宣告失踪是自然人下落不明达到法定期间,经利害关系人申请,由法院宣告为失踪人并为其设立财产代管人的法律制度。这是对自然事实状态的法律确认,其制度价值在于救济因自然人下落不明而导致的财产关系不稳定状态。通过宣告下落不明人为失踪人,可为其设立财产代管人,保管失踪人财产、处理应了结的债权债务,维护失踪人和利害关系人的利益,维护社会秩序的稳定。

宣告失踪的法律要件主要有:

1. 受宣告人失踪。也就是受宣告自然人离开住所或居所没有任何音讯,处于下落不明的状态。

2. 失踪达到法定期间。宣告失踪的法定期间为 2 年,从失踪人音讯消失之次日起算;战争期间失踪的,失踪期间从战争结束之日起计算。

3. 经利害关系人申请。是指由与失踪人有人身关系或财产关系的人,如父母、配偶、近亲属、债权人、债务人等申请。对于申请权的行使,法律没有规定顺序以及序位的限制,即申请人之间没有排他效力,任一申请人都可以申请。

4. 由法院宣告。法院收到利害关系人的宣告失踪申请后,先要发出寻找公告,期间为 3 个月。公告期满,失踪事实得到确认,法院应以判决方式宣告失踪。

宣告失踪后,法院为失踪人指定财产代管人,负责保管失踪人财产。对于失踪人所欠的税款、债务和其他费用,可从代管财产中支付。财产代管人不履行代管职责或者侵犯失踪人财产的,要负侵权之民事责任,其他利害关系人可请求其承担民事责任,并要求变更财产代管人。有资格充任财产代管人的,应是失踪人的配偶、父母、成年子女或关系密切的其他亲属、朋友。财产代管人的选任应先由前述范围内的人协商后,供法院指定。协商不能时,则由法院直接指定。

当失踪人复出或者有人确知其下落时,经本人和利害关系人申请,由法院撤销对他的失踪宣告。法院的撤销失踪宣告作出后,财产代管人资格消灭,财产代管人应交还代管财产并汇报管理情况,提交收支账目。

(二)宣告死亡

宣告死亡是自然人下落不明达到法定期间,经利害关系人申请,由法院推定其死亡,宣告结束失踪人以生前住所地为中心的民事法律关系的制度。其制度价值在于维护生者的利益,包括配偶的再婚权、继承人的继承权、债权人的受偿权等。

宣告死亡的法律要件主要有:

1. 受宣告人失踪,即受宣告人离开住所或居所没有任何音讯,处于生死不明状态。

2. 失踪达到法定期限。普通期间为4年,从自然人音讯消失之次日起计算,因战争而下落不明的,从战争结束之日起计算;特殊期间为2年,该期间仅适用于因意外事故造成的自然人下落不明的情况,如飞机失事等,期间的开始为意外事故发生之日;有关机关证明不能生还的为0年。

3. 经利害关系人申请。申请人范围与宣告失踪的申请人范围完全相同,但有顺序先后的限制,即顺序在前的申请人之申请权有排他效力。第一顺序为配偶,第二顺序为父母、子女,第三顺序为兄弟姐妹、祖父母、外祖父母、孙子女、外孙子女,最后一个顺序是其他有民事权利义务关系的人。这主要是为了优先保护配偶、父母和子女的身份利益、伦理利益和情感利益。申请人的顺序效力是,有在先顺序时排除在后顺序,同顺序人权利平等。

4. 由法院宣告。法院受理宣告死亡申请后,先要发出寻找失踪人的公告,公告期为1年,因意外事故失踪人的寻找公告,公告期为3个月。公告期间届满,生死不明的事实得到确认后,由法院以判决方式宣告失踪人死亡。判决宣告之日为被宣告人死亡的日期。

宣告死亡的法律效果在空间上仅及于被宣告死亡人住所地为中心的区域。也就是说如果其实际未死亡,在其他地区活着,民事权利能力仍不消灭,而且民事行为也不受影响,仍然有效。而在被宣告死亡人的住所地为中心的区域,宣告死亡的效果等同于生理死亡,婚姻、监护等身份关系终止,财产作为遗产被继承。

若被宣告死亡人重新出现或被确知没有死亡时应撤销死亡宣告。这就是死亡宣告的撤销。也就是指被宣告死亡人重新出现或被确知没有死亡时,经本人或利害关系人的申请,由法院撤销对他的死亡宣告。其法律要件有:有被宣告死亡人存活的事实;有本人及利害关系人的申请(利害关系人不受顺序限制);由法院判决撤销。

死亡宣告撤销具有溯及力,溯及至死亡宣告之日。在人身关系方面,配偶未再婚的,婚姻关系自行恢复;配偶已再婚的,再婚效力不受撤销宣告的影响,即使再婚后离婚的,婚姻关系也不当然恢复。子女在宣告死亡期间被他人收养的,收养关系仍然有效,不受撤销宣告的影响。在财产关系方面,因宣告死亡而继承、受遗赠或以其他方式取得遗产者,均应返还。返还原则应是原物及孳息;原物已被第三人善意取得时,则免除原物返还义务,代之以适当补偿。宣告死亡若系利害关系人隐瞒真相恶意所致,则属于侵权行为,侵害人不仅要返还所取得的财产及孳息,还要负赔偿责任。

三、自然人的民事行为能力

(一)自然人的民事行为能力及其划分

民事行为能力是民事主体独立实施民事法律行为的资格，即自然人能够以自己的行为独立参加民事法律关系、行使民事权利和设定民事义务的能力。行为能力以权利能力为基础、以意思能力为前提、以责任能力为后盾,四项能力统称为人的民事能力,构成了一个完整的能力体系。

如果对行为能力采取人人平等的做法,必然就会出现不公平的结果。因此必须对人的行为能力进行区别,就如英国学者阿蒂亚所言:“要保护未成年人,使他们不至于由于自己缺之经验而受到损害。……防止未成年人由于借钱或赊购货物而负担债务。”[1]这就是对自然人民事行为能力的划分。划分标准是年龄主义和个案审判主义。年龄主义是据年龄阶段的不同对其社会活动经验进行判断；个案审判主义就是对成年人理智和精神状况是否正常来作出判断。其中年龄是最稳定的标准,但具体到个案中可能出现无行为能力、限制行为能力和完全行为能力只有一天相隔的情况,以此来划分就难以科学,故被称为是一个“愚蠢的规则”,但没有更好的方法来替代。

根据年龄主义的标准,我国民法将行为能力分为完全民事行为能力人、限制民事行为能力人、无民事行为能力人三种。完全民事行为能力人是指 18 周岁以上的成年人,16 周岁以上不满 18 周岁的自然人,以自己的劳动收入为生活来源的也视为完全行为能力人。其法律意义就是可以独立进行民事活动。限制民事行为能力是指 10 周岁以上的未成年人和不能完全辨认自己行为的精神病人。其法律意义就是可得实施与之识别能力相适应的“行为”,纯获利益的法律行为。对其行为能力可通过代理、追认予以补正。无民事行为能力是指未满 10 周岁的未成年人以及完全不能辨认自己行为的精神病人。其法律意义就是不得实施任何法律上的“行为”。对其行为能力可通过代理予以补正。

我们认为,我国《民法通则》对无行为能力的年龄规定与我国现实生活不符,照此规定,一个小学三、四年级的学生还没有任何行为能力,这是荒唐的、可笑的。因而,应当学习西方国家和我国台湾地区的相关规定，将 7 岁作为无行为能力与限制行为能力的分界点就显得更为科学。[2]

(二)行为能力宣告

一个完全行为能力人或一个限制行为能力人，有可能因一定原因而变为限制行为能力人或无行为能力人。而在有些情况下,是否为限制行为能力人或者无行为能力人难以辨认和识别。因此,法律创建了行为能力宣告制度。

在国外,这一制度为禁治产人制度,宣告禁治产人,如德国、瑞士、日本等。所谓禁治产人就是指被禁止管理与处分自己财产的有心理或精神障碍的自然人。其中因精神病而受禁治

---

[1] 〔英〕阿蒂亚《合同法概论》,117 页,北京:法律出版社,1982。

[2] 参见李永军《民法总论》,218 页,北京:法律出版社,2009。

产的宣告者为无行为能力人,因精神衰弱、酒癖而受禁治产的宣告者为限制行为能力人,目的是保护其合法利益维护社会秩序。我国民法采取宣告制度,《民法通则》第19条规定:"精神病人的利害关系人,可以向人民法院申请宣告精神病人为无民事行为能力人或者限制行为能力人。可见这一制度的宣告对象在国外是有心理或精神障碍的自然人,在国内仅指精神病人。它们都是由利害关系人,如配偶、父母、成年子女、其他亲属等向法院申请,法院依据司法鉴定、医院诊断、群众公认进行宣告。宣告的法律后果是被宣告人实施的民事行为无效,造成他人损害后果由法定代理人承担民事责任,尽到监护责任的可适当减轻。一旦受限制状态解除,利害关系人(或本人)向法院申请宣告撤销。

值得注意的是,这一制度是用将财产与人分离的技术来实现对财产的保护,这就忽略了对人的重视,会给被宣告人带来巨大的心理和精神压力,从而造成人为的歧视。因此,德国现已废除了禁治产人制度。[1]

四、监护

(一)监护的概念及分类

监护是设立专人对未成年人和精神病人的人身、财产及其他合法权益进行监督和保护的民事法律制度。为了实现民事权利能力平等,就需要对民事行为能力欠缺实施救济,使无民事行为能力人和限制民事行为能力人通过监护人得以间接参加民事法律关系。履行监督保护职责的人称监护人,被监督保护的人称被监护人。

在我国,根据《民法通则》的规定,监护分为法定监护、指定监护、遗嘱监护三种。法定监护就是依据法律直接规定产生的监护。指定监护是指据法院指定产生的监护。遗嘱监护是指依据父母遗嘱产生的监护。

一般地,监护设立的顺序是:

1. 当然监护,即未成年人的父母。若父母离异,监护关系不受影响,如有犯罪、虐待、明显不利等情形则取消监护。

2. 协商监护。即未成年人父母不能作为监护人或是精神病人,则由亲友协商。对未成年人,协商人为祖父母、外祖父母、成年兄姐、其他亲友;对精神病人,协商人为配偶、父母、成年子女、祖父母、外祖父母、孙子女、外孙子女、兄弟姐妹、其他亲友。

3. 指定监护。即协商不成由有关部门或法院指定。对未成年人,由其父母所在单位或住所地居委会村委会在其近亲属中指定;对精神病人,由其所在单位或住所地居委会村委会在其近亲属中指定;对指定不服的向法院起诉。

4. 机关监护。即由单位、委员会、民政机关作为监护人。

(二)监护人的职责

监护人的职责主要有以下几个方面:

1. 照顾、保护被监护人的义务。即关心照顾被监护人的生活,保护其合法权益,除为被监护人的利益外,不得处分其财产。

2. 监督、约束被监护人的义务。即对被监护人进行教育,监督、约束其行为。

3. 代理义务。即代理被监护人进行民事活动。

---

[1] 参见〔德〕梅迪库斯《德国民法典总论》,783页,邵建东译,北京:法律出版社,2000。

4. 担责的义务。即承担被监护人致害的民事责任。从被监护人的财产中支付被监护人致人损害的赔偿费用,不足部分由监护人适当添补。但监护人是单位的,则应补足全部差额。因失职或者渎职造成被监护人损失的,负赔偿责任。

5. 交付汇报义务。即被监护人成为完全民事行为能力人时,向其交付财产并汇报账目。

(三)监护的变更和终止

在法律上,由于一定原因的发生,监护也会发生变更和终止。监护的变更有以下几种情形:一是原监护人因死亡或丧失监护能力而变更;二是因协商变更;三是因指定变更;四是因撤销而变更。

监护的终止有以下几种情形:一是被监护人获得完全民事行为能力;二是监护人或被监护人一方死亡;三是监护人丧失民事行为能力;四是监护人辞去监护(法律规定:监护人有正当理由的,可以辞去监护。但指定监护人辞去监护须经协商或提起诉讼由法院判决,擅自辞去的不发生辞去力);五是监护人被撤销监护资格。

五、自然人的姓名、住所、户籍、身份证

(一)自然人的姓名

姓名,就是自然人姓氏和名字的结合,是自然人借以相互识别的文字符号系统的总称。其中姓氏表明家族系统,名字表明姓名持有者本人。

自然人是一个独立的民事主体,能够以自己的名义享受权利承担义务。在具体的法律关系中,通过各自的姓名相互标识和区别,作为独立的人格而对待,特定的姓名就代表了特定的主体。可见,"姓名是使自然人特定化的社会标志"[1]。这就是姓名的法律意义之所在。

(二)自然人的住所

住所是自然人进行民事活动的主要基地和中心生活场所,是具有法律意义的空间场所,人的空间归属。

确定住所必须有久住的意思和经常居住事实两个条件。自然人的住所只能有一个,一般地,以自然人的户籍登记地为住所;在与户籍登记地不一致时,非户籍登记地的经常居住地,就是住所。当自然人无经常居住地,且其户籍已从原地迁出至迁入新地之前,仍应以原户籍所在地为住所。被监护人的住所由监护人设定,一般以监护人的住所为住所。

住所的法律意义主要表现在以下几个方面:

1. 在民法上,确定婚姻登记、宣告失踪、宣告死亡、代理设立、合同成立、债务履行。
2. 在诉讼法上,确定管辖、送达。
3. 在国际私法上,确定法律适用。
4. 在公法上,确立行使选举权、纳税。

(三)自然人的户籍与身份证

户籍是对自然人按户进行登记并予以出证的法定文件。记载自然人的姓名、出生日期、婚姻状况、亲属关系等,有法律上的证明效力。户籍制度是国家通过户口登记和管理,确认自然人身份,保护其权利,维护社会秩序的法律制度。

居民身份证是证明16周岁以上的自然人的姓名、性别、民族、出生、住址等居民身份资

---

[1] 王利明《民法》,77页,北京:中国人民大学出版社,2005。

格的法定文件,是为了便利自然人的活动,从户口登记簿中分化出来的,它以个人为登记单位,以便利自然人在从事民事活动时,对自己身份的证明。

第三节　法人

一、法人的概念及分类

(一)法人的概念及特征

在现代社会,进行各类社会活动的主体除自然人外,就是以团体名义进行活动的各种组织,法人就是其中最重要的一种。对于什么是法人,中外学界在概念上有所不同。国外只有学理概念,没有法定定义。如注释法学派认为:法人是以团体名义的多数人的集合。教会法学派则提出:法人是团体成员多数人之外的抽象人格,是独立的民法上的人。很少从立法上作界定。而我国则主要从立法上作出具体界定。《民法通则》第36条规定:"法人是具有民事权利能力和民事行为能力,依法独立享有民事权利和承担民事义务的组织。"但不论是学理概念还是法定定义,都表现了以下基本特征:一是法人是具有独立人格的社会组织;二是法人拥有独立的财产;三是法人能独立承担民事责任;四是法人能以自己的名义参加民事法律关系。

(二)法人的法律要件

1. 依法成立

现代国家的法人成立主要有准则主义和核准主义两种。准则主义,亦称登记主义,是法律规定法人成立的各项条件,设立行为只要符合这些条件并经主管机关形式审查后即予登记成立的制度。核准主义,亦称行政许可主义,是指法人必须依法律的规定并经行政主管部门审核批准的设立原则。

2. 有必要的财产或者经费

拥有独立财产,有必要的财产或者经费来源,是法人参加民事活动、享有民事权利和承担民事义务的物质基础,也是其得以承担民事责任的财产保证。其中,必要的财产主要是对企业法人的要求;必要的经费或必要的经费来源,主要是对机关法人、社会团体法人的要求。

3. 有自己的名称、组织机构和场所

名称,表示法人特征的文字符号,它可以将特定法人和其他法人区分开来,也可以将法人与其成员区分开来,从而表现法人的独立人格,是法人参与民事活动的表征,受法律保护。法人要独立参与民事活动,就必须有行为的实施者,这是实现法人团体意志,独立享有民事权利、承担民事义务的组织保证。这一实施者就是法人组织机构,也称法人机关,它既可由自然人一人担任,如法人代表;也可由自然人集体组成,如董事会。法人要从事民事活动,就必须有自己的场所,场所就是法人的所在空间位置,包括法人办事机构的所在地和法人活动场所所在地。对于法人活动的开展、债的履行、国家的监管等都具有重要意义。

4. 能够独立承担民事责任

能够独立承担民事责任,就是指法人能够以自己的财产清偿所负债务,而不是以设立人或其成员的财产去承担这份责任。

(三)法人的分类

大陆法国家主要以法人设立的目的及所依据的法律将法人划分为公法人和私法

人。其中,以实现公共福利为目的,依据公法所设立、组织的法人为公法人。追求私人目的,依据私法所设立的法人为私法人。私法人又分为社团法人和财团法人。前者以人的组合为基础,如公司、协会、合作社等;后者则是"一定目的的财产的集合体",如基金会、私立学校、医院、图书馆、博物馆、慈善机构等。英美法国家则把法人分为集体法人和独任法人。

集体法人是指由多数人组成且可永久存在的集合体,如市政府、商业公司等;独任法人是指一个人由于法律的确认而享有法人资格,如教区的教长。

我国民法将法人分为企业法人、机关法人、事业单位法人和社会团体法人四类。企业法人就是取得民事主体地位的企业,它以营利为目的,从事商业性活动,主要是财产主体。机关法人是指获得法人资格的国家机关,只有在参加民事活动时,国家机关才被视做法人。根据我国宪法规定的政体,机关法人通常指中央及地方各级人民代表大会、国务院和地方各级人民政府、各级法院和检察院、中央军事委员会和独立编制的各级军事组织。事业单位法人是指被赋予民事主体资格的事业单位,其目的事业主要是公益。社会团体法人是指由法人或自然人组成,谋求公益事业、行业协调或同道志趣的法人,如协会、学会、研究会、基金会、联谊会、促进会、商会等团体。它们不得从事以营利为目的的经营性活动,只能从事与团体章程或法律规定相应的事业。

二、法人能力

(一)法人的民事权利能力

法人的民事权利能力是法律赋予法人参加民事法律关系,取得民事权利、承担民事义务的资格。法人的权利能力本质上是财产能力,原则上没有身份能力。法人的民事权利能力始于成立,终于消灭。

法人民事权利能力的范围会受到以下限制:

1. 性质上的限制。法人不能享有基于自然人的天然属性而专属的民事权利能力内容,如身体权、健康权、隐私权、继承权、扶养请求权、婚姻自主权等。

2. 法律上的限制。一些法人的民事权利能力范围受法律的直接限制。如担保法就明确规定机关法人不得为保证人。

3. 目的事业的限制。法人的民事权利能力范围,以其目的事业为限,如企业法人应当在核准登记的经营范围内从事经营。现在,该项限制有被淡化的倾向,表现出只是法律禁止的事项,而不是核准经营的事项。

(二)法人的民事行为能力

法人的民事行为能力,是法律赋予法人独立进行民事活动的能力。具有以下特点:

1. 法人的民事行为能力与其民事权利能力一起产生、同时消灭,两者的始期与终期完全一致。

2. 法人的民事行为能力范围始终与民事权利能力的范围相一致。

3. 法人的行为能力由法人机关实现。

(三)法人的民事责任能力

法人的民事责任能力,就是指法人对自己的违法行为承担责任的能力和资格。其特点主要有:

1. 法人的民事责任能力与其民事权利能力一起产生、同时消灭,两者的始期与终期完全一致。

2. 法人的民事责任能力范围始终与民事权利能力的范围相一致。

三、法人的成立、变更和终止

(一)法人的设立和成立

法人的设立和法人的成立是两个不同的概念,法人设立是指法人这种社会组织的建立,是产生法人的行为。而法人的成立是指产生法人人格,法人获得民事主体地位,能够以法人名义参加民事法律关系的事实。

法人设立方式一般有放任主义、特许主义、核准主义、准则主义、强制主义等。我国民法则主要采取以下三种方式:

1. 命令主义,即依照法律、法令、行政命令方式设立,自设立之日起取得法人资格。主要适用于机关法人、国有事业单位法人。

2. 准则主义,即设立行为只要符合法定条件并经主管机关审查后,即予登记成立,自登记程序完成时取得法人资格。主要适用于社会团体法人和企业法人。

3. 依照条例、章程设立,即国家以法律或统一的章程规定法人设立的条件和程序,凡满足该条件并符合该程序的团体,即取得法人资格。主要适用于工会、妇联等人民团体。

(二)法人的变更

法人的变更,是指法人成立后,其组织、名称、住所、经营范围等重要事项发生的变化。一般的这些事项的变更,可依法人意思自主决定,法人只要作相应的变更登记,即可发生变更效力。但为了维护交易秩序和相对人的信赖利益,对分立或合并等重要事项变更,法律要求应当向登记机关办理登记并公告。

法人的变更主要有法人的合并与法人的分立两种类型。法人合并是指两个以上的法人集合为一个法人的民事法律行为。为保障各合并法人的债权人的利益,法人应在合并前将合并决定通知债权人,债权人如要求清偿债务或提供担保的,作为债务人的法人应照办,否则,法人不得合并。法人分立是指一个法人分为两个以上法人的民事法律行为。为保障债权人的利益,应在分立前对债权人发出分立通知并根据债权人请求清偿债务或提供担保。

法人合并与法人分立的效果:

1. 法人之消灭。在新设式合并,原法人均告消灭;在吸收式合并,被吞并的法人归于消灭。在新设式分立,原法人消灭;在存续式分立,只是原法人的财产或组织机构发生变更。

2. 债权债务承受。因合并而消灭的法人,其债权债务由合并后的法人概括承受。因法人分立,原法人的债权债务,应依分立前缔结的合同确定的分担份额,由分立后的法人承受。

(三)法人的终止

法人的终止,即法人的民事主体资格消灭,丧失民事权利能力和民事行为能力。我国《民法通则》列举了以下法人终止的原因:

1. 撤销,法人因从事法律禁止的活动而被主管机关处分导致法人消灭。

2. 解散,基于法人的意思或设立人的意思而消灭,如股东会决议解散,法人存续期限届满等。

3. 破产,因丧失清偿能力而不能对债权人的债权实行清偿,在破产程序终结时,法人消灭。

4. 其他原因,如国家作出的关于国有企业"关闭"、"停止"的决定,股东不足法定人数等。

第三章 民事法律行为和代理

第一节 民事法律行为

一、民事法律行为的概念及类型

(一)民事法律行为的概念

大陆法国家称为法律行为,即表意设权行为。指私人的旨在引起某种法律效果的意思表示。这是德国学者创造的一个法律术语,被誉为"大陆法系民法学中最辉煌的成就"。1900年《德国民法典》第一次系统、完善地规定了法律行为制度,也为许多国家所采纳。英美法系中没有这个概念。我国《民法通则》借鉴苏俄民法的经验,采用了法律行为本质合法说的立法观点,将概念改称为"民事法律行为",规定了民事法律行为制度[1]。

我国《民法通则》第54条规定:"民事法律行为是公民或者法人设立、变更、终止民事权利和民事义务的合法行为。"这是我国民事法律行为的立法概念。

民事法律行为是民事主体以设立、变更、终止民事权利和民事义务为目的,以意思表示为要素,依法产生、变更、终止民事权利义务的行为。这是我国民事法律行为的学理概念。

(二)民事法律行为的类型

1. 单方行为、双方行为与共同行为

单方民事法律行为是仅由一方意思表示就能成立的民事法律行为。这类行为不需要相对人的同意,该行为即告成立。如遗嘱、代理权授予、抛弃所有权等。双方民事法律行为是当事人双方意思表示一致才能成立的民事法律行为。这类民事法律行为必须有当事人双方的意思表示,而且相互结合、彼此一致。合同是双方行为的典范。共同民事法律行为是多数当事人平行的意思表示一致而成立的法律行为。当各方当事人意思表示的内容有差异时,按少数服从多数来决定。

2. 财产行为与身份行为

财产行为是发生财产变动效果的民事法律行为,有物权行为,如抛弃、交付等,也有债权行为,如买卖、承揽合同等。身份行为是发生身份变动效果的民事法律行为,其中有单方行为,如辞去委托监护,也有双方行为,如收养、协议离婚等。

3. 有偿行为与无偿行为

有偿民事法律行为是双方当事人各因给付而取得对价利益的行为,即约定各方当事人均需履行义务,并获得有对价利益的权利。如买卖、租赁等合同。所谓对价或对价利益,是按市场法则判断当事人在交易中各得其所,而不是按观念判断的绝对均等。无偿民事法律行为是当事人约定一方当事人履行义务,对方当事人不给予对价利益的行为。这种行为的特点

[1] 参见王利明《法律行为制度的若干问题探讨》,载《中国法学》,2003-05。

是，双方不形成对应报偿关系。如赠与、使用借贷等。

4. 诺成性行为与实践性行为

诺成性民事法律行为是当事人双方意思表示一致即可成立的行为，它不以标的物的交付为要件。实践性民事法律行为是除当事人意思表示一致之外，还需要交付标的物才能成立的民事法律行为。也称为要物行为，如定金、质押等合同。

5. 要式行为与不要式行为

要式民事法律行为是必须依照法律规定的形式实施的行为。如书面形式、履行登记手续等。不要式民事法律行为是不拘形式的民事法律行为，即当事人可以自由决定行为的形式，只要该行为意思表示合法，行为即可生效。

6. 处分行为与负担行为

处分行为是直接发生财产权移转或消灭效果的行为，如让与物权。负担行为是发生给付义务效果的行为，双方设定的权利不能直接实现，须经义务人的履行行为权利才能实现，如买卖行为。

7. 有因行为与无因行为

有因行为即该民事法律行为的效力受原因行为的制约，原因行为如有欠缺、不合法、不可能或与该行为不一致的，则该行为不成立。无因行为即不论原因是否欠缺、违法等，该行为自完成时起发生效力，不受原因行为的制约。

二、意思表示

（一）意思表示的概念

意思表示是指把内心旨在发生一定法律效果的意思对外表示出来的行为。当事人要使自己的内心意思产生法律效果，就必须将意思表现于外部。意思表示与法律行为的关系其实很难区分。萨维尼认为它们是同义语，德国民法典《立法理由书》也写道："意思表示与法律行为为同义之表达方式。使用意思表示者，乃侧重于意思表示之本身过程，或者乃是某事法律行为事实构成之组成部分而已。"现在，法学家们认为意思表示和法律行为有所不同，如一个法律行为可能由两个以上的意思表示组成、法律行为的构成除了意思表示以外可能还需要某些附加成分等。但无论如何，意思表示为法律行为的核心构成要素，没有任何争议。

（二）意思表示的类型

1. 明示和默示

明示是指使用直接语汇或依习惯使用的特定形体语汇实施的表示行为，如口头形式、书面形式、举手打车；默示是指含蓄或者间接表达意思的方式，如作为的推定和不作为的沉默。

2. 有相对人的意思表示与无相对人的意思表示

有相对人的意思表示是指向相对当事人做的意思表示，如要约与承诺。无相对人的意思表示指意思表示自完成时才能生效，如遗嘱、捐助行为等。

3. 意思表示瑕疵

意思表示瑕疵主要有以下几种情形：

（1）意思与表示不一致，如真意保留、戏谑表示、虚伪表示、错误、误传。真意保留是指行为人故意隐瞒其真意，而表示其他意思的意思表示。戏谑表示是指行为人所作出的意思表示并非出于真意，且期待对方理解的意思表示。虚伪表示是指行为人与相对人通谋而为的虚假的意思表示，并不期待发生效力。错误是指行为人由于认识错误而使意思与表示不一致。误传是指因传达人错误而致的行为人意思与表示不一致。

(2)意思表示不自由,如欺诈、胁迫、乘人之危。欺诈是指故意告知对方虚假情况,或者故意隐瞒真实情况,诱使对方基于错误判断作出意思表示。胁迫是指因他人的威胁或者强迫,陷于恐惧而作出的不真实意思表示。乘人之危是指因危难处境被他人不正当利用,不得已而作出对自己严重不利的意思表示。

(3)重大误解,是指基于重大错误认识而实施的意思表示。在我国,最高人民法院《民通意见》第71条对重大误解作出了解释:行为人因对行为的性质、对方当事人、标的物的品种、质量、规格和数量等的错误认识,使行为的后果与自己的意思相悖,并造成较大的损失,就可认定为重大误解。

三、民事法律行为的成立与生效

(一)民事法律行为的成立

民事法律行为成立必须符合如下一般要件:

1. 有意思表示。在单方法律行为,当事人意思表示完成,法律行为即告成立;在双方法律行为,相互意思表示一致时法律行为方告成立。

2. 标的须确定并且可能。关于标的表示必须达到能被具体认定的程度,而且,标的在客观上必须具有实现的现实性。

法律行为符合上述要件即告成立,表意人必须受意思表示的约束,不得擅自变更和撤回。

(二)民事法律行为的生效

根据《民法通则》第55条的规定,任何民事行为欲确定生效,必须符合以下四个基本要件:

1. 行为人合格,具有相应的民事行为能力。

2. 行为人意思表示真实。

意思表示真实,有两方面的含义:一是行为人的内心意思与外部的表示行为相一致,二是指当事人是在意志自由的前提下为意思表示。

3. 民事法律行为内容合法,不违反法律或者社会公共利益。

这就是要求民事法律行为不得违反法律和行政法规的禁止性规定,符合社会公共利益,以避免民事行为成为损害国家利益和社会公共利益的工具。

4. 符合法律规定的形式。

一般情况下,民事行为符合上述要件即产生法律效力。但在特殊情况下,基于法律的规定或当是人的约定,还必须具备形式要件,才能产生效力。如法律规定的批准、登记手续,必须本人亲自实施等等。

四、无效的民事行为

(一)无效民事行为概念

无效民事行为指因欠缺法律行为中的有效条件, 因而不发生行为人意思之预期效力的民事行为。其含义包括以下三个方面:一是自始无效,即该行为之意思,从开始起就不被法律认可;二是当然无效,即无需任何人主张,也不待法院或仲裁机构宣告,即无效。三是意思无效,即意思表示无效,而不是该行为完全没有法律效力。

(二)无效民事行为的类型

1. 行为人不具有行为能力而实施的民事行为。无行为能力人实施的行为绝对无效;限制行为能力人依法不能独立实施的民事行为绝对无效。但其订立的合同经法定代理人追认后,该合同有效。

2. 意思表示不自由的行为。一方当事人以欺诈、胁迫手段,或乘人之危,迫使对方为民事行为,这种意思表示并非当事人的真意表达,故而无效。

3. 恶意串通,损害国家、集体或者第三人利益的行为。当事人出于故意、相互串通,使国家、集体或者第三人利益受到损害或是存在发生损害的现实可能,即可主张该行为无效。

4. 以合法形式掩盖非法目的行为。行为表面上具有合法形式,却有隐藏的非法目的,如以赠与方式进行财产的转移,以逃避法院的强制执行等。

5. 违反法律或者社会公共利益的行为。

(三)无效民事行为的效果

1. 如果这类行为所约定的义务尚未履行,那么就无需再去履行。

2. 如果这类行为所约定的义务正在履行之中,那么即应中止履行;对于业已履行的部分予以返还或进行赔偿。

3. 追缴双方已取得的或者约定取得的财产,分别收归国家、集体所有,或者返还第三人。

五、可变更、可撤销的民事行为

(一)可变更、可撤销民事行为的概念及类型

可变更、可撤销民事行为,简称可撤销行为,是因行为有法定的重大瑕疵而因行为人行使撤销权,使其自始不发生效力的民事行为。主要有如下几种类型:

1. 存在重大误解的民事行为。这是基于行为人认识错误而实施的行为。在这里,行为人的表意虽然是自愿的,但却对标的物的品种、质量、规格、数量等存有错误认识,或为认识到自己的错误,从而违背本意,故该行为属于可撤销行为。

2. 民事行为成立时显失公平。这是基于非自愿的原因,实施民事行为的结果多一方当事人过于有利,而对他方当事人过于不利。一方面要求行为内容显失公平、明显背离公平原则;另一方面要求这种利益关系的失衡并非当事人自愿,而是受害人出于急迫、轻率或者无经验所致。

3. 一方以欺诈、胁迫手段或乘人之危,使对方当事人在违背真实意思的情况下为民事行为。这是基于意思表示不自由,民事行为的效力受到影响。至于受害方是否因此遭受财产损害,则在所不问。

要注意的是,这里所述意思表示不自由而致法律后果是可撤销,而在前面的内容则表现为意思表示不自由而致绝对无效。其节点就在于有无损害国家利益的情形。王利明先生认为:我国《民法通则》第58条将其确认为绝对无效。这样就一方面不适当地强化了国家干预,限制了当事人的自由意志,另一方面也给受害方带来更为不利的法律后果,故"应将其适用范围通过目的性限缩限定为存在有损害国家利益的情形。"[1]最高人民法院《关于贯彻执行〈中华人民共和国民法通则〉若干问题的意见》第68、69、70条规定:须是不损害国家利益时,

[1] 王利明《民法》,179页,北京:中国人民大学出版,2005。

才构成可撤销行为,否则为无效民事行为。

(二)可撤销民事行为的效果

1. 撤销权。可撤销民事行为效力的消灭,必须有行使撤销权的行为,如果仅有可撤销的事由而没有行使撤销权的行为,民事行为的效力不受影响。所以,民事行为符合法律规定的可撤销原因时,法律赋予行为人撤销权,行为人能通过自己单方面的意思表示使行为效力归于消灭。这种意思表示必须是向法院或仲裁机关作出,而不是向相对人作出。法院或仲裁机关一旦承认撤销权,那么,被撤销的行为自开始起无效。

2. 变更权。所谓变更就是指要求改变民事行为的某些内容。变更权就是请求变更民事行为的权利。这种权力的行使就可消除既有意思表示中的错误或者显失公平的成分,使之成为无瑕疵民事法律行为。这就缓和了撤销权的僵硬,贯彻了私法自治的原则。当事人行使变更权的,其撤销权归于消灭,行为确定生效。

3. 除斥期间。如果撤销权、变更权久拖不行使,势必影响相对人的利益和法律秩序的稳定。因而必须在一定期间实施。最高人民法院《民通意见》第 73 条第 2 款规定:撤销权、变更权必须在该权利成立起 1 年内行使,逾期该权利消灭,但权利人以明示或默示方式放弃的,撤销权自放弃之日起消灭。

六、效力未定的民事行为

(一)效力未定的民事行为概念及其类型

效力未定的民事行为是指民事法律行为的效力有待于第三人意思表示, 在第三人意思表示前,效力处于不确定状态的民事行为。其特点就是行为人已完成行为,行为外表已健全,但其效力却有赖于第三人表示,在作出表示前该行为的效力处于不确定状态。主要有以下几种类型:

1. 限制行为能力人待追认的行为。限制行为能力人可以为与其年龄、智力、精神健康状况相适应的民事行为;可以为纯获法律利益的行为。但若是实施了超越其行为能力范围的行为,就属于效力未定的民事行为。这类行为如果获得追认,即为有效,反之,则无效。

2. 无权处分行为。无权处分行为是指无处分权人以自己名义对他人权利标的实施了引起财产权利变动为目的的民事行为。该行为若经权利人同意,效力溯自处分之时起有效;若权利人不同意,则无效。

3. 无权代理行为。无权代理行为就是行为人没有代理权或超越代理权限或在代理权终止后以代理人身份为民事行为。无代理权人所为的“代理行为”对本人是没有效力的,但若本人事后追认,其“代理行为”成立,对本人发生效力;若本人否认,则该行为对行为人生效。

4. 债务承担行为。债务承担行为就是指债的效力不变而由第三人承受债务的民事法律行为。经债权人同意始对债权人生效。

(二)效力未定民事行为的效果

1. 追认,即追认权人实施的使他人效力未定行为发生效力的行为。

2. 催告权,即相对人告知事实并催促追认权人在给定的期间内实施追认的权利,若在此期间(1 个月)不追认的,视为拒绝追认。

3. 撤销权,即效力未定行为的相对人撤销其意思表示的权利。

七、民事行为被确认无效、被撤销或确定不发生效力的法律后果

(一)返还财产

民事行为被确认无效、被撤销或确定不发生效力后,当事人由此而取得的财产的法律依据就已丧失,如果原物仍然存在的,交付财产的一方当事人可要求所有物返还。如果原物已不存在,则可要求对方返还不当得利。

(二)赔偿损失

民事行为被确认无效、被撤销或确定不发生效力,有过错方须向无过错方赔偿因民事行为被确认无效、被撤销或确定不发生效力而致的损失。如果双方均有过错,各自承担相应责任。

民事行为被撤销时由于一方当事人有重大误解的,其所承担的责任数额不应超过行为有效时对方当事人可获得利益的数额。如果是由于欺诈、胁迫或乘人之危而至的撤销,该方当事人承担的损害赔偿数额不受行为有效时对方当事人可以获得的利益数额的限制。

第二节 代理

一、代理及其法律要件

(一)代理的概念

代理是指代理人在代理权限范围内,以被代理人的名义与第三人独立为意思表示,其法律效果直接归属于被代理人的法律制度。其中,代他人为法律行为的人,称为代理人;由他人代替自己行为并承受法律效果的人称为被代理人,也称为本人。与代理人实施行为的人称为第三人,也称相对人。

这一制度的创设,扩张了完全行为能力人行为空间,是其在同一时间不同地点为民事行为有了可能,而且弥补了无行为能力人和限制行为能力人的行为能力,使权利能力的平等有了坚实的制度支撑和保障。

对于这一制度的认识,大陆法国家和英美法国家有很大的不同。大陆法国家主要以区别论为理论基础,把委任和授权的概念作严格区分,认为委任是作为内部关系的委托人与代理人之间的合同。而授权则是作为外部关系的代理人代表委托人与第三人缔约的权力。故只承认直接代理,对于间接代理作行纪处理。而英美法国家是以等同论为理论基础,认为代理人的行为等同于本人的行为,“通过他人去做的行为视同自己亲自做的一样”。不仅承认直接代理,也承认间接代理。就我国民法而言,《民法通则》完全承袭大陆法的直接代理制度,在《合同法》中也承认了间接代理。

(二)代理的法律要件

1. 必须有三方当事人

代理关系的特点就是有三方当事人,即代理人、被代理人(本人)和相对人(第三人)。如果只有双方当事人而无第三人,则不能成为代理。

2. 代理的标的必须是民事法律行为

代理人为代理行为是以代被代理人实施民事行为为使命,由于意思表示是民事行为的核心,因而,代理人就是为被代理人为意思表示或接受意思表示,从这个意义上说,代理只适

用于民事行为。这里要注意的是:凡意思表示具有严格的人身性质,则必须由本人进行不许代理,如遗嘱、婚姻登记、收养子女等;对于有严格人身性质之债,如约稿、预约演出等,必须向预约方履行行为,不得代理。

3. 必须有代理权才可实施

代理权是代理人以被代理人的名义进行意思表示或者接受意思表示并使其效果直接归属于被代理人的一种权限。代理的效果归属于本人,关键就是要有代理权。代理权的取得因法定代理与委托代理而不同,但代理权是任何代理关系的核心要件。

4. 必须以被代理人利益为取向

代理人对于代理事务要亲自履行,予以与自己事务的同一注意义务,凡以侵害被代理人利益为目的的行为,都不能构成代理。利己代理、自己代理、双方代理都被法律所禁止。

二、代理的类型

(一)代理类型的传统观点

大陆法国家只承认直接代理,对于间接代理作行纪处理。直接代理是指代理人以被代理人的名义对外从事代理行为,因此代理的效果直接由被代理人承担。间接代理是指代理人接受被代理人的委托,以自己的名义处理事务,其效果先由代理人承受然后转移给被代理人,在民法上一般称为行纪。

英美法则认为代理可分为显名代理、隐名代理和不公开本人身份的代理几种类型。显名代理,就是公开本人姓名的代理,即代理人同第三人进行商事活动时,既公开本人的存在、也公开其姓名。隐名代理就是不公开本人姓名的代理,即代理人在订约时表示有代理关系存在、表明自己的代理人身份,公开本人的存在,但不指出本人的姓名。不公开本人身份的代理,既代理人事实上有代理权,但他在订约时根本不披露有代理关系一事。既不公开本人是否存在,更不指出本人是谁,而以自己的名义进行商事活动。

(二)代理的现代分类

大陆法国家将代理分为意定代理与法定代理。意定代理是指代理基于被代理人的授权意思表示发生;法定代理则是指代理基于法律规定而产生。英美法国家将代理分为协定代理、追认代理和不容否认代理。协定代理是指事先同意而构成的代理,包括明文代理协议和默示代理协议。追认代理是指事先未经授权而事后予以承认的代理。不容否认代理是指假如委托人向第三人声明某人是其代理人,而导致第三人基于该声明改变了处境,那么委托人不得对第三人否认代理关系。

我国民法将代理分为委托代理、法定代理和指定代理。委托代理就是基于被代理人的授权意思表示发生的代理。这与大陆法国家的意定代理相同。法定代理就是基于法律直接规定产生的代理。指定代理则是基于法院或有关单位的指定产生的代理。

三、代理权

(一)代理权及其取得

代理权是代理人以被代理人的名义进行意思表示或者接受意思表示并使其效果直接归属于被代理人的一种权限。根据我国民法对代理的分类,代理权的取得也就有因委托代理取得、因法定代理取得和因指定代理取得三种方式。

(二)代理权的授予

在法定代理中,代理权的内容与范围应以法律规定为准;在委托代理中,代理权应以授权行为的意思表示确定。根据意思自治原则,授予代理权的方式由当事人自行确定,可以用书面形式,也可以用口头形式。法律规定用书面形式的,应当用书面形式。

对代理权授予不明的责任,我国《民法通则》第65条第3款规定:委托书授权不明的,被代理人应当向第三人承担民事责任,代理人负连带责任。对代理权授予不明的,在本人负担责任外,代理人也要负补充连带责任。

(三)滥用代理权之禁止

滥用代理权,是代理人为自己计算或为他人计算,损害被代理人利益而行使代理权。这是为法律所禁止的行为。具体表现为以下几种情况:

1. 自己代理。就是指代理人在代理权限内,与自己为民事行为。在这种情况下,交易行为实际上只有一个人实施,这就难以避免代理人为自己的利益牺牲被代理人的利益,因而为法律所禁止。

2. 双方代理。就是代理双方当事人与第三人为同一民事法律行为,也称同时代理。因为在交易中,当事人双方的利益是相互冲突的,由一个人同时代表两种利益,难免顾此失彼,且有可能为自己谋利益,故为法律禁止。

3. 利己代理,就是代理人利用地位之便,实施利于自己却不利于被代理人的代理。

(四)代理权的终止和消灭

在委托代理关系中,代理权因以下原因而消灭:代理期届满或代理事务完成;代理权撤回或代理人辞去代理;代理人死亡或失去行为能力;代理人或被代理人为法人的,因法人消灭而致代理关系消灭。

要注意的是,因代理人死亡而消灭代理权有四种例外,即代理人不知道被代理人死亡的;被代理人的继承人均予承认的;被代理人与代理人约定到代理事项完成时代理权终止的;在被代理人死亡前已经进行、而在被代理人死亡后为了被代理人的继承人的利益继续完成的。委托代理人实施的代理行为有效。

在法定代理和指定代理关系中,代理权因以下原因而消灭:被代理人取得或恢复民事行为能力;被代理人死亡或代理人死亡、丧失行为能力;制定机关撤销指定;被代理人和代理人之间的监护关系的消灭。

(五)无权代理

无权代理就是指不具代理权的当事人所实施的代理行为。无权代理有广义和狭义之分,广义的无权代理主要指表见代理。狭义的无权代理则包括:未经授权的代理,超越权限的代理和代理权终止后的代理三种情况。

1. 表见代理

表见代理属广义的无权代理,是指行为人没有代理权,但表面上有足以使相对人相信有代理权而须由本人负授权责任的代理。其构成要件为:

(1)行为人无代理权。

(2)相对人有理由相信行为人有代理权。这就是说,本人有作为或者不作为实施某种表示,从而使相对人相信行为人有代理权的表征,如将印章交付于行为人保管等。

(3)行为合乎法律行为的一般有效要件和代理行为的表面特征。

(4)相对人须为善意且无过失。

表见代理的效果有二:一是发生有权代理的效果,即因行为人的行为,在被代理人与相对人之间发生权利义务关系,被代理人不得行使撤销权和其他抗辩权,对行为人表见代理的效果按有权代理承受。二是相对人有撤销权,表见代理旨在保护相对人利益,相对人对于表见代理应享有选择权,既可享有撤销权,亦可接受与被代理人的民事法律行为,与其发生权利义务关系。

2. 狭义的无权代理

狭义无权代理是指不属于表见代理的未授权之代理、越权代理、代理权终止后的代理。

未授权之无权代理是指既没有经委托授权,又没有法律上的根据,也没有人民法院或者主管机关的指定,而以他人名义实施民事法律行为之代理。越权之无权代理是指代理人超越代理权限范围而进行代理行为。代理权消灭后之无权代理是指代理人因代理期限届满或者约定的代理事务完成甚至被解除代理权后,仍以被代理人的名义进行的代理活动。

狭义无权代理的效果主要有以下四个方面:一是本人有追认权和拒绝权;二是知道他人为代理行为而不做否认表示的视为同意;三是相对人催告权和撤销权;四是行为人与被代理人之间形成一定之债。如确是为"本人之利益计算"的无权代理,符合无因管理法律要件的,构成无因管理之债;如造成本人损害的,发生损害赔偿之债。

要注意的是,按我国《合同法》的规定,对催告未作表示的,视为拒绝,这与《民法通则》规定的"不作否认表示的,视为同意"正好相悖。对于民法通则与合同法的碰撞,在狭义无权代理为订立合同的,应根据新法优于旧法的原则,适用合同法的规定。

【案 例】

信用社要求还款败诉案

1997 年 6 月 6 日,被告合肥东方房地产有限责任公司(下称"东方公司")与第三人合肥合利物业发展有限公司(下称"合利公司")签订一份"翠竹园"小区整体转让协议书,约定:东方公司将其开发的"翠竹园"小区全部转让给合利公司;合利公司根据东方公司的全权委托书组建经营、管理、销售财务机构,小区项目移交后所发生的债权债务由合利公司负责。同年 6 月 24 日,为办理转让过户手续,东方公司向合利公司副总经理丁华荣出具了委托书,内容为"根据东方公司业务发展需要,即日起授权丁华荣先生全权负责经营有关公司业务",并提供该公司公章、财务专用章、合同专用章、营业执照副本、土地使用权证以及贷款证等文件。

1997 年 7 月 30 日,合利公司以东方公司名义与合肥庐州城市信用合作社(以下简称庐州信用社)签订首次抵押借款合同,约定以东方公司"翠竹园"小区土地使用权作为抵押担保向原告借款 3500 万元。借款时,合利公司除向原告提供与贷款有关的材料外,还提供了"翠竹园"小区整体转让协议书,借款中的 500 万元用于偿还合利公司的关联公司在原告处的借款利息。当东方公司得知丁华荣利用该公司印章和土地使用权证与金融机构签订抵押担保贷款合同时,于同年 7 月 15 日函告上述二人,要求收回其公章并取消同年 6 月 24 日对丁华荣的委托书。

当月 19 日,丁华荣等又针对东方公司来函回复称,我方所拿贵公司印章仅为办理土地变更之用,在办理完土地变更手续后印章完好交还贵司。

借款到期后,合利公司未能还款,原告起诉至安徽省高级人民法院要求东方公司还款。法院认为,合利公司在没有东方公司授权,违背其真实意思表示的情况下,以东方公司名义与原告签订借款合同,东方公司不应承担偿付借款本息的责任。遂判决原告与被告签订的借款合同和抵押借款合同均为无效合同,由第三人合利公司偿还原告本金 3500 万元及利息。原告不服安徽省高级人民法院上述民事判决,向最高人民法院上诉。最高人民法院认为,原审判决认定事实清楚,适用法律正确,判决驳回上诉,维持原判。[1]

[1] http://www.lawtime.cn/info/danbao/dbdt/2011071926831.html.

第四章　民事权利

第一节　人身权

一、人身权的概念及分类

(一)人身权的概念

人身权是指法律赋予民事主体所享有的、与其人身不可分离而无直接财产内容的民事权利。人身权具有以下特征：

1. 以民事主体的人身为存在的基础。人身权与民事主体的人身密不可分,依附于特定的民事主体,不能转让、赠与、继承,是保障人的精神利益得以实现的权利形式。

2. 人身权是非财产性权利,其内容不具有财产属性,但与财产权紧密相关,往往是取得财产权利,发生财产关系的前提和基础。

3. 人身权是绝对权,任何人不得侵害、干涉、妨碍;

4. 人身权是支配权,是对自己的人身、人格利益直接支配,排除他人干涉的权利,其实现无须请求他人的协助。

(二)人身权的分类及其区别

根据人身权与其权利主体的联系程度和产生依据的不同，人身权一般可分为人格权与身份权两大类。人格权是以权利人的人格利益为客体的权利。身份权是特定民事主体而以主体身份上的利益为客体的权利。二者之间的区别主要有：

1. 权利主体不同。民事主体都具有人格权,但身份权一般仅为自然人所享有;

2. 权利客体不同。人格权以人格利益为客体,而身份权的客体是基于一定身份关系形成的身份利益;

3. 权利的取得方式不同。人格权的取得不需要权利人实施一定的行为,而身份权的取得需借助权利人实施的一定的行为;

4. 权利的存续期间不同。人格权存在于权利人存续的全过程,无特别期限限制。身份权以身份的存续为权利存续的前提。

二、人格权

(一)人格权的概念

人格权是法律赋予民事主体以人格利益为内容的，作为一个独立的法律人格所必须享有且与其主体人身不可分离的权利。

在人类法律文化的发展中人格权一直未获得在民法典中的独立地位，有关人格利益及其法律上保护的规定，一直依附于法典有关民事主体及侵权行为等内容。《瑞士民法典》在第一章“自然人”中,将人格权单列为一节,对人格权保护作出了宣示,从而成为人格权保护的典范。在英美法中,也没有“人格权”这一概念,而是把各种非财产人格利益按侵权行为加以保护。19世纪末,美国法律出现隐私权的概念及相关制度,并在社会生活中发挥了重要的作用。

我国人格权利法始于清末,1909年的《大清民律草案》在总则中就专设人格保护一节,且对身体权、名誉权、生命权等均作出了具体规定。《民法通则》将人格权单独加以特别规定,使之具有了与物权、债权、知识产权同等的地位。

(二)人格权的类别

民法理论对人格权有不同的分类，以权利主体是否为自然人为标准分为自然人人格权和非自然人人格权;以人格权存在的方式分为物质性人格权和精神性人格权人;以法律上规定人格权的方式分为一般人格权和具体人格权。其中一般人格权和具体人格权的划分影响较大。

一般人格权是以民事主体全部人格利益为标的的概括性权利,也称概括人格权。具有概括性、普遍性、专属性、法定性等特征。通常包括人身自由、人格尊严、人格独立与人格平等。

【案　例】

天津“荷花女案”

1987年6月陈秀琴以魏锡林和天津《今晚报》报社侵害了她以及死去的女儿吉文贞(艺名荷花女)的名誉权为由,向天津市中级人民法院起诉。陈秀琴系新中国成立前天津已故曲艺演员荷花女吉文贞之母。吉文贞15岁开始在天津登台演出,有一定名望,1944年19岁时病故。魏锡林于1985年以其为原型,着手创作表现旧社会艺人苦难生活的小说,写成后投稿到天津《今晚报》报社,并于1987年4月开始连载。魏锡林在其所著《荷花女》一书中使用了吉文贞的真实姓名和艺名,称陈秀琴为陈氏。书中描写了吉文贞从17岁到19岁病逝的两年间,三次同人恋爱并接受对方聘礼,被天津帮会头目侮辱,影射吉文贞系患性病打错针致死。同时小说还描写了陈某同意女儿做某人之妾并接受聘礼。上述内容属魏锡林虚构。

陈秀琴在《荷花女》发表后,精神受到刺激,遭受医药费等实际损失404.58元。天津市中级人民法院经审理认为,被告侵犯了吉文贞和陈秀琴的名誉权。因为作者使用了两人的真实姓名,虚构了有损二人形象的情节。根据《中华人民共和国民法通则》的规定,公民享有名誉权,公民死后名誉权仍应受法律保护。1989年6月21日,天津市中级人民法院判决两被告为原告恢复名誉、消除影响,赔偿损失400元,停止侵害。魏某所著小说《荷花女》不得再以任何形式付印、出版发行。被告不服判决,上诉至天津市高级人民法院。由于对此类侵权行为法律尚无明确的规定,天津市高级人民法院特向最高人民法院请示。最高人民法院复函:吉文贞死后名誉权应依法保护,其母陈秀琴有权提起诉讼。

天津市高级人民法院认为,原审认定事实清楚,证据充分可靠,适用法律正确。后由天津市高级人民法院调解结案。[1]

[1] 参见《最高人民法院公报》,1990-02。

人身自由是指公民依法享有的人身不受侵犯和自主行为的权利，如公民享有身体自由权、婚姻自由权、住宅自由权等。人格尊严是指民事主体作为“人”所应有的最基本社会地位、社会评价，并得到最起码尊重的权利，这种权利不受民事主体行为能力、文化程度、财产状况、宗教信仰等因素的影响。人格独立是指民事主体的人格由自己支配，其存在不依赖任何外在力量，其意志不受任何外部势力的干预与强制。人格平等是指民事主体间地位平等，不存在人身依附与从属关系，任何一方不得将自己的意志强加给另一方。至于最终结果是否平等，则取决于每个人的能力、努力程度、机会的把握、风险的防范等因素。

具体人格权就是各项具体的人格权利。主要包括以下内容：

1. 生命权、身体权、健康权

生命权是法律赋予自然人的以生命维持和生命安全为内容的权利，是每个公民的最高人身利益。身体权是指自然人对其肢体、器官和其他组织的完整依法享有的权利。健康权是自然人依法享有的、保持其自身及其器官以至身体整体的功能安全为内容的权利。

2. 姓名权与名称权

姓名权是自然人依法享有的决定、使用、改变自己姓名并排除他人侵害的权利。名称权是法人及社会组织依法享有的决定、使用、改变其名称，并排除他人侵害的权利。

3. 名誉权

名誉权是公民或法人对自己在社会生活中获得的社会评价、人格尊严享有的不可侵犯的权利。

4. 肖像权

肖像权是指公民通过各种形式在客观上再现自己形象而享有的专有权。可分为形象再现权和肖像使用权。前者指通过造型艺术或其他形式来再现自己形象的专有权。后者是指公民有权决定是否允许将其肖像进行展出、传播、复制、用作商标或进行广告宣传。但如果是为了社会公共利益的需要、科学艺术上的目的以及为了宣传报道而制作和使用公民的肖像，可以不征得公民同意，但同时不应侵害公民的合法权益。如果是为了职务上的目的或公共利益而依法制作、使用他人肖像的，则无须通过本人同意，如通缉逃犯，张贴寻人启事等。

5. 隐私权

隐私权是指公民不愿公开或让他人知悉个人秘密的权利，又称个人生活秘密权。包括通信秘密权与个人生活秘密权。

6. 荣誉权

荣誉权是指公民、法人或其他组织所享有的，因自己的突出贡献或特殊劳动成果而获得光荣称号或其他荣誉的权利。

三、身份权

（一）身份权概念

身份权是指民事主体基于某种特定的身份而享有的民事权利。只有当民事主体从事某种行为或因婚姻、家庭关系而取得某种身份时才能享有。

（二）具体权利

1. 亲权

亲权指父母基于其身份对未成年子女人身、财产方面的管理和保护的权利。主要有对子女人身享有的权利，如保护权、教育权、法定代理权与同意权。对子女财产享有的权利，如管理权、处分权、使用收益权。

2. 配偶权

配偶权是指婚姻关系存续期间,夫与妻作为配偶间的一种身份权利。主要有姓名权、人身自由权、协助权、忠实权、离婚权。

3. 亲属权

亲属是指由婚姻、血缘和收养产生的人与人之间的社会关系。亲属权就是指父母与成年子女、祖父母与孙子女、外祖父母与外孙子女、兄弟姐妹间的身份权利。

父母与成年子女之间的权利主要有:无民事行为能力或限制行为能力的成年子女,父母对其有监护权;成年子女对父母有赡养、扶助权;父母子女相互间有行为能力宣告、失踪宣告、死亡宣告申请权及一方失踪后的财产代管权;有相互继承权。

祖父母与孙子女、外祖父母与外孙子女间的权利主要有:抚养权、赡养权、继承权、宣告申请权及一方失踪后的财产代管权。

兄弟姐妹间的权利主要有抚养权、继承权、宣告申请权及一方失踪后的财产代管权。

第二节 物权

一、物权概述

(一)物权的概念及特征

民法上所讲的物有四个特点:第一是有形性,即它占有一定空间,是一个有形的物;第二是需求性,即它有一定的价值,人用它能满足自己某种需求;第三是稀缺性,即它一定是稀缺的,而不是无限的,是越用越少的;第四是可支配性,就是人必须能够支配。所谓的物权,就是指权利人依法对特定的物享有直接支配和排他的权利。它具有以下特征:

1. 物权是绝对权和对世权。

这是指物权的权利主体是特定的,任何人都负有不得非法侵害和干涉他人所享有的物权之义务,也就是说,一切不特定的人都是义务主体。正是因为物权是对世权,所以物权的设立、转移等必须公示以使得第三人知晓,这就决定了物权必然是一种公开性的权利。

2. 物权是权利人直接支配物、享受物的利益的权利,并排斥他人干涉,是一种支配权。

3. 物权具有追及效力和优先效力。

物权的追及效力是指标的物无论落入何人之手,物权人都可依法要求追及其物而主张权利。物权的优先效力是指物权有优先于债权的效力,如破除债权的效力、优先购买效力、优先受偿效力。

(二)物权基本情况

在大陆法国家中,《法国民法典》规定了所有权、用益权、役权、质押权等具体物权,却未设立物权编,《德国民法典》首设"物权编",规定了所有权、地上权、役权、抵押权、动产质权等具体物权,从而使物权理论系统化。在英美法国家中,都没有设立系统的物权制度,有关规定统设于财产法中,如地产、信托、担保等。在我国,古代法中没有物权概念,在废除民国法律后也一直未使用"物权"一词,虽然1986年《民法通则》中有关财产所有权的规定就是关于物权的规定,但也没有使用物权概念。直到2006年12月通过《中华人民共和国物权法》并于2007年10月1日施行。

(三)物权的种类

物权种类的划分在立法和学理上各有不同。在立法上主要分为所有权、用益物权和担保物权。在学理上则分为自物权与他物权、动产物权与不动产物权、有期限物权与无期限物权、本权与占有等。

二、物权基本原则

(一)物权法定主义

物权法定主义,就是指物权的种类、内容、效力和公示方法都应由法律明确规定法定,而不能由当事人任意设定。非以法定方式取得这些权利的,法律不予保护。

(二)客体特定主义

客体特定主义,就是一物一权,一个物权的客体仅为一个独立的有体物,在同一物上不得设立两个或两个以上相互矛盾的物权。

(三)平等保护原则

平等保护原则,就是对国家所有权、集体所有权、私人所有权平等地予以保护。这是我国物权制度中独有的一项原则。这一原则可从如下三个方面来理解:一是物权主体的平等。二是在物权发生冲突的情况下,针对各个主体都应当适用平等的规则解决其纠纷。即使是国家与其他主体发生产权纠纷以后,当事人都有权请求法院明晰产权,确认归属。也就是说,都平等地享有确权请求权,在这方面任何一方都不应具有优越于他方的权利。三是在物权受到侵害之后,各个物权主体都应当受到平等保护。[1]

(四)公示、公信原则

公示原则就是物权的设立转移必须以公示的方法向社会公开,使得第三人知晓变动情况,以避免损失保护交易安全。公示的方法主要是不动产登记制度和动产交付制度。

公信原则是指若依公示表现出的物权不存在或有瑕疵,但当事人基于信赖这种公示而为一定的行为,那么仍承认其有真实物权存在相同的法律效果,以保护交易的安全。这一原则主要表现为以下两方面的内容:

1. 登记记载的权利人在法律上推定其为真正的权利人。
2. 凡是信赖登记所记载的权利状况而与权利人进行交易的人,法律保护其合理信赖。

【案　例】

北京宝马轿车赠与案

2011年6月16日,北京市东城法院公开宣判了一起车辆所有权确认纠纷案。2010年3月,季华花了24万余元买了一辆宝马车,登记在儿子张彬名下。8个月后,张彬擅自把车无偿赠送给了女友郭珊。然而没想到的是,女友欣然收车后便提出分手,让他丢了“媳妇”又赔车。无奈,老两口将儿子和其前女友告上法院,请求确认该车归自己所有。经审理法院认为,本案中,车辆登记在被告张彬名下,后

[1] 参见王利明《试论物权法的平等保护原则》,载 http://blog.sina.com.cn/s/blog_48fac9e80100cb98.html.

其与被告郭珊签订赠与协议，且双方办理了变更登记，故被告郭珊现已成为诉争车辆的所有权人。

虽然原告季华、张明，被告张彬均表示诉争车辆为原告出资购买，只是登记在被告张彬名下，二原告才是车辆的所有权人，但其交款行为不能证明车辆就是原告购买。且被告张彬与原告存在利害关系，不能因为他认可就认定车辆是原告所有。

据此，法院判决驳回原告季华、张明的诉讼请求。张彬与郭珊签订的赠与协议中并未明确约定该赠与以结婚为条件，故法院对此不予采信。[1]

三、物权的民法保护

物权的保护，是指通过法律规定的方法和程序保障物权人在法律许可的范围内对其财产行使占有、使用、收益、处分权利的制度。物权保护方法主要有：

1. 请求确认物权。在物权归属发生争议或权利状态不明时，当事人可以向法院或有关行政机关提出请求或确认之诉，请求确认物权归属、明确权利状态。

2. 请求恢复原状。物权人的财产因受非法侵害遭到损坏时，如果有恢复的可能，物权人可以请求侵害人恢复财产原来的状态，或者请求法院责令侵害人恢复财产的原状。如果物的损害不能修理和替换，则通过赔偿损失来替代。

3. 请求返还原物。物权人在其所有物被他人非法占有时，可以向非法占有人请求返还原物，或请求法院责令非法占有人返还原物，以使所有权恢复到圆满的状态。只要能够返还原物的，就必须返还原物，不能用其他的方法来替代，如金钱赔偿。如果原物已经灭失，则只能要求赔偿损失。

4. 请求排除妨害。物权人虽然占有其物，但由于他人的非法行为，致使物权人无法充分地行使占有、使用、收益、处分权能时，物权人可以请求侵害人排除妨害，或者请求法院责令侵害人排除妨害，以使自己的权利恢复到圆满的状态。

5. 请求赔偿损失。物权人的财产因他人的不法侵害而毁损、灭失时，物权人有权请求侵害人赔偿损失，或者请求人民法院责令侵害人赔偿损失。

这几种方法既可以单独适用，也可以与其他保护方法并用。

四、所有权

(一)所有权的概念和特征

所有权的定义有列举式和概括式两种。列举式是指具体列出所有权的权能或作用并以此来定义，如《法国民法典》第 544 条规定：“所有权是对于物有绝对无限制地使用、收益及处分的权利”。这种方法优点在于列出具体权能，使人易于了解。缺点是难以概括所有权的全部权能和作用。概括式是指不列举所有权的权能，只规定其作用并以此来定义，如《德国民法典》第 903 条规定：所有权是“物之所有人在不违反法律或第三人权利之范围内得自由处分其物，并得排除他人对物之一切干涉。”我国民法采用列举式方法，《民法通则》第 71 条规定：“所有权是指所有人依法对自己的财产享有的占有、使用、收益、处分的权利。”

---

[1] 参见“送出去的宝马和没娶回家的媳妇”载 http://www.fawan.com/Article/fzfk/fzzt/2011/07/07/0935131-22469.html

所有权具有以下几个特征：

1. 所有权是绝对权，具有排他性。

所有权关系的义务主体是所有权人以外的一切人，他所负的义务是不得非法干涉所有权人行使其权利。所有权人有权排除他人对于其行使权利的干涉，并且同一物上只能存在一个所有权，而不能并存两个或两个以上的所有权。

2. 所有权是支配权，是所有人对于其所有物进行一般的、全面的支配的物权，内容最全面、最充分。

3. 所有权具有永久性、弹力性。

所有权的存在不能预定其存续期间，且所有权的各项权能可依所有人的意思与其分离，但所有权并不消灭，当所有物上设定的其他权利消灭，所有权的负担除去的时候，分离出去的权能仍然复归于所有权人，使所有权恢复圆满状态。

(二)所有权的内容

所有权的内容就是所有权的权能，包括积极权能和消极权能。积极权能就是对所有物的占有、使用、收益、处分权能。占有是所有权人对于财产实际上的占领、控制。使用是依照物的性能和用途，并不毁损其物或变更其性质而加以利用。收益，就是收取所有物的利益，包括孳息和利润。处分是决定财产事实上和法律上命运的权能，通常只能由所有人自己行使，非所有人不得随意处分他人所有的财产。

要注意的是，所有权是对财产的统一的和总括的支配权，而不是占有、使用、收益、处分权能的简单总和，并且，财产所有权具有弹力性，与所有权分离的权能一般地说来最终要复归于所有权。所以权能与所有权的分离并不意味着所有人丧失了所有权。恰恰相反，这种分离本身正是所有人行使所有权的表现。

所有权的消极权能是指排除他人非法干涉。即当所有权的行使受到非法干涉时，所有权人可以行使物上请求权，请求行为人停止侵害、排除妨害、消除危险、返还原物和恢复原状，以恢复其对物的支配的圆满状态。

(三)所有权的种类

对所有权种类的划分，我国民法与其他国家有明显的不同。我国依所有制的不同来划分，主要有国家所有权、集体所有权、个人所有权。国外则是依主体不同来划分，将所有权划分为个人所有权和法人所有权。

(四)所有权的取得

1. 原始取得

原始取得，是指所有权第一次产生或不依靠原所有人的权利而取得，如生产、孳息、没收、取得所有人不明的埋藏物、隐藏物，拾得遗失物等。

我国民法规定，所有人不明的埋藏物、隐藏物，归国家所有。如果据为己有，则视为不法占有，要承担法律责任。对上缴所发现的所有人不明的埋藏物、隐藏物的，接收单位应对上缴人予以表扬和物质奖励。对遗失物，拾得人负有通知义务和妥善保管义务。我国法律规定要交还失主。不能确认时交公安机关，无人认领则归国家所有。法学界对此意见很大。

2. 继受取得

继受取得民事主体依法或依约从所有人手中取得所有权的方式，如财产转让、继承或受遗赠等。

(五)所有权的消灭

所有权的消灭主要有以下情形:

1. 所有权转让,即所有权人以自己的意志把财产转让给他人,使自己的所有权归于消灭。

2. 所有权抛弃,即所有权人自愿放弃所有权或抛弃所有物,使自己的所有权归于消灭。

3. 所有权客体灭失,即客体因某种原因灭失,从而使所有人的权利归于消灭。

4. 所有权主体消灭,即所有权人消灭,法律关系也随之消灭。

5. 所有权被强制消灭,如没收等。

五、用益物权

(一)用益物权的概念和种类

用益物权是对他人所有的物,在一定范围内进行占有、使用、收益、处分的权利。各国民法对其种类的划分各不相同。法国以所有权为核心建立物权制度,将用益物权视为所有权行使中的一种限制。《法国民法典》第二编"财产及对所有权的各种限制",将用益物权分为用益权、使用权、居住权、役权或地役权。德国则更注意保护用益物权人享有的权利,《德国民法典》第三编"物权",将用益物权从大类上分为地上权、役权。我国民法则将其分为土地承包经营权、建设用地使用权、权宅基地使用权等。

(二)用益物权的设立及行使

用益物权的设立可分为依法设立和依约定设立两种方式。依法设立,就是指基于法律规定,双方建立用益物权关系。依约定设立,就是指基于双方约定建立用益物权关系。

用益物权一旦设立就产生两种效力:一是对所有权的限制力,即所有权人不再享有占有权、使用权;二是对用益物权的确定力,用益物权人取得实际占有权利和对物的使用权,享有收益权、排除他人干涉权。

用益物权设立后,用益物权人可直接使用,也可以授权第三人使用,第三人取得的是为用益物权人获取利益的报酬而不是从用益物权取得的收益。

(三)用益物权的消灭

用益物权的消灭主要有以下情形:

1. 用益物权人死亡或终止,使得用益物权归于消灭。

2. 用益物权终止的期限届满,使得用益物权归于消灭。

3. 用益物全部灭失,使得用益物权归于消灭。

4. 因不可抗力或无法抗拒的事实发生使用益物权不能行使。

5. 双方法律关系解除,使得用益物权归于消灭。

六、担保物权

(一)担保物权的概念及种类

担保物权指的是为确保债权的实现而在债务人或第三人的特定物或权力上设定的,以直接取得或者支配特定财产的交换价值为内容的权利。其实质是以标的物的变价确保债务的优先受偿权。主要有以下几种:

1. 抵押权,即对于债务人或第三人不移转占有而供担保的不动产及其他财产,优先清偿其债权的权利。

2. 质权,即为了担保债权的履行,债务人或第三人将其动产或权力移交债权人占有,当债务人不履行债务时,债权人有就其占有的财产优先受偿的权利。

3. 留置权,即债权人按照合同约定占有债务人的财产,在债务人逾期不履行债务时,有留置该财产以迫使债务人履行债务,并在债务人仍不履行债务时就该财产优先受偿的权利。

(二)担保物权的行使

担保物权的行使主要有两个条件，一是债务履行期届满；二是担保权人的债权未受清偿。在行使担保物权时，担保权人主要有处分权和优先受偿权。处分权是指债务履行期届满,担保权人未受清偿,担保权人有权处分担保物而无须经担保人同意。优先受偿权是指处分担保物后,担保权人从处分所得价金中优先受清偿。

担保物权的行使途径主要有两种,一是协议行使,二是诉讼行使。一般方式有折价、拍卖、变卖。其中拍卖能够最大限度地实现担保物的价值,对双方都有利,现已成为各国实现担保物权的基本方式。特殊方式有转让和许可他人使用,主要适用于特定的权利质权,如知识产权质权。

(三)担保物权的消灭

担保物权的消灭主要有以下情形:一是因债权消灭而消灭,二是因实现而消灭,三是因诉讼时效届满而消灭。

第三节　债权

一、债权概说

(一)债的概念和种类

债是特定当事人之间请求为一定给付的民事法律关系。享有请求对方为一定给付权利的人是债权人,负有向对方为一定给付义务的人为债务人。主要有:

1. 合同之债。就是基于合同而产生的债,是当事人在平等基础上自愿设立的,是债的最常见、最主要的表现形式。

2. 侵权之债。就是由非法行为引起,依法律规定而产生的债,以损害赔偿为主要内容。

3. 无因管理之债,就是由无因管理而产生,无因管理一经成立,在管理人和本人之间即发生债权债务关系,管理人有权请求本人偿还其因管理而支出的必要费用,本人也有义务予以偿还。

4. 不当得利之债。就是基于当事人之间的利益发生不当变动的法律事实或事件而发生的债。取得不当利益的一方应将所获利益返还于受损失的一方。

(二)债的担保

1. 债的担保

债的担保,是指为确保债权得到清偿,以第三人的信用或特定的财产保障债务人履行义务的法律措施。主要有人的担保、物的担保、金钱担保。人的担保是指以第三人的信用担保债的履行的担保方式，其典型就是保证。物的担保就是以债务人或第三人的特定财产作为抵偿债权的标的,在债务人不履行其债务时,债权人可以将财产变价,并从中优先受偿的制度,如抵押、质押、留置等。金钱担保就是债务人在约定给付以外交付一定数额的金钱,该金钱的返还与丧失与债务是否履行联系在一起，从而促使债务人积极履行债务，保障债权实现,如定金、押金。

2. 保证

在人的担保中,保证是最典型的担保形式。所谓的保证就是指第三人和债权人约定,当债务人不履行或不能履行其债务时,该第三人按照约定或法律规定履行债务或者承担责任的担保方式,具有补充性或连带性等特点。

保证应当采取书面形式,要写明被保证的主债券种类、数额;债务人履行债务的期限;保证的方式;保证担保的范围;保证的期间等内容。保证人必须具有代为清偿债务的能力。代为清偿包括代为金钱性质的清偿和代为履行其他给付。不具有完全代偿能力的法人、其他组织或者自然人,以保证人身份订立保证合同后,又以自己没有代偿能力要求免除保证责任的,法院不予支持。国家机关、学校、幼儿园、医院等以公益为目的的事业单位、社会团体不得作为保证人。

保证人对债权人不享有请求给付的权利,所享有的只是抗辩等防御性的权利。即凡债务人享有的对抗债权人的抗辩权,保证人均得享有和行使。如主债未发生抗辩权、主债已消灭抗辩权等。保证人对主债务人享有追偿权和代位权。追偿权是指保证人在履行保证债务后,得请求主债务人偿还的权利。代位权是指保证人在承担保证责任后,得取代债权人地位而行使其债权的权利。如果保证人没有追偿权,就不能享有代位权。

3. 定金

定金是指合同当事人为可确保合同的履行,依据法律规定或者当事人双方的约定,由当事人一方在合同订立时或订立后、履行前,按合同标的额的一定比例,预先给付对方当事人的金钱或其他代替物。

定金应当以书面形式约定。定金的数额由当事人约定,但不能超过法律规定的最高限额。我国《担保法》第91条规定为:不得超过主合同标的额20%。超过部分法院不予保护。

定金的种类主要有违约定金、立约定金、成约定金和解约定金。

违约定金是指交付定金的当事人若不履行债务,接受方可以予以没收的定金,因过错而不履行债务时发生制裁效力。给付方不履行约定债务的,无权要求返还定金;收受方不履行约定债务的,应当双倍返还定金。

立约定金是指担保合同订立而设立的定金,违背承诺拒绝订立合同时发生效力。当事人约定以交付定金作为订立主合同担保的,给付方拒绝订立主合同的,无权要求返还定金;收受方拒绝订立合同的,应当双倍返还定金。

成约定金是指作为合同成立或生效要件的定金。交付方拒绝交付定金,合同即不成立或不生效。

解约定金是指用以作为保留合同解除权代价的定金,即交付方可以抛弃定金以解除合同,而接受方也可以双倍返还定金而解除合同。

(三)债的消灭

债的消灭,是指因一定法律事实的出现使即存的债权债务关系客观上不复存在。主要有以下原因:

1. 清偿或代为清偿。前者是债务人实现债权目的的行为,后者是第三人基于为债务人清偿的意思而向债权人为清偿的行为。由此而产生的费用无约定时由债务人负担,若因债权人变更住所或其他行为而致清偿费用增加时,增加的费用由债权人负担。

2. 抵消。抵消是指双方当事人互负债务时，各以其债权充当债务之清偿，而使其债务与对方的债务在对等额内相互消灭。由抵消权人以意思表示向受动债权人为之，自受动债权人了解或通知到达受动债权人时发生效力。受动债权人为无行为能力人或限制行为能力人时，自通知到达其法定代理人时发生效力。

3. 提存。提存指由于债权人的原因而无法向其交付债的标的物时，债务人将该标的物交给提存部门而消灭债务。提存的事由有：债权人迟延受领、债权人下落不明(包括债权人不清、地址不详、债权人失踪又无代管人等)、债权人死亡或者丧失行为能力，又未确定继承人或者监护人。对不适于提存的标的物，如鲜活、易腐物品，债务人可以委托中介机构拍卖或变卖，将所得价款提存。提存人可以凭法院生效的判决、裁定或提存之债已经清偿的公证证明取回提存物。债权人领取提存物的权利，自提存之日起 5 年内不行使而消灭，提存物扣除提存费用后归国家所有，提存费用由提存受领人承担。

4. 免除。免除是指债权人抛弃债权，从而全部或部分消灭债的关系的单方行为，由债权人向债务人以意思表示为之。

5. 混同。混同是指债权和债务同归一人，致使债的关系消灭的事实。如企业合并，合并前的两个企业之间有债权债务时，企业合并后，债权债务因同归一个企业而消灭。

二、合同之债

(一)合同的概念

合同是反映交易的法律形式。如何给合同下定义，大陆法和英美法存有不同的观点和看法。大陆法国家强调合同是当事人的合意。《法国民法典》第 1101 条规定：“合同，为一人或数人对另一人或数人承担给付某物、做或不做某事的义务的合意”。英美法国家则强调合同是一种单方允诺，《美国合同法》认为：“合同是一个允诺或一系列允诺，违反这种允诺，将获得法律的救济；履行这种允诺，法律将以某种方式确认为一种义务”。现在英美法已修正对合同认识的缺陷，将“协议”概念引入合同定义，如《牛津法律指南》就将合同定义为：“合同是两人或多人之间为相互间设定合法义务而达成的具有法律强制力的协议”；《布莱克法律词典》认为合同就是“二人或数人就某特定事项作为或不作为所设定的义务的协议”。可见与大陆法观念趋同。[1]

我国法律对合同的定义基本继受了大陆法的观点，《民法通则》第 85 条规定：“合同是当事人之间设立、变更、终止民事关系的协议。”《合同法》第 2 条规定：“合同是平等主体的自然人、法人、其他组织之间设立、变更、终止民事权利义务关系的协议。”

根据上述说法，就可以将合同定义为：合同是平等主体的自然人、法人、及其他组织之间设立、变更、终止民事权利义务关系的协议。合同具有如下特征：

1. 合同是一种合意，也就是当事人意思表示一致的协议。所谓意思表示一致，就是指当事人各方作出的意思表示在内容上互相吻合、不存在分歧。大陆法学者通常用“意思表示一致”来概括这种合意。[2]

2. 合同是发生法律上效果的民事行为。合同是平等主体的自然人、法人及其他组织所

[1] 参见贾登勋《债权法论》，101~102 页，兰州：兰州大学出版社，1998。

[2] 参见梁慧星《民法学说判例与立法研究》，243 页，北京：中国政法大学出版社，1993。

实施的一种民事行为,能发生当事人所预期的法律效果。只有在当事人意思表示符合法律要求的情况下,合同才具有法律效力。

3. 合同以设立、变更、终止民事权利义务关系为目的。

(二)合同的订立

1. 一般订立方式——要约和承诺

要约是希望和他人订立合同的意思表示,目的是希望与相对人订立合同。"要约到达受要约人时生效"(我国《合同法》第16条),要约一经生效,要约人即受到拘束,不得随意撤回、撤销或对要约加以限制、变更和扩张。

承诺是受要约人同意要约的意思表示。即受要约人同意接受要约的条件以订立合同的意思表示。承诺应当以通知的方式作出(包括口头通知和书面通知),在通知到达要约人时生效,承诺生效时合同成立。

2. 特殊订立方式

特殊订立方式主要有悬赏广告、招标投标、拍卖等方式。悬赏广告是指通过广告形式声明对完成广告中规定的特定行为的任何人给付广告中标明的报酬的行为,是一种特殊的订约方式,广告人发出悬赏广告为要约,行为人完成悬赏广告规定的行为为承诺,合同因承诺而成立。招标投标是指由招标人向数人或公众发出招标通知或公告,在诸多投标中选择自己认为最优的投标人并与之订立合同的方式。拍卖是指以公开竞价的形式,将特定物品或者财产权利转让给最高应价者的买卖方式。拍卖标的有保留价的,竞买人的最高应价未达到该价时,该应价不发生效力,竞买人的最高应价经拍卖师落槌或者以其他公开表示买定的方式确认后,拍卖合同成立。

(三)合同的内容和形式

1. 合同的内容

合同的内容包括两个方面:一是合同权利和合同义务,二是合同条款。前者是从合同的法律关系出发的,表明合同所产生的权利义务关系,后者则是从合同是法律文书来理解的,表明作为法律文书的合同应当具备的内容。从这一方面来看,合同就有必要条款和一般条款。

必要条款就是合同必须具备的条款,它决定着合同的类型和当事人的基本权利和义务。必备的条款主要有当事人名称、姓名和住所;标的;数量和质量;价款或酬金;履行期限、地点和方式;违约责任;解决争议的方法等。必备条款缺失就会影响合同的成立。

一般条款就是合同必要条款以外的条款,包括两种情况,一是法律未直接规定或者约定的;二是未写入合同但理应存在的条款,如被保险船舶应有适航能力。

2. 合同的形式

合同的形式就是当事人合意的外在表现形式,是合同内容的载体。有一般形式和特殊形式之分。一般形式有口头形式和书面形式两种。口头形式是以对话形式订立,比较灵活,适用于及时清洁和数额较小的合同。书面形式就是以书面形式表达协议内容,法律效力较强、比较安全,适用于数额较大的合同。

特殊形式就是指格式合同,即当事人为了重复使用而预先拟定,并在订立时未与对方协商的合同。格式合同的订立要遵循公平原则确定当事人之间的权利和义务,提供方有提醒和说明义务,且这种提醒应达到合理的程度。如果在承诺人承诺前,格式条款不能为承诺人所知晓，则合同不能成立。

对格式条款的理解发生争议的，按通常理解解释；对格式条款有两种以上解释的，应作出不利于提供方的解释；格式条款和非格式条款不一致的，应当采用非格式条款。在格式合同的免责条款中有免除其责任、加重对方责任或者排除对方主要权利的内容，该条款无效。

(四)合同责任

1. 违约责任

违约责任就是当事人违反合同义务所承担的责任。主要有以下几个方面：

(1)继续履行，就是指违约方根据对方当事人的请求继续履行合同规定的义务，也称强制实际履行。

(2)采取补救措施，指矫正合同不适当履行使履行缺陷得以消除的具体措施。如修理、更换、重作、退货、减少价款或者报酬等。

(3)赔偿损失，是指违约方以支付金钱的方式弥补受害方因违约行为所减少的财产或者所丧失的利益，也称违约损害赔偿。

(4)违约金，即一方违反合同时向对方支付一定数量的金钱或财物。

(5)定金责任，即给付定金方不履行约定的债务的，无权要求返还定金；收受方不履行约定的债务的，应当双倍返还定金。

2. 缔约过失责任

缔约过失责任就是因缔约过失所承担的责任。主要有以下几个方面：

(1)在合同不成立，或虽已成立但被宣告为无效或被撤销的情况下，缔约过失方应赔偿对方的直接损失和间接损失。如订立合同的费用、准备履行合同所支出的费用、因此丧失商机所造成的损失等。

(2) 由于一方当事人在订立合同的过程中未尽照顾、保护义务而使对方遭受人身损害时，应赔偿因此产生的实际财产损失；

(3)由于一方当事人在订立合同的过程中未尽通知、说明义务致使另一方遭受财产损失时，应赔偿其实际财产损失。

三、侵权之债

(一)侵权行为的概念

侵权行为的概念，直接源于罗马法的“私犯”概念，但究竟何为侵权行为，并没有一个统一的定义。大陆法主张“责任说”，强调违法和责任，认为侵权行为就是“在一定条件下，一方当事人如果没有对对方的权利和利益予以必要的尊重，无论是故意还是过失的，他将要承担责任”[1]。英美法则主张“过错说”，强调过错和补救，认为“侵权行为是一种民事过错，而不是违反合同，对这种过错，法院将在一种损害赔偿的诉讼中提供补救”[2]。

我国学者主张“过错责任说”，影响较大的定义有以下几种：

1.《中国大百科全书·法学》的定义：侵权行为是“因作为或不作为而不法侵害他人财产

[1]〔德〕克雷斯蒂安《欧洲比较侵权行为法》上册，6 页，张新宝译，北京：法律出版社，2001。

[2]〔英〕约翰·福莱明《侵权行为法》，转引自杨立新《侵权责任法原理与案例教程》，22 页，北京：中国人民大学出版社，2010。

或人身权利的行为”[1]。

2. 佟柔教授在《中国民法》一书中的定义：侵权行为是“行为人由于过错侵害他人的财产、人身，依法应承担民事责任的行为，以及法律特别规定应对受害人承担民事责任的其他致害行为”。[2]

3. 王利明教授在《民法》一书中的定义：“侵权行为，是指行为人由于过错，或者在法律特别规定的场合不问过错，违反法律规定的义务，以作为或不作为的方式，侵害他人人身权益或者财产权益，依法应当承担损害赔偿等法律后果的行为”。[3]

4. 杨立新教授在《侵权责任法原理及案例教程》一书中的定义：“侵权行为是指行为人由于过错，或者在法律特别规定的场合不问过错，违反法律规定的义务，以作为或不作为的方式，侵害他人人身权利和财产权利及利益，依法应当承担损害赔偿等法律后果的行为”。[4]

综合上述各说，我们认为：侵权行为就是指行为人违反法律规定的义务，以作为或不作为的方式，侵害他人人身权利和财产权利及利益，依法应当承担损害赔偿等法律后果的行为。具有违法性、侵害性、赔偿性等特点。

(二)侵权归责原则

世界上侵权归责原则主要有法国的单一原则模式、德国的多重归责模式和英美国家的无限多重模式。单一原则模式即适用过错责任原则，现已基本放弃不用。多重归责模式即以对绝对权利的不法侵害、违反保护他人的法律、违反善良风俗标准损害他人三条原则归责。我国学界主要有以下三种不同的看法和观点：一是主张过错责任的一元说；二是主张过错责任与无过错责任的二元说；三是主张过所责任、无过错责任和公平责任的三元说。本书接受和采用杨立新教授提出的过错责任原则、过错推定原则和无过错责任原则。

过错责任原则是以是否有过错为价值判断标准，判断行为人对其造成的损害因否承担侵权责任的原则。这是因为过错是侵权责任构成的决定作用，正如耶林所说“使人负损害赔偿的，不是因为有损害，而是因为有过失，其道理就如同化学上之原则，使蜡烛燃烧的，不是光，而是氧，一般地浅显明白。”[5]

过错推定原则，是指在法律有特别规定的场合，由损害事实本身推定加害人有过错，并以此确定侵权责任的原则。如监护人责任，无行为能力的学生在教育机构受到损害的学校责任等，均适用这一原则。目的就是在监视过错责任原则的条件下，是受害人处于有利地位，切实保护其合法权益。如果行为人能证明自己没有错，且证明成立，则可推翻过错推定，否认侵权责任。

[1] 《中国大百科全书·法学》，472 页，北京：中国大百科全书出版社，1984。

[2] 佟柔《中国民法》，557 页，北京：法律出版社，1990 年。

[3] 王利明《民法》，754 页，北京：中国人民大学出版社，2005。

[4] 杨立新《侵权责任法原理及案例教程》，24 页，北京：中国人民大学出版社，2010。

[5] 转引自王泽鉴《民法学说与判例研究》，第 2 册，144~145 页，北京：中国政法大学出版社，1998。

【案 例】

发射防雹炮弹弹片致人死亡案

1991年7月7日下午5时半至6时半，黑龙江省宁安县气象局驻海浪镇五良子村气象站打炮点为防冰雹，打出了30发防冰雹气象炮弹，其中向海林市旧街乡方向打出6发。此间，常运阁因见下雨，自地里回家，行至家门口时，其妻李某等人听见屋外一声惊叫和倒地声，即出来查看，见常运阁倒在距窗前1米多处，头部流血，人已昏迷。李某等人以为是被雷击所致，遂将常送往医院抢救。医院检查结论：常运阁头颅左顶部有一处7厘米裂伤，深至颅骨，创缘不齐，颅骨凹陷，有脑组织溢出，为脑挫伤，开放性颅骨骨折。常运阁送医院抢救7日后死亡。医院进一步诊断为，死者不是遭雷击死亡，而是由一硬物以高速冲击造成的。据此，常的亲属联想到常受伤当天气象部门打炮，常的伤可能是炮弹皮下落所致，即在常倒地现场找到一铁块。经送海浪镇五良子村气象站打炮点(距原告所在张明村8里)鉴别，打炮点工作人员认定系“三·七”炮弹头部，上有“人雨、17秒”字样，但声称此种弹不是今年打的，让再找找，看是否还有别的炮弹残骸。经继续寻找，在距常倒地7米远的石堆里，又找到一块重186克的“三·七”炮弹头尾部，表面已锈蚀。

据此，原告向宁安县人民法院提起诉讼，称其丈夫常运阁被被告打的人工降雨炮弹碎片击伤而死，现死者遗有妻子、子女和父母，要求被告赔偿医药费、丧葬费和子女抚养费、父母赡养费等。法院认定了气象站的侵权责任，判决被告承担人身损害赔偿责任。[1]

无过错责任原则，就是指在法律特别规定的情况下，以已经发生的损害结果为价值判断标准，对其行为与损害结果有因果关系的行为人都承担侵权责任而不问其有无过错的原则。这是以损害结果来确定责任，目的是促使从事高度危险业务和危险行为的人、动物、饲养人、管理人等高度负责，一旦致害能够迅速赔偿所造成的损失，保护受害人利益。要注意的是，如果没有法律特别规定就不能适用这一原则。

(三)侵权责任构成要件

1. 违法行为

违法行为就是自然人具体表现出的三种样态，即自己的行为，监护、管理下的人所实施的行为，对物件的不当管理行为。还有法人违反法定义务、违反保护他人的法律或故意违背善良风俗而实施的行为。

2. 损害事实

损害事实就是一定的行为致使权利人的利益受到侵害并造成损失的客观事实。包括人身损害事实、财产损害事实及精神损害事实。人身损害事实是指侵害物质性人格权所造成的损害事实，如伤残误工损失。财产损害事实就是对财产利益的侵害所造成的财产损失，包括直接损失和间接损失。精神损害事实就是侵害精神性人格权和身份权所造成的人格利益

[1] 参见“民事侵权行为的十大典型案件”载http://china.findlaw.cn/law/212828/viewspace-11270.

损害,表现为人格评价降低、隐私被泄露以及精神创伤和精神痛苦。

3. 因果关系

因果关系就是客观现象之间的引起与被引起的关系。法律上的因果关系强调行为原因和损害结果之间有前因后果的客观联系。

4. 主观过错

主观过错是指行为人为行为时主观上的不法,包括故意和过失两种基本形态。事实上,对故意的确定较为容易,但如何确定过失则显得非常复杂。民法确立了三种判断过失的注意标准:一是普通人的注意,即一般人在通常情况下都能够注意到。二是与处理自己事物为同一注意,即行为人平常处理自己事务所用的注意。三是善良管理人的注意,既具有相当经验的人对于一定事件的注意。这三种注意义务以普通人的注意为最低,善良管理人的注意为最高,因而,违反注意义务就据此分为重大过失、具体轻过失和抽象轻过失三种过失。

美国法官汉德(Learned Hand)提出了最为简便的确认过失的公式,即汉德公式:设定发生损失的几率为P,损失金额为L,预防成本为B,预防成本小于损失金额乘以损失发生几率时,加害人就有过失。按公式就是$B<P\times L$。在实践中,法官可以做这种分析来确定行为人的过失,但不能陷入纯粹的经济分析之中。

(四)侵权责任的免责事由和诉讼时效

免责事由就是被告证明原告的诉讼请求不成立的事实,也称免责事由或抗辩事由。主要有法定免责事由和非法定免责事由两大类。

法定免责事由有受害人故意或过错、第三人过错、不可抗力、正当防卫、紧急避险等。

非法定免责事由有职务授权行为、受害人承诺、自助行为、意外事件、自甘风险等。这里对受害人承诺要特别注意两个方面:一是受害人必须有明确承诺,且对该项权利有处分能力和权限;二是指对侵害自己的财产权利的承诺有效。

对侵权行为诉讼时效的起算,法律规定为当事人知道或应当知道权利被侵害之日起诉讼时效开始计算。一般规定为2年,身体伤害要求赔偿、寄存财物被丢失或销毁的为1年。请求国家赔偿的2年,污染损害的3年,产品侵权责任为10年。最长时效为20年,如果从权利被侵害之日起,受害人20年内未提出起诉,法院不再予以保护。

四、无因管理之债

(一)无因管理及其成立要件

无因管理是一项古老的法律制度,罗马法就有相关的规定。法国曾将其视为一种准契约,而德国则将其视为准法律行为。现代国家基本都将其作为一项独立的法律制度加以规定。无因管理就是指没有法定或约定的义务,为避免他人利益受损而对他人事务进行的管理或服务行为。其中,管理事务的人称为管理人,该他人称为本人。因无因管理行为而发生的债就是无因管理之债。

无因管理的成立有以下要件:

1. 管理他人事务。就是指管理的事务必须是他人的事务,对自己的事务进行管理,或者误把自己事务作为他人事务进行管理,都不成立无因管理。

2. 为他人利益的意思。就是指管理人知道他所管理的是他人的事务,并欲使管理事务所生利益归于本人,即通过自己的管理行为增加本人利益或避免本人发生损失的主观意思,又称管理意思。当管理人误将他人事物作为自己事务为自己利益予以管理,明知是他人事务,而出于为自己利益管理时,都不成立无因管理。但管理人在具有为他人管理的意思的同时,兼具为自己利益而管理他人事务,仍成立无因管理。

3. 没有法律规定的或者约定的义务。无因管理中的“无因”,指的就是没有法律上的原因。认定管理人有无管理他人事物的义务,应当以管理人着手管理时的客观事实来定,绝不能以管理人的主观判断为标准。

(二)不适用无因管理的事项

无因管理一旦成立就具有两方面的法律效力:一是阻却违法性,即管理人的行为成为合法行为;二是在管理人和本人之间产生无因管理之债。因而,必须明确哪些事项适用无因管理,哪些事项不适用无因管理。法律规定以下事项不适用无因管理:违法事项,如为他人隐藏赃物;宗教、道德事项;人身专属事项,如结婚;非经本人授权不得办理的事务。

(三)无因管理之债的内容

1. 管理人的义务

管理人的义务就是指管理人着手管理后依法承担的义务,主要有适当管理义务、谨慎管理义务、通知本人义务、继续管理义务和报告及计算义务。

2. 管理人的权利

管理人的权利,就是请求本人偿付有管理事务而支出的必要费用。主要有请求偿还必要费用、请求清偿必要债务、请求损害赔偿等。

3. 赔偿责任

管理人未履行或不适当履行义务,对本人造成损害的,应向本人承担赔偿责任。管理人在管理过程中因故意或过失侵害本人其他合法权益的,应对本人负赔偿责任。管理人的管理承担不利于本人、违反本人明示或可推知的意思应对本人负赔偿责任。

五、不当得利之债

(一)不当得利及其成立要件

不当得利源于罗马法,依据就是“无论何人均不得基于他人之损害受到利益”的公平原则。到近现代民法,为调整因财产变动而产生的不公平现象,不当得利制度才得以确立,成为债的发生根据之一。所谓的不当得利就是指没有法律上的原因而受利益,致使他人受损失的事实。因不当得利的实施而产生的债就是不当得利之债。

不当得利的成立有以下要件:

1. 一方取得财产利益。一方取得财产利益就是指一方因一定的事实结果而获得了或增加了财产或利益上的积累。这是不当得利成立的前提条件,若没有一方获得利益,就不可能有得利的当与不当的问题。

2. 一方受有损失。所谓损失是指因一定的事实结果使得现有财产或利益的减少和可得利益的丧失。如果没有一方的损失,虽有一方得利,也不成立不当得利。

3. 取得利益与所受损失间有因果关系。这是指一方的损失是因一方的获得利益造成,即受损人的损失是由于受益人受益所造成的,获利是受损的原因。只要他人的损失是由取得不当利益所造成,就应当认定受益与受损间有因果关系。

4. 利益的取得没有法律上的依据。在社会交易中,任何利益的取得都应有合法的根据。若没有合法的根据,就不受法律的保护。不当得利就是没有合法根据而获得利益,因而不为法律承认,也不受法律保护。

(二)不当得利的基本类型

1. 给付不当得利,就是指受益人受领他人基于给付行为而移转的财产或利益,因欠缺给付目的而发生的不当得利,如由于疏忽对债务的第二次清偿、对并无效力的民事行为予以给付等。

2. 非给付不当得利,就是指基于给付以外的事由而发生的不当得利,包括人的行为、自然事件以及法律规定,如擅自在他人墙壁上张贴广告牌、因池水满溢使张三养殖的水产进入李四的池塘等。

(三)不当得利之债的内容

1. 善意受益人的返还义务

善意受益人,是指于受益时不知其受益没有法律上的原因的受益人。其返还以原物为主,当原物依性质或其他情事,如消费、消耗、出卖、被盗、遗失等不能返还时,于现存利益范围内受益人应偿还价额。利益已不存在时,受益人不负返还义务。

2. 恶意受益人的返还义务

恶意受益人是指明知无法律的原因而取得利益的受益人,返还其当初所受的一切利益并承担赔偿责任。受益人于受领时不知其受益无法律上的原因,其后知晓的,自知晓之日起,成为恶意受益人。

3. 第三人的返还义务

不当得利受领人将其所受领的标的物无偿让与第三人,则于受领人因此免除返还义务的限度内,第三人对受损失者负返还责任。

第五章　知识产权法

第一节　知识产权概述

一、知识产权的概念和范围

(一)知识产权的概念

知识产权是基于创造性智力成果和工商业标记依法产生的权利的统称，也称为智力成果权。关于知识产权的概念,国外采取列举式的方法,即列举实际内容及保护对象来下定义。如《成立世界知识产权组织公约》中认为知识产权是:文学艺术和科学作品、表演艺术家录音和广播的演出、在人类一切活动领域内的发明、科学发现、外形设计、商标等,以及在工业、科学文学或艺术领域内其他一切来自知识活动的权利。国内则采取概括式的方法，即以抽象全能保护为概念。知识产权是指民事主体对智力劳动成果依法享有的专有权利。不论以哪种方法表述其概念,知识产权都具有以下几个基本特征:

1. 客体特殊性,就是指知识产权的客体是不具有物质形态但具有财产价值的智力成果。

2. 主体专有性,就是指知识产权的权利主体依法享有独占使用智力成果的权利,是一种绝对权和对世权,他人不得侵犯。

3. 地域性,就是指知识产权只在特定国家或地区的地域范围内有效,不具有域外效力。一国的知识产权要获得他国的法律保护,必须依照有关国际条约、双边协议或按互惠原则办理。

4. 时间性,就是指依法产生的知识产权一般只在法律规定的期限内有效。超出知识产权的法定保护期后,该知识产权权利消灭,有关智力成果进入公有领域,人们可以自由使用。

(二)知识产权的范围

知识产权的范围主要包括以下几个方面:

1. 著作权及其邻接权,这是指文学、艺术和科学作品的作者及其相关主体依法对作品所享有的人身权利和财产权利,也称版权,邻接权就是指与著作权有关的权益。

2. 专利权,就是自然人、法人或其他组织依法对发明、实用新型和外观设计在一定期限内享有的独占实施权。

3. 商标权，就是商标注册人或权利继受人在法定期限内对注册商标依法享有的各种权利。

4. 商业秘密权,就是民事主体对属于商业秘密的技术信息或经营信息依法享有的专有权利。

5. 植物新品种权,就是完成育种的单位或个人对其授权的品种依法享有的排他使用权。

6. 集成电路布图设计权,就是自然人、法人或其他组织依法对集成电路布图设计享有的专有权。

7. 商号权,即使商事主体对商号在一定地域范围内依法享有的独占使用权。

(三)知识产权的主要类别

知识产权的分类主要有两类:一是将其划分为著作权和工业产权,或将其划分为创造性智力成果权和工商业标记权的两分法。二是将其划分为著作权、专利权、商标权的三分法。我国采取的是三分法,即把知识产权划分为著作权、专利权、商标权,也相应制定了《著作权法》、《专利法》和《商标法》。

二、知识产权法的概念及渊源

知识产权法是指因调整知识产权的归属、行使、管理和保护等活动中产生的社会关系的法律规范的总称。

知识产权法的渊源是指知识产权法律规范的表现形式,可分为国内立法渊源和国际公约两部分。国内立法渊源主要包括:

1. 知识产权法律,如著作权法、专利法、商标法。

2. 知识产权行政法规,主要有著作权法实施条例、计算机软件保护条例、专利法实施细则、商标法实施条例、知识产权海关保护条例、植物新品种保护条例、集成电路布图设计保护条例等。

3. 知识产权地方性法规、自治条例和单行条例,如深圳经济特区企业技术秘密保护条例。

4. 知识产权行政规章,如国家工商行政管理局关于禁止侵犯商业秘密行为的规定。

5. 知识产权司法解释,如《最高人民法院关于审理专利纠纷案件适用法律问题的若干规定》等。

国际公约是指我国参加的知识产权国际条约,主要有:《与贸易有关的知识产权协定》(简称《TRIPS 协定》)、《保护工业产权巴黎公约》(简称《巴黎公约》)、《保护文学和艺术作品伯尔尼公约》(简称《伯尔尼公约》)、《世界版权公约》、《商标国际注册马德里协定》、《专利合作条约》等。其中,世界贸易组织中的《TRIPS 协定》被认为是当前世界范围内知识产权保护领域中涉及面广、保护水平高、保护力度大、制约力强的国际公约。

三、知识产权的民法保护

(一)知识产权侵权行为及其表现

知识产权侵权行为是指未经知识产权权利人许可,又无法律依据,擅自行使知识产权权利人的专有权利或妨碍知识产权权利人正常行使权利等损害知识产权权利人合法权益的行为。主要表现为非法行使权利人的专有权,或非法利用权利人的智力成果,如擅自复制他人作品或擅自实施他人的专利等,但有时也可表现为非法妨碍权利人正常行使权利,如禁止作者正当署名等。

(二)知识产权民事责任

1. 责任形式

知识产权民事责任的形式主要有停止侵害、消除影响、赔礼道歉和赔偿损失等。

2. 赔偿数额的确定

侵害知识产权赔偿数额的确定主要有以下几种方法:一是按权利人因侵权遭受的实际损失来确定;二是按侵权人因侵权获得的利益来确定;三是按专利许可使用费的 1~3 倍确定;四是由法院在 50 万元以下酌情裁定,即按前述方法都难以确定时,法院根据当事人的请求或依职权予以判决。

(三)权利冲突适用原则及时效

1. 约定优先原则,就是当事人对有关权利冲突的处理有约定的,优先适用合同中的约定处理纠纷。

2. 保护在先权利原则，就是有关权利冲突的处理在没有约定或约定无效的情况下,保护产生时间在先的权利。

3. 过期权利丧失原则,就是在先权利人应在法律规定的期间请求消灭或抑制与其权利相冲突的知识产权,否则就丧失胜诉权。

4. 综合考量原则,就是法院根据案件的具体情况,综合考虑诚信原则、公平原则及影响等因素处理冲突。

侵犯知识产权的诉讼时效为 2 年,自权利人知道或应当知道之日起计算。

四、知识产权的国际保护

1. 国民待遇原则，成员国法律必须给予其他成员国的国民以本国国民所享有的同样待遇。

2. 最惠国待遇原则，缔约方在知识产权保护方面给予某缔约方或非缔约方的利益、优待、特权或豁免,应立即无条件地给予其他缔约方。

3. 透明度原则,各成员颁布实施的知识产权保护法律、法规等,均应以该国文字颁布或以其他方式使各成员政府及权利持有人知悉。

4. 独立保护原则,某成员国民就同一智力成果在其他缔约国所获得的法律保护是互相独立的。知识产权在某成员产生、被宣告无效或终止,并不必然导致该知识产权在其他成员也产生、被宣告无效或终止。

5. 自动保护原则,作者在享有及行使该成员国民所享有的著作权时,不需要履行任何手续,注册登记、交纳样本及作版权标记等手续均不能作为著作权产生的条件。

6. 优先权原则,在一个缔约成员国提出发明专利、实用新型、外观设计或商标注册申请的申请人,又在规定期限内就同样的注册申请再向其他成员国提出同样内容的申请的,可以享有申请日期优先的权利。即可以把向某成员国第一次申请的日期，视为向其他成员国实际申请的日期。

第二节　著作权

一、著作权及其客体、主体

(一)著作权概念

著作权就是公民、法人或非法人单位创作某种作品而依法享有的署名、发表、出版、获酬等权利,亦称版权。它是一种具体的,就特定作品而产生的权利。没有作品就没有著作权。作品就是著作权的客体。

(二)著作权的客体

如上所说,著作权的客体就是作品。所谓作品就是指文学、艺术和科学领域内具有独创性并能以某种有形形式复制的智力成果。主要有：

1. 文字作品,即以文字形式表现的作品。这类作品无论附着在什么载体之上,只要该文字形式显示其存在,就属于文字作品。这是各国著作权所保护的首要的和基本的作品形式。

2. 口述作品,即以口头语言形式表现的作品,如演说、授课、法庭辩论等。这类作品由于取证困难,因而难以作出司法裁决。因此,世界上多数国家不将其列入著作权的保护对象。《伯尔尼公约》也规定是否保护由各成员国自行决定。我国著作权则将其纳入保护范围。

3. 音乐、戏剧、曲艺、舞蹈、杂技艺术作品。

4. 美术、建筑作品和摄影作品。

5. 电影作品及其以类似方法创作的作品。

6. 图形作品、模型作品和计算机软件。

7. 法律、行政法规规定的其他作品。如民间文学艺术作品。

虽然著作权的保护对象非常广泛,但在各国著作权法中也将某些对象排除在保护之外。我国《著作权法》就规定了以下三种不予保护的对象:一是违禁作品,也就是依法禁止出版、传播的作品;二是法律法规、官方文件和时事新闻等;三是历法、数表、通用表格和公式。从其功用看是人类文明的结晶,应为人类所共有而不应控制,从其形式看则往往具有唯一表达的特点而不具独创性,因而不予保护。

(三)著作权的主体

1. 一般意义上的著作权主体

一般意义上的著作权主体就是指作者及其继受人,也称为原始主体和继受主体。作者就是创作作品的人。在作者的认定上,各国一般都采取署名主义,即以署名为准来认定作者。我国《著作权法》第 11 条就规定:"如无相反证明,在作品上署名的公民、法人或者非法人单位为作者。"继受人,是指因发生继承、赠与、遗赠或受让等法律事实而取得著作财产权的人。如继承人、受赠人、受遗赠人、受让人、作品原件的合法持有人等,他们只能成为著作财产权的继受主体,而不能成为著作人身权的继受主体。

2. 特殊意义上的著作权主体

对演绎作品,即在已有作品的基础上,经过改编、翻译、注释、整理等创造性劳动而产生的作品,其著作权由演绎者享有,但行使著作权时不得侵犯原作品的著作权。对合作作品,即两人以上合作创作的作品,其著作权由合作作者共同享有。对汇编作品,即汇编若干作品、作品的片段或者不构成作品的数据或者其他材料, 对其内容的选择或者编排体现独创性的作品,其著作权由汇编人享有,但行使著作权时,不得侵犯原作品的著作权。对影视作品,即电影作品和以类似摄制电影的方法创作的作品,其著作权由制片者享有;其中的剧本、音乐等可以单独使用的,其作者有权单独行使其著作权。对职务作品,即公民为完成法人或者其他组织的工作任务所创作的作品,主要有以下几种情况:一是单位作品,即由单位主持、代表单位意志创作并由单位承担责任的作品,单位被视为作者,行使完整的著作权;二是一般职务作品,即除单位作品外,公民为完成单位工作任务而又未主要利用单位物质技术条件创作的作品,其著作权由作者享有,但法人或者其他组织有权在业务范围内优先使用;三是特殊职务作品,即主要是利用法人或其他组织的物质技术条件制作,并由法人或其他组织承担责任的工程设计图、产品设计图、地图、计算机软件等职务作品,或法律、行政法规规定或合同约定著作权由法人或者其他组织享有的职务作品。作者享有署名权,著作权人的其他权利由法人或者其他组织享有,法人或者其他组织可以给予作者奖励。对于委托作品,即作者接受他人委托而创作的作品,其著作权通过合同约定;合同未作明确约定或者没有订立合同的,著作权属于受托人。

二、著作权的内容

(一)著作人身权

著作人身权是指著作权人基于作品的创作依法享有的以人格利益为内容的权利。它与作者的人身不可分离,一般不能继承、转让,也不能被非法剥夺。主要有以下几方面内容:

1. 发表权,就是决定作品是否公之于众的权利。决定作品是否公之于众;决定作品在何时何地公之于众;决定作品以何种方式公之于众。发表权是一次性权利,作品一旦发表,发表权即行消灭。这项权利专属于作者,其他任何人都不得擅自行使。

2. 署名权,就是指表明作者身份,在作品上署名的权利,也称姓名表示权。通常可用真实姓名、笔名等,也可以隐名不署。但若因此而否认作者身份,剥夺其人身权和财产权则为侵权行为。

3. 修改权,就是指修改或授权他人修改作品的权利。但此种权利不能对抗物权。

4. 保护作品完整权,就是指保护作品不受歪曲、篡改的权利。

(二)著作财产权

著作财产权是指著作权人依法享有的控制作品的使用并获得财产利益的权利。主要表现在以下几方面:

1. 使用权,是指以复制、发行、出租、展览、放映、广播、网络传播、摄制、改编、翻译、汇编等方式使用作品的权利。

2. 许可使用权,是指著作权人依法享有的许可他人使用作品并获得报酬的权利。

3. 转让权,是指著作权人依法享有的转让使用权中一项或多项权利并获得报酬的权利。

4. 获得报酬权,是指著作权人依法享有的因作品的使用或转让而获得报酬的权利。

三、著作权的限制

(一)合理使用

合理使用是指根据法律的明文规定,不必征得著作权人同意而无偿使用他人已发表作品的行为。但应指明作者姓名、作品名称,并不得侵犯著作权人依法享有的其他权利,如不得歪曲、篡改作品等。具体包括:

1. 为个人学习、研究或者欣赏而使用。

2. 为介绍、评论某一作品或者说明某一问题而适当引用他人已经发表的作品。

3. 为报道时事新闻,在报刊、电台等媒体中再现或者引用已经发表的作品。

4. 报刊、电台、电视台等媒体刊登或者播放已经发表的关于政治、经济、宗教问题的时事性文章,但作者声明不许刊登、播放的除外。

5. 报刊、电台、电视台等媒体刊登或者播放在公众集会上发表的讲话,但作者声明不许刊登、播放的除外。

6. 为教学或者科研使用,但不得出版发行。

7. 国家机关为执行公务在合理范围内使用。

8. 图书馆、档案馆、纪念馆、博物馆、美术馆等为陈列或者保存版本的需要,复制本馆收藏的作品。

9. 免费表演已经发表的作品,该表演未向公众收取费用,也未向表演者支付报酬。

10. 对设置或者陈列在室外公共场所的艺术作品进行临摹、绘画、摄影、录像。

11. 将中国公民、法人或者其他组织已经发表的以汉语言文字创作的作品翻译成少数民族语言文字作品在国内出版发行。

12. 将已经发表的作品改成盲文出版。翻译人享有新的独立的著作权。

(二)法定许可使用

法定许可使用是指依照法律的明文规定，不经著作权人同意有偿使用他人已经发表作品的行为。具体包括:

1. 为实施义务教育和国家教育规划而编写出版教科书，除作者事先声明不许使用外，可以不经著作权人许可,在教科书中使用。

2. 作品被报社、期刊社刊登后,除著作权人声明不得转载、摘编的外,其他报刊可以转载或者作为文摘、资料刊登。但应当向著作权人支付报酬。

3. 已在报刊上刊登或者网络上传播的作品,除著作权人声明或者上载该作品的网络服务提供者受著作权人的委托声明不得转载、摘编的以外,网站可以转载、摘编。

4. 录音制作者使用他人已经合法录制为录音制品的音乐作品制作录音制品,著作权人声明不许使用的除外。

5. 广播电台、电视台播放他人已经发表的作品。

6. 广播电台、电视台播放已经出版的录音制品。

四、著作权的取得及保护期限

(一)著作权的取得

著作权的取得主要有自动保护主义、注册保护主义和著作权标记主义。自动保护主义就是作品一经产生即取得著作权。注册保护主义就是作品产生后必须履行登记注册手续才能取得著作权。这种办法因手续较复杂且在出现纠纷后证明力有限而逐步被放弃。著作权标记主义就是以加注著作权标记为取得著作权的条件,而无须再履行其他手续。其主要内容是有“有著作权”的声明,或将这种声明的缩写字母C外面加一正圆,若是音像制品则是在缩写字母P外面加一正圆。现在,由于这种办法简便易行而被广泛采用,也为《世界版权公约》认可。我国采取的是自动保护主义,即作品一经产生,无需履行任何手续自动取得相关权利而享有保护。

(二)著作权的保护期限

著作权是一种有时间限制的权利。但因著作人身权和著作财产权所维护的利益截然不同,故在保护期限上就也有不同。对署名权、修改权、保护作品完整权等具有专属性的权利的保护无期限。对发表权、使用权、获酬权这些著作财产权则都规定了一定的时间界限。

现在包括我国在内的大多数国家都将其规定为作者终身加死后50年,《伯尔尼公约》也是这样的标准。保护截止时间是作者去世后第50年的12月31日。

法人或其他社会组织的作品、著作权归法人享有的作品,其发表权和著作财产权保护期为50年,截止于作品发表后第50年的12月31日。电影作品及其以类似方法创作的作品的发表权和著作财产权保护期为50年,截止于作品发表后第50年的12月31日。

五、邻接权

(一)邻接权的概念

邻接权原意就是相邻、相近或相联系的权利。在知识产权中是指表演艺术家、录音制品的制作者和广播电视组织所享有的权利。因为这些都是传播作品的行为,传播人“是文学创作的辅助者,因为表演者决定音乐作品和戏剧作品的命运,录音企业使稍纵即逝的印象长存,广播组织消除了距离的障碍”[1]。邻接权是指作品传播者对在传播作品过程中产生的劳动成果依法享有的专有权利,又称为作品传播者权或与著作权有关的权益。对于著作权合理使用的限制,同样适用于对邻接权的限制。邻接权的保护期也为50年。

(二)出版者的权利义务

出版者的权利主要有版式设计专有权、专有出版权。版式设计专有权就是指有权许可或者禁止他人使用其出版的图书、期刊的版式设计。专有出版权就是指按照双方订立的出版合同的约定享有专有出版权。

报纸、杂志社对著作权人的投稿作品在一定期限内享有先载权。但著作权人自稿件发出之日起15日内未收到报社通知决定刊登的,或者自稿件发出之日起在30日内未收到期刊社通知决定刊登的,可以将同一作品向其他报社、期刊社投稿。双方另有约定的除外。

出版者的义务主要有向著作权人支付报酬;按约定出版图书;对再版作品,通知著作权人,并支付报酬;出版改编、翻译、注释、整理已有作品而产生的作品,应当取得演绎作品的著作权人和原作品的著作权人许可,并支付报酬;合理的注意义务,避免出版行为侵犯他人的著作权等民事权利。

(三)表演者的权利和义务

表演者的权利主要有:表演身份权,即表明表演者身份;表演形象权,保护表演形象不受歪曲;许可他人从现场直播和公开传送其现场表演,并获得报酬;许可他人录音录像,并获得报酬;许可他人复制、发行录有其表演的录音录像制品,并获得报酬;许可他人通过信息网络向公众传播其表演,并获得报酬。

表演者的义务主要有:表演者使用他人的作品演出,应当征得著作权人许可,并支付报酬;使用改编、翻译、注释、整理已有作品而产生的作品演出,应当征得演绎作品著作权人和原作品著作权人许可,并支付报酬。

(四)录制者、播放者的权利和义务

录制者的权利是:许可他人复制、发行、出租、通过信息网络向公众传播并获得报酬的权利。录制者的义务是取得著作权人许可,并支付报酬。

播放者的权利是播放或许可他人播放并获酬。其义务是播放他人未发表的作品,应当取得著作权人的许可,并支付报酬;播放已发表的作品或已出版的录音录像制品,可以不经著作权人许可,但应按规定支付报酬。

六、著作权侵权行为

(一)著作权侵权行为的概念

著作权侵权行为,是指未经著作权人同意,又无法律上的依据,使用他人作品或行使著

---

[1] 〔法〕克洛法·科隆贝《世界各国著作权和邻接权的基本原则》,123页,上海:上海外语教育出版社,1995。

作权人专有权的行为。

(二)承担民事责任的著作权侵权行为

根据著作权法的规定,以下著作权侵权行为承担停止侵害、消除影响、赔礼道歉、赔偿损失等民事责任。

1. 未经著作权人许可,发表其作品的;将合作作品当做自己单独创作的作品发表的。

2. 没有参加创作,在他人作品上署名的。

3. 歪曲、篡改、剽窃他人作品的。

4. 未经著作权人许可,以展览、摄制电影和以类似摄制电影的方法使用作品,或者以改编、翻译、注释等方式使用作品的,著作权法另有规定的除外。

5. 使用他人作品,应当支付报酬而未支付的。

6. 其他侵犯著作权以及邻接权的行为。

(三)承担综合法律责任的著作权侵权行为

根据著作权法的规定,以下行为除担民事责任外,可由著作权行政管理部门责令停止侵权行为,没收违法所得,没收、销毁侵权复制品,并处以非法经营额3倍以下的罚款;非法经营额难以计算的,可处10万元以下的罚款;情节严重的,还可以没收材料、工具、设备等;构成犯罪的,依法追究刑事责任。

1. 未经著作权、表演者、录音录像制作者许可向公众传播其作品的。

2. 出版他人享有专有出版权的图书的。

3. 未经许可,播放或者复制广播、电视的。

4. 制作、出售假冒他人署名的作品的。

【案　例】

《丁丁历险记》图书盗版案

2001年5月,中国少年儿童出版社从比利时独家引进出版了彩色绘图本《丁丁历险记》图书。同年7月,该社接到读者举报,称在市场上购买的《丁丁历险记》书中有大量的错页现象,中国少年儿童出版社经核实后确认此书为盗版。后经调查发现,盗版系该社对外合作部编辑钟自仁利用职务之便复制,由做印刷业务的苏志坤负责联系制版及印刷复制工作,由陈涞伪造委印手续,分别联系北京冶金大业印刷有限公司等多家印刷厂分别盗印连环画册《丁丁历险记》5000套,在北京市金星印务有限公司、北京市通州胡各庄西堡村装订厂将盗印画册装订成册,违法经营额达270余万元。

2002年11月,北京市东城区人民法院经庭审后依法判决:被告人钟自仁犯侵犯著作权罪,判处有期徒刑5年,并处罚金3万元;被告人苏志坤犯侵犯著作权罪,判处有期徒刑4年零6个月,并处罚金2万元;被告人陈涞犯侵犯著作权罪,判处有期徒刑4年,并处罚金2万元。[1]

---

[1] http://www.lawtime.cn/info/zzq/zzqalfenxi/2007072737207.html.

第三节　专利权

一、专利、专利权及其主客体

(一)专利和专利权

专利就是法律保障创造发明者在一定时期内由于创造发明而独自享有的利益。专利权就是国家依法授予创造发明者及其合法权利人对该创造发明所享有的专有排他的权利。在我国,无论从法律规范层面还是法律思想层面来看,专利制度都是舶来品。我国的专利制度从光绪皇帝颁布《振兴工艺给奖章程》开始,直到 1984 年《中华人民共和国专利法》公布并于次年 4 月 1 日起正式实施,才在全国范围内建立其专利制度。经过 1992 年的修订,在立法上对专利技术的保护已达到世界先进水平。

(二)专利权主体、客体

专利权主体就是提出、获得权利的人。主要有:发明人或设计人、发明人或设计人的单位和受让人。

专利权的客体就是依法应授予专利的发明创造,即专利法保护的对象。主要有:

1. 发明,就是对产品、方法或者其改进所提出的新的技术方案,是利用自然规律的技术构思的高度创造。主要有产品发明、方法发明和改进发明三种。

2. 实用新型,就是对产品的形状、构造或者其结合所提出的适于实用的新的技术方案。其创造性要求低于发明专利,保护水平也较低。

3. 外观设计,就是对产品的形状、图案或者其结合以及色彩与形状、图案相结合所作出的富有美感并适于工业上应用的新设计,又称为工业产品外观设计。

二、专利权的取得

(一)专利的申请

专利的申请就是请求授予专利权的意思表示。专利权是一种独占权,一项发明创造只能授予一项专利权,这就是“一发明一专利”原则。对于多人提出相同发明创造的专利申请,目前各国基本都采用了先申请原则,即专利权授予最先申请的人。我国自 1985 年实施专利制度以来就采用这一原则。《专利法》第 9 条规定:“两个以上申请人分别就同样的发明创造申请专利的,专利权授予最先申请的人。”

依照《巴黎公约》的规定,专利申请人在任一公约成员国首次提出专利申请后的一定时期内,又在其他成员国以同一内容的创造发明提出专利申请的,以第一次提出申请的日期为后来提出申请的申请日。这就是优先权原则,首次申请日成为优先权日。享有优先权的期限称为优先权期,发明专利和实用新型专利为 12 个月,外观设计为 6 个月。优先权原则的意义就在于在优先权期内,发明创造不因任何将该发明创造公之于世而失去其新颖性,可排除他人在优先权日后提出同样的专利申请。

(二)审批

专利的审批就是对申请的专利进行审查并作出是否批准的决定。目前,世界各国基本都实行审批制。或采取及时审查,或采取早期公开延迟审查。及时审查是指接到申请即进行形式审查,然后自动启动实质审查程序进行新颖性、创造性、实用性审查。这种办法利于申请人，即使专利未获批准，仍可将该方案作为技术秘密。早期公开延迟审查是指再通过形式审查后，就公开申请内容，在一定期限后再做实质审查，通过之后再行授权。这种办法对社会有利，既避免了重复开发，又减少了社会浪费，还利于社会监督。故为绝大多数国家所采用。

我国对不同的专利类型采取了不同方法。对于发明专利采用早期公开延迟审查，对于实用新型和外观设计则采用登记制。

三、专利权的内容

（一）专利权人的权利

1. 独占实施权，任何单位或者个人未经专利权人许可，都不得实施其专利。

2. 实施许可权，专利权人可以许可他人实施其专利技术并收取专利使用费。

3. 转让权，转让专利权的，当事人应当订立书面合同，并向国务院专利行政部门登记，并由该部门予以公告，专利权的转让自登记之日起生效；向外国人转让专利权的，必须经国务院有关主管部门批准。

4. 注明专利标记权，专利权人享有在其专利产品或者该产品的包装上标明专利标记和专利号的权利。

（二）专利权人的义务

1. 缴费义务，即缴纳专利年费，不交纳年费的，将导致专利权终止。专利年费在数额上采取累进方式逐步增加，以使专利尽快进入公有领域。

2. 付酬义务，即职务发明创造专利的单位，对发明人或设计人进行奖励、发给合理的报酬。

（三）专利权的期限

专利权的期限的设定，就意味着专利保护时间的有限性。在国际上，发明专利权的保护期通常为15~20年；实用新型和外观设计专利权保护期一般低于10年。我国专利法规定发明专利权保护期为20年，实用新型专利权和外观设计专利权10年，均自申请日起计算。

四、专利权的限制

（一）强制许可

强制许可是指专利行政部门依照法律规定，不经专利权人的同意，直接许可具备实施条件的申请者实施发明或实用新型专利的一种行政措施，也称非自愿许可。在各国专利法中都有相关的规定，《巴黎公约》也予以承认。在我国主要有三种情况：

1. 不实施时的强制许可。即在专利权被授予之日起满3年后还未实施的，国务院专利行政部门根据申请，可以给予实施该发明专利或者实用新型专利的强制许可。但仅限于公共的非商业性使用，或者为反竞争行为而给予救济的使用。

2. 根据公共利益需要的强制许可。即在国家出现紧急状态或者非常情况时，或者为了公共利益的目的，国务院专利行政部门可以给予实施发明专利或者实用新型专利的强制许可。

3. 从属专利的强制许可。即一项专利实施有赖于前一发明或者实用新型的实施，国务院专利行政部门根据其专利权人的申请，可以给予实施前一发明或者实用新型的强制许可。

（二）不视为侵犯专利权的行为

1. 首次销售。即专利权人自己制造、进口或者经专利权人许可而制造、进口的专利产品或者依照专利方法直接获得的产品售出后，专利权人对这些特定产品不再享有支配权，购买者和使用者对这些产品的处分都与专利权人无关。

2. 先行实施。即在专利申请日前已经制造相同产品、使用相同方法或者已经做好制造、使用的必要准备，并且仅在原有范围内继续制造、使用的。

3. 临时过境。即交通工具通过一国领域，依照其所属国同过境国签订的协议或者共同参加的国际条约，或者依照互惠原则，为交通工具自身需要而在其设备或装置中适用有关专利技术的，不视为侵犯专利权。

4. 专为科学研究和实验而使用有关专利，以及为课堂教学而演示专利技术的，不视为侵犯专利权。

五、专利侵权行为

专利侵权行为是指在专利权有效期限内，行为人未经专利权人许可又无法律依据，以营利为目的实施他人专利的行为。可分为直接侵权行为和间接侵权行为两类。

直接侵权行为，就是指直接由行为人实施的侵犯他人专利权的行为。主要有制造发明、实用新型、外观设计专利产品的行为；使用发明、实用新型专利产品的行为；许诺销售发明、实用新型专利产品的行为；销售发明、实用新型或外观设计专利产品的行为；进口发明、实用新型、外观设计专利产品的行为；使用专利方法以及使用、许诺销售、销售、进口依照该专利方法直接获得的产品的行为；假冒他人专利的行为。

间接侵权行为，就是指行为人本身的行为并不直接构成对专利权的侵害，但实施了诱导、怂恿、教唆、帮助他人侵害专利权的行为。如行为人销售专利产品的零部件、专门用于实施专利产品的模具或者用于实施专利方法的机械设备；行为人未经专利权人授权或者委托，擅自转让其专利技术的行为等。

【案　例】

帅康诉海尔侵权案

2002 年 6 月，帅康在全国各地的销售商纷纷来电反映，型号为 CXW-145-D13 的海尔吸油烟机有仿制帅康吸油烟机的嫌疑，这一情况引起了帅康集团总裁邹国营的高度重视，随即让集团知识产权办展开了对此事的调查。其调查表明，海尔生产销售的 CXW-145-D13 吸油烟机具有帅康“深型离心式抽油烟机”实用新型专利的必要技术特征，侵犯了帅康的专利权。

为了维护企业的合法利益，2002 年 7 月 8 日帅康就专利侵权一案向杭州市中级人民法院提起了民事诉讼。原告帅康公司诉称：帅康公司于 1999 年 2 月 9 日向国家知识产权局申请“深型离心式抽油烟机”实用新型专利，1999 年 11 月 27 日被授予专利权。

该专利产品自推向市场以后，受到了广大消费者的欢迎，具良好的市场前景。而海尔公司未经专利权人许可，大量生产、销售侵犯本专利权的侵权产品，并利用广告、产品样本等方式大肆宣传其侵权产品。该公司生产、销售上述吸油烟机的行为，已构成对本专利权的侵犯。因此，请求法院：1. 责令海尔公司立即停止一切侵犯侵权行为,包括停止生产、销售侵权产品,停止对侵权产品的宣传等;2. 责令海尔公司销毁生产侵权产品的模具、已生产出的侵权产成品、半成品及其零部件,销毁侵权产品的宣传资料;3. 责令海尔公司在《浙江日报》或其他省级以上报刊上向帅康公司赔礼道歉、消除影响,连续刊登不少于5次;4. 责令海尔公司赔偿帅康公司经济损失人民币50万元;5. 责令海尔公司共同承担本案诉讼费用。

2003年3月杭州市中级人民法院经审理后认为,帅康公司的"深型离心式抽油烟机"实用新型专利合法有效,帅康作为专利权人的合法权益应受国家法律的保护。对海尔公司的"被控吸油烟机在立板、导风板过渡面以及导风板下部凹曲面等处采用的技术方案与专利技术不同,不构成侵权"的抗辩理由认为不能成立。其原因在于海尔提出的一些技术设计或者不影响本案专利的新颖性,或者不是本案专利必要技术特征的一个比对点,或者不涉及专利的独立权利要求。综上所述,型号为CXW-145-D13的海尔吸油烟机经比对,除立板等微小差别外,技术特征与帅康的专利基本一致,因此,构成了对帅康的专利侵权。杭州市中级人民法院下达了一纸判决书,责令被告海尔立即停止型号为CXW-145-D13的海尔吸油烟机的生产、销售等一切对帅康"深型离心式抽油烟机"实用新型专利侵权的行为,在《浙江日报》上公开向帅康赔礼道歉,并赔偿经济损失15万元。[1]

第四节　商标权

一、商标的概念及种类

商标就是指经营者在商品或服务项目上使用的,将自己经营的商品或提供的服务与其他经营者经营的商品或提供的服务区别开来的一种商业识别标志。具有识别功能、品质保证功能和广告功能。

根据不同标准商标有不同的分类。其中按照商标的构成和商标的使用对象来进行划分最为普遍。根据商标的构成可以将其划分为平面商标和立体商标。平面商标是指由文字、图形、字母、数字、色彩的组合,或前述要素的相互组合构成的商标。立体商标是由产品的容器、包装、外形以及其他具有立体外观的三维标志构成的商标。这两大类属于"视觉可感知"商标,为世界各国商标法所规定。

根据商标的使用对象,人们一般把商标分为商品商标和服务商标。商品商标是指使用于各种商品上,用来区别不同生产者和经营者的商标。服务商标是指用于服务项目,用来区别服务提供者的商标。在美国,有学者提出证明商标和集体商标,认为非常特殊且日益重要。证明商标是指由对某种商品或者服务具有监督能力的组织所控制,而由该组织以外的单位或者个人使用于其商品或者服务,用以证明该商品或者服务的原产地、原料、制造方法、质量或者其他特定品质的标志。如纯羊毛标志、绿色食品标志。集体商标则是指以团体、协会或者其他组织名义注册,供该组织成员在商事活动中使用,以表明使用者在该组织中的成员资

[1] 参见"海尔撞上了帅康的专利'高压线'",载 http://www.chinaccm.com/09/0914/091401/news/20030610/172521.asp

格的标志。这种作法已为各国商标法认可。我国也在 1993 年增加规定了证明商标和集体商标的内容。

二、商标权及商标权的取得

商标权就是指商标所有人在法律规定的有效期限内对其经过商标管理机关批准注册的商标享有的独占排他的使用和处分的权利。

商标权的取得有使用主义、注册主义和混合主义。使用主义就是根据使用而取得商标权,“商标在受到保护前必须已在使用”,美国的商标法(《兰哈姆法》)就体现了这一理论。注册主义就是商标权因注册而产生，奉行申请在先原则和自愿申请原则。这一制度发端于法国,现在世界上大部分国家均采用这种方法。我国也采用这种办法。

混合主义就是无论是使用还是注册都可以产生相关的权利。这种制度一方面通过衡平法保护经使用已获得市场信誉的未注册商标,又通过制定法以保护注册商标。这一制度在英联邦国家广为实行。我国也提出了对未注册的驰名商标实行使用主义。

三、商标权的主客体

商标权的主体就是依法取得商标权的人,有原始主体和继受主体之分。商标权的客体就是经核准注册的商标。必须具备以下条件:

1. 有法定构成要素,即文字、图形、字母、数字、色彩的组合,以及上述要素的组合。

2. 有显著特征便于识别。

3. 不与他人商标相混同。

4. 不是禁止标志。如国家名称,国旗,国徽,军旗,军徽,国际组织的旗帜、徽记,红十字、红新月标志等。

四、商标权的内容

(一)权利

1. 专用权,就是商标权主体对其注册商标依法享有的自己在指定商品或服务项目上独占使用的权利。

2. 许可权,就是商标权人许可他人使用其注册商标的权利。

3. 转让权,就是商标权人将其注册商标依法定程序和条件转让给他人的权利。

4. 续展权,即使商标权人在其注册商标有效期届满前,享有申请续展注册,从而延长其注册商标保护期的权利。注册商标的有效期为 10 年。

5. 禁止权,就是商标权人享有的禁止他人不经过自己许可而使用注册商标和与之相近似的商标的权利。

(二)义务

1. 对商品质量负责。这是指保证商品品质的同一性,即一定的或一致的质量水平或质量标准,从而使人们在再次购买同样商标的商品时,也会具有同样的特性。“商标的拥有人不一定实际参加商品的生产,而只需对商品的质量加以控制”[1]。

2. 使用注册商标。商标权人如果连续 3 年停止使用注册商标,该商标即被注销。

---

[1]《简明不列颠百科全书》第 7 卷,91 页,北京:中国大百科全书出版社,1986。

3. 缴纳规定费用。

五、商标侵权行为

(一)假冒或仿冒行为

假冒或仿冒行为是指未经商标注册人的许可，在同一种商品或者类似商品上使用与其注册商标相同或者近似的商标。

(二)销售侵犯商标权的商品的行为

这种情况不问行为人主观上是否有过错，只要实施了销售侵犯注册商标专用权的商品的行为,都构成侵权。只是在行为人主观上是善意时,可以免除其赔偿责任。

(三)伪造、擅自制造他人注册商标标识或者销售伪造、擅自制造的注册商标标识的行为。

(四)未经商标注册人同意,更换其注册商标并将该更换商标的商品又投入市场的行为。

(五)给他人的注册商标专用权造成其他损害的行为。

1. 在同一种或者类似商品上,将与他人注册商标相同或者近似的标志作为商品名称或者商品装潢使用,误导公众的。

2. 故意为侵犯他人注册商标专用权行为提供仓储、运输、邮寄、隐匿等便利条件的。

3. 将与他人注册商标相同或者相近似的文字作为企业的字号在相同或者类似商品上突出使用,容易使相关公众产生误认的。

4. 复制、模仿或者翻译他人注册的驰名商标,或其主要部分在不相同或者不相类似商品上作为商标使用,误导公众,致使该驰名商标注册人的利益可能受到损害的。

5. 将与他人注册商标相同或者相近似的文字注册为域名,并且通过该域名进行相关商品交易的电子商务,容易使相关公众产生误认的。

【案　例】

武松打虎商标侵权案

景阳冈酒厂1962年将“景阳冈”三字作为商标注册,1984年重新注册,1994年再续10年。1980年该厂用经过修改的刘继卣先生的“武松打虎图”作为景阳冈陈酿系列白酒的瓶贴和外包装、装潢。1982年景阳冈酒的厂又请中央工艺美院高中羽教授根据明朝木刻版画创作一幅由山冈、松林、新月、武松打虎、草丛及折断的哨棒和松枝组合的“武松打虎图”,作为景阳冈酒包装、装潢。1989年景阳冈酒厂将上述两幅正在使用的“武松打虎图”作为商标注册登记,获国家工商局商标局核发的注册证书。

景芝酒业公司在其生产的景阳春牌白酒的包装、装潢上也使用武松打虎图案,景阳冈酒厂发现后遂提出侵权诉讼。聊城市中级人民法院审理此案。法院认为:两种商标的图形尽管绘画风格和底色不同,但其画面都由山冈、松林、武松、老虎、哨棒、草丛等基本要素构成,其形其义都是武松打虎。两种商标所附诗词都有“景阳”、“透瓶香”、“三碗不过冈”等完全相同的词句,“猛虎降”和“降猛虎”意义也完全相同。两种商标中的“景阳春”和“景阳冈”,“景阳”二字完全相同,“景阳春”改用篆体书写后，篆写的“春”字与“冈”字非常相像。总之，两种商标中的图、诗、字均近似，其整体含义都是武松酒后在景阳冈打虎，内容均取材于历史名著《水浒》，这就足以造成消费者混淆，把景阳春酒误认为景阳冈酒。因此，被告景芝酒业公司已构成对原告注册商标专用权的侵犯。1997 年 12 月 11 日，法院宣判：被告景芝酒厂在判决生效之日起，停止在其生产的景阳春系列白酒的瓶贴和外包装、装潢上使用“武松打虎图”。被告赔偿原告经济损失 936.997 万元，于判决生效之日起 10 日内一次性给予。[1]

六、商标权的消灭

商标权的消灭是指注册商标权利人所享有的商标权在一定条件下丧失，不再受法律保护。主要有因注册商标的注销而消灭和因注册商标的撤销而消灭两种情况。

注册商标的注销，就是指商标主管机关基于某些原因取消注册商标的一种管理措施。主要包括：

1. 注册商标法定期限届满，未续展和续展未获批准。

2. 商标注册人死亡或者终止，自死亡或者终止之日起 1 年期满，该注册商标没有办理转移手续的。

注册商标的撤销，就是指商标局或商标评审委员会依法强制取消已经注册的商标。主要包括：

1. 注册无效的撤销，如注册商标争议的撤销、注册不当的撤销等。

2. 违法使用商标的撤销，如自行改变注册商标、连续 3 年停止使用该商标等。

[1] 参见“武松打虎图引出案中案”载 http://blog.163.com/zq1260543@126/blog/static/4100525020111101721499/.

第六章　婚姻家庭法

第一节　婚姻法

一、婚姻法的概念及调整对象

(一)婚姻和家庭

婚姻是指为当时的社会制度所确认的,男女两性互为配偶的结合。这一基本认识包括三层含义:一是婚姻是两性的结合;二是婚姻是具有夫妻身份的结合;三是婚姻是为当时社会制度所认可的结合。

从法学意义上讲,所谓婚姻就是男女双方以永久共同生活为目的,以夫妻的权利和义务为内容的结合。这一概念包含了四个基本内涵:婚姻是两性的结合;婚姻是以共同生活为目的的结合;婚姻是身份的结合;婚姻是权利和义务的结合。可见,无论是社会一般概念还是法学概念,婚姻都被视为是两性的结合、身份的结合。

随着社会的发展和进步,同性婚姻也逐步为社会所接受,这就对婚姻的认识和婚姻概念的把握提出了挑战,《荷兰民法典》30条第1款就规定:“婚姻是异性或同性的两人之间所缔结的契约关系”。现在,世界上多个国家通过了允许同性恋者结婚的法律,我国对此问题的态度也日益宽容,在“两会”上也有代表就此问题提出了相关议案。

家庭是以婚姻、血缘和共同经济为纽带而组成的亲属团体。这是人们对家庭的最一般的认识,也是家庭的最一般的概念。从法学意义上讲则更强调成员间的权利义务关系,因而将家庭定义为:家庭就是共同生活的,成员之间互享权利、互担义务的亲属团体。可见,婚姻是家庭的前提,家庭是婚姻成立的结果,是婚姻的结构载体,其社会职能主要就是实现人口再生产、以家庭为单位组织经济生活、对家庭成员进行教育。

婚姻、家庭形态都以婚姻家庭制度集中地表现出来,成为社会制度的重要组成部分。恩格斯在《家庭、私有制与国家的起源》一书中,科学地揭示了婚姻家庭制度产生和发展的规律,并对其演变模式作出了概括。从而厘清了婚姻家庭制度经历了前婚姻时代——血缘群婚——班辈婚——普那路亚婚——对偶婚——一夫一妻制的历史发展脉络,告诉人们婚姻家庭是属于历史范畴的一种社会现象,随着社会的发展变化而变化。

(二)婚姻法的概念

婚姻法在不同的法律体系中,其地位不甚一致。在大陆法国家中,没有独立的婚姻法,而在民法典中统一规定婚姻家庭制度。而在英美法国家中,则由一系列有关婚姻的成立、终止以及效力的单行法组成。因而,世界各国对婚姻法的概念有形式意义的概念和实质意义概念、狭义概念和广义概念之区分。所谓形式意义的概念就是认为婚姻法是以婚姻法为名的法律或民法典中的婚姻部分的规定。所谓实质意义的概念就是认为婚姻法是调整婚姻关系法律规范的总和。所谓狭义概念就是认为婚姻法就是规定婚姻的成立、解除以及婚姻效力的法律,其内容不涉及婚姻以外的其他事项。而广义概念则认为婚姻法就是规定婚姻的成立、解除、婚姻效力以及有婚姻关系而产生的家庭关系的法律。

我国婚姻法的概念是广义的实质意义的概念，即认为婚姻法就是规定婚姻家庭关系的发生和终止,以及婚姻家庭主体之间权利、义务的法律规范的总和。可见,在我国,虽然在名称上习惯将其称之为婚姻法,但究其实质乃是婚姻家庭法。

(三)我国婚姻法的调整对象

我国婚姻法的调整对象,从调整范围看就包括婚姻关系和家庭关系两方面的内容。它们一经法律的调整,就在具有主体身份的人之间产生了一定的权利义务关系。从调整性质看,既有婚姻家庭方面的人身关系,又有婚姻家庭方面的财产关系;而财产关系是基于人身关系而产生,因此,人身关系是婚姻家庭关系中主要的、起决定作用的关系。在这里,人身关系是具有特定身份的主体之间的关系，不具备这种身份就不具备相应的权利和义务。而财产关系,则是以一定人身关系的发生、终止为前提的经济内容和物质利益,不具等价有偿的性质。这与其他民法领域内等价有偿的财产关系完全不同。由此可见,婚姻法就其本质而言就是身份法。

(四)婚姻法的特点

1. 普遍性

普遍性就是指婚姻法在适用范围上具有极大的普遍性,是适用于全体公民的普通法。正如毛泽东所指出的:婚姻法有关一切男女的利害,其普遍性仅次于宪法[1]。只要是婚姻家庭关系的主体,就必须遵守并接受婚姻法的规范与约束。

2. 伦理性

婚姻家庭关系本身就是伦理关系,婚姻家庭本身也是伦理实体。因此,婚姻法充满了极其浓厚的伦理气息,在这里,权利与义务相随相伴、不可分离,对义务的强调更甚于权利,不仅具有法律上的约束与强制,而且具有了教化的作用和力量。

3. 强制性

强制性就是指由婚姻而生的各种身份关系及权利义务等均具有法律上的强制性，当事人不能自行改变,也不能通过约定加以改变,如只有符合法定条件才能实施结婚行为。这就充分体现了强制性的特点。

二、婚姻法的基本原则

(一)婚姻法的基本原则

1. 婚姻自由

所谓婚姻自由就是指婚姻当事人有权依法律规定,自主自愿地决定自己的婚姻问题,排除任何人的强制与干涉。在内容上包括结婚自由与离婚自由两方面,在本质上是男女双方基于爱情的结合。

2. 一夫一妻

一夫一妻,也称为个体婚,就是指一男一女结为夫妻,互为配偶。这一原则具有三个基本含义:一是不许有多个配偶,就是说一个男子只能有一个妻子,一个女人也只能有一个丈夫;二是已婚者在离婚或配偶死亡之前不得再行结婚；三是所有公开或隐蔽的多个配偶都是违

[1] 参见《关于中华人民共和国婚姻法起草经过和起草理由的报告》,1950 年 4 月。

背法律规定,应予一定的制裁。

3. 男女平等

1975 年,世界第一次妇女大会通过了《墨西哥宣言》,其中明确规定了男女在尊严、价值、机会、权利、责任上的平等,为联合国所有成员国公认。在婚姻家庭关系中则主要指男女在婚姻家庭中享有平等的权利,履行平等的义务。具体地讲包括三个基本含义:一是男女在婚姻问题上平等;二是男女在家庭地位上平等;三是不同性别的家庭成员之间平等。

4. 保护妇女、儿童和老人的合法权益

妇女儿童和老人通常都是社会和家庭的弱势群体,其权益易受到各种的侵害,因而在法律中一般都做出倾向性保护,以求达到实质的公平与平等。主要包括保护妇女权益、保护儿童权益、保护老人权益三方面的内容。

5. 计划生育

所谓计划生育就是指有计划地调解人口增长速度和提高人口素质。在我国,计划生育以稳定人口的低生育水平,提高人口素质为基本目标。基本要求就是晚婚、晚育、少生、优生。从人类发展来看,计划是必然的。1 万年前,地球人口 100 万,到 1830 年地球人口达到 10 亿,1930 年 20 亿,1975 年 40 亿,1987 年 50 亿,1999 年 60 亿,2011 年 10 月 31 日, 地球迎来第 70 亿名成员[1],预计 2050 年突破 100 亿。如果不实行计划生育,承载人类的地球将不堪重负。从实践看,晚婚晚育也是必然的,妇女初婚年龄由 17 岁提高至 19 岁,出生率下降 11%,提高至 24 岁,出生率下降 24%。在这里我们作出善意提醒:最佳的生育年龄是 25~29 岁,妇女应在 35 岁以后结束生育。医学证明:35 岁以上产妇分娩的新生儿遗传缺陷发生率明显升高。妇女在 30 岁以前生育子女,子女患先天性痴呆的几率为 1‰,40 岁提高到了 1%,45 岁为 45%,高龄产妇子女弱智达 60%。

(二)婚姻法中保障原则实施的禁止性规定

1. 禁止包办、买卖婚姻和其他干涉婚姻自由的行为。包办婚姻是指第三人违背婚姻自由原则,包办强迫他人婚姻的行为。买卖婚姻是指第三人以索取财物为目的,包办强迫他人婚姻的行为。其他干涉婚姻自由的行为主要是指除包办、买卖婚姻之外的各种干涉婚姻自由的行为,如干涉儿女婚事、干涉父母再婚、干涉他人离婚自由等。

2. 禁止借婚姻索取财物。就是指禁止婚姻当事人一方向另一方以索取一定的财务为结婚条件的行为。这一行为虽没有违反当事人对婚姻缔结的意愿, 但可能导致当事人一方家庭生活困难,影响以后家庭生活,甚至对社会造成极大的危害。

3. 禁止重婚,反对通奸、姘居、"包二奶"等,取缔卖淫。重婚就是有配偶而又与他人结婚或明知他人有配偶而与之结婚的行为。姘居是指非夫妻关系而同居的行为。"包二奶"是指有配偶的男子供养其他妇女并与之保持性关系的行为。要注意的是通奸、姘居、"包二奶"等行为是对现行婚姻家庭制度的破坏,有悖于社会道德,但一般由道德规范调整。

4. 禁止家庭暴力、禁止家庭成员间的虐待和遗弃。家庭暴力是指行为人以殴打、捆绑、残害、强行限制人身自由或者其他手段,给其家庭成员的人身造成一定伤害后果的行为。虐待是指以作为或不作为的方式,对他人的歧视、折磨、摧残,使其在精神上肉体上遭受损害的行为。遗弃是指在家庭中负有抚养、扶养、赡养义务的一方,不履行其应尽义务的行为。我国

[1]《兰州晚报》,2011 年 10 月 31 日,13 版。

刑法规定：虐待家庭成员情节恶劣的，处2年以下有期徒刑、拘役或管制；造成被害人重伤或死亡，处2年以上7年以下有期徒刑。犯遗弃罪的，处5年以下有期徒刑，拘役或管制。

三、结婚制度

（一）结婚的概念和特征

结婚，又称婚姻的成立，是指男女双方依照法律规定的条件和程序，确立夫妻关系的民事法律行为。在古代，一般采取广义的概念，即订婚和结婚为一体，且非常重视婚约的效力，近现代则采取狭义的概念不再把订婚视为必经程序。

世界上关于结婚的立法主要有事实婚主义和形式婚主义两类。事实婚主义是指只要婚姻生活的事实存在，法律就赋予其婚姻效力并予以保护。形式婚主义是指结婚必须以法定的形式为依据，只要形式具备就予以保护。现在各国都呈现出事实婚向形式婚过渡，形式婚中的世俗婚、宗教婚向法律婚过渡的趋势。[1]

我国现行婚姻法采取的是形式婚主义，但事实婚在一定范围内仍存在。

结婚作为一种民事法律行为，具有以下特征：

1. 结婚行为的主体必须是男女双方，同性别的人之间不能结婚。这是婚姻关系自然属性的基本要求。但是在当代，有些国家也承认了同性恋者婚姻，使其取得了婚姻家庭的权利和义务，如丹麦、挪威、瑞典及美国的一些州，我国对此问题的态度也日益宽容。

2. 结婚行为必须依照法律规定的条件和方式进行，否则不具有合法婚姻的效力。

3. 结婚行为的法律后果是确立夫妻关系。结婚就标志着夫妻关系的确立和姻亲关系的发生，就产生了法定的权利和义务，它以永久共同生活为目的，非经一定的法律程序不得任意解除。

（二）结婚的条件

1. 结婚的法定条件

结婚的法定条件也称结婚的必备条件、积极条件。根据我国婚姻法的规定，主要有以下三个条件：一是男女双方完全自愿；二是达到法定的结婚年龄；三是一夫一妻。男女双方完全自愿，就是指当事人双方相互确立夫妻关系的意思表示完全一致，是双方自愿、双方本人自愿、双方完全自愿。

达到法定的结婚年龄，就是国家规定的要求结婚的男女必须达到的最低年龄。由于人的身体发育和智力成熟情况基本一致，因而，从各国立法情况看，对婚龄的规定就没有较大的差距。我国婚姻法明确规定的结婚年龄是男性不得早于22周岁，女性不得早于20周岁。

一夫一妻就是要求结婚的男女，必须双方都是无配偶的人。对于未婚者而言，只能与一个人结婚，对于已婚者，在婚姻关系未解除或配偶尚在的情况下，不得再行结婚。

2. 结婚的禁止条件

结婚的禁止条件也称结婚的消极条件或婚姻障碍，是指婚姻法规定的禁止结婚的各种情况。主要有禁止重婚，禁止一定范围的血亲结婚，禁止、限制患一定疾病的人结婚。这是现代各国婚姻法的通例。禁止一定范围的血亲结婚，反映了自然选择规律的要求，具有优生学上的科学依据（见附表：近亲婚配子女患隐性遗传病几率增加），而且血亲结婚也违背了人类

[1] 参见陈小君《婚姻家庭法学》，107页，北京：中国检察出版社，1995。

社会的婚配禁忌和两性关系的伦理观念。我国婚姻法就明确规定：直系血亲和三代以内的旁系血亲禁止结婚。

附表：近亲婚配子女患隐性遗传病几率增加[1]

疾病名称	隐性遗传病的出生危险率		表兄妹结婚和随机婚配的相对风险
	随机婚配	表兄妹婚配	
先天性聋哑	1∶11800	1∶1500	7.8 倍
苯丙酮尿症	1∶14500	1∶1700	8.5 倍
有色性干皮肤	1∶23000	1∶2200	10.5 倍
小口氏症	1∶32000	1∶2600	12.2 倍
全身性白化证	1∶40000	1∶3600	13.5 倍
全色盲	1∶73000	1∶4100	17.9 倍
小头症	1∶77000	1∶4200	18.3 倍
Wilson 氏症	1∶87000	1∶4500	19.4 倍
无过氧化酶症	1∶160000	1∶6200	26.0 倍
黑蒙性痴呆	1∶310000	1∶8600	35.7 倍
先天性鱼鳞癣	1∶1000000	1∶16000	63.5 倍

禁止、限制患一定疾病的人结婚，其目的就在于保护当事人的利益和维护社会公共利益。在医学上主要是重症精神病，严重智力低下者不得结婚。在法律上主要指指定传染病在传染期内不得结婚。我国婚姻法就明确规定：患有艾滋病、淋病、梅毒、、麻风病以及医学上认为影响结婚和生育的其他传染病的患者，在传染期内，应当禁止结婚。精神病患者在发病期内应暂缓结婚；重症精神病已治愈的患者，应劝其不结婚。

（三）结婚登记机关和程序

结婚登记是指申请结婚的男女双方亲自到婚姻登记机关依法办理婚姻登记手续，获得等级婚姻即告成立的法律制度。根据我国婚姻法的规定，在内地婚姻登记机关城市是市辖区、不设区的市的人民政府的民政部门；农村是县级人民政府民政部门或乡、镇、民族乡的人民政府。同外国人或内地居民与港、澳、台地区居民及华侨在我国内地办理结婚登记的，统一由省级人民政府民政部门或者省级民政部门确定的机关办理。户口不在同一地区的结婚双方当事人可以到任何一方户口所在地的婚姻登记机关办理结婚登记。

结婚登记程序依法分为申请、审查、登记三个环节。

1. 申请。申请是指自愿结婚的男女，必须双方亲自到一方户口所在地的婚姻登记管理机关申请结婚登记，填写结婚申请书。申请时应持户口簿、居民身份证、本人无配偶以及与对方当事人没有直系血亲和三代以内旁系血亲关系的签字声明。

2. 审查。审查是指婚姻登记管理机关依法对当事人的结婚申请和相关证件进行全面审查核实。一方面审查当事人所持证件是否真实、完备，另一方面审查当事人双方是否都符合结婚的法定条件。

3. 登记。登记就是指婚姻登记管理机关对当事人符合结婚条件的，当场予以登记，发给

[1] 高崇明《生物伦理学十五讲》，140~141 页，北京：北京大学出版社，2004。

结婚证;对当事人不符合结婚条件不予登记的,以书面形式向当事人说明理由。

(四)婚约及事实婚姻

婚约就是男女双方以结婚为目的所做的事先约定,也称为订婚,婚约一旦成立,当事人即为未婚夫妻。在20世纪初以前,由家长或其他尊长代为订立婚约是结婚的必经程序,而且婚约一旦订立即具有法律效力。到20世纪以后,法律则完全否决家长或其他尊长代为订立婚约的权利,婚约不再是结婚的必经程序,是否订立由当事人自由选择,订立须有双方当事人的合意,但无人身约束力,可凭双方或一方的意愿随时解除。

我国现行婚姻法对婚约有如下规定:

1. 婚约不是婚姻成立的必要手续和条件,法律既不提倡也不禁止。是否订婚完全由当事人自行决定。

2. 婚约不具法律约束力,双方自愿才能履行,双方或一方不愿就可解除。一方要求解除婚约的,只要向对方为意思表示即可,不需要征得对方的同意。

3. 对立约时及立约后所送的钱财礼物,即彩礼,若双方未办理结婚登记手续的、双方办理结婚登记手续但确未共同生活的、婚前给付并导致给付人生活困难的应当予以返还。

事实婚姻就是指没有配偶的男女未办结婚登记,便以夫妻名义同居生活,群众也认为是夫妻关系,并且符合我国结婚实质条件的男女两性结合。根据相关规定,1994年2月1日《婚姻登记管理条例》颁行前,男女双方已经符合结婚实质要件的,按事实婚姻处理。在《婚姻登记管理条例》颁行后,男女双方符合结婚实质要件的,法院应当告知其在案件受理前补办结婚登记,未补办结婚登记的,按同居关系处理。可见,1994年2月1日是界定承认或否认事实婚的时间界限。

非法同居是指男女双方或一方有配偶未办理结婚登记,不以夫妻名义,持续、稳定地共同居住,或男女双方未办结婚登记而以夫妻名义共同生活,但不符合事实婚姻的法定条件的两性结合。在这种情况中,如果是有配偶者与他人同居,当事人可以诉请解除;如果当事人因同居期间财产分割或者子女抚养纠纷提起诉讼的,法院应当受理。

(五)无效婚姻

无效婚姻就是指在法律上不具婚姻效力的婚姻。无效的情形主要有重婚,有禁止结婚的亲属关系,婚前患有医学上认为不应当结婚的疾病、婚后尚未治愈的,未到法定婚龄等。

从各国立法情况来看,婚姻无效可分为当然无效和宣告无效两种。当然无效就是指只要具备法定禁止条件,婚姻就自始无效。宣告无效是虽具无效的法定条件,但必须经行政或诉讼程序由婚姻登记机关或法院宣告无效。我国采取宣告无效制度。根据法律规定,婚姻当事人或其利害关系人为请求权人。

无效婚姻有如下法律后果:

1. 自始不发生合法婚姻的效力,在当事人之间没有夫妻人身及财产关系。

2. 同居期间所得的财产,除有证据证明为当事人一方所有的外,按共同共有处理。

3. 当事人所生的子女为非婚生子女,与婚生子女有同等的权利。

(六)可撤销婚姻

可撤销婚姻,是指已成立的婚姻关系,因欠缺结婚的真实意思,受胁迫的一方当事人可依法向婚姻登记机关或人民法院请求撤销该婚姻。享有撤销权只能是受胁迫一方的婚姻关系当事人本人,是否行使撤销权由撤销权人自行决定。可撤销婚姻在撤销前,现存婚姻具有法律效力,一旦被撤销则自始不发生法律效力。

要注意的是,请求撤销由撤销权人行使撤销权,享有撤销权的仅限于受胁迫方,胁迫方无权申请撤销,第三人也无权申请。如果仅有可撤销的事由而无撤销行为的,其婚姻效力并不消灭。请求权人是向婚姻登记管理机关或法院作出使用撤销权的意思表示,而不是向相对人作出。撤销期间是自结婚登记之日起1年内提出。如果受胁迫人被限制了人身自由,则自恢复人身自由之日起1年内提出。

四、家庭关系

(一)夫妻关系

在立法上看,世界各国都经历了夫妻同体主义和夫妻别体主义两个阶段。夫妻同体主义是指男女结婚后合为一体,妻的人格为夫所吸收,女子没有姓名、财产等权利。如果是男子入赘则相反。这种立法为古代法所采用,也称为夫妻一体主义。夫妻别体主义是指婚后男女独立人格、互为权利义务,表现为男女法律地位的平等,也称为夫妻异体主义。这种立法为近现代各国所采用。但要注意的是,夫妻间要实现真正的平等,就必须实现男女在各个领域内的平等,而这些是受社会制度的制约的。[1]

1. 夫妻人身关系

夫妻双方地位平等、独立,男女双方在婚姻、家庭生活中的各个方面都平等地享有权利,负担义务,互不隶属、支配。

夫妻双方都享有姓名权。姓名权由夫妻双方完整、独立地享有,不受职业、收入、生活环境变化的影响,并排除他人,包括其配偶在内的干涉。

夫妻双方的人身自由权。夫妻双方都有参加生产、工作、学习和社会活动的自由,一方或他方不得加以限制和干涉。

夫妻住所选定权。夫妻一方可以成为另一方家庭的成员, 夫妻应有权协商决定家庭住所,可选择男方或女方原来住所或另外的住所。

日常家事代理权。夫妻一方与第三人为一定法律行为时的代理权,被代理方须对代理方从事家务行为所产生的债务承担连带责任。我国虽在婚姻法中对此没有明文规定,但实际上肯定了他们在日常生活范围内相互代理的权利,但仅仅限于共同财产。

夫妻间的忠实义务。主要是指保守贞操的义务、专一的夫妻性生活义务、不为婚外性行为。

此外,还有夫妻间的计划生育义务和禁止家庭暴力、虐待、遗弃等规定。

2. 夫妻财产关系

夫妻财产关系是基于夫妻身份关系的重要法律关系,反映了夫妻婚前婚后财产的归属、管理、使用、收益、处分、债务清偿及解除婚姻关系时的财产清算等内容。其立法形式有约定制和法定制两种。约定制是指以契约方式确定夫妻财产所有权, 即夫妻双方通过协商对婚前、婚后取得的财产的归属、处分以及在婚姻关系解除后的财产分割达成协议,并优先于法定夫妻财产制适用的夫妻财产制度,又称有契约财产制度。法定制就是指夫妻未就财产作约定或约定无效,直接适用有关法律规定的夫妻财产制度,也称正常夫妻财产制。现在世界上

[1] 参见李洪祥《婚姻法律制度研究》,112~113页,长春:长春出版社,2000。

大部分国家为约定制，社会主义国家一般采取法定制。

我国现行婚姻法对夫妻财产制采取的是法定夫妻财产制与约定夫妻财产制相结合的模式。我国《婚姻法》第17条规定：夫妻在婚姻关系存续期间所得的工资、奖金；生产、经营的收益；知识产权的收益；继承或赠与所得的财产以及其他应当归夫妻共同所有的财产归夫妻共同所有，夫妻对共同所有的财产，有平等的处理权。《婚姻法》第18条规定：夫妻双方一方的婚前财产；一方因身体受到伤害获得的医疗费、残疾人生活补助费等费用；遗嘱或赠与合同中确定只归夫妻一方所有的财产；一方专用的生活用品；军人的伤亡保险金、伤残补助金、医药生活补助费及其他应当归一方的财产为一方个人财产。《婚姻法》第19条规定：夫妻可以进行财产约定，约定应采取书面形式，对双方都具约束力。

我国法律还对夫妻消极财产作出了规定：夫妻共同负担债务，由夫妻共同所有财产清偿；夫妻一方所负的债务，由其个人所有的财产清偿。婚前、婚后的时间分隔点是婚姻登记日。

夫妻间有相互继承遗产的权利和互相扶养的义务。其中，夫妻间的抚养属于民法上的强行义务，不得以约定形式加以改变。义务人若拒不履行，且情节严重的可构成遗弃罪。[1]

(二)父母子女关系

父母子女关系也称亲子关系，古代亲子法以家族为本位，亲子关系受家族支配，近代亲权以父母为本位，亲权的行使以父为主亲权人，他对子女有绝对的支配权，后来发展为亲权仅是对未成年子女以教育和保护为目的的权利。大陆法国家在法律上称之为亲权，英美法国家在法律上称之为监护。我国法律没有亲权的称谓，但有实质内容。故在此表述为父母子女关系。按现行法律可分为自然血亲关系和拟制血亲关系两种。

1. 自然血亲关系

自然血亲的父母子女关系包括婚生父母子女关系和非婚生的父母子女关系两种。在婚生父母子女关系中，父母的权利义务有对子女的抚养、教育、管理、保护及代理等，具体表现在监护权、教育权、财产管理权、代理权及抚养义务和保护义务。子女的权利义务主要有受父母抚养的权利、未成年或无能力的子女要求父母给付抚养费的权利、受父母教育的权利、受父母保护的权利、等，以及赡养父母、给付赡养费的义务。其中，成年子女对父母的赡养是无条件无期限的，不得以放弃继承或父母未尽抚养义务为由拒绝履行义务。

婚生父母子女互为继承人，相互继承遗产。

非婚生的父母子女关系。非婚生子女享有与婚生子女同等的权利。不直接抚养非婚生子女的生父或生母，应负担子女的生活费与教育费，直至子女能独立生活。非婚生子女一般按生母的婚生子女对待。非婚生子女与生父的关系可由生父表示确认，也可以由生母或其他证据证明，如生母同意，生父可将子女领回抚养。生母与非婚生子女有权要求未履行抚养义务的生父给付抚养费。

2. 继父母子女关系

在现实生活中，继父母子女关系的形成有以下几种情形：一是子女成人并独立生活，父或母再婚，形成继父母子女关系；二是子女未成年或未独立生活时，父或母再婚，但未受继父或继母的抚养教育；三是子女未成年或未独立生活时，父或母再婚，该子女受继父或继母的抚

[1] 马忆南《婚姻家庭法新论》，166页，北京：北京大学出版社，2002。

养教育。因而,其法律地位及权利义务亦有不同。其中有抚养教育关系的继父母子女是拟制血亲,他们之间发生父母子女的权利义务关系,且这种权利义务与亲父母子女的权利义务相同。而无抚养教育关系的继父母子女关系仅为姻亲,相互间不发生法律上的权利义务关系。

3. 养父母子女关系

养父母子女关系就是收养人依法收养他人子女为自己子女而创设的拟制血亲关系。收养关系成立对收养人的条件要求是:没有子女、有抚养教育被收养人的能力;没有精神或其他严重疾病;年满30周岁。除此以外,还有基于伦理的考量和保护被收养人的需要的特别规定:无配偶的男性收养女性的,其年龄应当相差40岁以上。对被收养人的条件要求是:未满14周岁;孤儿、弃婴或找不到生父母的儿童;其父母无抚养能力。

办理收养登记的机关是县级以上人民政府的民政部门。收养关系成立即形成收养拟制血亲的父母子女关系,效力与自然血亲的父母子女关系相同。收养关系成立后,养子女与生父母之间的权利义务关系即告终止。收养关系可解除。收养关系解除后,养子女与养父母及其他近亲属间的权利义务关系即行解除,与生父母及其他近亲属的权利义务关系自行恢复。

(三)其他家庭成员之间的关系

1. 祖孙之间的关系

祖父母、外祖父母有负担能力,对父母死亡或无能力的未成年的孙子女、外孙子女有抚养义务。孙子女、外孙子女有负担能力,对需要赡养且子女已死亡的祖父母、外祖父母尽赡养义务。

孙子女、外孙子女可代位继承祖父母、外祖父母之遗产。祖父母、外祖父母为第二顺序继承人,在第一顺序人死亡、放弃或丧失继承权时,可继承孙之遗产。

2. 兄弟姐妹之间的关系

兄姐有负担能力,对父母死亡或无能力抚养的未成年的弟妹尽抚养义务。有能力且由兄姐抚养长大的弟妹,对丧失劳动能力且孤老无依的兄姐尽赡养义务。兄弟姐妹同为第二顺序继承人,在第一顺序人死亡、放弃或丧失继承权时,可继承其遗产。

五、离婚制度

(一)离婚概念

离婚就是夫妻双方依法定条件和程序解除婚姻关系的行为,也称为婚姻关系的解除。世界各国关于离婚制度的立法可分为禁止离婚主义和许可离婚主义两大类。禁止离婚主义就是指婚姻关系一旦确立就不能够解除。这一制度源于基督教的思想,《新约全书·马太福音》第19章规定:“上帝配合的人不可分开”,实行婚姻不可解除和强制的终身一夫一妻。直到现在,圣马力诺、马耳他、巴拉圭、菲律宾(伊斯兰教徒除外)等国仍实行这种制度。许可离婚主义是指准许解除婚姻关系的立法主张和法律制度,这是世界各国关于离婚立法的主流。现在,离婚制度已从古代的男子专权离婚主义,到近代限制离婚主义,迈向了现代的自由离婚主义。

我国现行采用自由离婚主义,保障离婚自由,反对轻率离婚,实行协议登记离婚和诉讼离婚双轨制,判决离婚的标准采取感情破裂主义。

(二)协议登记离婚

协议登记离婚,是指夫妻双方依据法律规定合意解除婚姻关系,并经过婚姻登记机关认可的离婚方式。其条件与要求是双方自愿,并就子女及财产问题达成协议;双方持离婚协议书到婚姻登记机关申请离婚登记。登记机关审查后，发给离婚证书，婚姻关系即告终止。

夫妻双方协议登记离婚后，财产分割按协议履行，若有纠纷可诉讼解决，如果1年内反悔，可以起诉；如果是受欺诈、胁迫而离婚，可撤销。子女抚养按协议履行，若有纠纷可随时起诉。

当事人弄虚作假、骗取离婚登记的，婚姻登记管理机关应撤销离婚登记，宣布解除婚姻无效并收回离婚证。

（三）诉讼离婚

诉讼离婚是指夫妻双方协议不成，一方向法院提起离婚诉讼，由法院依法审理判决的离婚方式，也称裁判离婚。在我国诉讼离婚主要适用于以下几种离婚纠纷：对是否离婚有争议；不能达成子女抚养、财产分割协议；一方或双方为无行为能力人或限制行为能力人；结婚登记地不在中国内地的；事实婚姻的等。

我国婚姻法规定了对诉讼离婚的特殊保护的两种情况，一是对军人的保护，即规定现役军人的配偶要求离婚的，须经军人同意，但军人一方有重大过失的不在此限。二是对女性的保护，即规定在女方孕期、产后1年内或中止妊娠后6个月内，男方不得请求离婚。但女方提出离婚的或法院认为确有必要受理男方的离婚请求的不在此限。

如前所述，我国判决离婚的标准采取感情破裂主义，但感情本身就具有多维、易变、难以认定等特点。我国法律将以下情形作为认定夫妻感情确已破裂的例示性理由加以规定，法院应准予离婚：

1. 重婚或与他人同居的；
2. 实施家庭暴力或虐待、遗弃家庭成员的；
3. 有赌博、吸毒等恶习屡教不改的；
4. 因感情不和分居满二年的；
5. 其他导致夫妻感情破裂的情形。

此外，对一方被宣告失踪，另一方提出离婚诉讼的，准予离婚。

（四）离婚对当事人的法律后果

1. 人身关系的法律后果

随着婚姻关系的解除，由身份而产生的权利义务均告消失。具体内容有：同居义务解除、忠实义务消灭、代理权丧失、姻亲关系终止、再婚自由等。

2. 财产关系的法律后果

(1)财产的分割

对离婚后财产的分割，基本规定是：婚前财产归个人，个人财产归己；子女财产归子女；分共有财产，约定财产按约定。

【案　例】

胡海英离婚财产纠纷案

胡海英、李宏鸣结婚后与李宏鸣的父母同住。2001年2月，双方因家庭琐事发生口角，胡海英拿了家中50万元携女出走大连而被其婆婆金顺涛报案。胡海英被警方以涉嫌盗窃为由抓进了拘留所。3月21日，金顺涛在没有任何人出具合法手续的情况下在哈尔滨工商局将宏鸣火锅复华店、宣化店的注册企业负责人由李宏鸣变为其本人。同年4月,胡海英向哈市南岗区人民法院提出与丈夫李宏鸣离婚,要求抚养女儿、分割共同财产——宏鸣火锅复华店、宣化店。

2003年4月,哈市南岗区人民法院作出判决,认定两处火锅店为胡海英、李宏鸣共同共有。李宏鸣、金顺涛不服判决上诉至哈市中级人民法院,李圭学(李宏鸣之父)在案件二审期间提出追加自己为第三人,也要求参加诉讼。2003年6月,哈市中级人民法院以原审法院遗漏诉讼主体为由将案件发回哈市南岗区人民法院重审。

经过半年时间的审理,哈市南岗区人民法院判决:火锅店的所有权应为李宏鸣及其配偶所有,不支持金顺涛及李圭学要求享有两处火锅店所有权的主张。两处火锅店均设立于胡海英与李宏鸣婚姻关系存续期间,且在企业工商档案中已载明两处火锅店系私营企业,投资人和企业负责人亦均为被告李宏鸣。另外,就李宏鸣、金顺涛及李圭学提出的他们曾参加两处火锅店的经营管理,故应享有所有权,而胡海英未参与经营管理不应享有所有权的主张,法院指出,由于所有权与经营权可分享,胡海英是否参与经营管理并不影响其对两处火锅店的所有权;不能因李宏鸣、金顺涛及李圭学曾对火锅店进行经营管理而认为火锅店系家庭共有。李宏鸣、金顺涛及李圭学提出的两处火锅店为其家庭共有财产的主张证据不足。2004年3月,哈市南岗区人民法院下达判决:哈尔滨宏鸣火锅店(宣化店、复华店)的财产所有权归原告胡海英、被告李宏鸣夫妻共同共有。[1]

对房产,根据我国2011年《婚姻法解释》(三)第7条、第10条规定按不同情况区别对待:如在结婚前,夫妻一方的父母为双方购置房屋出资,该出资认定为对自己子女的个人赠与,有明确表示赠与双方的除外。如在结婚后,一方父母出资购房,产权记在出资人子女名下的,视为出资人对自己子女的赠与,该房产为夫妻一方财产。婚后双方父母出资购房,产权记在一人名下的,该房产视为双方按份共有,事先有约定的除外。夫妻一方婚前签订不动产买卖合同,以个人财产支付首付款并在银行贷款,婚后用夫妻共同财产还贷,不动产登记于首付款支付方名下的,离婚时该不动产由双方协议处理。不能达成协议的,人民法院可以判决该不动产归产权登记一方。

(2)对财产分割的保护性规定

一方隐匿、转移、变卖、毁损共同财产或伪造债务侵占另一方财产的,可向法院提起诉讼,请求再次分割。共同财产被隐匿或转移的,可直接请求分割财产;共同财产被变卖,若变卖有效则请求分割变卖所得价金;若变卖无效,可请求分割被变卖的共同财产;财产被毁损的请求支付赔偿金;伪造债务的,可请求非法占有人返还共同财产,返还不能可请求赔偿损失。夫妻一方还可以依据民事诉讼法的有关规定申请对配偶的个人财产或者夫妻共同财产采取保全措施。

(3)离婚时的债务清偿

共同债务,共同清偿;个人债务,本人偿还。夫妻离婚时对财产的分割,不具对抗其他债权人的效力,债权人有权就原夫妻所负债务向双方或一方要求偿还,夫或妻一方就共同债务对外承担连带清偿责任后,有权向原配偶追偿。

---

[1] 参见曾宪义《新版以案说法》,巩沙、郝惠珍《婚姻家庭法篇》,324~332页,北京:中国人民大学出版社,2005。

(4)离婚时对生活困难一方的经济帮助

我国婚姻法规定,离婚时,如一方生活困难,另一方应予以适当经济帮助。具体条件是:接受方无劳动能力又没有其他生活来源,或虽有劳动能力但生活出现暂时困难;帮助仅限于用于解决离婚时的生活困难,如离婚时不困难,而离婚后发生困难的不予帮助;接受方为离婚后没有再婚者;帮助方有负担能力。

经济帮助实现的方法就是双方协商,如果协商不成则由法院判决。

3. 离婚损害赔偿

因夫妻一方的重大过错而致婚姻关系破裂的,无过错方因离婚受到的损害可得以向过错方要求赔偿。可见,提出主体是合法婚姻关系中的无过错方,且必须是由于对方的过错而导致离婚的;承担损害赔偿责任的主体是离婚诉讼当事人中无过错方的配偶。

根据我国《婚姻法》第 46 条规定,因重婚、有配偶者与他人同居、、实施家庭暴力、虐待遗弃家庭成员等情形而致离婚的,无过错方有权请求离婚损害赔偿。赔偿包括物质损害赔偿和精神损害赔偿。

根据我国《婚姻法解释》(一)第 30 条的规定,在诉讼离婚中,原告无过错,与离婚之诉同时主张;被告无过错,可在离婚之诉中提出要求或在 1 年内另行起诉;在协议离婚中,不影响诉讼,可在 1 年内主张,也可以协议放弃。

要注意的是,精神损害的赔偿更具有抚慰性质,并不是等价交换的对应关系。

(五)离婚对子女的法律后果

1. 离婚后的父母子女关系

婚生子女、养子女仍是父母双方的子女,权利义务不受影响。继父母与未成年的继子女的关系因离婚而归于消灭。继子女由继父母抚养成年的,继父母子女关系不消灭。生父与继母或生母与继父离婚时,对曾受其抚养教育的继子女,继父或继母不同意继续抚养的,仍应由生父母抚养。

2. 离婚后子女的抚养

哺乳期间的子女,以母亲抚养为原则,若父亲抚养条件好且母亲同意可由父亲抚养。哺乳期后的子女的抚养由双方协商,不能达成协议的,由法院进行判决;子女有识别能力的,要征求其本人意见。双方对独生子女的扶养发生争执的,在利于保护子女利益的前提下,要考虑不能生育或再婚有困难的一方的要求。

3. 子女抚养费用的负担

父母平等的负担子女生活教育费用。如何负担由双方协议,协议不成时,由法院判决。

在父母或子女情况发生变化时,都可依法要求予以增加、减少或免除。抚养费给付,一般至子女 18 周岁止。16 周岁以上不满 18 周岁子女以自己劳动收入为主要生活来源,并能维持当地一般生活水平的,父母可停止给付抚养费。

六、涉外婚姻

涉外婚姻的缔结,按结婚缔结地法律规定处理。离婚按受理地法律规定处理。

我国法律对结婚主体有限制性规定,即现役军人、外交人员、公安人员、机要人员及其他掌握重大机密的人员禁止与外国人结婚;正在服刑的人禁止与外国人结婚。

第二节　继承法

一、继承与继承法

(一)继承的概念及特征

继承就是接续、承受的意思。广义地讲,继承就是生者对死者生前所享有的财产和身份的承接和延续。而狭义地讲，继承仅指生者对死者生前所享有的财产和财产权的承接和延续。现代法学采其狭义的概念和认识,所指的继承是财产所有人死亡或被宣告死亡时,按法律规定或遗嘱指定，将其遗留的财产和财产权转归给有权接受这些财产的人所有的法律制度。其中死者称为被继承人,所继承的财产称为遗产,有权继承财产的人称为继承人、受遗赠人。继承具有如下基本特征：

1. 继承以被继承人死亡为前提,没有死亡就不可能有继承的开始。

2. 被继承人死亡时必须留有遗产,这是继承发生的必要条件。

3. 有合法的继承人,因遗赠及遗赠抚养协议而产生的财产所有权的转移,不属于真正意义的继承。国家将无主财产收归国有也不属于继承范围。

4. 继承和债务清偿相统一。继承人在继承遗产的同时必须清偿被继承人的债务,清偿债务以遗产实际价值为限。

继承作为一种财产转移的手段在原始社会即已产生,但不以血缘、配偶身份为依据,财产所有权公有。到奴隶社会则以嫡长子继承为原则,实行宗祧继承,即身份继承、祭祀继承和财产继承融为一体。到封建社会虽然仍实行宗祧继承,但诸子均分财产的制度逐步确立。到了资本主义社会,就已废除了身份继承,长子继承而实施财产继承、诸子均分、权利平等,遗嘱普遍适用。我国现行继承制度就表现出保护继承、男女平等、互谅互让、继承限定的特点。

(二)继承法的概念及特征

继承法有形式意义的继承法和实质意义的继承法之分，形式意义的继承法就是以继承法为法律命名的法律规范，实质意义的继承法就是指有关继承关系的法律规范的总和。在这里,采实质概念,也就是说继承法是调整因人的死亡而发生的财产继承关系,确定遗产归属的法律规范的总称。它具有以下特征：

1. 继承法是强制性规范多于任意性规范的私法。继承法调整的是因自然人的死亡而发生的财产转移关系,属于私法范畴,但因其事关自然人的切身利益,且对经济、伦理、家庭等影响巨大,故多以强制性规范加以调整,任意性规范较其他民事法律为弱。

2. 继承法是与身份关系密切相关的财产法。继承法主要解决财产流转及归属问题,但这种流转是以一定的身份关系为前提的,是以亲属身份相联系的财产法。

3. 继承法是适用于全体公民的普通法和基本法。财产继承是一种普遍存在的社会关系,适用于所有公民,不论其身份如何都有可能基于一定的法律事实而参与继承法律关系,成为继承权主体,受法律平等保护。这就体现了其普通法和基本法的特点。

二、遗产

(一)遗产的概念和特征

遗产是指自然人死亡时遗留的，依法律规定可以转移给他人的个人合法财产。遗产具有以下特征：

1. 遗产范围限定性，即遗产是死亡自然人的个人财产，其生前占有但不为其所有的财产不属于遗产，他人的财产也不能作为遗产。

2. 时间的特定性，即遗产是自然人死亡时尚存的财产，其生前已处分和已灭失的财产不属于遗产。

3. 合法性，即遗产是死亡自然人遗留的合法财产，只有被继承人的合法财产才允许继承人予以继承。

4. 可移转性，即遗产必须是死亡自然人遗留下来能够依法转移给他人的财产，不能转移给他人承受的财产不能作为遗产。如具有严格人身依附关系属性的权利就不能转归继承人继承。

(二)遗产的范围

对遗产的范围，主要有概括式和列举式两种立法例。概括式就是概括规定被继承人遗留的全部财产均为遗产，继承人既要继承财产权利也要继承财产义务。列举式就是具体列明哪些财产属于遗产。我国则采概括式和列举式相合的立法例，在《继承法》第3条作出了相关规定。根据规定遗产主要包括以下内容：

1. 个人所有财产，如合法收入，房屋和生活用品，文物、图书资料，生产资料，林木、牲畜和家禽等。

2. 个人享有的知识产权中的财产权利，如使用权、许可使用权、获得报酬权、转让专利权、使用标记权等。

3. 个人的可与人身相分离的债权和债务。

4. 个人其他合法财产，如复员费、转业费、医疗费等。

保险合同指定了受益人的，则由受益人取得保险金；未指定受益人的，作为遗产加以继承。职工、军人因公死亡、生病或其他意外事故死亡后，由有关单位按规定给予死者家属的抚恤，具有对死者家属的经济补偿性，不能列为遗产。有关部门发给因公伤残而丧失劳动能力的职工、军人的生活补助，归个人所有，可作为遗产继承。

三、继承权

(一)继承权的概念和特征

继承权是指自然人依照法律规定或者被继承人遗嘱的指定所享有的承受被继承人遗产的权利。在理论上，继承权通常可分为客观意义上的继承权和主观意义上的继承权两种。客观意义上的继承权，就是指继承开始前继承人依法律规定或遗嘱指定承受被继承人遗产的资格，是具有人身专属性的期待权，不以继承人的意志为转移，不能转让不能放弃，也称继承期待权。主观意义上的继承权是指继承人因一定法律事实的发生，而在继承法律关系中实际已经享有的继承被继承人遗产的权利，是一种排他的、既得的权利，可以继承人的意志为转移，可行使也可放弃，又称继承既得权。从客观意义上的继承权转化为主观意义上的继承权必须具备两个基本条件：一是被继承人已经死亡并留有遗产，二是继承人没有丧失继承权。

继承权具有以下基本特征：

1. 继承权主体的限定性。这是指享有继承权的主体只能是自然人。继承权以一定的身份为前提,法人、其他组织和国家可以以受遗赠人的身份取得遗产,但不能以法定继承人或遗嘱继承人的身份取得遗产。

2. 继承人被继承人身份关系的特殊性。这是指继承权的取得以继承人与被继承人存在特定的身份关系为前提,只有与被继承人有特定的婚姻、血缘以及收养关系的人才能成为继承人。

3. 继承权客体的财产性。这是指继承权是财产权,其客体只能是财产,其最终目的是取得财产上的利益,是一种独立的财产权,属财产性对世权、绝对权,继承人取得被继承人的财产是继承权的核心内容。

4. 继承权具有不可转让性。这是指继承人虽然可以放弃继承权,但不能将继承权转让给他人。

5. 继承权发生根据的法定性。这是指继承权发生的根据是法律的直接规定或者合法有效的遗嘱的指定。

6. 继承权实际行使的时间性。这是指继承权的标的为遗产,故继承只能在被继承人死亡时开始,只有继承开始,继承人才能实现继承权。

(二)继承权的取得、放弃、丧失和保护

继承权的取得有法定取得和遗嘱取得两种。继承法规定,自然人可基于以下三种原因取得继承权:一是因婚姻关系而取得,配偶之间有互相继承遗产的权利且为第一顺序继承人;二是因血缘关系而取得,父母子女、兄弟姐妹间基于血缘关系相互享有继承权;三是因抚养、赡养关系而取得,有抚养关系的继父母与继子女间以及有抚养关系的继兄弟姐妹之间有继承权,丧偶的儿媳对公、婆,丧偶女婿对岳父母,尽了主要赡养义务的,作为第一顺序继承人。

遗嘱继承权的取得,就是指依据被继承人生前立下的合法有效遗嘱而取得。被继承人只能在法定继承人范围内选定继承人或对法定继承人的继承份额作出规定,不能任意选定遗嘱继承人。

继承权的放弃,就是指继承人在继承开始后、遗产分割前明确作出的不继承遗产的意思表示。这种意思表示属单方法律行为,无须他人同意。继承人放弃继承的意思表示应在继承开始后、遗产分割前以明示的方式作出,在遗产分割前没有作出意思表示的,视为接受继承。放弃继承的继承人不享有请求分割遗产的权利,对被继承人遗留的债务也不负清偿责任。放弃行为的效力溯及到继承开始时,在遗产处理前或诉讼进行中,继承人对放弃行为反悔的,由法院依其提出的理由决定是否予以承认;遗产处理后,继承人对放弃继承反悔的,法院不予承认。

继承权的丧失是指依照法律规定发生法定事由时继承人继承被继承人遗产的权利被取消,也称继承权的剥夺。这是一古老的法律制度,包括继承人缺格和继承人废除。继承人缺格是指发生法定事由时继承人资格的丧失。继承人废除是指根据被继承人的意思,在发生一定事由时剥夺继承人继承遗产的权利。我国继承法上规定的继承权的丧失仅指继承人缺格,不包括继承人废除和特留份剥夺。

据我国《继承法》第 7 条规定,继承人有以下行为的,继承权丧失:

1. 故意杀害被继承人的。这是一种严重的犯罪行为,不论其动机、手段,也不论是既遂还是未遂,是否被追究刑事责任,均丧失继承权。但故意伤害致死、正当防卫或紧急避险等除外。

2. 为争夺遗产而杀害其他继承人的。构成这一法定事由有三个基本条件,一是继承人主观上有杀害其他继承人的故意;二是继承人实施了杀害其他继承人的行为;三是其主观动机是为了争夺遗产。只要具备这几项条件。不论既遂未遂,也不论是否追究刑事责任,均丧失继承权。

3. 遗弃被继承人,或者虐待被继承人情节严重的。遗弃被继承人是指继承人有能力、有条件尽抚养义务而故意不尽义务,致使无独立生活能力的被继承人陷于困苦之中。虐待被继承人是指对被继承人故意进行肉体或精神上的折磨与摧残。其情节严重与否,可从行为的时间、手段、后果及影响等方面予以认定。若情节严重,则不论是否追究刑事责任,均可认定丧失继承权。但继承人以后确有悔改表现而且被遗弃人、被虐待人又在生前表示宽恕的,可以不剥夺其继承权。

4. 伪造、篡改或者销毁遗嘱,情节严重的。

一般地,丧失继承权都采用自然失权主义,也就是丧失事由一旦成立,无需通过诉讼程序加以确认,继承人当然丧失继承权。丧失继承权的时间效力直追溯到继承开始之时,如已经占有遗产,应无条件返还。继承人只丧失了对特定被继承人的继承权,并不影响对其他被继承人的遗产的继承。我国法律规定,继承人丧失继承权的,其晚辈直系血亲不得代位继承,这与各国继承权的丧失对其晚辈直系血亲不发生效力的规定截然不同。

继承权的保护是指合法继承人的继承权受到他人侵害时,继承人可以通过诉讼程序请求法院予以保护,以恢复其继承遗产的权利。继承人享有的请求法院予以保护的权利称为继承权回复请求权。也称继承权恢复请求权、遗产请求权。这项权利以继承权受到侵害为前提,包括请求返还遗产的权利和请求确认继承人的资格的权利。诉讼时效期间为 2 年,自继承人知道或应该知道其权利受到侵害之日起 2 年内提出。继承人没有行使其请求权的,法院不再给予保护,自继承开始之日起超过 20 年的,不得再提起诉讼。

四、法定继承

(一)法定继承及其适用

法定继承是指根据法律确定的继承人范围、继承顺序以及遗产分配的原则,取得被继承人遗产的继承方式。这一制度起源于古罗马市民法,称为“无遗嘱继承”。在罗马法中就确立了“一为继承人,永为继承人”的原则,当法定继承人为数人时,按其与被继承人的亲等顺序,依次继承,同一亲等则按人计算、平等均分,但家长有权予以调剂。这就是后世各国继承法所确立的“均等分割、特殊例外”原则。

法定继承作为遗产转移的主要方式,具有以下特征:

1. 强制性。这是指继承人的范围、继承顺序、继承份额以及遗产分配原则等都由法律明确规定,任何人都不得改变。

2. 特定性。这是指继承人与被继承人间存在一定血缘关系、婚姻关系或扶养关系,特定的亲属身份是法定继承的前提。

3. 补充性。法定继承与遗嘱继承是继承制度中并存的两种方式,而实际上法定继承是一种法律推定的默示的遗嘱继承,是对被继承人合法的内心意思的推定,只有在没有遗嘱或遗嘱无效的情况下才适用。

4. 限制性。法定继承是对遗嘱继承的一种必要限制,特别是规定了遗嘱中对一些法定继承人必须保留必要的遗产份额,被继承人在遗嘱中取消特留份的,该部分遗嘱内容无效,而且遗嘱继承人必须在法定继承人的范围内选择,这也是对继承人范围的限制。

世界各国继承法都实行遗嘱在先主义,只有无遗嘱或遗嘱无效,才按法定继承方式继承。而且,只能适用按法定继承办理的遗产中的有关部分、遗嘱未处分的或遗嘱无效部分涉及的遗产、受遗赠人或遗嘱继承人先于被继承人死亡后所涉及的那部分遗产、遗嘱继承人放弃继承或丧失继承权后所涉及的遗产、受遗赠人放弃受遗赠后所涉及的遗产。

(二)法定继承人的范围及顺序

法定继承人的范围就是指那些人属于法定继承人,各国都以法定亲属范围为依据,不以被继承人的意志为转移,具有不可变性的特点。根据我国继承法的规定:被继承人的配偶、子女、父母、兄弟姐妹、祖父母、外祖父母都是法定继承人;对公婆、对岳父母尽主要赡养义务的丧偶儿媳、丧偶女婿是法定继承人;胎儿出生为活体,即为法定继承人。

法定继承人的顺序是指法律直接规定的继承人参加继承的先后次序,也称为法定继承人的顺位。世界上有两种立法例,一是以各法定继承人与被继承人间的亲属关系的远近,以及相互间的依赖程度来确定,亲等近者优先;二是继承开始后按顺序依次继承,在有前位顺序时后位顺序不能继承。我国采第二种立法例,规定第一顺序继承人是被继承人的配偶、子女、父母;对公婆、对岳父母尽主要赡养义务的丧偶儿媳、丧偶女婿是第一顺序人。第二顺序继承人是兄弟姐妹、祖父母、外祖父母。

我国现行法中继承顺位较少,同一顺序的继承人又相对较多,且对配偶的继承权没有特别照顾,这与他国相较有很大差异。王利明教授认为:我国现行法上的法定继承人只有两个顺位,每个顺位都有三类继承人,这三类继承人平等地继承遗产,这就降低了孙子女等直系血亲卑亲属的继承地位,抬高了父母的继承地位,不符合继承制度追求财产传承的目的。加上我国现在亲属关系日趋简单,如坚持两顺位制度则会出现无人继承情况的增多,因而建议扩大继承人顺位。[1]

(三)代位继承和转继承

代位继承是指在法定继承中,被继承人的子女先于被继承人死亡或宣告死亡时,本应由继承人继承的遗产,由已死亡子女的晚辈直系血亲代位继承的法律制度,又称间接继承。先于被继承人死亡的继承人称为被代位继承人,代替被代位继承人继承遗产的人被称为代位继承人。

代位继承必须具备以下条件:

1. 被代位继承人先于被继承人死亡。这是代位继承发生的基本条件,我国更是将其作为代位继承发生的唯一原因。在大多数国家除了这一原因外,还有被代位继承人放弃或者丧失继承权。

2. 代位继承只适用于法定继承,遗嘱继承和遗赠均不发生代位继承。

3. 被代位继承人只能是被继承人的子女,被代位继承人的旁系血亲或长辈直系血亲无代位继承权。

4. 代位继承人是被继承人子女的晚辈直系血亲。代位继承不受代数的限制,但以亲等

[1] 王利明《中国民法典学者建议稿及立法理由》(人格权编·婚姻家庭编·继承编),513页,北京:法律出版社,2005。

近者优先,不能同时继承。

5. 被代位继承人必须有继承权。根据我国法律规定,如果被代位继承人基于法定的事由丧失了继承权,则其直系卑亲属也丧失代位继承权。这与大多数国家把被代位继承人丧失或放弃继承权也视为代位继承发生的条件完全不同。

6. 代位继承人只能继承被代位人应得的遗产份额。代位继承人不论人数多少,只能继承被代位继承人有权继承的遗产份额,无权与其他第一顺序人平分遗产。这是各国继承法共同确认的原则,法国民法称之为“按房继承”,德国、瑞士民法称之为“按股继承”,其内涵实为一致。[1]

转继承是指继承人受遗赠人在继承开始后遗产分割前死亡, 其所继承的份额由其继承人承受的继承制度。这一制度在各国法上一般都没有明文规定,但在现实生活中实际存在,我国也是在司法解释中予以承认和保护。《关于贯彻执行中华人民共和国继承法若干问题的意见》第 52 条规定:“继承开始后,继承人没有表示放弃继承,并于遗产分割前死亡的,其继承遗产的权利转移给他的合法继承人。”第 53 条规定:“继承开始后,受遗赠人表示接受遗赠,并于遗产分割前死亡的,其接受遗赠的权利移转给他的继承人。”

与一般意义的继承不同,转继承有两个继承过程:一是继承开始后,被转继承人取得继承遗产的权利;二是在遗产分割时,被转继承人继承遗产的权利,转移给他的合法继承人。因此,转继承发生的条件就是:继承人必须是在继承开始后、遗产分割前死亡,继承人没有丧失或放弃继承权。

转继承与代位继承都存有两次死亡的事实,都是法定继承制度中重要的继承方式,但两者存有很大的差异,主要区别表现在以下几个方面:

1. 继承的性质不同。转继承是两个继承的连续,具有连续继承性质;而代位继承是替补继承,是代替被代位人的地位和顺序,一次性间接地继承被继承人的遗产,具有替补继承的性质。

2. 适用范围不同。转继承适用于法定继承、遗嘱继承和遗赠,代位继承只适用于法定继承。

3. 死亡的时间不同。转继承是继承人后于被继承人死亡,代位继承是被继承人的子女先于被继承人死亡。

4. 发生的原因不同。引起转继承发生的原因是被继承人的继承人死亡,引起代位继承发生的原因是被继承人的子女死亡。

5. 权利主体不同。接受转继承遗产的人是转继承人的全部继承人,代位继承人仅是被代位继承人的晚辈直系血亲。

【案　例】

李影诉黄玉海遗产纠纷案

黄某夫妇有二子,长子黄玉强与李影结婚,生育一子黄宝,次子黄玉海未婚,

[1] 参见李霞《婚姻家庭继承法学》,349 页,济南:山东大学出版社,2006。

与父母共同生活。2006年5月黄玉强遭遇车祸,其母焦急万分突发心脏病而于当晚去世,黄玉强在次日凌晨抢救无效死亡。黄某在一日之内失去2位亲人,伤心过度而于7月死亡。黄某夫妇有存款20万,房屋4间,价值40万,全部由次子黄玉海占有。黄玉海认为,父母去世只有自己是法定继承人,嫂子李影与父母无继承关系,且也没有对父母尽主要赡养义务,故无权继承,黄宝也无权继承祖父母的遗产。李影对此表示反对,认为自己和儿子也有权继承,两人协商不成于是诉至法院。

法院认为:黄某妻子死亡时,继承已经开始。此时享有继承权的是配偶黄某和两个儿子。黄某妻子死亡时遗产为30万,由丈夫黄某和两个儿子分别继承10万。但黄玉强在分割遗产前死亡,因此而发生转继承,其所继承遗产份额应由其父亲黄某、妻子李影和儿子黄宝继承。黄玉强所继承的10万为夫妻共同财产,故其中5万为李影所有,另5万为遗产,由父亲、妻子和儿子各继承1/3,数额为1.67万。黄某死后,其遗产为分割夫妻共同财产的30万,继承妻子的10万,继承儿子的1.67万。因黄玉强已死亡,其应继份由晚辈直系血亲黄宝代位继承。最后判定黄玉海继承遗产30.835万,黄宝为22.51万,李影为6.67万。[1]

(四)法定继承中的遗产分配

法定继承中的遗产分配以均等为原则,以不均等为例外。也就是说在一般情况下同一顺序继承人继承遗产的份额均等,在特殊情况下遗产应作不均等分配。根据我国《继承法》的规定,特殊情况主要指以下几种情形:

1. 对生活有特殊困难又缺乏劳动能力的继承人,分配遗产时应给予照顾。

2. 对被继承人尽了主要扶养义务或者与被继承人共同生活的继承人分配遗产时,可以多分。

3. 有扶养能力和扶养条件的继承人,不尽扶养义务的,分配遗产时,应该不分或少分。

4. 继承人协商统一的可以不均等。

在法定继承中,除法定继承人依法取得遗产外,法律还规定了具备法定条件的其他人也有权取得一定的遗产。这些人在法律上称之为酌分权人、得遗产人,主要包括继承人以外的、依靠被继承人扶养的缺乏劳动能力又没有生活来源的人和继承人以外对被继承人扶养较多的人两类。对前者而言,必须同时具备三个条件:一是缺乏劳动能力,二是没有生活来源,三是靠被继承人抚养。他们取得遗产的份额以满足其基本生活需要为限。

对于后者,即继承人以外的对被继承人扶养较多的人,这是在被继承人生前对其尽了较多的物质帮助、生活照顾、劳务扶助和精神慰藉的继承人以外的人。继承份额视其对被继承人的抚养情况而定,可多于、等于、少于法定继承人的份额。

酌分权人的权利受到侵害时,有权以独立的诉讼主体资格向法院提起诉讼。在遗产分割时,明知而未提出请求的不予受理,不知而未提出请求时,在知道后2年内起诉。

五、遗嘱继承

(一)遗嘱和遗嘱继承

遗嘱有广义和狭义的区分。广义上的遗嘱是指死者生前对于其死后一切事务所作的处

[1] 参见曾宪义《新版以案说法》,巩沙、郝惠珍《婚姻家庭法篇》,293~295页,北京:中国人民大学出版社,2005。

置和安排，包括政治、经济、身份、财产、情感、道德等各个方面。狭义的遗嘱，是指自然人生前按照法律规定处分自己的财产及安排与财产相关的事务，并于死后发生法律效力的单方民事法律行为。继承法上的遗嘱指的就是狭义的遗嘱，具有以下特征：

1. 遗嘱是一种单方的民事法律行为，无须对方意见。遗嘱人完全可以依自己的意愿，以遗嘱的方式处分自己的财产，也可以依自己的意愿予以变更、撤销，遗嘱继承人或受遗赠人的态度不影响遗嘱的成立和效力。

2. 遗嘱具有人身性，须由遗嘱人亲自设立，而不能由他人代为设立。

3. 遗嘱是在遗嘱人死亡后才发生法律效力的民事法律行为，遗嘱人可以撤销、变更自己所立的遗嘱。

4. 遗嘱是一种要式法律行为，只有符合法定形式才具有法律效力。

遗嘱继承，是指继承人按照被继承人合法有效的遗嘱取得被继承人遗产的法律制度，也称指定继承。依照遗嘱的指定享有遗嘱继承权的人为遗嘱继承人，生前设立遗嘱的被继承人称为遗嘱人或立遗嘱人。遗嘱继承具有以下特征：

1. 遗嘱继承以被继承人死亡和立有遗嘱为发生根据，是被继承人意志的直接体现。

2. 遗嘱继承是在法定继承人范围内指定继承人的继承。

3. 遗嘱继承在效力上优先于法定继承。

被继承人死亡时，如果立有合法有效的遗嘱，没有遗赠扶养协议，且遗嘱继承人没有丧失、放弃继承权，也未先于遗嘱人死亡，具有继承资格就适用遗嘱继承。

(二)遗嘱的形式

1. 公证遗嘱，就是经过国家公证机关认可其真实性与合法性的书面遗嘱，具有最高法律效力。设立公证遗嘱必须由遗嘱人亲自到公证机关办理公证，亲笔书写遗嘱，并签名盖章，注明年月日。公证员确认遗嘱合法的，应出具《遗嘱公证证明书》，由公证机关和遗嘱人分别保存。

2. 自书遗嘱，就是由遗嘱人亲笔书写制作的遗嘱。应由遗嘱人亲自以文字方式用不易被涂改的笔将自己处分财产的意思记录下来，由本人签名并注明年月日。

3. 代书遗嘱，就是由遗嘱人口述他人代为书写的遗嘱，有两个以上见证人在场见证，注明年月日，并由代书人、其他见证人和遗嘱人签名；

4. 录音遗嘱，以录音方式录制下来的遗嘱人的口述遗嘱，必须有两个以上见证人在场见证，并将见证证言一并录制。

5. 口头遗嘱，就是由遗嘱人口头表述的遗嘱。口头遗嘱的内容只能靠见证人证明，因此，只有在危急情况下不能以其他方式设立遗嘱时，才可以立口头遗嘱，且应当有两个以上见证人在场见证。一旦危急情况解除，可以以其他方式设立遗嘱的，口头遗嘱无效。

依法律规定，除公证遗嘱和自书遗嘱外，其他形式的遗嘱均要求见证人的见证。遗嘱见证人就是为遗嘱人设立遗嘱，并可对遗嘱的真实性作出证明的第三人。根据我国《继承法》第18条对见证人资格的限定规定，无行为能力人、限制行为能力人；继承人、受遗赠人；与继承人、受遗赠人有利害关系的人，如继承人、受遗赠人的近亲属及继承人、受遗赠人的债权人、债务人、共同经营的合伙人等都不能作为遗嘱见证人。此外，盲人、聋哑人、文盲不能为代书遗嘱见证人，聋哑人不能为录音遗嘱、口头遗嘱的见证人。

（三）遗嘱的效力

确认遗嘱是否有效，主要看其是否具备如下条件：

1. 遗嘱人有遗嘱能力。法律要求遗嘱人必须是完全行为能力人，无行为能力和限制行为能力人所立的遗嘱无效。

2. 遗嘱是遗嘱人的真实意思表示。遗嘱必须是遗嘱人真实意思的表示，受胁迫、受欺骗所立的遗嘱无效，伪造的遗嘱无效，遗嘱被篡改的，篡改的内容无效。

3. 遗嘱的内容合法。遗嘱是一种法律行为，其内容必须合法有效。具体地讲就是遗嘱所处分的财产必须是遗嘱人的个人财产，必须是遗嘱人个人合法财产。

4. 遗嘱的形式符合法律规定的要求。遗嘱的法定形式是保证遗嘱有效的重要手段，遗嘱人不论采取哪种形式都必须遵守相关规定，符合形式要件要求。

相应的，遗嘱的无效主要指以下几种情形：无行为能力人或限制行为能力人所立的遗嘱无效；受胁迫、欺骗所立的遗嘱无效；伪造的遗嘱无效；被篡改的遗嘱内容无效；对应当保留的必要份额的处分无效；在危急情况消除后，口头遗嘱无效。

（四）遗嘱的变更和撤销

遗嘱的变更是指遗嘱人对所立遗嘱进行部分改变的行为。遗嘱的撤销是指遗嘱人以一定的方式将已设立的遗嘱予以废止的行为。遗嘱的变更和撤销有两个基本条件，一是变更和撤销遗嘱时，遗嘱人必须具有遗嘱能力；二是变更和撤销遗嘱必须是遗嘱人真实的意思表示。变更和撤销方式主要有明示方式和推定方式。明示方式就是遗嘱人以明确的意思表示变更、撤销遗嘱，公证遗嘱的变更、撤销只有到公证机关办理公证后方为有效。推定方式就是遗嘱人虽未以明确的意思表示变更、撤销所设立的遗嘱，但法律根据遗嘱人的行为推定遗嘱人有变更或撤销遗嘱的意思表示，并实际产生变更或撤销遗嘱的法律后果。一般有以下三种情形：一是遗嘱人立有数份遗嘱，且内容相互抵触的，以最后所立的遗嘱为准，推定后立的遗嘱变更或撤销前立的遗嘱。二是遗嘱人生前的行为与遗嘱的意思表示相反，而使遗嘱处分的财产在继承开始前灭失、部分灭失，或所有权移转、部分移转的，遗嘱视为被撤销或部分被撤销。三是遗嘱人故意销毁遗嘱的，推定遗嘱人撤销原遗嘱，原遗嘱毁坏后是否立有新遗嘱不影响推定的效力。

遗嘱一旦变更，变更的内容就不再发生法律效力。同样的，遗嘱一旦撤销，被撤销的遗嘱就不发生法律效力，视为未立遗嘱，按法定继承处理。

（五）遗嘱的执行

遗嘱的执行是指在遗嘱生效后，为了实现遗嘱内容依照法律规定的程序进行的必要行为。因为遗嘱只有在被继承人死亡后才能发生效力，故遗嘱人只能通过遗嘱执行人才能实现遗嘱的内容，保护继承人和有关利益人的利益。一般地，遗嘱执行人的产生有以下三种情况：

1. 遗嘱确定的遗嘱执行人。这是指公民可依法设立遗嘱处分个人财产，并可以指定遗嘱执行人。这是一种单方的法律行为，一经指定即产生法律效力。我国《继承法》第 16 条就规定："公民可以按本法规定立遗嘱处分个人财产，并可以指定遗嘱执行人。"

2. 法定继承人为遗嘱执行人。遗嘱人未指定或指定的遗嘱执行人不能执行遗嘱的，遗嘱人的法定继承人为遗嘱执行人。如果法定继承人为数人，可推选代表或按少数服从多数的原则决定各种事项。

3. 既无指定执行人又无法定执行人的情况下，由遗嘱人生前所在单位或继承开始地点的基层组织为执行人。

遗嘱执行人具有独立的法律地位，是基于被指定而享有管理遗产、协调利益、完成和实现遗嘱人意愿、保护继承人或遗嘱受益人的合法权益。其主要职责是：对遗嘱的真实性、合法性进行审查和确认；通知继承关系当事人、办理死亡证明、户口注销等手续；确认、清理、保管遗嘱人的财产；召集相关当事人，宣布遗嘱，就遗产情况做书面报告说明；按遗嘱内容分配遗产；执行人为管理和执行遗嘱所支出的费用和应得报酬由继承人或受赠人承担；执行人对其造成的损失承担相应的赔偿责任。

(六)遗嘱自由及其限制

遗嘱自由是各国继承法的重要原则，其内容主要包括指定继承人的自由、指定受遗赠人的自由、变更和撤销遗嘱的自由、在遗嘱中附义务的自由等。实行遗嘱自由的意义就在于它有利于发挥家庭职能作用、有利于预防和减少纠纷，是对公民个人财产所有权的彻底保护，是“意思自治”这一民法基本原则的体现。但任何法律都不允许绝对制度的存在，因为遗嘱人可能因个人的好恶、偏爱、冲动而滥用权利，就会导致情况显失公平的出现。因而，对遗嘱自由予以限制也成为各国继承法中不可或缺的内容。

大陆法国家主要采取相对遗嘱自由主义，通过立法手段作出限制性规定，避免财产分配过于悬殊，如规定特留份制度。《德国民法典》规定：特留份为法定应继份的一半，特留份权人有权请求补足特留份，特留份权人包括直系卑亲属、配偶和父母。英美法国家则采取限制遗嘱自由主义，通过寡妇产和鳏夫产制度来限制遗嘱自由，还规定了宅院特留份和家庭特留份，保护需要扶养的家庭成员的利益。[1]

我国对遗嘱自由的限制主要表现在以下几个方面：

1. 遗嘱自由不得违背宪法和法律的规定。也就是说遗嘱自由受宪法和法律的限制，遗嘱人所立遗嘱若违反宪法或法律的规定，该遗嘱则不具法律效力。

2. 遗嘱自由不得违背社会道德和公序良俗。也就是说公民在处分遗产时必须符合社会公共利益及善良风俗，如果遗嘱的内容违反了社会公共利益和善良风俗，则该遗嘱无效。

3. 遗嘱自由不得剥夺缺乏劳动能力又无生活来源的继承人的必要的遗产份额。遗嘱人为缺乏劳动能力又没有生活来源的继承人保留必要的遗产份额，这是法律的强制性规定，遗嘱人必须履行。如果遗嘱人在其遗嘱中未作相关规定，那么，其所立遗嘱的法律效力就将受到影响，法院应确认该遗嘱部分无效。

我国是世界上对遗嘱自由限制最少的国家，且规定也较为笼统，这不符合世界继承法立法潮流，也不利于保护继承人的合法权益，因而建议增加对遗嘱自由的限制，如设立特留份、必继份、保留份、寡妇产等，最大限度地实现社会公平与正义。[2]

六、遗赠

(一)遗赠的概念和特征

遗赠是指自然人通过设立遗嘱把遗产的全部或一部分无偿赠给国家、社会组织或法定

[1] 参见孙若军《继承法学原理与案例教程》，153~156页，北京：中国人民大学出版社，2008。

[2] 参见王利明《中国民法典学者建议稿及立法理由》(人格权编·婚姻家庭编·继承编)，540页，北京：法律出版社，2005；张玉敏《中国继承法立法建议稿及立法理由》，110页，北京：人民出版社，2006。

继承人以外的自然人,并在死后生效的单方民事法律行为。其中设立遗嘱的自然人称为遗嘱人,被遗嘱人指定接受遗产的人称为受遗赠人。这一制度源于罗马法,现在实行直接继承制的大陆法国家显得极其重要。这是因为大陆法国家的遗产包括积极财产与消极财产,继承人有义务在遗产实际价值额度内清偿遗产债务,而受遗赠人则无此义务。而在英美法国家则实行间接继承制度,遗产先用于清偿债务和税款,故继承人和受遗赠人所得到的纯为积极财产,因而区分遗嘱继承和遗赠没有实际意义。我国采直接继承制,因而在继承法中对遗赠制度作了明确的规定。

依我国现行法的规定,遗赠具有以下特征:

1. 遗赠是以遗嘱的方式进行的无偿财产赠与行为。

2. 遗赠是单方的民事法律行为。遗赠是以遗嘱的方式将其财产赠与他人,因而是一种单方的法律行为,只要有遗赠人一方的意思表示就可以成立,不受他人意思之影响。

3. 遗赠是遗赠人死后才发生效力的行为,必须由受遗赠人亲自接受。受遗赠人也无权参与遗产分配,仅能从继承人或遗嘱执行人处取得受遗赠的财产。

4. 受遗赠人必须是法定继承人以外的自然人或国家及其他社会组织。

(二)遗赠的有效条件

作为一种继承法律制度,遗赠的有效必须具备以下几个条件:

1. 立遗嘱人在立遗嘱时,必须有完全行为能力。

2. 遗嘱人对财产享有处分权,所立遗嘱真实有效。

3. 遗赠人对缺乏劳动能力又没有生活来源的继承人保留必要的遗产份额。

4. 受遗赠人在遗嘱生效时存在,在知道受遗赠后2月内作出接受的意思表示,否则视为放弃。

(三)遗赠的执行

遗赠的执行是指为了实现遗嘱中遗赠部分的内容所做的必要行为和程序。遗嘱执行人通过履行执行遗嘱的职责,实现遗产从遗赠人到受遗赠人的交付转移。遗赠的执行范围仅限于遗产中的指定部分,遗赠人生前负有缴纳税款的义务或负有债务的,则以遗产对税款、债务清偿后的余额作为执行的范围。

遗赠的标的物为特定物时,遗嘱执行人则交付该特定物,该特定物灭失的,则遗赠效力归于消灭。

七、遗赠扶养协议

(一)遗赠扶养协议的概念和特征

遗赠扶养协议是指遗赠人与扶养人签订的,遗赠人的全部或部分财产在其死亡后按协议规定转移给扶养人所有,扶养人承担对遗赠人生养死葬义务的协议。这是我国继承法的一个独创,具有浓厚的中国特色。作为合同关系的一种,遗赠扶养协议具有以下基本特征:

1. 有偿性。遗赠扶养协议是双务有偿法律行为,当事双方均负有对应的义务,协议一经成立就对双方产生约束力,遗赠人以遗赠为条件接受扶养,而扶养人以扶养为条件接收遗赠,虽其付出的劳务代价不一定与所取得的遗赠财产价值相当,但却体现了有偿性的特征。

2. 诺成性。遗赠扶养协议是遗赠人和扶养人之间的双方法律行为,自当事人双方意思表示一致时即可成立,而不以财产的交付或义务的实际履行为成立要件,具有诺成法律性质，扶养人对遗赠人在生前尽扶养义务，财产的赠与在遗赠人死亡后才能发生。

3. 主体特殊性。在遗赠扶养协议中，遗赠人只能是自然人，扶养人则是法定继承人以外的自然人，也可以是社会组织。

4. 效力优先性。遗赠扶养协议效力优先于遗嘱继承和法定继承，继承开始后应先执行遗赠扶养协议，然后才按遗嘱继承和法定继承处理遗产。

(二)当事人的权利义务

1. 遗赠人的权利和义务

遗赠人享有依协议请求扶养人扶养和接受扶养人扶养的权利，并承担在世时妥善管理遗赠财产、不处分遗赠财产并将其转移给扶养人的义务。

2. 扶养人的权利义务

扶养人享有在遗赠人死后取得遗赠财产的权利，并承担扶养照顾遗赠人，在遗赠人死亡后将其安葬的义务。

八、遗产的处理

(一)继承的开始

继承开始的时间就是被继承人死亡的时间。死亡时间的确定以自然死亡时间或宣告死亡时间为准。如果相互有继承关系的几个人在同一事件中死亡且不能确定死亡时间的，推定没有继承人的先死亡；死亡人各自都有继承人的，如果几个死亡人辈分不同，推定长辈先死亡；几个死亡人辈分相同，推定同时死亡，彼此不发生继承，由他们各自的继承人分别继承。

继承开始的地点，就是继承人参与继承法律关系，行使继承权、接受遗产的场所。对它的确定有不同的主张：一是以户籍地为开始地得本籍地主义，二是以住所地为开始地的住所地主义，三是以财产地为开始地的财产地主义，四是以死亡地为开始地的死亡地主义。现在各国基本都采用住所地主义或住所地与财产地相结合的结合主义来确定开始地。我国《继承法》中没有相关规定，但在《民事诉讼法》第34条中规定："因继承遗产纠纷引起的诉讼，由被继承人死亡时的住所地或者主要遗产所在地人民法院管辖。"可见，在我国，继承开始地为被继承人生前最后住所地或主要遗产所在地。我们认为，单一的住所地主义或财产地主义都不能很好地解决遗产继承事宜和遗产纠纷，建议采结合主义的立法模式予以明确和完善。

(二)遗产的分割及其原则

遗产的分割是指在共同继承人之间，按照各继承人的应继份额分配遗产，是继承人取得遗产的单独所有权和具体取得遗产的必要程序。"只要继承人未明确表示放弃继承，也未提出分割遗产请求的，就不能认定继承人放弃继承，而仅属于继承人同意维持遗产共有，而不要求分割遗产。因此，自继承开始后，不论经过多长时间，未放弃继承权的继承人都有权请求分割遗产。"[1]

遗产分割的原则主要有：

1. 遗产分割自由

这是各国继承法均规定的一项基本原则，就是指继承人得在任何时间请求分割遗产，其

[1] 王利明《民法》，742页，北京：中国人民大学出版社，2005。

他继承人不得拒绝。继承人的遗产分割请求权不因时效而消灭。若其他继承人对分割有异议,可通过诉讼程序解决。

2. 保留胎儿份额

各国民法典都对胎儿的继承利益予以特别照顾,瑞士更是规定在胎儿出生前不得分割遗产。我国虽不禁止此做法和行为,但《继承法》第28条明确规定:"遗产分割时,应当保留胎儿的继承份额"。最高人民法院《关于贯彻执行中华人民共和国继承法若干问题的意见》第45条规定:"应当为胎儿保留的遗产份额没有保留的,应从继承人所继承的遗产中扣回。为胎儿保留的遗产份额,如胎儿出生后死亡的,由其继承人继承;如胎儿出生时就是死体的,由被继承人的继承人继承。"

3. 互谅互让、协商分割

这一原则要求继承人在分割遗产时要相互关心、互相照顾,就遗产分割的时间和办法等进行充分协商,并按协商意见予以办理。

4. 发挥遗产实际效用

这一原则也成为物尽其用原则,就是要求在分割遗产时,应从有利于生产和生活的需要出发,做到物尽其用,最大限度地发挥遗产的实际效用。

(三)遗产分割的方法及效力

遗产分割的方法就是继承人如何取得遗产的方法。一般采用实物分割的方式,对不易分割的,采用变价、补偿等方式。

1. 实物分割。这是遗产分割最主要的方式,是指将可分物分为若干份,由继承人分别获取相应份额。分割的遗产可为可分的实物,也可是货币及有价证券。但不得违背"发挥遗产实际效用"之原则。

2. 变价分割。对于不易分割的遗产,或是继承人不愿取得的实物遗产,就可采取变卖折价的方式,在取得价金后再行分割。这是对共有遗产的处分方式,必须征得全体继承人的同意,否则不能分割,即使分割也无法律效力。

3. 补偿分割。就是将遗产中不宜分割的实物折算成价金,有一人取得,再由该人将超出应继份额的部分,用价金或实物对其他继承人予以补偿。

4. 保留共有。对于遗产是不易分割的实物,且继承人也不愿进行分割的,可保留共同共有状态,各继承人的共有份额按其应继份的比例确定,从而使共同共有转变为按份共有。

关于遗产分割的效力,世界上有两种立法例:一是德国和瑞士等国采取的移转主义,即遗产的分割效力不溯及既往,遗产分割有移转效力或创设效力。二是法国和日本等国采取的宣告主义,即遗产分割的效力溯及到继承开始之时,因遗产分割而分配给继承人的财产,视为自继承开始业已归继承人单独所有,遗产分割只是对既有状态的宣告。我国继承法没有明确规定遗产分割的效力。但从立法精神看,我国采取的是宣告主义,但学者们建议应采移转主义,因为宣告主义有失公平且不利于财产秩序的稳定,与物权法也不协调。[1]

---

[1] 参见王利明《中国民法典学者建议稿及立法理由》(人格权编·婚姻家庭编·继承编),610页,北京:法律出版社,2005;张玉敏《中国继承法立法建议稿及立法理由》,174页,北京:人民出版社,2006;李双元《比较民法学》,1020页,武汉:武汉大学出版社,2000。

(四)遗产债务清偿

遗产债务就是被继承人生前所欠的应由其个人偿还的债务以及应缴纳而未缴纳的税款。继承人继承遗产应负责清偿遗产债务。遗产债务的清偿以接受继承为前提,只有接受继承才依法承担被继承人的债务。但要注意区别被继承人的债务与其家庭共同债务、被继承人的债务与以被继承人个人名义欠下的债务、被继承人债务与继承费用。

遗产债务的清偿应遵循以下原则:

1. 限定继承原则。继承人清偿被继承人依法应缴纳的税款和债务应以其取得遗产的实际价值为限,超过部分可以不予偿还。

2. 保留必留份原则。如继承人缺乏劳动能力又没有生活来源的,即使遗产不足以清偿债务,也应为其保留适当的遗产。

3. 连带责任原则。共同继承中,接受继承的共同继承人对遗产债务的清偿负连带责任。

4. 清偿债务优先于执行遗赠原则。在被继承人负债的情况下,必须在清偿债务后,才能执行遗赠。

(五)无人承受的遗产

无人承受的遗产就是指没有继承人也没有受遗赠人或抚养协议承受的遗产。各国继承法一般都规定归国家所有。但所采立法例有所不同。一是采取继承权主义,即国家对无人继承的遗产以法定继承人身份取得继承,如德国。二是采取先占权主义,即国家有优先取得无人继承遗产的权利。英美法国家也采这种立法例。

在我国,则是依被继承人生前身份来确定无人承受财产的归属。《继承法》第32条规定:"无人继承又无人受遗赠的财产,归国家所有;死者生前是集体所有制组织成员的,归所在集体所有制组织所有。"但无论归国家所有还是归集体所有制组织所有,承受者都应负责在遗产实际价值范围内清偿被继承人生前所欠债务。

第六编　诉讼法学原理

引 例

米兰达规则

1963年3月3日深夜，一位在亚里桑那州凤凰城电影院工作的18岁女孩下班回家时被一男子开车劫持并强暴。在女孩报警后警察根据其描述在3月13日将米兰达逮捕,米兰达也供认了自己强奸女孩的事实并按警察的要求写了一份供认书。这份供认书和米兰达招供的情况在审判中被作为证据。经审判,米兰达被判犯有劫持罪和强奸罪,分别被判有期徒刑20年和30年。米兰达不服,一直上诉到州最高法院。州最高法院维持原判。米兰达此时已不再有享受免费律师的权利。他就在监狱中自己多次向美国联邦最高法院写信上诉,终于成功。于是就产生了著名的“米兰达诉亚里桑那州”案。

米兰达案的焦点是被告人所做的供认书是否应该作为证据进入司法程序。被告人认为,在当时的情况下,他的招供是被迫的,因此,警察违反了宪法修正案第五条不得强迫犯人对自己作证的规定,最高法院同意被告人的观点,他们认为,虽然被告人没有从肉体上受到强迫,甚至没有人直接告诉他必须招供,但“心理上”的强迫是存在的。而在这种场合下所做的供认可信性很低,是不应当作为合法证据的。最高法院明确规定:警察在审讯之前,必须明确告诉被捕者“米兰达警告”,否则,审讯的供词一律不得作为证据进入司法程序。尽管一些总统,从查里德·尼克松到罗纳德·里根都公开反对这个程序,但“米兰达规则”这一程序从未被推翻。为保护因贫穷没受过教育的人,“宣布被告权利” 已经成了美国国内每一个司法部门的程序标准。

1966年,美国联邦最高法院最终确定了米兰达规则,其内容如下:

宪法要求我告诉你以下权利:

1. 你有权保持沉默,你对任何一个警察所说的一切都将可能被作为法庭对你不利的证据。

2. 你有权利在接受警察询问之前委托律师,律师可以陪伴你接受询问的全过程。

3. 如果你付不起律师费,只要你同意,在所有询问之前将免费为你提供一名律师。

4. 如果你不愿意回答问题,你在任何时间都可以终止谈话。

5. 如果你希望跟你的律师谈话,你可以在任何时候停止回答问题,并且你可以让律师一直伴随你询问的全过程。

米兰达规则主要是体现了保障被告人人权的程序性规则，程序正义的价值在于诉讼双方公平竞争。米兰达规则的确立,改变了美国警察办案的做法。在程序上有着非常重要的价值。

价值一，米兰达规则使美国宪法修正案第五条“任何人不得在刑事案中被迫对自己作证”更加具体化，从而加强了控方的举证责任。

“反对自证其罪原则”是联合国司法准则之一，很多国家都确立了这一原则。米兰达规则的确立，为“反对自证其罪原则”在侦察活动中的适用提供了进一步的保障。正是因为一方当事人没有义务帮助对方获得用以反对自己的武器，诉讼的另一方就必须依靠自己的力量获取反对对手的武器。这样就迫使在刑事诉讼中控方放弃对犯罪嫌疑人、被告人口供的依赖性。如今，在美国这一规则已扩大解释为任何政府机构都不得强迫任何人自证其罪。被告人的口供在刑事审判中的证据作用发生了变化。

价值二，米兰达规则在刑事诉讼程序中确立了审讯的定义。

所谓“审讯”一般理解就是问话，目的是从问话者的口中掏出归罪的证据。在米兰达案公布以后，就要求警察对逮捕的人在问话前，必须要向他告知“米兰达警告”，否则，就构成审讯，当然这种审讯是非法的，从审讯中得到的证据以及案件的线索都不得进入司法程序。从而，使审讯的合法性在警察的侦察活动中有了具体的界限。

价值三，加强了犯罪嫌疑人、被告人的防御力量。法国哲学家皮埃尔·勒鲁曾说，“平等创造了司法和构成了司法”。然而，在刑事诉讼中，诉讼双方是不平等的，特别是对穷人和文化程度不高或者说法律知识欠缺的群体来说，这种抵御能力低下，他们不知道自己的权利是什么。“米兰达规则”的适用，使他们首先可以不要作出对自己不利的行为，说出对自己不利的话。他可以保持沉默，等到有律师提供法律帮助的时候再决定自己该做什么，该说什么。从而使诉讼力量达到平衡，在程序上保障了他们的诉讼权益。

总之，“米兰达规则”是沉默权的具体体现，也是程序正义的一系列思想的集中体现，反过来这些思想又是沉默权的基础与源泉，与具体的规则相伴而生。正因为如此，“米兰达规则”才被各界所接受。[1]

---

[1] 参见张一敏《米兰达规则的程序价值》，载共同律师网，http://www.gtlawyer.com/Article_Show8.asp?ArticleID=843；戴莹《米兰达规则研究》，载中国诉讼法律网，http://www.procedurallaw.cn/xsss/zdwz/200807/t20080724_51557.html.

第一章 诉讼法概述

第一节 诉讼及诉讼法

一、诉讼及其分类

(一)诉讼的概念

诉讼就是俗称的“打官司”,是一种最有效的合法的冲突解决手段。“诉讼”一词是由“诉”和“讼”两个字组成的。从字义上讲,“诉”是告的意思,即告诉、控告、告发的意思;“讼”的基本含义是争或争辩,争曲直于官府,即争辩曲直为讼。在西方,诉讼一词源于拉丁语 procedere,意为程序、过程、向前推进。普遍强调两层含意:一是由原告、被告和裁判者构成的诉讼主体活动;二是一系列不断向前推进的程序化活动。可见诉讼就是国家司法机关在当事人和其他诉讼参与人的参加下,按照法定程序解决各种案件争讼的专门活动。狭义地讲仅指起诉和审判活动,广义地讲不仅指起诉和审判,还包括执行在内。

(二)诉讼分类

由于诉讼所解决的案件性质不同,诉讼的内容和形式也有所不同,所以,诉讼又分为刑事诉讼、民事诉讼和行政诉讼。

刑事诉讼,就是公安机关、人民检察院和人民法院在当事人及其他诉讼参与人的参加下,依法处理刑事案件,即依法揭露犯罪、证实犯罪和惩罚犯罪的活动。民事诉讼,就是指法院在当事人和其他诉讼参与人的参加下,以审理、判决、执行等方式解决民事纠纷的活动,以及由这些活动产生的各种诉讼关系的总和。行政诉讼,是法院在当事人及其他诉讼参与人的参加下,审理国家行政机关所作的具体行政行为是否合法的活动。

二、诉讼法及其任务

(一)诉讼法的概念及分类

诉讼法是指国家司法机关和当事人以及其他诉讼参与人进行诉讼时必须遵循的法律规范的总称。诉讼法分为刑事诉讼法、民事诉讼法和行政诉讼法。

刑事诉讼法是指国家制定或认可的调整刑事诉讼活动的法律规范的总称。其内容主要包括刑事诉讼的任务、基本原则与制度,公、检、法机关在刑事诉讼中的职权和相互关系,当事人及其他诉讼参与人的权利、义务,以及如何进行刑事诉讼的具体程序等。有狭义和广义之分,狭义的刑事诉讼法单指国家立法机关制定的成文的刑事诉讼法典。在我国是指 1979 年 7 月 1 日第五届全国人民代表大会第二次会议通过,1996 年 3 月 17 日第八届全国人民代表大会第四次会议修正的《中华人民共和国刑事诉讼法》。广义的刑事诉讼法指一切与刑事诉讼有关的法律规范。

民事诉讼法是国家制定的规范法院和诉讼参与人的各种诉讼活动以及由此产生的各种诉讼关系的法律规范的总称。民事诉讼法有狭义和广义之分,狭义的民事诉讼法专指民事诉讼法典,我国现行的民事诉讼法典是1991年4月9日颁布实施的《中华人民共和国民事诉讼法》。广义的民事诉讼法,不仅包括民事诉讼法典,而且还包括宪法、其他法律法规中有关民事诉讼的规范,以及最高人民法院在适用民事诉讼法过程中作出的司法解释。

行政诉讼法是有关行政诉讼的法律规范的总和。它是规定人民法院、诉讼当事人和其他参与人的诉讼活动程序,规范各种行政诉讼行为,调整行政诉讼关系的法律规范,也是法律体系中的一个重要法律部门。行政诉讼法有广义、狭义之分。狭义的行政诉讼法也称形式意义上的行政诉讼法典,专指我国1989年4月4日由七届人大二次会议通过的《中华人民共和国行政诉讼法》。广义的行政诉讼法也称实质意义的行政诉讼法,除行政诉讼法典外,还包括一切有关行政诉讼的法律规范,它们分散在各种法律、法规及立法、司法解释中。

(二)诉讼法的任务

1. 行政诉讼法的任务

保证人民法院正确、及时审理行政案件;保证法院正确、及时审理行政案件;保护公民、法人和其他组织的合法权益维护、监督行政机关依法行使行政职权。

2. 刑事诉讼法的任务

我国《刑事诉讼法》第2条规定:中华人民共和国刑事诉讼法的任务,是保证准确、及时地查明犯罪事实,正确应用法律,惩罚犯罪分子,保障无罪的人不受刑事追究,教育公民自觉遵守法律,积极同犯罪行为做斗争,以维护社会主义法制,保护公民的人身权利、财产权利、民主权利和其他权利,保障社会主义建设事业的顺利进行。可见,刑事诉讼法的任务主要有四个方面的内容:一是准确、及时地查明犯罪事实惩罚犯罪分子;二是保障无罪的人不受刑事追究;三是教育公民自觉遵守法律;四是维护法制。

3. 民事诉讼法

依照民事诉讼法第2条的规定,我国民事诉讼法的任务可以从五个方面加以理解:一是保护当事人行使诉讼权利;二是保证人民法院查明事实,分清是非,正确适用法律,及时审理民事案件;三是确认民事权利义务关系,制裁民事违法行为,保护当事人的合法权益;四是教育公民自觉遵守法律;五是维护法制、保障社会主义建设事业的顺利进行。

第二节　诉讼法的基本原则

一、诉讼法的共有原则

(一)司法独立原则,即司法机关依法独立行使职权

从学理上讲,司法独立包括两个层次的含义:一是司法权独立,二是法官独立。所谓司法权独立就是指司法权独立于行政权和立法权之外。这是"权力分立"思想的充分显现,是现代司法不可或缺的重要因素。法官独立则是指法官在从事裁判时,不受任何不当干涉,保证作出独立的判断,以保证裁判的公正。1983年通过的《司法独立世界宣言》规定:"每一法官均应自主地依据对于事实之判断及法律之了解,公平地决定所系属之事物,不受任何方面及任何理由直接或间接地限制、影响、诱导、压力、恐吓或干涉。""法官在做成判决之过程中,应独立于其同僚及监督者。任何上级司法机构或任何高级的法官,均无权干涉法官自由地宣示其判决。"

在我国,人民法院是审判机关而不是司法机关,其所拥有的审判权是最高国家权力衍生出来的一种具体的权力,向最高权力负责。而且,法官的公务员身份和行政级别的拥有,以及法院内部组织活动的民主集中与首长负责特点,都表明了法官没有独立的条件和必要。因而,司法独立这一原则在我国表现较弱。[1]

(二)证据裁判原则,即以事实为根据,以法律为准绳

"认定事实,须依证据"是证据裁判原则的最一般的表述。它包含三方面的内容:一是对事实的裁判必须依赖证据,没有证据就不能认定事实;二是裁判所依据的证据必须具有证据资格,也就是具有事实关联性的证据即具有法律可采性;三是没有经过法庭调查的证据不得作为裁判依据。

在我国,这一原则习惯上被表述为"以事实为根据,以法律为准绳"。

(三)一律平等原则,即公民在适用法律上一律平等

这是宪法上平等原则的具体体现,也是程序公正的基本要求。就是指在诉讼活动中,不论社会地位、民族种族、在适用法律上一律平等,只依据法律的规定,而不考虑其他任何因素。

(四)实行合议、回避、公开审判、两审终审

世界各国关于审判组织有独任制和合议制两种立法例。独任制是指由一名法官对案件进行审理并作出裁判。合议制是指由 3 名或 3 名以上的法官或陪审员组成合议庭进行审判。我国采合议制,旨在发挥集体智慧,避免独任审理可能出现的偏颇和失误。

回避是各国普遍适用的一项诉讼原则。源于普通法"自然正义"的基本要求,即"任何人不得做自己案件的法官"。也就是说,在审判活动中,法官和其他有关人员具有法律规定的不宜参加审理的情形时,退出对案件的审理及与案件审理有关的活动,以保证审判的公正性。

公开审判就是指案件的审理过程和判决结果向社会公开。"人人有权进行公正的和公开的审判",这是诉讼制度进步和文明的标志,是各国诉讼法中的一项重要原则。其意义就在于有利于保证和促进司法公正、极大地约束当事人和其他诉讼参与人,并且有利于发挥法律的教育作用。

两审终审是指案件经过两级法院审理即告结束,二审裁判产生终审的法律效果。现在,世界各国普遍采用三审终审,我国可谓"独树一帜"。许多学者提出应予以改革,以克服两审终审所表现出的缺陷和弊端。[2]

(五)使用本民族语言文字进行诉讼

这是各民族平等的宪法原则在诉讼中的具体体现。任何民族都不能将自己的语言文字强加给其他民族。为了实现和保障这一原则,在我国,明确规定:在少数民族聚居或多民族共同居住的地区,法院应当采用当地民族通用的语言、文字进行审理和发布法律文书,应当为不通晓当地民族通用的语言文字的诉讼参与人提供翻译人员。

(六)人民检察院对诉讼实行法律监督

这是为了保障诉讼活动依法进行,保护当事人的合法权益。一方面,检察院的监督对法

---

[1] 参见胡锦光《宪法学原理与案例教程》,371~374 页,北京:中国人民大学出版社,2006。

[2] 参见齐树洁《构建我国三审终审制的基本思路》,《法学家》,2004-03。

院的审判权形成了一种制约,促使法院正确处理和裁判案件,另一方面也为错判错定提供了一条有效的纠正途径,有助于对社会利益和当事人合法权益的保护。

二、民事诉讼法和行政诉讼法共同的基本原则

(一)当事人诉讼地位和诉讼权利平等

这是指当事人具有平等的诉讼地位,法院应一视同仁,不能区别对待;当事人双方的权利义务是同等的;当事人双方在适用法律上一律平等;法院应保障双方平等权利的实现。

(二)辩论原则

当事人双方都享有辩论权;辩论贯穿于诉讼的各个阶段;辩论可由本人行使,也可由代理人行使;法院保障当事人双方充分进行辩论。但在我国,由于这一原则在法律上没有规定相应的法律后果,就使得辩论结果不能形成对法院裁判的约束,因而在实际上的法律约束力较弱,属于"非约束性辩论原则"。

(三)同等原则和对等原则

这是指给予在人民法院起诉、应诉的外国人、无国籍人、外国企业和组织的,与我国公民、法人和其他组织同样的待遇。如果外国法院对我国公民和法人在该国的诉讼权利加以限制,那么,我们也将对该国公民、企业和组织的诉讼权利采取相应的限制措施,以限制对抗限制。

三、行政诉讼法特有的基本原则

(一)合法性审查原则

合法性审查原则就是对具体行政行为的事实问题和法律问题、程序问题和实体问题进行全面的审查并作出裁判,也称为司法审查有限原则。这是行政诉讼的核心。对具体行政行为的合法性进行审查,既要审查其适用法律是否正确,还要其所依据的事实是否清楚,证据是否确实充分,不能认为合法性就是法律审,而要认识到事实审也是合法性审查的一个方面,要将事实审和法律审结合起来。[1]

(二)诉讼期间不停止具体行政行为执行原则

这是因为行政行为具有公定力、确定力和执行力等法律效力,在未宣告失效前,行政行为具有连续性。如果因行政相对人起诉,就中止行政行为,必然会对行政管理的连续性和不间断性造成影响。这一原则得到了世界多数国家的认可,我国《行政诉讼法》第44条也明确规定了这一原则。但实际上我国许多行政机关至今仍不能正确对待行政诉讼和原告,从而使执行回转在事实上出现较大困难。因此,一些学者提出"不能因为所谓的理论逻辑阻挠经验的需求,扼杀法律的生命",应确立诉讼期间停止具体行政行为执行原则。[2]

(三)不适用调解原则。

我国《行政诉讼法》第50条明确规定行政案件不适用调解。这是因为调解的实质是参与调解的主体为了实现自己的权利,以牺牲一定的权利为代价以求得争议的解决。而在行政诉讼中,行政机关仅仅是国家权力的行使者,没有权利自由处分属于国家的行政权。

现在有学者认为:对于羁束性权利,行政机关不能自由处分,但对于裁量性权利则是完

---

[1] 参见姜明安《行政法与行政诉讼法》,323页,北京:法律出版社,2003。

[2] 方世荣等《行政诉讼法学》,178页,北京:清华大学出版社,2006。

全可以在法律许可的范围内自由处分的。因此，这样的规定强调了行政权力与公民权利的对立性而忽视了它们存在妥协的可能性。有必要学习国外在一定程度上允许当事人和解或由法院进行调解。[1]

四、民事诉讼法特有的基本原则

(一)诚实信用原则

这是指法院、当事人及其他诉讼参与人在审理民事案件和民事诉讼时必须公正和诚实善意。[2]

诚实信用原则首先表现为对当事人在诉讼中意思自由的限制。具体包括：禁止反悔及矛盾行为，即不允许一方当事人事后后悔或采取矛盾的行为以损害对方正当利益；禁止不正当诉讼行为，即以不正当方法或手段形成有利于自己的诉讼状态；禁止滥用诉讼权利等。

诚实信用原则对其他诉讼参与人的制约主要有：禁止诉讼代理人在诉讼中滥用或超越代理权；禁止提供虚伪证据或引诱他人提供虚假证词；禁止鉴定人做虚假鉴定；禁止翻译人员故意做与原陈述或原文不符的翻译。

诚实信用原则对法院的制约主要有：禁止滥用自由裁量权；禁止突袭性裁判，即为当事人提供陈述主张和事实的机会，以防止当事人没有准备而受到突袭性的打击。[3]

(二)处分原则

这是各国民事诉讼的一项基本原则。大陆法称为“处分权主义”，英美法称为“对抗时辩论原则”，但“都反映了民事诉讼基本上都是当事人之间自己处理问题的过程这样一种观念，在这种观念下，当事者具有排他的权利来限定争执的问题和确定要求法院作出决定的事项”。[4]

在我国，这一原则主要包括以下内容：当事人可依自己的意愿决定是否行使起诉权；诉讼主体在起诉时可以自由地确定请求司法保护的范围和选择保护的方法；诉讼开始后，原告可以变更、放弃诉讼请求；当事人双方可以达成或拒绝达成调解协议；在判决未执行完毕之前，双方当事人随时可就实体问题自行和解；在一审判决作出后，当事人可以对未生效的判决提起上诉或不提起上诉；对生效判决或者其他具有执行力的法律文书享有权利的当事人，有权决定是否申请强制执行等。

(三)社会支持起诉原则

这是我国民事诉讼法的独有原则。之所以确立这一原则，是因为在现代诉讼中，被告大多为从事社会公共事业的团体或社会集团，而原告多为单个的自然人，“因为没有团体的帮助，他们很少能够在法律纠纷中争取到它们所想要得到的。[5]因而，有必要由有机关的社会团体和企事业单位支持他们提起民事诉讼以保护其合法权益。支持起诉的主体主要是对受害者负有保护责任的机关、团体和企业事业单位，如妇联支持受害妇女；支持起诉的前提是

---

[1] 参见马怀德《司法改革与行政诉讼制度的完善》，326 页，北京：中国政法大学出版社，2004。

[2] 参见王福华《民事诉讼诚实信用原则论》，《法商研究》，1999-04。

[3] 参见吴英姿《民事诉讼法——问题与原理》，66~73 页，北京：科学出版社，2008。

[4] 〔日〕谷口安平《程序的正义与诉讼》，252 页，王亚新译，北京：中国政法大学出版社，1996。

[5] 〔美〕唐·布莱克《社会学视野中的司法》，47~48 页，郭星华译，北京：法律出版社，2002。

法人或者自然人有损害国家、集体或者个人民事权益的违法行为。支持起诉的场合必须是受损害的单位或个人造成了损害,而又不能、不敢或者不便诉诸法院。

(四)调解原则

根据合法和自愿的原则进行调解。法院受理民事案件后,应当重视调解解决,凡能用调解的方式结案的,就不采用判决的方式结案;法院调解要在自愿和合法的基础上进行,调解不成应及时判决。

五、刑事诉讼法特有的基本原则

(一)程序法定原则

这是指刑事诉讼程序规则“只能由立法加以规定,因此只能具有立法性质”。[1]这一原则被誉为刑事诉讼的“帝王原则”,反映了刑事诉讼中国家权力的运作应受到法律的限制以及涉及公民的基本人权应当受到法律的保障和救济的目标。没有这一原则就没有现代刑事诉讼法。[2]

现在,这一原则已成为国际社会的法律准则,联合国《公民权利和政治权利国际公约》第9条规定:“每个人都享有人身自由与安全的权利,任何人不得被任意逮捕或羁押,除非依据法律所规定的理由并遵守法定的程序,任何人不得被剥夺自由。”

在大陆法国家,程序法定原则主要体现在有关刑事诉讼的成文法之中,强调司法机关的活动必须遵循法律规定。而在英美法国家,这一原则不仅体现为刑事诉讼须遵循法律规定,还应遵循正当程序理念的要求。关于我国现行法律中是否确立了这一原则,学界存有不同的观点和看法,但不论怎样,在我国立法和司法中这一原则都没有得到很好地贯彻和执行是一个不争的事实。[3]

(二)控审分离原则

这是要求执行控诉职能的主体与执行审判职能的主体要彻底分离。从结构意义上讲,就是指控诉职能与审判职能应有不同的国家机构分别承担。从程序意义上讲,就是指行使审判程序在启动上的“不告不理”,以及程序运作中的“诉审合一”。这一原则在世界上已得到普遍的认同与遵循。在我国就表现为公、检、法三机关分别依法行使职权。对刑事案件的侦查、拘留、执行逮捕、预审,由公安机关负责;检察、批准逮捕、检察机关直接受理的案件的侦查、提起公诉,由人民检察院负责;审判由法院负责。

(三)无罪推定原则

这是现代法治国家普遍承认和确立的原则,并得到了国际法的确认。就是指在刑事诉讼中任何被怀疑或受到刑事指控的人未经司法程序最终确认有罪之前,在法律上应假定其无罪。

联合国人权委员会在《〈公民权利和政治权利国际公约〉的一般评论》中指出:无罪推定原则包括两项基本内容,一是证明责任由控诉方承担,被告人不承担证明自己无罪的责任;二是当控诉方不能证实被告有罪,审判者对被告是否有罪及罪行轻重难以确证时,被告有权

[1] 〔法〕卡斯东斯特法尼《法国刑事诉讼法精义》上,10页,罗结珍译,北京:中国政法大学出版,1999。

[2] 参见万毅、林喜芬《现代刑事诉讼法的“帝王”原则:程序法定原则重述》,《当代法学》,2006-01。

[3] 参见宋英辉《刑事诉讼法学研究述评——1978—2008》,88~92页,北京:北京师范大学出版,2009。

获得对其有利的判决。[1]

在我国,这一原则主要表现为:未经人民法院依法判决,对任何人都不得确定有罪;证据不足,不能认定被告人有罪的,应当作出证据不足、指控的犯罪不能成立的无罪判决。

(四)辩护原则

这是一国司法制度和民主制度的一个重要的组成部分,也是在刑事诉讼中确保被指控人行使辩护权的一项重要原则,反映了一国刑事诉讼制度的民主性和公正性的程度。在我国就主要表现为:被告人有权获得辩护,人民法院有义务保证被告人获得辩护。公诉人出庭公诉的案件,被告人因经济困难或者其他原因没有委托辩护人的,人民法院可以指定承担法律援助义务的律师为其提供辩护;被告人是盲、聋、哑或者未成年人而没有委托辩护人的,人民法院应当指定承担法律援助义务的律师为其提供辩护;被告人可能被判处死刑而没有委托辩护人的,人民法院应当指定承担法律援助义务的律师为其提供辩护。

(五)分工负责,互相配合,互相制约

公安机关、人民检察院和人民法院在刑事诉讼中应按照法律的规定各负其责,各尽其职。公安机关、人民检察院和人民法院应在分工负责的基础上互相支持和合作,互相协调,使刑事诉讼程序顺利衔接,共同完成揭露犯罪、证实犯罪、惩罚犯罪的任务,保障无罪的人不受刑事追究。公安机关、人民检察院和人民法院在刑事诉讼中应当互相监督,互相约束,防止发生错误和及时纠正错误,正确执行法律。

(六)保障诉讼参与人的诉讼权利原则

公安司法机关不得以任何方式剥夺诉讼参与人的诉讼权利。公安司法机关有义务保障诉讼参与人充分行使诉讼权利,对于妨碍诉讼参与人行使诉讼权利的各种行为,公安司法机关有义务采取措施予以制止;诉讼参与人在其诉讼权利受到侵害时,有权采用法律手段依法保护自己的诉讼权利,如控告或请求公安司法机关予以制止,有关机关对于侵犯公民诉讼权利的行为应当认真查处。

(七)法定不追究刑事责任原则

我国刑法明确规定,符合下列情形的不再追究刑事责任:一是情节显著轻微、危害不大,根据刑法不认为是犯罪的;二是犯罪已过追诉时效期限的;三是犯罪嫌疑人、被告人死亡的;四是经特赦令免除刑罚的。

【案 例】

江西"杀人兄妹"无罪获释案

2004年9月5日下午,费琴在与丈夫发生口角后的第3天回家时,发现丈夫已被人杀害,费琴涉嫌杀人被逮捕。在被羁押的8天中,侦查人员每天分为四班轮番审讯,费琴在精神极度恍惚的情况下,承认与哥哥一起杀害了自己的丈夫。后翻供。2006年4月26日,上饶市中级人民法院仍依据费琴的有罪供述,认定费琴犯故意杀人罪,判处其无期徒刑,剥夺政治权利终身。其哥哥费志标也因此被判处有

[1] 参见卞建林《刑事诉讼法学》,68~74页,北京:科学出版社,2008。

期徒刑十年。判决一宣布,费琴兄妹就向省高级人民法院提起上诉。省高院经过调查后认为被告人费琴、费志标杀人证据不足,依法撤销了一审判决,发回重审。但一审法院还是没坚持"疑罪从无"的原则判案,分别判处费琴、费志标有期徒刑15年和10年,两被告人又不服提出上诉。省高院审理后认为,一审法院再审组成合议庭时程序违法,再次撤销一审判决,又发回重审。

2006年8月22日,上饶市中院审理后认为费琴兄妹犯故意杀人罪证据不足,宣判两被告人无罪。该案宣判后,上饶市人民检察院不服,并于2006年9月27日向省高院提出抗诉。2007年4月10日,省高院对此案下达了终审裁定书,认定被告人费琴、费志标犯故意杀人罪证据不足,判决宣告两被告人无罪。[1]

第三节 诉讼证据

一、证据的概念和特征

(一)证据的概念

从学理上讲,对证据的认识各有不同,主要有事实说、根据说和统一说。事实说认为,证据就是证明案件真实情况的一切事实;[2]根据说认为,证据是证明案件事实或者与法律事务有关之事实存在与否的根据[3];统一说认为,证据是经过查证属实可以作为定案根据的,具有法定形式和来源的证明案件真实情况的一切事实。[4]我们认为,以上各说中统一说既主张事实内容因素和材料形式因素,还强调了证据的证明功能,最具包容性,因而赞同这一观点。认为证据就是能够在诉讼中证明案件真实情况的客观事实,是事实内容、材料形式和证明功能诸要素的统一体。

(二)证据的特征

1. 客观性

这是证据最重要的特征,是指证据是客观存在的事实,而不是人们主观猜测和虚假的东西。也就是说证据的本质是事实,是不以人的主观意志为转移而客观存在的事实。其存在有两种基本形式:一是客观存在的物质,如物品、痕迹、文件等;二是被人们感知并记忆的事实。无论以哪种形式存在的事实,都可以成为证据。它是不以人的主观意志为转移而客观存在的事实,那些虚幻或虚假的情况,一切主观的东西,都必须排除在诉讼证据之外。

2. 关联性

这是指"证据具有某种倾向,使决定某项诉讼中待确认的争议事实的存在比没有该证据时更有可能或不可能。"[5]证据不仅是客观存在的事实,而且必须是与案件事实有关联的事实。凡是与案件事实具有客观的必然的联系,对查明案件有意义的事实,就可以作为证据。

[1] 参见凤凰网资讯,http://news.ifeng.com/society/1/detail_2007_05/08/863812_0.shtml.

[2] 参见江伟《证据法学》,206页,北京:法律出版社,1999。

[3] 何家弘《新编证据法学》,99页,北京:法律出版社,2000。

[4] 参见刘金友《证据法学》,115页,北京:中国政法大学出版社,2001。

[5] 《美国联邦证据规则》之规定,转引自江伟《证据法原理》,14页,北京:中国人民大学出版社,2004。

证据与案件事实的联系必须是客观存在的,不存在客观联系的事实不能成为证据。关联性越强,证明力就越大。

3. 合法性

这是指诉讼证据必须是按照法律的要求和法定程序而取得的事实材料。也就是证据的提供、收集和审查,必须符合法定的程序要求;作为证明案件事实的证据材料形式上必须符合法律要求;诉讼证据必须经法定程序出示和查证。

二、诉讼证据的种类

目前,各国关于证据的分类不胜枚举,一个国家也存有多种分类。在美国就有两种分类方法,从证据形式分为物证书证和言词证据,从证据类型又分为直接证据、情况证据、补强证据和辅助证据。[1]我国学界则普遍接受本证和反证、原始证据和转来证据、直接证据间接证据、言词证据和实物证据等分类。本证是负有举证责任的当事人一方主张的证据;反证是对方当事人证明对方主张不存在或有瑕疵的证据;原始证据是源于待证事实的证据;转来证据是经过中间环节的证据;直接证据是指能够单独证明事实的证据;间接证据指只能与其他证据相合才能证明事实的证据;言词证据是以人的陈述为表现形式的证据;实物证据就是以实物为表现形式的证据。它们都是三大诉讼中共有的证据。其中,言词证据就表现为证人证言、鉴定结论、当事人陈述等;实物证据主要表现为物证、书证、勘验、检查笔录及视听资料等。在一般情况下,人们习惯于将这些证据称为书证,物证、证人证言等。

书证是指以其内容来证明与待证事实有关的文字材料。它是在案件发生之前或在发生过程中,成为案件事实的客观记载,在各类诉讼中均能起到直接的证明作用。物证是以物的存在证明案件事实情况的一切物和痕迹,具有稳定可靠的性质,有较强的证明力。证人证言就是自然人对其亲身感知的事实向执法机关所做的陈述。在我国,证人多提供书面证言以替代出庭作证,这样就使得对其有效性的审核存有很大的困难。

一般地,在民事诉讼和行政诉讼中,较强调当事人的陈述。在行政诉讼中强调特有的一种证据,即现场笔录。而在刑事诉讼中则强调被害人陈述以及犯罪嫌疑人、被告人的供述和辩解。

三、诉讼证据的提供与收集

(一)举证责任

举证责任就是在特定案件中,法律规定由某一方当事人承担证明案件事实的义务,如果不能证明,则推定其主张不成立。

1. 行政诉讼的举证责任

在行政诉讼被告负举证责任。被告应当在收到起诉状副本之日起 10 日内,提供据以作出被诉具体行政行为的全部证据和所依据的规范性文件。被告不提供或者无正当理由逾期提供证据的,视为被诉具体行政行为没有相应的证据。

2. 刑事诉讼的举证责任

控方负举证责任。公安机关、检察机关和自诉人应当承担证明被告人有罪的责任。我国

---

[1] 参见沈达明《英美证据法》,27~28 页,北京:中信出版社,1996。

刑事诉讼法并没有赋予犯罪嫌疑人、被告人以沉默权。对侦查人员的提问,应当如实回答。被告人应如实陈述,但不承担提供证据证明自己有罪或无罪的责任。

3. 民事诉讼的举证责任

谁主张谁举证。当事人对自己提出的主张,有责任提供证据。如果当事人(原告)对自己的主张不能举证证明,其主张就不能成立。

在民事诉讼中举证责任倒置的情形:因新产品制造方法发明专利引起的专利侵权诉讼;高度危险作业致人损害的侵权诉讼;因环境污染引起的损害赔偿诉讼;建筑物或者其他设施以及建筑物上的搁置物、悬挂物发生倒塌、脱落、坠落致人损害的侵权诉讼;饲养动物致人损害的侵权诉讼;因缺陷产品致人损害的侵权诉讼;因共同危险行为致人损害的侵权诉讼;因医疗行为引起的侵权诉讼。

(二)证据的收集

1. 行政诉讼中证据的收集

在行政诉讼中,当事人举证是行政诉讼证据的主要来源,如果原告或者第三人不能自行收集,在能够提供确切线索时,可以申请人民法院调取。

2. 刑事诉讼中证据的收集

刑事诉讼中证据的收集主要靠司法人员收集。法律严禁刑讯逼供和以威胁、引诱、欺骗以及其他非法的方法收集证据;严禁以非法的方法收集证据。凡经查证确实属于采用刑讯逼供或者威胁、引诱、欺骗等非法的方法取得的证人证言、被害人陈述、被告人供述,不能作为定案的根据。只有被告人供述,没有其他证据的,不能认定被告人有罪和处以刑罚;没有被告人供述,证据充分确实的,可以认定被告人有罪和处以刑罚;

3. 民事诉讼中证据的收集

在民事诉讼中,如当事人及其诉讼代理人因客观原因不能自行收集的证据,或者人民法院认为审理案件需要的证据,人民法院应当调查收集

4. 证据保全

证据保全是指在证据可能灭失或以后难以取得的情况下,人民法院根据诉讼参加人的申请或依职权主动采取措施,对证据加以确定和保护的制度。分为诉前证据保全和诉后证据保全两种。诉前证据保全主要由公证机关进行保全,也有在起诉前向人民法院申请证据保全的。诉后证据保全,即在诉讼开始或进行中,由人民法院采取措施,对证据加以保全。

【案　例】

美国辛普森杀妻案中的证据

1994年6月13日,美国前橄榄球明星、影视界当红演员辛普森的前妻尼科尔和她的男友戈德曼的尸体在尼科尔的公寓外被发现,辛普森被警方指控犯有双命血案。经过474天的审理,1995年10月3日,陪审团在分析了113位证人的1105份证词后,审判辛普森无罪。

控方证据

1. 在辛普森罗金汉别墅发现一只带血的手套,该手套系辛普森常用的牌号,与犯罪现场发现的另一只是一对,检验分析,手套上有戈德曼身上衬衫的纤维物

质；有尼科尔和戈德曼的头发；有野马车上的纤维物质及具有黑人特征的体毛，手套上的血迹经化验分析系尼科尔、戈德曼和辛普森的血液。

2. 在辛普森家中卧室床下发现袜子上有血迹。经DNA分析，符合辛普森和尼科尔的基因特征。

3. 在犯罪现场后门发现的血迹，因不在发案现场，系干净纯洁未受污染的血液，经DNA分析，这些血液是辛普森的。

4. 在辛普森的野马车里发现多处血迹，在车门上、车内地板上、仪表盘上有血迹。车门上的血迹符合辛普森的DNA特征；在仪表盘上的血迹系辛普森、尼科尔、戈尔德曼的。

5. 在犯罪现场发现的血迹，经分析，符合辛普森的DNA特征，其中对辛普森的一滴血用常规血清分析，证明系辛普森的血迹。

6. 在犯罪现场发现头发和衣服纤维，犯罪现场的一只针织滑雪帽上有辛普森的头发和其野马车车厢地毯的纤维，在戈德曼的衬衫上发现的深蓝色纤维与在辛普森罗金汉别墅里搜到的血手套及辛普森卧室发现的袜子相符；

7. 在犯罪现场发现带血的脚印，尺寸为12号，与辛普森鞋号相同，出售该鞋的百货公司正是辛普森常购物的商店。

8. 在罗金汉别墅的车道、门厅、浴室洗练池及浴盆内都发现少量血迹。

辩方理由

1. 警察发现谋杀事件后，未办理搜查证就前往辛普森家中搜查，取证方式严重违法。

2. 警察在后来补办的搜查证上竟然写错了理由，说明警察的办案能力低下和严重的失职。

3. 警察调查人员未能把犯罪现场完整地保护下来，他们从尼科尔家中拿来毛毯遮盖受害人尸体，受害人身上发现的毛发及纤维物质究竟是谁的成了疑问；在从尸体上提取头发纤维物质样品之前，曾把尸体在院内拖动搬移，增加了尸体沾染他人头发和纤维物的可能。

4. 在现场调查的警官未能按洛杉矶警察局规定的工作章程及时通知验尸官和法医前往尸检，现场提取的证据的可信性有疑问。

5. 在现场搜查的洛杉矶警察法医当时并未在犯罪现场后门发现大量血迹，也未在辛普森袜子上发现血迹，他们是在几个星期后，从辛普森身上取了血样后，才发现这些血迹的。

6. 洛杉矶警方法医在现场并未计算收集到的血液和血迹数量，进行干燥处理后也未计算数量，每次化验分析也不计数量。

7. 警察证人福尔曼对黑人有偏见，且曾要过辛普森汽车的钥匙，有栽赃陷害的可能。

8. 控方证人丹尼斯·方出庭证明搜集证据的有效性，但辩方经过法庭质证，使其不得不承认：取毛毯盖尼科尔尸体使一个致命的错误；警察没有及时招集犯罪学家到现场；未用警带围住辛普森的野马车；将在辛普森家发现的手套带到了现场；提取证据未戴乳胶手套；辛普森汽车旁的四滴血未进行记录，且少了血滴。物证受到污染。

9. 控方证人塞尔马公司实验室主管洛宾·克顿出庭证明DNA的检验的科学性DNA血样与辛普森血样的相似性,指出现场发现的血样的提供者是辛普森。辩方首先指出DNA分析统计方法并非完全可信,血样在6月天很热的卡车里长达7小时可能变质。举出塞尔马公司曾检验DNA出现的例子,说明现有检验结果的可信度值得怀疑。[1]

[1] 参见http://wenku.baidu.com/view/51397ddb7f1922791688e821.html.

第二章 行政诉讼法

第一节 行政诉讼的受案范围

一、行政诉讼的受案范围概念及确立方式

行政诉讼的受案范围，也称法院对行政诉讼案件的主管范围，是指法院可以依法受理并进行审查的行政案件的种类和权限。

受案范围的确立方式分为概括式、列举式和混合式等。概括式是由行政诉讼法典对受案范围做原则性、概括性的规定。其优点是简单、灵活，但可能出现具体解释的困难。列举式是指法律明确规定法院可以或者不能受理行政争议的种类，有肯定式列举和否定式列举两种。肯定式列举是由行政诉讼法和单项法律、法规对属于行政诉讼受案范围的行政争议逐类列举；否定式列举是对不属于行政诉讼受案范围的事项加以逐类列举，凡列举的都被排除在受案范围之外，未做排除列举的则都在受案范围之内。其优点是具体、易于掌握，但存在繁琐、挂一漏万的缺陷。混合式是将上述两种方式混合使用，以发挥各种方式的长处，避免各自的不足，相互弥补。但是，混合式存在概括规定与列举规定之间的衔接难题。

我国《行政诉讼法》对受案范围的规定采用概括式和列举式相合的方式，先在总则中概括规定了行政诉讼的受案范围，又在第二章用一章的篇幅列举了应当受理和不能受理的案件类型。

二、受案范围的确定标准

受案范围的确定标准，是指法律规定受案范围时所应用的要素。从总体上讲有行为标准和权利标准。行为标准是指引起行政争议的行政活动的种类，也就是说，哪些行政活动属于行政诉讼的受案范围，可以被人民法院审查。我国《行政诉讼法》第2条规定："公民、法人或者其他组织认为行政机关和行政机关工作人员的具体行政行为侵犯其合法权益，有权依照本法向人民法院提起诉讼。"《行诉法解释》第1条规定："公民、法人或者其他组织对具有国家行政职权的机关和组织及其工作人员的行政行为不服，依法提起诉讼的，属于人民法院行政诉讼的受案范围。"只要是具体行政行为都可成为起诉的对象。

权利标准是指行政诉讼保护的公民合法权益的种类，也就是说，行政活动侵害了公民的哪些合法权益，人民法院才予以受理。我国行政诉讼法主要规定了人身权和财产权。在行政复议法中除规定了人身权和财产权外，还规定了政治权、社会权和平等权等种类，保护范围比行政诉讼法宽。

三、我国行政诉讼法列举的受案范围

(一)行政处罚行为

行政处罚是行政机关依法对违反行政管理秩序的公民、法人或者其他组织的惩戒。主要有人身罚、财产罚、资格罚、行为罚。

（二）行政强制措施

行政强制措施是行政机关为了实现特定的行政管理目的，直接使用强制力限制公民人身权或者财产权的措施，主要有对人身的行政强制、对行为的行政强制、对物品的行政强制、对场所的行政强制。

（三）认为行政机关侵犯法定的经营自主权的

经营自主权是指个人或者企业依法对自身的机构、人员、财产、原材料供应、生产、销售等各方面事务自主管理经营的权利。主要有企业对其经营管理的财产的占有、使用和依法处分的权利；机构设置、人事管理和劳动用工自主权；生产经营决策权和投资决策权；产品、劳务定价权；产品销售权；物资采购权；进出口权；留用资金支配权；联营、兼并权；拒绝摊派权等。法定经营自主权的主体主要是各种企业和经济组织，包括国有企业、集体企业、合资企业、外资企业、私营企业等。在个人从事经营活动时，也享有经营自主权，如个体经营户。

（四）行政许可案件

行政许可案件形成有两个条件：一是颁发有关证照必须是公民先提出申请，对行政机关来说是一种依申请的行政行为；二是行政机关对公民要求颁发有关证照的申请拒绝或不予答复。拒绝是行政机关对公民的申请明示不予同意或不予办理。不予答复是行政机关对公民的申请不理睬、推诿或无故拖延不办等。

（五）不履行法定职责案件

这是公民认为行政机关拒不履行保护人身权、财产权法定职责而引起的行政案件。这种案件形成有四个条件：一是公民的人身权、财产权正在或即将受到侵害，行政机关客观上能够提供救济；二是公民向行政机关提出了保护申请；三是接到申请的行政机关负有法定职责；四是行政机关对公民、法人或者其他组织的申请拒绝或者不予答复。要注意的是：任何行政工作人员，无论是在工作时间之内或之外，只要身着标志其身份的国家行政机关制服，其就是代表着行政机关并处于在岗状态，对公民要求履行保护职责的申请予以拒绝或者不予答复的，都属于职务行为。

（六）不依法发给抚恤金的行为

狭义的抚恤金是指法律规定对某些伤残人员或死亡人员遗属，为抚慰和保障其生活而发放的专项费用，包括对革命残废军人和因公致残的职工及其他人的伤残抚恤金和对革命烈士、牺牲人员或其他死亡人员的遗属抚恤金。广义的抚恤金是指国家对公民发放的社会福利保障费用，除了狭义的抚恤金之外，还包括福利金、救济金等。

抚恤金案件的原告只能是享受抚恤金等的公民个人，被告只能是依法具有发放抚恤金等专项职责的行政机关。行政机关未依法发给抚恤金的行为通常表现为不按法定标准发放抚恤金、扣减抚恤金、不按期限发放抚恤金。

（七）违法要求行政相对人履行义务的行为

主要指行政机关在行政管理活动中无法律根据而要求相对人承担义务，或要求相对人承担超过法律规定标准的义务。主要是指乱罚款、乱摊派、乱收费。其中，“乱罚款”属于行政处罚案件的情形，“乱摊派”和“乱收费”属于行政征收案件。

（八）其他侵犯人身权、财产权的行为

这是对上述七种案件之外的其他涉及人身权、财产权的具体行政行为引起的行政案件的概括，在立法技术上是对上述七种案件的列举性规定的衔接和补充。主要有行政裁决案件、行政确认案件、行政检查案件等。

(九)法律、法规规定的其他行政案件

在上列具体行政行为之外,《行政诉讼法》第11条第2款规定:除前款规定外,人民法院受理法律、法规规定可以提起诉讼的其他行政案件。根据该款规定,凡因行政机关行政活动涉及公民合法权益而形成的行政争议案件,即使行政诉讼法未做列举,只要其他法律、法规规定可以提起行政诉讼,则都属于行政诉讼的受案范围,人民法院都应予以受理。

四、我国行政诉讼法列举的法院不受理的案件

(一)国防、外交等国家行为

国家行为又称政治行为、统治行为、政府行为,是指以国家名义实施,涉及国家主权或重大国家利益的具有很强政治性的行为。有对内行为和对外行为之分。对外意义上的国家行为,是指经国防部、外交部等中央国家机关,在国际事务中,代表整个国家行使国际法权利和履行国际法义务的国防、外交行为。对内意义上的国家行为,是指经宪法和法律授权的特定国家机关,在对国内全局性、重大性的国家事务中,代表整个国家对内实施的统治行为。[1]

(二)行政法规、规章或者行政机关制定、发布的具有普遍约束力的决定、命令

这类行为属于抽象行政行为。我国行政诉讼法没有将抽象行政行为纳入受案范围主要是基于以下两个原因:

1. 我国在行政诉讼制度之外建立有单独的对抽象行政行为的监督制度,抽象行政行为可以通过人民代表大会和上级行政机关监督的方式确保其合法性。公民、法人或者其他组织如果认为有关法规规章和其他规范性文件违法或者不当,可以向有关监督机关提出意见或建议,请求撤销或改变,不必通过诉讼途径解决。

2. 抽象行政行为的对象范围大、不确定,其合法性问题不适合通过诉讼途径解决。

鉴于在现实中法定监督机关的监督作用发挥不够充分,且不对抽象行政行为的合法性进行审查,就影响了对具体行政行为违法性的认定等原因,因而,我们建议为加强监督、充分保护相对人权益,应该把抽象行政行为纳入行政诉讼的受案范围。[2]

(三)行政机关对行政机关工作人员的奖惩、任免等决定

这就是学理上所称的"内部行政行为"。行政机关对行政机关工作人员的奖惩、任免等决定是行政机关作出的、涉及公务员权利义务的各类决定的统称。除了奖惩、任免决定之外,行政机关的内部人事管理行为还包括行政机关对其工作人员作出的培训、考核、离退休、工资、休假等方面的决定。行政诉讼法没有将这类内部行为纳入行政诉讼受案范围,主要是基于以下原因:

1. 这类行为往往涉及高度经验性的判断,这需要靠日积月累的印象的形成,法院没有这方面的条件。但如果这类行政行为影响公务员作为公民的基本权利,法院应当受理。

2. 在行政机关内部已设立了对这类行为的救济机制,如申诉制,因而没有再行设立的必要。

3. 这类行为不涉及行政机关以外的公民、法人或其他组织的利益,他们无权就此类问

[1] 参见方世荣等《行政诉讼法学》,46~47页,北京:清华大学出版社,2006。

[2] 参见莫于川《行政法学原理与案例教程》,502~503页,北京:中国人民大学出版社,2007。

题提出诉讼。

(四)法律规定由行政机关最终裁决的具体行政行为

在目前，我国授权行政机关对行政案件终局裁决的法律主要有《外国人入境出境管理法》《中国公民出境入境管理法》和《行政复议法》。受公安机关罚款或者拘留处罚的外国人，对处罚不服的，在接到通知之日起15日内，可以向上一级公安机关提出申诉，由上一级公安机关作出最后的裁决，也可以直接向当地人民法院提起诉讼。受公安机关拘留处罚的公民对处罚不服的，在接到通知之日起15日内，可以向上一级公安机关提出申诉，由上一级公安机关作出最后的裁决，也可以直接向当地人民法院提起诉讼。

对国务院部门或者省、自治区、直辖市人民政府的具体行政行为不服的，向作出该具体行政行为的国务院部门或者省、自治区、直辖市人民政府申请行政复议。对行政复议决定不服的，可以向人民法院提起行政诉讼；也可以向国务院申请裁决，国务院作出最终裁决。根据国务院或者省、自治区、直辖市人民政府对行政区划的勘定、调整或者征用土地的决定，省、自治区、直辖市人民政府确认土地、矿藏、水流、森林、山岭、草原、荒地、滩涂、海域等自然资源的所有权或者使用权的行政复议决定为最终裁决。

(五)公安、国家安全等机关依照刑事诉讼法的明确授权实施的行为

这主要是针对公安机关的刑事侦查行为而言的。凡属于刑事诉讼法明确授权的刑事侦查行为都不可诉，凡是超越刑事诉讼法规定的公安机关管辖范围和许可使用的措施都属于行政行为，可以提起诉讼。在这里要注意以下特殊规定，一是公安机关为了防止被告逃避侦查而作出监视居住决定，限制其活动区域和住所，是刑事侦查措施，不属行政诉讼法受案范围所列行为，公民对此不服坚持起诉，法院应裁定不予受理。公安机关将监视居住对象关押在派出所、拘留所等场所的做法，是刑事侦查过程中的违法行为，不属于行政诉讼法受案范围。二是公安机关在侦破刑事案件中，对公民的住宅、人身进行搜查，属于刑事侦查措施，不属于行政诉讼调整范围。

(六)不具有强制力的行政指导行为

行政指导行为是行政机关为达成一定的行政目的，以倡导、示范、建议、咨询等方式，引导相对人自愿配合而得以实现的行为，其特点是自愿性、灵活性、简便性和经济性，属于非权力行政方式。公民是否遵从行政指导，完全取决于自己的意愿。但如果行政机关在实施行政指导时，通过利益引诱、反复说服教育甚至威胁等方式强迫行政相对人服从的，这就成为行政行为，公民、法人或其他组织可以起诉。

(七)行政机关的调解行为和仲裁行为

行政调解指行政机关以第三人身份劝导发生民事争议的当事人自愿达成协议的一种行政活动。针对的是发生了民事权益争议的当事人，没有强制性。也就是说，行政调解的最终结果是纠纷当事人自愿达成调解协议。由于行政调解没有公权力的强制属性，对当事人没有法律约束力，因此没有可诉性。但如果行政机关借调解之名，违背当事人的意志作出具有强制性的决定；行政机关为了实施调解或者在调解过程中实施了行政行为，公民可以针对强制性决定或者强制措施起诉。

仲裁是指仲裁机构据双方当事人事先达成的仲裁协议及一方的申请，对争议进行审理并作出裁决的行为。行政机关下设的仲裁机构以中立身份按照法定程序对平等主体之间的民事纠纷作出有法律拘束力的裁决的，当事人一方不服裁决，应当依法提起民事诉讼。

(八)对公民、法人或其他组织的权利义务不产生实际影响的行为

这主要是指行政机关在作出行政行为之前实施的各种准备行为,如行政机关开会讨论、征求意见等。由于行政行为尚未作出,最终的法律结论没有形成,起诉的客体没有形成。“没有实际影响”就意味着行政活动没有使公民权利义务发生实际的变动。

第二节 行政诉讼的管辖

一、管辖的概念和分类

管辖是指关于不同级别和地方的法院之间受理第一审行政案件的分工和权限，其功能就在于明确一审行政案件具体由何级、何地及何种法院受理与审判的问题。是涉及行政审判的组织体制、公民诉权保护、宪政分权体制等基本问题的重要诉讼法律制度。可分为级别管辖与地域管辖、法定管辖与裁定管辖、共同管辖与单一管辖等。

级别管辖解决不同审级法院之间管辖权的划分，地域管辖解决行政案件由哪个地区的法院受理的问题。法定管辖是指由法律直接确定的管辖,裁定管辖是指在特殊情况下,由法院以移送、指定等行为确定的管辖。共同管辖是指两个以上法院同时对一个案件均有管辖权,单一管辖则是指只有一个法院有管辖权。

二、我国行政诉讼的管辖制度

(一)级别管辖

级别管辖又称审级管辖，是指确定各级法院受理一审行政案件的分工和权限。主要以案件涉及范围和影响为标准、以案件的专业性质和难易程度为标准划分。影响大、难度大管辖法院的级别就应越高。

我国《行政诉讼法》对级别管辖的具体划分是:

1. 基层人民法院管辖,除法律规定由上级法院管辖的特殊情形之外,基层人民法院管辖第一审行政案件。

2. 中级人民法院管辖的一审案件。确认发明专利权的案件、海关处理的案件;对国务院各部门或者省、自治区、直辖市人民政府所作的具体行政行为提起诉讼的案件;本辖区内重大、复杂的案件。

3. 高级人民法院管辖的一审案件。本辖区内重大、复杂的第一审行政案件。

4. 最高人民法院管辖全国范围内重大、复杂的第一审行政案件。由最高人民法院作为一审管辖的行政案件是一审终审,作出的判决、裁定是终审判决、裁定,一经送达即发生法律效力。迄今为止,最高人民法院尚未管辖过第一审行政案件。

(二)地域管辖

地域管辖又称区域管辖，是指确定同级法院之间以辖区为标准受理一审行政案件分工和权限。可分为一般地域管辖和特殊地域管辖。一般地域管辖,即普通管辖,是按照当事人所在地为标准来确定案件的管辖法院。一般行政诉讼案件的法院都由地域管辖规定予以确定。按我国法律规定,最初作出具体行政行为的行政机关所在地人民法院管辖;经复议的案件,复议机关改变原具体行政行为的,也可由复议机关所在地人民法院管辖。

特殊地域管辖是根据特殊行政法律关系或者特殊的行政法律关系所指向的对象来确定

管辖法院。根据我国《行政诉讼法》的规定，主要有三种情况，一是经过复议机关改变原具体行政行为的，由原告选择原具体行政行为作出机关所在地法院或复议机关所在地法院管辖；二是对限制人身自由的行政强制措施不服提起的诉讼，由被告所在地或者原告所在地人民法院管辖；三是因不动产提起的诉讼，由不动产所在地人民法院管辖。

（三）裁定管辖

裁定管辖是指在特殊情况下，依照法律规定，法院自由裁定具体行政案件由哪一级法院或哪一个法院管辖。主要有移送管辖、指定管辖和管辖权转移。移送管辖是指受诉人民法院在决定受理之后发现案件不属于自己管辖，将案件移送给有管辖权的法院。指定管辖是指基于特殊原因或法院之间发生管辖权争议，上级法院决定将行政案件交由下级法院管辖的制度。管辖权转移也称移转管辖，是指基于上级法院裁定，下级法院将自己管辖的行政案件转交上级法院审理，或者上级法院将自己有管辖权的行政案件，交由下级法院审理。出现这种情况的原因主要有，一是案件审理难度大，下级法院受理案件以后，发现案情复杂、难度大，自己力所不及等，可以请求移转管辖。二是为了排除地方干扰因素，上级法院发现后有权决定自己审理。三是上级法院认为该案没有必要由自己受理，或自己受理并不合适，由下级法院审理更为合适，即可将案件移交下级法院审判。

第三节　行政诉讼参加人

一、行政诉讼参加人的概念

诉讼参加人是指在整个或部分诉讼过程中参加行政诉讼，对行政诉讼程序能够产生重大影响的人，包括当事人和诉讼代理人。其中诉讼当事人又称为诉讼主体，包括原告、被告、第三人、共同诉讼人等。

诉讼参加人不同于诉讼参与人，后者范围更宽，除了诉讼参加人之外，还包括证人、鉴定人、翻译人、勘验人等。这类诉讼参与人在法律上与案件没有利害关系，但是，他们在诉讼中享有特殊的诉讼地位。

二、行政诉讼的原告

行政诉讼原告是指认为具体行政行为侵犯其合法权益，而依法向人民法院提起诉讼的公民、法人或者其他组织。在这里，如何确定原告的资格是行政诉讼中原告的最为显著的特点。主要解决由谁来告、告什么、告的是谁、因何而告以及什么时候告的问题。[1]

根据法律规定，公民、法人或者其他组织只有同时具备以下条件才享有原告资格：

1. 行政诉讼的原告必须是处于被管理地位的行政相对人。

2. 行政诉讼的原告必须和具体行政行为有法律上的利害关系，认为其合法权益受到具体行政行为的侵害。

3. 行政诉讼的原告必须以自己的名义向法院提起行政诉讼。

根据《行诉法解释》第13条的规定，受害人要求行政机关追究加害人责任的，受害人享有原告资格；公民的相邻权受侵害构成原告资格；公平竞争权受侵害本身构成原告资格。

[1] 参见杨寅《中国行政诉讼制度研究》，161页，北京：人民法院出版社，2003。

三、行政诉讼的被告

行政诉讼被告是指由原告指控其具体行政行为违法，经人民法院通知应诉的行政机关或法律法规授权的组织。一般地，作出具体行政行为的行政机关是被告。行政复议案件，复议机关决定维持的，以作出原具体行政行为的行政机关为被告；复议机关改变原行政行为的，复议机关为被告；行政机关委托的公务组织作出具体行政行为的，委托的行政机关是被告；具体行政行为的作出或者生效需要上级行政机关批准的，被告应是在生效行政处理决定书上盖章的机关；派出机构是否有被告资格，取决于是否有法律、法规、规章授权。有法律、法规、规章授权的，具有被告资格，否则一律视为委托。

四、行政诉讼的第三人、共同诉讼人

行政诉讼的第三人，是指因与被提起行政诉讼的具体行政行为有利害关系，通过申请或法院通知形式，参加到诉讼中来的当事人。第三人主要有：行政处罚案件中的受害人或加害人、行政处罚案件中的共同被处罚人、行政裁决案件的当事人等。

共同诉讼人是指原告或被告一方为两个以上，诉讼客体相同，并且诉讼主张一致。可分为必要共同诉讼人、普通共同诉讼人。必要共同诉讼人，是指当事人一方或双方为两人以上，诉讼标的是同一具体行政行为的诉讼。在这种共同诉讼中的当事人即为必要共同诉讼人。普通共同诉讼人是指诉讼标的是同样的具体行政行为，法院决定合并审理，两人以上参加诉讼的当事人。这种共同诉讼的当事人即是普通共同诉讼人。

五、诉讼代理人

诉讼代理人是指以当事人名义，在代理权限内，代理当事人进行诉讼活动的人。可分为法定代理人、指定代理人、委托代理人。

法定代理人就是指依法直接享有代理权限，代替无诉讼行为能力的公民进行行政诉讼的人。这种代理权直接根据法律设定而产生，不以被代理人的意志为转移。法定代理人所做的一切诉讼行为，被视为是被代理的当事人本人所为的诉讼行为，与当事人的诉讼行为具有同等的法律效力，因而又称为全权代理。指定代理人就是指由人民法院指定代理无诉讼行为能力的当事人进行行政诉讼的人。案件终结、当事人产生或恢复行为能力、当事人的法定代理人可以行使代理权时，指定代理人代理权限归于消灭。委托代理人就是受当事人、法定代理人委托，代为进行行政诉讼的人。委托代理权是在委托人与受托人双方意思表示一致的基础上并由委托人授权委托而产生的，既非源于法律，也非单方指定行为。当事人委托诉讼代理人，应当向人民法院提交由委托人签名或者盖章的授权委托书。委托书应当载明委托事项和具体权限。诉讼终结，委托人解除委托，受委托人辞却委托，当事人、第三人更换或死亡，受委托人死亡或丧失行为能力等，委托代理权归于消灭。

第四节　行政诉讼程序

一、起诉与受理

(一)起诉的概念及条件

行政诉讼的起诉是指行政相对人认为具体行政行为侵犯其合法权益，向法院提起诉讼，

请求法院行使国家审判权，审查具体行政行为的合法性并提供法律救济，以保护其合法权益的诉讼行为[1]。行政诉讼采用不告不理原则。

根据行政诉讼法的规定，提起行政诉讼必须符合起诉的一般条件、时间条件和程序条件。

起诉的一般条件就是法律对提起诉讼最基本的也是最普遍的要求。主要有：原告认为具体行政行为侵犯其合法权益；有明确的被告；有具体的诉讼请求和事实根据；属于法院受案范围和受诉法院管辖。

起诉的时间条件即当事人必须在法律规定的期限内提出诉讼，对超过法律规定期限的起诉，人民法院有权拒绝受理。根据法律规定直接起诉的为知道作出具体行政行为之日起3个月，不服行政复议而起诉的一般期限为15日；行政机关未告知公民、法人或者其他组织诉权或起诉期限的最长保护期：知道或者应当知道具体行政行为内容之日起最长不得超过2年。在法律、法规、规章和其他规范性文件没有对行政机关履行法定职责的期限作出规定的情况下，公民、法人或者其他组织申请行政机关履行法定职责的，行政机关接到申请之日起60日内不履行的，公民、法人或者其他组织可以在60日届满后向人民法院提起诉讼。

起诉的程序条件，在我国，行政诉讼与行政复议的关系，基本是以当事人自由选择救济方式为原则，以行政复议前置为例外的。公民、法人或者其他组织对具体行政行为不服，有权自由选择救济途径，可以不经复议直接向法院提起行政诉讼，也可以选择申请行政复议；同时，在选择行政复议后，当事人对行政复议不服仍可以再向法院起诉。

(二)受理

受理是指原告起诉后，经受诉法院审查，对符合法定起诉条件、决定立案审理，从而引起诉讼程序开始的职权行为[2]。

法院在接到公民、法人或者其他组织起诉状后，应当组成合议庭，对起诉的内容和形式进行审查。对于符合起诉条件的，受诉法院必须在收到起诉状之日起7日内立案；对不符合起诉条件的，受诉人民法院应在收到起诉状之日起7日内，作出不予受理的裁定。起诉人对不予受理的裁定，可在接到裁定书之日起10日内向上一级人民法院提出上诉。

二、审理

(一)行政诉讼的特点及原因

行政诉讼审理最突出的特点就是没有调解程序和简易程序。没有调解程序，就是不适用调解原则。这是因为行政诉讼审查的是具体行政行为的合法性，被诉的行为只有合法或不合法两种可能，不存在第三种状态。这与调解的目的是相悖的，且具体行政行为的作出是国家行政权运用的结果，被诉行政机关无权对国家权力的行使作出放弃或让步。

行政诉讼没有简易程序，就是说行政诉讼以合议审判为原则。这是因为在行政诉讼过程中，行政干预力量较为强大，在简易程序下独任法官的力量就显得较为薄弱而不能与之对抗。而且，我国行政诉讼制度建立较晚，法官独任审理此类案件能力有限。因而，我国的行政诉讼制度均实行合议制。

---

[1] 参见姜明安《行政法与行政诉讼法》，543页，北京：北京大学出版社、高等教育出版社，2005。

[2] 参见胡锦光、莫于川《行政法与行政诉讼法概论》，292页，北京：中国人民大学出版社，2002。

(二)行政诉讼的第一审程序

1. 审理前的准备

审理前的准备主要包括以下几个方面:

(1)组成合议庭。合议庭由审判员或审判员、陪审员组成,成员是3人以上的单数。

(2)向被告和原告发送有关文书。法院在立案之日起5日内,将起诉状副本和应诉通知书发送被告,通知被告应诉。在收到被告答辩状之日起5日内,将答辩状副本发送原告。被告在法定时间内,不提交或者没有正当理由逾期提供作出具体行政行为的证据和依据的,应当认定该具体行政行为没有证据和依据,判决被告败诉。

(3)处理管辖异议。当事人对受诉人民法院的管辖,有权提出异议。当事人提出管辖异议,应在收到人民法院应诉通知书之日起10日内以书面形式提出。对当事人提出的管辖异议,人民法院应当进行审查。异议成立的,受诉人民法院应裁定将案件移送有管辖权的人民法院;异议不成立的,则应裁定驳回。

(4)审查诉讼文书和调查收集证据。法院如果发现当事人双方材料或证据不全,应当通知当事人补充;对当事人不能收集的材料和证据,法院可以根据需要主动调查收集证据。对于案情比较复杂或者证据数量较多的案件,法院可以组织当事人向对方出示或者交换证据,并将交换证据的情况记录在卷。

2. 庭审程序

(1)开庭准备。在开庭前3日传唤、通知当事人、诉讼参与人按时出庭参加诉讼。

(2)开庭审理和法庭调查。开庭审理时,审判长要核对当事人、诉讼代理人、第三人,宣布合议庭组成人员,告知当事人的诉讼权利和义务,询问当事人是否申请回避等。然后就进入法庭调查阶段,主要就是通过当事人陈述和证人作证,出示书证、物证和视听资料,宣读现场笔录、鉴定结论和勘验笔录,来查明案件事实,审查核实证据,为法庭辩论奠定基础。

(3)法庭辩论。各方当事人就本案事实和证据及被诉具体行政行为的法律依据,阐明自己的观点,论述自己的意见,反驳对方的主张,进行言词辩论的诉讼活动。

(4)合议庭评议。法庭辩论结束后,合议庭休庭,由全体成员对案件进行评议。评议采取少数服从多数原则,不对外公开。

(5)宣读判决。合议庭评议后,审判长应宣布继续开庭并宣读判决。如果不能当庭宣判,审判长应宣布另定日期宣判。

3. 审理期限

法院审理第一审行政案件,应当自立案之日起3个月内作出判决。有特殊情况需要延长的,由高级人民法院批准。

(三)行政诉讼的第二审程序

1. 上诉的提起

上诉是当事人对地方各级人民法院尚未发生法律效力的第一审判决、裁定,在法定期限内以书面形式请求上一级人民法院对案件进行审理的诉讼行为。凡第一审程序中的原告、被告和第三人及其法定代理人、经授权的委托代理人,都有权提起上诉。上诉人所不服的一审判决、裁定,必须是法律明文规定可以上诉的判决、裁定。当事人不服一审判决的,有权在判决书送达之日起15日内向上一级法院提起上诉;当事人不服一审裁定的,有权在裁定书送达之日起10日内向上一级人民法院提起上诉。上诉必须递交符合法律要求的上诉状。

2. 上诉的受理

原审人民法院收到上诉状、答辩状,应当在5日内连同全部案卷,报送第二审法院。第二审法院经过审查,认为上诉符合法定条件,应予受理。上诉一经受理,案件即进入第二审程序。在行政诉讼第二审程序中,被诉行政机关不得改变原具体行政行为。

3. 上诉案件的审理

一般情况下,上诉案件的审理,与第一审案件大体相同。为避免立法上的重复,行政诉讼法对行政诉讼第二审程序作了一些特别规定,主要有:

(1)可以实行书面审理方式书面审理,即不需要当事人和其他诉讼参与人到庭,不进行法庭调查和辩论,只根据上诉状、原审案卷材料和其他书面材料进行审理,就作出判决或裁定的审理方式。就法律规定而言,目前在我国三大诉讼法中,只有行政诉讼法规定了书面审理这一审理方式。要注意的是,书面审理不允许独任审判,而必须由合议庭审理。

(2)第二审法院审理上诉案件,不受上诉范围的限制,而是对原审法院的裁判和被诉具体行政行为是否合法进行全面审查。

(3)自收到上诉状之日起2个月内作出终审判决,有特殊情况需要延长的,由高级人民法院批准。

(四)行政诉讼审判监督程序

审判监督程序,是指法院发现已经发生法律效力的判决、裁定违反法律、法规规定,依法对案件再次进行审理的程序,也称再审程序。只有在生效裁判确有错误,需要进行再审时,才能适用审判监督程序。提起程序主要有:

1. 各级人民法院院长对本院发生法律效力的判决、裁定提起审判监督程序,必须提交审判委员会讨论决定;

2. 上级法院对下级法院已经发生法律效力的判决、裁定,发现违反法律、法规规定的,有权提审或指令再审;

3. 地方各级人民检察院对同级人民法院已经发生法律效力的判决、裁定,发现违反法律、法规规定的,应提请上级人民检察院提出抗诉。

再审案件的审理,发生法律效力的判决、裁定是由第一审人民法院作出的,按照第一审程序审理,在3个月内作出裁判;发生法律效力的判决、裁定是由第二审人民法院作出的,按照第二审程序审理,在2个月内作出裁判;凡原审人民法院审理再审案件,必须另行组成合议庭。

【案　例】

西北政法学院教师诉省政府案

2000年8月10日,西北政法学院教师张伟、《消费者导报》记者王哲接到西安市中级人民法院通知:他们于同年8月3日就手机用户"每月捆绑收缴的10元帮困基金不合法"诉陕西省政府及省长一案,已正式受理,即将开庭审理。这每月10元的"帮困基金"是电信部门依陕西省政府[1998]4号文件为据为陕西省政府代收的。从这个文件生效之日的1998年1月1日起开始收缴,到2000年8月,已收取了两年零8个月。

两位原告认为此规定和行为不合法,侵犯了手机用户的合法权益。因而提出诉讼请求:1. 确认手机每月捆绑收缴的10元帮困基金违法并予撤销;2. 返还从1998年1月1日至今所收取的帮困基金及利息。

2000年11月3日,陕西省西安市中级法院发出一份行政裁定书,驳回原告张伟、王哲起诉。该裁定书称:"被告陕西省人民政府答辩称,陕西省人民政府颁发的陕政发[1998]4号文件,是具有普遍约束力的规范性文件,属于抽象行政行为,实施征收帮困基金的具体征收机关是各级地方税务部门,认为陕西省人民政府不是本案适格被告。请求本院驳回起诉。本院认为,被告陕西省人民政府制定的陕政发[1998]4号文件,是针对不特定对象发布的能反复适用的行政规范性文件。该文件虽然规定了向手机用户征收帮困基金的范围、机关和办法,但具体实施征收行为的不是被告陕西省人民政府。原告张伟、王哲起诉错列被告,本院明确告知要求变更,而两原告张伟、王哲拒绝变更被告,故其起诉依法应当驳回。"

对这一裁定,两原告张伟、王哲表示不服,于2000年11月10日向陕西省高院提起上诉。两原告认为:"此案所针对的首先是由被告陕西省人民政府委托电信部门强制征收帮困基金的具体行政行为,而不是陕政发[1998]4号文件本身。根据《行政诉讼法》第2条和第11条的规定,起诉符合其规定和受案范围。2001年3月7日,陕西省高级人民法院对此案作出终审裁定:维持原判,驳回起诉。案件未能进入实体审判。对此,两原告不服,2001年4月15日,他们向最高人民法院递交了《行政再审申请书》,提请"行政再审"。但根据相关规定,其申请不会导致再审程序的发生。[1]

第五节 行政诉讼的执行

一、行政诉讼执行的概念及特征

行政诉讼的执行,是指行政案件当事人逾期拒不履行法院生效的行政案件的法律文书,法院和有关行政机关运用国家强制力量,依法采取强制措施促使当事人履行义务,从而使生效法律文书的内容得以实现的活动。行政诉讼的执行是行政诉讼的最后一个环节,具有以下几个基本特征:

1. 强制执行的主体既包括人民法院,也包括有行政强制执行权的行政机关。

2. 执行申请人或被申请执行人一方是行政机关。这是由行政案件的性质决定的,因为行政法律关系和由此延伸到行政诉讼法律关系中,行政机关必然是一方当事人。

3. 强制执行的依据是已生效的行政裁判法律文书。包括行政判决书、行政裁定书、行政赔偿判决书和行政赔偿调解书。

4. 强制执行的目的是实现已生效的法律文书所确定的义务。

二、执行主体

(一)执行机关

执行机关,指拥有行政诉讼执行权,主持执行程序,采取强制执行措施的主体,也称执行

[1] 参见姜明安《政府法制案例分析》,438~440页,北京:中共中央党校出版社,2005。

组织。我国行政案件的执行机关除作为审判机关的法院外,还包括行政机关。

(二)执行当事人

执行当事人,指行政诉讼执行中的执行申请人和被申请执行人。一般地,行政诉讼执行由法院负责,执行当事人就是行政诉讼的当事人;但在依照法律、法规规定,享有强制执行权的行政机关作为行政诉讼的执行机关时,该行政机关作为行政诉讼一方当事人,同时又成为了执行机关,具有双重身份。

(三)执行参与人

执行参与人,指除执行当事人以外的其他参与执行过程的单位或者个人。

(四)执行异议人

执行异议人,指没有参与执行程序,但对执行标的主张权利,提出不同意见的个人或者组织,也称案外异议人。执行异议人提出异议时一般应采用书面形式,说明异议的理由并提供有关证据;执行人员应当及时审查异议理由,并作必要的调查核实。如果异议确有理由和事实根据,报请院长批准后中止执行;如果异议理由不成立的,驳回异议申请,继续执行程序。

三、执行根据

执行根据,指执行申请人申请执行或者执行机关依职权直接采取执行措施所依据的法律文书。它是执行工作得以开始和进行的前提和基础,存在执行根据是开始行政诉讼执行的必要条件。

行政诉讼执行的依据包括行政判决书、行政裁定书、行政赔偿判决书和行政赔偿调解书。上述法律文书必须同时具备三个条件,才能作为执行根据:

1. 据以执行的法律文书必须已经发生法律效力,没有发生法律效力的法律文书不能作为执行根据。

2. 该法律文书必须具有可供执行的内容,主要包括物的给付、特定行为的执行、对人身的强制措施等。

3. 法律文书中可执行事项具体明确。

四、执行措施

执行措施,是指执行机关运用国家强制力,强制被执行人完成所承担的义务的法律手段和方法。

对行政机关的执行措施主要有以下内容:

1. 对应当归还的罚款或赔偿金,通知银行划拨。

2. 在规定期限内不履行的,从期满之日起,按日处50元至100元的罚款。

3. 向该机关的上级行政机关或者监察、人事机关提出司法建议,由其根据有关规定进行处理,并将情况告知法院。

4. 行政机关拒绝履行法院生效判决、裁定的,法院可以对主要负责人或者直接责任人员予以罚款的处罚。

5. 拒不履行判决、裁定,情节严重构成犯罪的,依法追究主管人员和直接责任人员的刑事责任。

对公民、法人或者其他组织的执行措施,我国行政诉讼法并未作出具体规定,法院可以参照民事诉讼的有关规定予以执行。

第三章　刑事诉讼法

第一节　刑事诉讼的基本理念

一、惩罚犯罪与保障人权

惩罚犯罪，是指通过刑事诉讼程序，在准确及时查明案件事实真相的基础上，对构成犯罪的被告人公正适用刑法，以打击犯罪，是对国家刑罚权的赋予。保障人权，是指在刑事诉讼过程中，保障诉讼参与人特别是犯罪嫌疑人、被告人的权利免受非法侵害，是对国家刑罚权的规制。

对刑事诉讼的目的应当侧重追究犯罪还是保障人权，各国学界认识不一，有所谓犯罪控制模式和正当程序模式之争。犯罪控制模式较注重国家和社会的整体利益，关注对犯罪的惩罚，当两者发生冲突时，往往选择惩罚犯罪。正当程序模式则提倡个人权利应超越国家之上，在刑事诉讼中比较重视人权保障，当二者不能兼顾时，往往选择保障人权。在现代社会，维护人的价值和尊严已成为现代人权保障理念的核心，人们普遍认为，国家权力存在的唯一合法性就在于为公民个人正当权利提供保护，而权力的扩张性就使得对其进行限制成为必要。因此，在现代法治国家就将保障被追诉人权利的价值，置于刑事诉讼制度的首位，当两者发生冲突时，原则上保障人权应当优先于惩罚犯罪。

二、实体正义与程序正义

“正义理念是指导刑事诉讼制度建设的完美的观念形态”[1]。正义可分为实体正义和程序正义。实体正义主要关注的是如何更好地分配和保护社会的实体性价值；而程序正义则关注的是方法和程序是否有利于实体正义的实现。在刑事诉讼法中，所谓实体正义就是指司法裁判应以客观存在的事实为依据，且适用法律正确，是以诉讼结果的面目实现的正义，是一种结果的正义。程序正义指诉讼参与人对诉讼能充分有效的参与，程序得到遵守，程序违法得到救济，是过程的正义。

在刑事诉讼中，实体正义包括三方面的内容：一是保障无辜者不被错判有罪；二是实施犯罪行为的人受到应有处罚；三是这种处罚罪当其刑，即罪行相适应。其中，保护无辜居于核心地位，如果失掉了这一基本价值，正义就无从谈起。也就是基于此，无罪推定成为现代法治国家普遍承认和确立的刑事诉讼原则。

在刑事诉讼中，“尊重人格尊严”和“尊重人身自由”是程序正义的两大原则。因而在审判前就要求禁止酷刑，禁止残忍的、不人道的或侮辱性的待遇，被追诉人有获得律师帮助的权利，以保障被追诉人人格尊严。规定任何人都享有不被任意逮捕或拘禁的权利、获知逮捕理由的权利、在合理时间内接受审判或被释放的权利、对非法逮捕或拘禁得到赔偿的权利，

[1] 陈卫东《刑事诉讼法学原理与案例教程》，3页，北京：中国人民大学出版社，2008。

以保障被追诉人的人身自由。在审判阶段就要求被追诉人有获得独立、公开、公正审判的权利、获得辩护的权利、询问和质问证人的权利以及不得强迫自证其罪和沉默权等,以保障人格尊严和人身自由。这些内容在联合国《公民权利和政治权利国际公约》均有体现,我国也于 1998 年 10 月 5 日加入了该公约。

在各国刑事诉讼中,对实体正义和程序正义的侧重有不同的做法。主要有三种观点:一是实体优先论,即认为实体是目标,程序只是保证目标的手段;二是实体程序并重论,即实体与程序并重,将实体正义和程序正义比做“车之两轮,鸟之双翼”;三是程序优先论,认为程序正义是司法公正的逻辑起点,因而当程序与实体发生冲突时,程序比实体优先。

我国采程序优先论,在追求实体正义的过程中将程序正义放在优先地位。这是因为:

1. 程序公正与实体公正具有内在的一致性,其终极目的都在于追求纠纷的公正解决,程序公正具有保障实体公正实现的作用。

2. 程序公正具有不同于实体公正的评判标准,相对实体公正又具有独立性。

3. 基于发现事实和适用法律的不确定性,实体公正就具有不确定性,而程序公正的特性有助于给这种不确定提供正当性的基础。

三、诉讼效率

在现代社会,诉讼效率已成为衡量一国刑事诉讼是否科学与文明的又一重要尺度,世界各国一般都将诉讼效率作为重要的价值目标加以追求。诉讼效率就是要求以一定的司法资源投入换取尽可能多的诉讼成果,即降低诉讼成本,提高工作效率,加速诉讼运作,减少诉讼拖延,清理案件积压。在刑事诉讼中要做到以下几个方面:

1. 被告人要不被拖延地带到审判官面前,也就是要求要严格控制审前行为的期间。

2. 对羁押的期间进行严格限定。

3. 庭审中奉行不间断审理原则。

4. 广泛建立简易程序,加速刑事案件的处理。

第二节　刑事诉讼的管辖

一、刑事诉讼的管辖概念及分类

刑事诉讼中的管辖,在我国是指公安机关、检察机关和审判机关等在直接受理刑事案件上的权限划分,以及审判机关系统内部在审理第一审刑事案件上的权限划分。依据我国现行《刑事诉讼法》和诉讼理论,一般将管辖划分为立案管辖和审判管辖,审判管辖又分为普通管辖和专门管辖;普通管辖又进一步划分为级别管辖、地区管辖和指定管辖。这是一套科学的、行之有效的刑事案件管辖体系。

二、立案管辖

(一)立案管辖的概念及划分根据

立案管辖,又称职能管辖或部门管辖,是指人民法院、人民检察院和公安机关各自直接受理刑事案件的职权范围,也就是人民法院、人民检察院和公安机关之间,在直接受理刑事案件范围上的权限划分。

立案管辖主要是根据以下两个因素划分的：

1. 公安司法机关的性质与诉讼职能。在我国公、检、法机关是刑事诉讼中的主要诉讼主体，但由于各自的性质和诉讼职能不同，划分管辖必须与之相适应。

2. 刑事案件的性质、案情的轻重、复杂程度等。这些情况也是划分管辖的重要依据。我国《刑事诉讼法》第18条对人民法院、人民检察院和公安机关的立案管辖范围，作了概括性的规定。各机关在办案工作中必须严格执行，既不能超越权限受理不属于自己管辖的案件，也不可放弃职守把自己管辖的案件拒之门外，放任不顾。

（二）公安机关受理的刑事案件

我国《刑事诉讼法》第18条第1款规定："刑事案件的侦查由公安机关进行，法律另有规定的除外。"在这里，法律另有规定是指：国家安全机关办理危害国家安全的刑事案件、人民检察院直接受理立案侦查的刑事案件、军队保卫部门对军队内部发生的刑事案件行使侦查权、对罪犯在监狱内犯罪的案件由监狱进行侦查。由此可见，除"法律另有规定"的这些案件由其他特定的机关行使侦查权外，绝大多数的刑事案件由公安机关负责立案侦查。

（三）人民检察院直接受理的刑事案件

我国《刑事诉讼法》第18条第2款规定："贪污贿赂犯罪，国家工作人员的渎职犯罪，国家机关工作人员利用职权实施的非法拘禁、刑讯逼供、报复陷害、非法搜查的侵犯公民人身权利的犯罪以及侵犯公民民主权利的犯罪，由人民检察院立案侦查。"对于国家机关工作人员利用职权实施的其他重大的犯罪案件，需要由人民检察院直接受理的时候，经省级以上人民检察院决定，可以由人民检察院立案侦查。依照我国刑法第93条的规定，这里所说的"国家工作人员"是指：国家机关中从事公务的人员，国有公司、企业、事业单位、人民团体中从事公务的人员和国家机关、国有公司、企业、事业单位委派到非国有公司、企业、事业单位、社会团体从事公务的人员，以及其他依照法律从事公务的人员，以国家工作人员论。

从上述法律规定中可以看出，人民检察院直接自行侦查的案件主要有以下四类犯罪案件：贪污贿赂犯罪、国家工作人员的渎职犯罪、国家机关工作人员利用职权实施的侵犯公民人身权利和民主权利的犯罪、国家机关工作人员利用职权实施的，需要由人民检察院侦查，经省级以上人民检察院决定的案件。

（四）人民法院直接受理的刑事案件

这是指不需要经过公安机关或者人民检察院立案侦查，不通过人民检察院提起公诉，而由人民法院对当事人提起的诉讼直接立案和审判刑事案件。也就是所谓的自诉案件。主要包括下列三类：告诉才处理的案件、被害人有证据证明的轻微刑事案件、被害人有证据证明对被告人侵犯自己人身、财产权利的行为应当依法追究刑事责任，而公安机关或者人民检察院已作出不予追究的书面决定的案件。

三、审判管辖

（一）级别管辖

级别管辖，是指各级法院之间在审判第一审刑事案件上的权限分工。我国划分级别管辖的依据是：

1. 案件的性质和可能判处的刑罚的轻重程度。性质越严重、处刑可能越重的案件，就交由较高级别的法院管辖。

2. 案件涉及面和社会影响的大小。案件的复杂与处理的难易程度往往与其社会影响强度成正比，因而，管辖法院的级别也应与之相适应。

3. 各级人民法院在审判体系中的地位、职责和条件等。级别越高任务就越重，因此，高级别的法院不宜审理过多的第一审案件。

根据我国刑事诉讼法的规定，基层法院是普通刑事案件第一审的基本审级，也就是说危害国家安全和外国人犯罪案件之外的刑事案件原则上均由基层法院管辖。中级人民法院管辖的第一审刑事案件仅包括危害国家安全案件、可能判处无期徒刑或死刑的普通刑事案件、外国人犯罪的刑事案件三类。高级人民法院只管辖全省(自治区、直辖市)性的重大刑事案件的第一审刑事案件。其主要任务是审判对中级人民法院裁判的上诉、抗诉案件，复核死刑案件，核准死刑缓期二年执行的案件，以及监督全省(自治区、直辖市)的下级人民法院的审判工作。最高人民法院是全国最高审判机关，除核准死刑外，其管辖的第一审刑事案件是全国性的重大刑事案件。

(二)地域管辖

我国《刑事诉讼法》第 24 条规定："刑事案件由犯罪地人民法院管辖，如果由被告人居住地的人民法院审判更为适宜的，可以由被告居住地的人民法院管辖。"第 25 条规定："几个同级人民法院都有权管辖的案件，由最初受理的人民法院审判。"这就表明了我国确定刑事案件地域管辖的基本原则有二：一是以犯罪地法院管辖为主，被告人居住地法院管辖为辅；二是优先管辖。也就是说，刑事案件原则上应由犯罪地的法院管辖，如果由被告人居住地的人民法院审判更为适宜的，可以由被告居住地的人民法院管辖。至于什么是"更为适宜的"，由法院根据案件及被告的具体情况予以决定。对于几个犯罪地法院都有权管辖的复杂情况，则由最初受理的法院进行审判，以利于案件的及时审结。

另外，我国法律明确规定：在中国领域外的中国船舶内的犯罪，由犯罪发生后该船舶最初停泊的中国口岸所在地的人民法院管辖；在中国领域外的我国航空器内的犯罪，由犯罪发生后该航空器在中国最初降落地的人民法院管辖；中国公民在域外的犯罪，由该公民离境前的长期(1 年以上)居住地或者原户籍所有地人民法院管辖。外国人在域外对我国国家或者公民犯罪，依照我国刑法应受处罚的，由该外国人入境地的中级人民法院管辖。

(三)指定管辖

指定管辖就是指根据上级法院的制定以确定刑事案件的管辖。一般适用于以下刑事案件：一是地区管辖不明的刑事案件，以避免案件无人管辖或者因管辖争议而延误案件的处理；二是由于各种原因，原来有管辖权的法院不适宜或者不能审判的刑事案件，以保证案件能够得到正确、及时的处理；三是管辖权争议的案件。对有管辖权的法院因案件涉及本院院长需要回避等原因，不宜行使管辖权的，可以请求上一级人民法院管辖；上一级人民法院也可以指定与提出请求的人民法院同级的其他法院管辖。

(四)专门管辖

专门管辖，是指各种专门人民法院审判刑事案件的职权范围。它解决的是哪些刑事案件应当由哪些专门人民法院审判的问题。目前我国设立军事法院和森林法院等专门法院。军事法院管辖的是现役军人和军内在编职工的刑事案件；森林法院管辖的是严重危害和破坏森林，违反森林法的犯罪案件以及所辖林区职权范围内的一切刑事案件。

【案 例】

河南“杀人狂魔”杨新海被判死刑案

2004年2月1日,河南省漯河市中级人民法院对杨新海抢劫、故意杀人、强奸、故意伤害一案,依法进行审理,杨新海被判处死刑。杨新海,河南正阳县人,曾因盗窃、强奸被判刑一次,劳教两次。1999年出狱后不思悔改,接连在安徽、河南、山东、河北四省农村地区疯狂作案26起,杀死67人,伤10人,在社会上造成恶劣影响,2003年11月杨新海在河北省沧州市被捉拿归案。

河南省公安机关指定漯河公安机关管辖此案,法庭依照刑事诉讼法有关规定对此案进行了审理。经过法庭审理,一审对被告人杨新海以抢劫罪判处死刑,剥夺政治权利终身,并处没收个人全部财产;以故意杀人罪判处死刑,剥夺政治权利终身;以强奸罪判处死刑,剥夺政治权利终身;以故意伤害罪判处有期徒刑5年。数罪并罚,决定执行死刑,剥夺政治权利终身,并处没收个人全部财产。宣判后,杨新海表示服从判决不上诉。2004年2月14日,杨新海被依法执行枪决。[1]

第三节 诉讼参与人

一、诉讼参与人的概念及类型

诉讼参与人是指在刑事诉讼过程中享有一定的诉讼权利,承担一定的诉讼义务的,除国家专门机关工作人员以外的人。根据我国《刑事诉讼法》第82条的规定,我国诉讼参与人有当事人、法定代理人、诉讼代理人、辩护人、证人、鉴定人和翻译人员七种。

一般地,诉讼参与人可分为当事人和其他诉讼参与人两大类。这两类诉讼参与人在诉讼地位、参与诉讼活动的范围和方式以及对刑事诉讼过程的影响程度等方面有着很大的差异。主要表现在与案件的利害关系不同、参与诉讼的程度不同、对刑事诉讼法律关系的产生、变更和终结的影响力不同。

二、当事人

(一)当事人的概念及类型

当事人是指与案件的结局有着直接利害关系,对刑事诉讼进程发挥着较大影响作用的诉讼参与人。根据刑事诉讼法第82条的规定,当事人是指被害人、自诉人、犯罪嫌疑人、被告人、附带民事诉讼的原告人和被告人等。

(二)被害人

被害人指的是其人身、财产或者其他权益遭受犯罪行为直接侵害的人。在刑事诉讼中,被害人可能以不同的身份参加诉讼:在公诉案件中,以个人身份参与诉讼,称为被害人;在自诉案件中,被害人以自诉人身份提起刑事诉讼,称为自诉人;在刑事诉讼中,由于被告人的犯

[1] 参见正义网 http://review.jcrb.com/zyw/n189/ca220622.htm;央视《法制在线》:关注杨新海案 http://news.sohu.com/2004/02/02/39/news218873915.shtml.

罪行为而遭受物质损失的被害人,有权提起附带民事诉讼,称为附带民事诉讼原告人。一般情况下,在刑事诉讼中提到被害人时通常仅指公诉案件的被害人。

(三)自诉人

自诉人是指在自诉案件中,以自己的名义直接向人民法院提起诉讼的人。值得注意的是:只有在自诉案件中,才存在自诉人。自诉案件中,自诉人的地位相当于原告,承担控诉职能。如果自诉案件中的被告人提出反诉的,自诉人具有自诉人和被告人双重身份,在其自行提起的自诉中是自诉人,行使控诉职能;在反诉中是被告人,行使辩护职能。

(四)犯罪嫌疑人、被告人

"犯罪嫌疑人"和"被告人"是对涉嫌犯罪而受到刑事追诉的人的两种称谓。公诉案件,受刑事追诉者在检察机关向法院提起公诉以前,称为"犯罪嫌疑人",在检察机关正式向法院提起公诉以后,则称为"被告人"。

从表面看,"犯罪嫌疑人"和"被告人"只是对受刑事追诉者名称上的区分,但在实质上标志着受刑事追诉者在整个诉讼过程中不是"罪犯"或"有罪者",在法律上处于无罪公民的地位。这种身份界定,就意味着受刑事追诉者拥有诉讼主体的资格,能与追诉方展开争辩和对抗,而不至于"面对具备法官权力的追诉人,束手无助",并对裁判者的结论施加影响。他们在法律上无罪,在诉讼程序上拥有当事人的地位和资格。[1]

(五)附带民事诉讼当事人

附带民事诉讼当事人包括附带民事诉讼原告人和附带民事诉讼被告人。附带民事诉讼原告人是指在刑事诉讼中,因被告人的犯罪行为遭受物质损失,并在刑事诉讼过程中提出赔偿请求的人。附带民事诉讼被告人是指在刑事诉讼中,对犯罪行为所造成的物质损失负有赔偿责任的人。要注意的是,从本质上讲,附带民事诉讼就是民事诉讼,所有公民都可成为合格的附带民事诉讼的原告人,法定代理人不能取而代之。

(六)单位当事人

1. 单位犯罪嫌疑人、被告人

在单位犯罪的情况下,单位可以独立成为犯罪嫌疑人、被告人,与作为自然人的直接负责的主管人员和其他直接责任人员一起参与刑事诉讼。对于单位犯罪,应当对单位判处罚金,并对其直接负责的主管人员和其他责任人员判处刑罚,即双罚制。

2. 单位被害人

单位是能够成为民事法律关系主体的社会组织,有一定的财产和经费,在侵犯财产等刑事案件中也可能遭受犯罪行为的直接侵害,成为被害人。再者,根据刑事诉讼法的规定,被害人在刑事诉讼中因犯罪行为遭受物质损失的,有权以被害人的身份,提起附带民事诉讼。

单位被害人参与刑事诉讼时,应由其法定代表人作为代表参加刑事诉讼。根据刑事诉讼法的规定,法定代表人也可以委托诉讼代理人参加刑事诉讼。

三、其他诉讼参与人

(一)其他诉讼参与人的概念

其他诉讼参与人是指除当事人以外的诉讼参与人。包括法定代理人、诉讼代理人、辩护

---

[1] 参见陈瑞华《刑事审判原理论》,158页,北京:北京大学出版社,1997。

人、证人、鉴定人和翻译人员。他们在刑事诉讼中不是独立承担诉讼职能的诉讼主体,但他们同样依法享有参加诉讼活动所必需的诉讼权利,承担相应的诉讼义务。

(二)法定代理人

法定代理人是由法律规定的对被代理人负有专门保护义务并代其进行诉讼的人。我国《刑事诉讼法》第82条规定:"法定代理人的范围包括被代理人的父母、养父母、监护人和负有保护责任的机关、团体的代表。"《民法通则》第14条规定:"无民事行为能力人、限制民事行为能力人的监护人是其法定代理人。"

(三)诉讼代理人

诉讼代理人是基于被代理人的委托而代表被代理人参与刑事诉讼的人。依据《刑事诉讼法》第82条的规定,公诉案件的被害人及其法定代理人或者近亲属有权委托诉讼代理人;自诉案件的自诉人及其法定代理人有权委托诉讼代理人;附带民事诉讼原告人、被告人及其法定代埋人有权委托诉讼代理人。所谓近亲属,是指夫、妻、父、母、子、女、同胞兄弟姊妹。

(四)辩护人

辩护人是指在刑事诉讼中接受犯罪嫌疑人、被告人及其法定代理人的委托,或者接受人民法院的指定,依法为犯罪嫌疑人、被告人进行辩护,以维护其合法权益的人。在我国刑事诉讼中,可以依法接受委托,担任犯罪嫌疑人、被告人的辩护人的人包括:律师;人民团体或者犯罪嫌疑人、被告人所在单位推荐的人;犯罪嫌疑人、被告人的监护人、亲友。在刑事案件的审判阶段,可以依法接受人民法院指定担任被告人的辩护人的只能是承担法律援助义务的律师。

(五)证人

证人是指当事人以外的,就自己在诉讼外所了解的案件情况向公检法机关作出陈述的人。其所作的陈述属于证人证言,是重要的证据之一。

(六)鉴定人

鉴定人是指接受公安司法机关的指派或者聘请,运用自己的专门知识或者技能对刑事案件中的专门性问题进行分析判断并提出书面鉴定意见的人。鉴定人的书面分析判断意见称为鉴定结论,是刑事诉讼法规定的证据种类之一。

(七)翻译人员

翻译人员是指在刑事诉讼过程中接受公安司法机关的指派或者聘请,为参与诉讼的外国人、少数民族人员、盲人、聋人、哑人等进行语言、文字或者手势翻译的人员。我国《刑事诉讼法》第9条规定:"各民族公民都有用本民族语言文字进行诉讼的权利。"所以,公检法机关对于不通晓当地通用语言文字的诉讼参与人,应当为他们翻译。

第四节 强制措施

一、强制措施的概念及适用依据

刑事诉讼中的强制措施,是指公安机关、人民检察院和人民法院为了保证刑事诉讼的顺利进行,依法对犯罪嫌疑人、被告人的人身自由进行暂时限制或剥夺的各种强制性方法。具有对象唯一性、剥夺权利人身性、目的预防性、时间临时性等特点。

刑事诉讼强制措施的适用要考虑以下因素：

1. 犯罪嫌疑人、被告人涉嫌行为的社会危害性。犯罪嫌疑人、被告人涉嫌的行为社会危害性越大，可以适用的强制措施的力度就越大，反之，适用的强制措施的力度就应越小。对于只需判处有期徒刑以下的犯罪分子，一般不得逮捕。

2. 犯罪嫌疑人、被告人是否有实施妨害刑事诉讼行为的可能及可能性的大小。可能性越大，适用的强制措施力度就应越大，反之就应越小。对没有实施妨害刑事诉讼行为可能性的犯罪嫌疑人、被告人不得采用强制措施。

3. 公安司法机关对案件证据的掌握程度。每一种强制措施的适用都必须符合法定的条件，只有根据已经查明的案件事实和已有的证据，才能确定是否需要采用强制措施以及需要采用何种强制措施。

4. 犯罪嫌疑、被告人的个人情况。如是否患有严重疾病，是否是正在怀孕或者哺乳自己婴儿的妇女等。

不仅在决定适用强制措施时要考虑以上因素，在强制措施适用的过程当中，如果上述因素发生了变化，还应当及时变更、撤销或解除强制措施。

二、非羁押性的强制措施

（一）拘传

拘传是指公安机关、人民检察院和人民法院对未被拘留、逮捕的犯罪嫌疑人、被告人依法强制其到指定地点接受讯问的强制措施。其特点是对象特定和无羁押效力。即拘传对象是未被羁押的犯罪嫌疑人、被告人；无羁押效力，讯问后将被拘传人立即放回。

一次拘传的时间不得超过 12 小时，不得以连续拘传的形式变相关押犯罪嫌疑人、被告人。两次拘传之间的时间应以不少于 12 小时为宜。

（二）取保候审

取保候审是公安机关、检察院和法院对未被逮捕的犯罪嫌疑人、被告人，责令其提出保证人或者交纳保证金，并出具保证书，以保证不逃避或妨碍侦查、起诉和审判，并随传随到的一种强制措施。

取保候审最长不得超过 12 个月。

（三）监视居住

监视居住是指公安机关、人民检察院和人民法院责令未被逮捕的犯罪嫌疑人、被告人在一定期限内不得离开指定的区域，并对其行动加以监视的强制方法。

监视居住最长不得超过 6 个月。且公安司法机关对同一犯罪嫌疑人、被告人，不得重复采用取保候审、监视居住措施。

三、羁押性强制措施

（一）拘留

拘留是公安机关、人民检察院对直接受理的案件，在侦查过程中，遇到法定的紧急情况时，对于现行犯或者重大嫌疑分子所采取的临时剥夺其人身自由的强制方法。

拘留期限最长为 10 日，特殊情况 14 日；流窜作案、多次作案、结伙作案的重大嫌疑分子，拘留期限最长为 37 日。

（二）逮捕

逮捕，是指公安机关、人民检察院和人民法院，为了防止犯罪嫌疑人或者被告人实施妨碍刑事诉讼的行为，逃避侦查、起诉、审判或者发生社会危险性，而依法暂时剥夺其人身自由的一种强制措施。

逮捕必须同时具备以下三个条件：

1. 有证据证明有犯罪事实。适用逮捕必须符合较高的证明标准。具体地讲，有证据证明有犯罪事实就包含三方面的内容：一是有证据证明发生了犯罪事实；二是有证据证明犯罪事实是犯罪嫌疑人实施的；三是证明犯罪嫌疑人实施犯罪行为的证据已有查证属实的。

2. 可能判处有期徒刑以上刑罚。只有初步判定犯罪嫌疑人可能被处以有期徒刑以上刑罚，而非其他轻刑或可能被免除刑罚的，才适用逮捕。

3. 有逮捕必要的，即采取取保候审、监视居住等方法，尚不足以防止发生社会危险性，而必须适用时，才可以适用。

在我国，逮捕犯罪嫌疑人、被告人的批准权或决定权属于检察院和法院。公安机关移送要求审查批准逮捕的案件，检察院有批准权；检察院在侦查及审查起诉中，依法有权自行决定逮捕；法院直接受理的自诉案件中，法院有决定权；检察院提起公诉的案件，法院在审判阶段发现需要逮捕被告人的，有权决定。逮捕的执行权属于公安机关，检察院和法院决定逮捕的都交由公安机关执行。

公安机关要求逮捕犯罪嫌疑人的，由县级以上公安机关负责人批准，制作提请批准逮捕书连同案卷材料、证据，一并移送同级人民检察院审查，批准后执行。检察院决定逮捕的，由检察长签发决定逮捕通知书，通知公安机关执行。法院决定逮捕的，由法院院长签发决定逮捕通知书，通知公安机关执行。

公安机关执行逮捕，由县级以上公安机关负责人签发逮捕证，立即执行，执行逮捕的人员不得少于2人。在执行时，必须向被逮捕人出示逮捕证，并责令其在逮捕证上签名（盖章）或按手印。除有碍侦查或者无法通知的情形外，应在24小时以内将逮捕的原因和羁押的处所，通知被逮捕人的家属或所在单位。到异地逮捕的，公安机关应当通知被逮捕人所在地的公安机关。

第五节　附带民事诉讼

一、附带民事诉讼概念

附带民事诉讼是指司法机关在刑事诉讼过程中，在解决被告人刑事责任的同时，附带解决因被告人的犯罪行为所造成的物质损失的赔偿问题而进行的诉讼活动。这是为了解决同一主体的同一行为依不同实体法律规范而产生的不同法律责而设立的一项法律制度。因不同国家所采取的不同判定形式而有较大的差异。

在英美法国家是绝对分开，不允许在刑事诉讼中附带民事诉讼。被害人只能在刑事诉讼案件审理终结后，按民事诉讼程序提起因犯罪行为而致的赔偿之诉。而大陆法国家则是允许提出，但兼顾民事诉讼的独立性。被害人可选择附带方式进行，也可以单独以民诉方式进行，但一旦作出选择即为最终确定，不可撤销。

我国采取刑事附带民事诉讼模式，也就是在解决被告人刑事责任问题的同时附带解决因其犯罪行为而致的物质损失的赔偿问题。所依据的法律有复合性特点,就实体法而言,不仅要遵循刑法的有关规定,还必须受民事法律的调整;就程序法来说,除适用刑事诉讼法的相关规定外,还必须符合民事诉讼法的规定。

这一制度设立之初衷就是为了节省司法资源、提高诉讼效率、降低诉讼成本、方便诉讼、避免刑民裁判冲突。总体上看,这一制度的实施效果基本满意,但也显现出一些不可忽视的问题,如仅限于物质损失的赔偿而禁止提起精神损害赔偿,使得被害人利益难以全面保护;禁止在刑事判决生效前独立提起,使得被害人利益实现困难;"刑事优先"的价值选择会使个人利益消解于国家利益之中。

二、附带民事诉讼提起

(一)附带民事诉讼的成立条件

1. 附带民事诉讼成立的前提是刑事诉讼已经成立

附带民事诉讼必须以刑事诉讼的成立为前提,如果刑事诉讼不成立,附带民事诉讼就失去了存在的基础,被害人就应当提起独立的民事诉讼,而不能提起附带民事诉讼。此外,如果刑事诉讼程序尚未启动,或者刑事诉讼程序已经结束,被害人也只能提起独立的民事诉讼,而不能提起附带民事诉讼。

2. 被害人遭受的必须是物质损失

随着人们对精神损害认识观念的变化，越来越多的国家将精神损害纳入附带民事诉讼的赔偿范围。我国法学界对于附带民事诉讼是否应包括精神赔偿也存在不同的看法。最高人民法院 2002 年 7 月 11 日发布的《关于人民法院是否受理刑事案件被害人提起精神损害赔偿民事诉讼问题的批复》明确规定,对于刑事案件被害人由于被告人的犯罪行为而遭受精神损失提起的附带民事诉讼,或者在该刑事案件审结以后,被害人另行提起精神损害赔偿民事诉讼的,人民法院都不予受理。这一规定完全剥夺了刑事被害人获得精神赔偿的诉权,且缺乏法律依据。应尽快予以解决。

【案　例】

深圳女青年附带民事诉讼案

1998 年 8 月 15 日,26 岁的王某参加了深圳某单位英语俱乐部举办的英语口语对话活动,并结实了美籍华人李某。当天下午,李某带着王某来到他的住处,将王某强奸。王某向公安机关报案后,将李某抓获归案。李某后被法院以强奸罪判处有期徒刑 12 年。随后,王某向审理刑事案件的中级人民法院提起刑事附带民事诉讼,请求精神损害赔偿 10 万美元,被法院驳回,理由是起诉理由不符合《刑事诉讼法》规定,王某的精神损害赔偿请求不属于物质损失,不在刑事附带民事诉讼的范围。王某上诉后,高级法院指出,王某的这种诉讼请求"应遵循一般的民事诉讼程序另行起诉"。2000 年 11 月 10 日,王某向某区法院提出民事诉讼,认为被告李某侵犯其贞操权,要求法院依据国际惯例和《中华人民共和国民法通则》判决赔偿原告精神损失费 45 万元人民币。受审法院认定:被告的犯罪行为其实质是一种严重的侵权行为,其侵害的直接对象是原告的生命健康权和贞操权,造成的直接后果是给原告造成终身精神痛苦和部分可得精神利益的丧失，并由此导致原告社会评价的降低，对原告上述方面的损失，被告应承担赔偿责任。又因被告的犯罪情节极其恶劣、犯罪时间持续长、原告又系处女、受损害的结果严重，因此判决被告赔偿王某精神损害赔偿金人民币8万元。深圳市中级人民法院依据最高人民法院的有关司法解释作出终审裁定，撤销一审有关赔偿受害人8万院的判决，驳回受害人要求赔偿精神损失的起诉。[1]

3. 被害人的物质损失是因被告人的犯罪行为引起的

这就是说，被害人遭受的物质损失与被告人的犯罪行为之间必须存在因果关系。所遭受的物质损失，是指被害人因犯罪行为已经遭受的实际损失和必然遭受的损失。但不包括今后可能得到的或通过努力才能争得的物质利益。

(二)提起附带民事诉讼的期间和方式

附带民事诉讼应当在刑事案件立案以后第一审判决宣告之前提起。有权提起附带民事诉讼的人在第一审判决宣告以前没有提起，不得再提起附带民事诉讼。但可以在刑事判决生效后另行提起民事诉讼。

提起附带民事诉讼一般应提交附带民事诉状，写清当事人情况、案发经过及诉讼请求，并提出相关证据。书写诉状确实有困难的，可以口头提起，由审判人员详细询问并制作笔录，经原告确定后签名或盖章。由检察院提起的附带民事诉讼，不能用口头的方式提出，而必须在起诉书上写明。

在诉讼过程中，被害人应当提起附带民事诉讼而没有提起时，公安机关、检察院、法院有告知义务，以便他们决定是否行使这一权利。

三、附带民事诉讼的审判

(一)审判组织及受理

我国《刑事诉讼法》第78条明确规定："附带民事诉讼应当同刑事案件一并审判，只有为了防止刑事案件审判的过分迟延，才可以在刑事案件审判后，由同一审判组织继续审理附带民事诉讼。"可见，附带民事诉讼的审判组织与刑事案件是一致的，是与同一刑事案件一并审判，即便是分开也只能先审刑事部分，后审附带民事部分，不得另行组成合议庭。

法院在收到附带民事诉状后，应当进行审查，并在7日内决定是否立案。法院在受理附带民事诉讼后，应当在5日内向附带民事诉讼的被告人送达附带民事起诉状副本，或者将口头起诉的内容及时通知附带民事诉讼的被告人，并制作笔录。并在送达附带民事起诉状副本时，应当根据刑事案件审理的期限，确定被告人或者其法定代理人提交民事答辩状的时间。

人民法院审理附带民事诉讼案件，不收取诉讼费，在必要的时候，可以决定查封或者扣押被告人的财产。附带民事诉讼原告人有权提出先予执行的申请。对于先予执行的申请，人民法院应当依照民事诉讼法的有关规定，裁定先予执行或者驳回申请。

(二)判决结果

从我国司法实践来看，刑事附带民事诉讼的判决有四种情况：一是被告人构成犯罪并

[1] 参见宋征《可以"曲线救国"，不容"曲线维权"——由一起因强奸请求精神损害赔偿案想到的》，载北大法律网http://article.chinalawinfo.com/Article_Detail.asp?ArticleID=3512

应赔偿经济损失;二是被告人构成犯罪但不赔偿经济损失;三是被告人不构成犯罪但应赔偿经济损失;四是被告人不构成犯罪又不赔偿经济损失。但不论是那种结果都必须在判决书中写明。

第六节 刑事诉讼程序

一、立案与侦查

(一)立案

刑事诉讼中的立案,是指公安机关、人民检察院发现犯罪事实或者犯罪嫌疑人,或者公安机关、人民检察院、人民法院对于报案、控告、举报和自首的材料,以及自诉人起诉的材料,按照各自的管辖范围进行审查后,决定作为刑事案件进行侦查或者审判的诉讼活动。

根据我国刑事诉讼法的相关规定,立案必须同时具备事实条件和法律条件。事实条件就是有犯罪事实,即必须是依照刑法的规定构成犯罪的行为,有一定的事实材料证明犯罪事实确已发生。法律条件就是指需要追究刑事责任,即依法应当追究犯罪行为人的刑事责任。只有存在依法需要追究行为人刑事责任的犯罪事实,才具有立案的价值。

在我国,立案的程序主要包括立案材料的接受、审查及处理三方面内容。对立案材料的接受,是指公检法机关对报案、控告、举报和自首材料的受理。它是立案程序的开始。对立案材料的审查,是指公检法机关对自己发现的或者接受的立案材料进行核对、调查的活动。其任务就是正确认定有无犯罪事实发生,依法应否追究行为人的刑事责任,为立案或者不立案的决定的作出打下基础,这是立案程序的中心环节。对立案材料的处理,是指公检法机关通过对立案材料审查,作出立案或者不立案的决定。这是立案程序的最后结果。

现在，有一些学者认为我国刑事诉讼中的立案制度存有严重弊端，促成了司法实践中“不破不立”现象,应当予以取消而代之以相对简化的案件登记制度。这一观点引起了人们的广泛关注。[2]

(二)侦查

侦查是指公安机关、人民检察院在办理案件过程中,依照法律进行的专门调查工作和有关的强制性措施。其任务就是依照法定程序发现和收集有关案件的各种证据，查明犯罪事实,查获和确定犯罪嫌疑人,并采取必要的强制措施,防止现行犯和犯罪嫌疑人继续进行犯罪活动或者逃避侦查、起诉和审判,从而保证刑事追诉的有效进行。

我国刑事诉讼法规定了以下几种侦查行为:

1. 讯问犯罪嫌疑人。即侦查人员依照法定程序以言词方式向犯罪嫌疑人查问案件事实的一种侦查行为。讯问的时候,侦查人员不得少于 2 人,并制作讯问笔录,在犯罪嫌疑人承认笔录没有错误后,应当签名或者盖章。侦查人员也应当在笔录上签名。讯问犯罪嫌疑人,严禁刑讯逼供,也不准诱供、骗供、指名问供。

2. 询问证人、被害人。询问证人,是指侦查人员依照法定程序以言词方式向证人调查了解案件情况的一种侦查行为。询问被害人,是指侦查人员依照法定程序向直接遭受犯罪行为侵害的人就其受害及犯罪嫌疑人的有关情况进行调查的侦查活动。

[1] 参见吕萍《刑事立案程序的独立性质疑》,《法学研究》,2002-03。

3. 勘验、检查。勘验、检查,是侦查人员对于与犯罪有关的场所、物品、尸体、人身进行勘查和检验的一种侦查行为。

4. 搜查。即侦查人员对犯罪嫌疑人以及可能隐藏罪犯或者罪证的人的身体、物品、住处和其他有关的地方进行搜索、检查的一种侦查行为。这种行为只能由公安机关或者人民检察院的侦查人员进行,其他任何机关、单位和个人都无权对公民人身和住宅进行搜查。搜查时,必须向被搜查人出示搜查证,否则,被搜查人有权拒绝搜查。但在执行拘留逮捕时,遇有紧急情况,允许以拘留证、逮捕证进行搜查。

5. 扣押物证、书证。即侦查机关依法对与案件有关的物品、文件、款项等强制扣留或者冻结的一种侦查行为。对于扣押的物品和文件,应当会同在场见证人和被扣押物品持有人查点清楚,当场开列清单一式两份,由侦查人员、见证人和持有人签名或者盖章,一份交给持有人,另一份附卷备查。对于扣押的物品、文件,要妥善保管或者封存,不得使用或者损毁。

6. 鉴定。是指公安机关、人民检察院为了查明案情,指派或者聘请具有专门知识的人对案件中的某些专门性问题进行鉴别和判断的一种侦查活动。鉴定人进行鉴定后,应出具鉴定结论,并且签名。鉴定结论应当对侦查人员提出的问题作出明确的回答,并说明其科学或者技术上的根据。鉴定结论应告知犯罪嫌疑人、被害人。如其提出申请,可以补充鉴定或者重新鉴定,以保障犯罪嫌疑人、被害人的合法权益。

7. 辨认。这是指侦查人员为了查明案情,在必要时让被害人、证人以及犯罪嫌疑人对与犯罪有关的物品、文件、场所或者犯罪嫌疑人进行辨认的一种侦查行为。在公安机关侦查的案件中,主持辨认的侦查人员不得少于2人。辨认时,不得给辨认人任何暗示。公安机关侦查的案件,在辨认犯罪嫌疑人时,被辨认的人数不得少于7人;辨认照片时,被辨认的照片不得少于10张。对于辨认的情况,应当制作笔录,由主持和参加辨认的侦查人员、辨认人、见证人签名或盖章。

8. 通缉。这是公安机关通令缉拿应当逮捕而在逃的犯罪嫌疑人的一种侦查行为。只有公安机关有权发布通缉令,通缉的对象只能是依法应当逮捕而在逃的犯罪嫌疑人,被通缉的人已经归案、死亡或者通缉的原因已经消失而无通缉必要的,发布通缉令的公安机关应当在原发布范围内予以撤销。

(三)侦查终结

侦查终结,是侦查机关对于自己立案侦查的案件,经过一系列的侦查活动,根据已经查明的事实、证据,依照法律规定,足以对案件作出起诉、不起诉或者撤销案件的结论,决定不再进行侦查,并对犯罪嫌疑人作出处理的一种诉讼活动。

侦查终结后,对于犯罪事实、情节清楚,证据确实、充分,依法应当追究犯罪嫌疑人刑事责任的,即应制作《起诉意见书》,然后连同案卷材料、证据一并移送同一级人民检察院审查决定。对于不应当对犯罪嫌疑人追究刑事责任的,应当撤销案件;犯罪嫌疑人已经被逮捕的,应当立即释放,发给释放证明,并且通知原批准的检察院。

一般地,对犯罪嫌疑人逮捕后的侦查羁押期限不得超过2个月。特殊情况下,可以经上一级人民检察院批准延长1个月。重大案件,经省、自治区、直辖市人民检察院批准或者决定,可以延长2个月。

二、起诉

(一)起诉的概念

刑事起诉,是指享有控诉权的国家机关和公民,依法向法院提起诉讼,请求法院对指控的内容进行审判,以确定被告人刑事责任并依法予以刑事制裁的诉讼活动。可分为自诉和公诉两种。自诉是指刑事被害人及其法定代理人、近亲属等,以个人的名义向法院起诉,要求保护被害人的合法权益,追究被告人刑事责任的诉讼活动。公诉则是指依法享有刑事起诉权的国家专门机关代表国家向法院提起诉讼,要求法院通过审判确定被告人犯有被指控的罪行并给予相应的刑事制裁的诉讼活动。

就起诉权的行使看,各国的起诉制度可分为两类:一是刑事公诉独占主义,即刑事案件的起诉权被国家垄断,排除被害人自诉,如美国、法国、日本等;二是刑事公诉兼自诉主义,即较为严重犯罪案件的起诉权由检察机关代表国家行使,而少数轻微的刑事案件允许公民自诉,如德国、奥地利等。我国采刑事公诉兼自诉主义,即以公诉为主、自诉为辅。

(二)提起公诉

所谓公诉,就是对犯罪有追诉权的国家机关,代表国家提请法院追究被告人刑事责任的诉讼。我国《刑事诉讼法》第141条规定:人民检察院认为犯罪嫌疑人的犯罪事实已经查清,证据确实、充分,依法应当追究刑事责任的,应当作出起诉决定,按照审判管辖的规定,向人民法院提起公诉。可见,提起公诉必须具备三个条件:一是犯罪事实已经查清;二是证据确实、充分;三是依法应当追究刑事责任。

如果检察院在对公安机关移送起诉的案件或自己侦查终结的案件进行审查后,认为犯罪嫌疑人的行为不构成犯罪或依法不应追究刑事责任,或者其犯罪情节轻微,依法不需处以刑罚或免除刑罚,以及对于补充侦查的案件,认为证据不足,不符合起诉条件的,可以作出不起诉的决定,即不将犯罪嫌疑人交送法院进行审判。这一决定具有终止诉讼的法律效力。

(三)提起自诉

所谓自诉,是指依照法律规定享有追诉权的主体直接向法院提起的,请求追究被告人刑事责任的诉讼。主要包括告诉才处理的案件、被害人有证据证明的轻微刑事案件以及被害人有证据证明对被告人侵犯自己人身、财产权利的行为应当依法追究刑事责任,而公安机关或者人民检察院不予追究被告人刑事责任的案件。

所谓告诉才处理的案件,指由被害人及其法定代理人、近亲属等提起诉讼,法院才予以受理的案件。主要有侮辱、诽谤案,暴力干涉婚姻自由案,虐待案和侵占案。所谓轻微刑事案件是指犯罪事实、情节较为轻微,可能判处3年以下有期徒刑以及拘役、管制等较轻刑罚的案件。主要有轻伤案、非法侵入住宅案、侵犯通信自由案、重婚案、遗弃案等。所谓公安机关或者人民检察院不予追究被告人刑事责任的案件,是指公安机关或人民检察院已作出不予追究的书面决定的案件。

自诉案件提起诉讼的条件是有适格的自诉人、有明确的被告人和具体的诉讼请求、属于自诉案件范围、被害人有证据证明、属于受诉人民法院管辖。

三、刑事审判

(一)刑事审判概念及审判模式

所谓刑事审判是指法院在控辩双方和其他诉讼参与人的参加下,依照法定的程序对于被提交审判的刑事案件进行审理并作出裁判的活动。

现代审判模式主要有当事人主义、职权主义、混合主义三种。英美法国家主要采当事人主义，也称为对抗制模式或抗辩式模式。在这种模式下，法官或陪审团居于中立且被动的裁判者地位，法庭审判的进行由控方的举证和辩方的反驳共同推动和控制。其特点是法官消极中立，控辩双方积极主动和平等对抗，控辩双方共同控制法庭审理的进程。大陆法国家主要采职权主义，也称为审问式。在这种模式下，法官在审判程序中居于主导和控制地位，限制控辩双方积极性。其特点是法官居于中心地位，控辩双方的积极性受到抑制，法官完全掌握程序控制权。混合主义则是在职权主义的基础上大量吸收当事人主义的优点，是两种模式融合的一种新的审判模式，以日本和意大利为代表。

我国1979年刑事诉讼法确立的刑事审判模式体现了超职权主义的特点。1996年第八届全国人大第四次会议通过了刑事诉讼法修正案，对原有的超职权主义进行了改革，吸收了英美法当事人主义的对抗性因素，但职权主义色彩仍然相当严重。现在我国的刑事审判模式由超职权主义向控辩式过渡。主要有以下特点：一是强化了控方的举证责任和辩方的辩护职能，弱化了法官的调查功能；二是扩大了辩护方的权利范围，强化了庭审的对抗性；三是庭前审查由实体性审查改为程序性审查。

(二)刑事审判的原则

1. 审判公开原则，即法院审理案件和宣告判决，都公开进行，允许公民到法庭旁听，允许新闻记者采访和报道，即把法庭审判的全部过程，除休庭评议案件外，都公之于众。但有关国家秘密的案件、有关个人隐私的案件、未成年人犯罪的案件除外。

2. 直接言词原则，即法官必须在法庭上亲自听取当事人、证人及其他诉讼参与人的口头陈述，案件事实和证据必须由控辩双方当庭口头提出并以口头辩论和质证的方式进行调查。

3. 辩论原则，即在法庭审理中，控辩双方应以口头的方式进行辩论，法院裁判的作出应以充分的辩论为必经程序。

4. 集中审理原则，又称不中断审理原则，即指“法院开庭审理案件，应在不更换审判人员的条件下连续进行，不得中断审理的诉讼原则”。[1]

(三)审判程序

1. 一审程序

第一审程序主要有开庭、法庭调查、法庭辩论、被告人最后陈述、合议庭评议、宣判等。

2. 二审程序

第二审程序，又称上诉审程序，是指第二审人民法院根据上诉人的上诉或者人民检察院的抗诉，对第一审人民法院尚未发生法律效力的判决或裁定进行审判所应遵循的程序。

上诉和抗诉是引起第二审程序发生的两种不同的诉讼机制。上诉是指上诉权主体不服法院尚未发生法律效力的第一审判决或者裁定，要求上一级法院对案件重新进行审判的诉讼活动。抗诉是指检察院认为同级法院第一审尚未发生法律效力的判决或者裁定确有错误时，提请上一级法院进行第二次审判的诉讼活动。根据《刑事诉讼法》第183条的规定，不服判决的上诉和抗诉期限为10日，不服裁定的上诉和抗诉的期限为5日，从接到判决书、裁定书的第2日起算。

[1]《中国大百科全书·法学卷》，29页，北京：中国大百科全书出版社，1984。

第二审程序的审判原则主要有两个:一是全面审查,即第二审人民法院应当就第一审判决认定的事实和适用法律进行全面审查,不受上诉或者抗诉范围的限制;二是上诉不加刑,即在作出新的判决时,不得对被告人判处重于原判的刑罚。

第二审的审理有两种方式,一种是开庭审理的方式,另一种是阅卷与调查相结合的方式。经阅卷和调查认定事实不清楚的上诉案件和检察院抗诉的案件必须开庭审理,主要参照第一审程序的规定进行。对经过阅卷、讯问被告人、听取其他当事人、辩护人、诉讼代理人的意见,认定事实清楚的上诉案件,可以不开庭审理而采取阅卷与调查相结合的审理方式。其程序是合议庭成员共同阅卷,并制作阅卷笔录;讯问被告人,听取其供述和辩解以及对一审裁判的意见;听取其他当事人、辩护人、诉讼代理人的意见;合议庭评议和宣判。

3. 死刑复核程序

死刑是剥夺犯罪分子生命的刑罚,是刑法所规定的诸刑种中最严厉的一种,又称为极刑。死刑复核程序是人民法院对判处死刑的案件进行复查核准所遵循的一种特别审判程序。在这一程序中死刑核准权是最核心的问题。我国现行法律规定:死刑除依法由最高人民法院判决的以外,各高级人民法院和解放军军事法院依法判处和裁定的,应当报请最高人民法院核准。最高人民法院复核死刑案件,应当由审判员 3 人组成合议庭进行。一般要进行提审被告人、审查核实案卷材料、制作复核审理报告等活动。原判认定事实和适用法律正确、量刑适当的、诉讼程序合法的,裁定予以核准。认为原判认定事实不清、证据不足;原判认定事实正确,但依法不应当判处死刑;原审人民法院违反法定诉讼程序,可能影响公正审判的,应当裁定不予核准,并撤销原判,发回重新审判。

死刑缓期二年执行的案件,由高级人民法院核准。高级人民法院核准死刑缓期二年执行的案件,应当由审判员 3 人组成合议庭。经审查后,同意判处死刑缓期二年执行的,作出予以核准的裁定。如果认为原判事实不清,证据不足,应当裁定发回原中级人民法院重新审判。认为原判过重,不同意判处死刑缓期二年执行的,可以直接改判。

4. 审判监督程序

审判监督程序,又称再审程序,是指法院、检察院对于已经发生法律效力的判决和裁定,发现在认定事实或者适用法律上确有错误,予以提出并由法院对该案重新审判所应遵循的步骤和方式、方法。这是为了纠正已生效的错误裁判而实行的一种审判救济程序。主要方式有决定再审、指令再审、决定提审、提出抗诉。决定再审是指各级法院院长对本院已经发生法律效力的判决和裁定,如果发现在认定事实或者适用法律上确有错误,经提交审判委员会讨论决定再审从而提起审判监督程序的一种方式。指令再审是指最高人民法院对各级法院已经发生法律效力的判决、裁定,上级人民法院对下级人民法院已经发生法律效力的判决、裁定,如果发现确有错误,可以指令下级法院再审从而提起审判监督程序的一种方式。决定提审是指最高人民法院对各级法院发生法律效力的判决、裁定,上级人民法院对下级人民法院发生法律效力的判决和裁定,如果发现确有错误,需要重新审理,而直接组成合议庭,调取原审案卷和材料并进行审判,从而提起审判监督程序的一种方式。提出抗诉是指最高人民检察院对各级法院发生法律效力的判决和裁定,上级检察院对下级法院已经发生法律效力的判决和裁定,如果发现确有错误,向同级法院提出抗诉从而提起审判监督程序的一种方式。

【案　例】

佘祥林杀妻冤案

佘祥林，湖北省京山县雁门口镇人。1994年1月，其妻张在玉因患精神病走失，同年4月，该镇吕冲村一水塘发现一具女尸，经张在玉的亲属辨认后，被认定是张在玉。经有关部门检测，女尸的年龄、体征、死亡日期与张在玉吻合。因此佘祥林被公安机关当做重点犯罪嫌疑人抓获，并于1994年、1995年两次被宣判死刑，后因证据不足而免于一死。1998年6月，他被京山县法院以故意杀人罪判刑15年。在佘祥林服刑11年后，即2005年3月28日，其妻张在玉突然从山东回到京山。4月13日，京山县人民法院对佘祥林杀妻案进行再审，确认原判失实，宣判佘祥林无罪。[1]

四、执行

执行，是指把人民法院已经发生法律效力的判决、裁定付诸实施的活动。执行的依据是已经发生法律效力的判决、裁定。执行机关主要有：法院负责死刑立即执行、罚金和没收财产的判决以及无罪或者免除刑罚的判决的执行。对于被判处死刑缓期二年执行、无期徒刑、有期徒刑的罪犯，由公安机关送交监狱执行刑罚。未成年犯监狱负责未成年犯被判处刑罚的执行。公安机关负责执行送交执行时余刑不足1年的有期徒刑和拘役、缓刑、管制、剥夺政治权利、监外执行等的执行。

[1] 参见《中国法院网等评出2005年中国十大案件》，载http://news.xinhuanet,com/legal/2005-12/29/contet-3979750.htm

第四章　民事诉讼法

第一节　民事诉讼中的管辖

一、管辖概述

民事诉讼中的管辖，是指各级法院之间和同级法院之间受理第一审民事案件的分工和权限。它是在法院内部具体确定特定的民事案件由那个法院行使民事审判权的一项制度。在民事诉讼管辖中，一般均以起诉时为标准，起诉时对案件享有管辖权的法院，不因确定管辖的事实在诉讼过程中发生变化而影响其管辖权，这就是民事诉讼法学上所讲的管辖恒定。包括级别管辖恒定和地域管辖恒定，前者主要指级别管辖按起诉时的诉讼标的额确定后，不因为诉讼过程中标的额增加或减少而变动。后者指地域管辖按起诉时的标准确定后，不因为诉讼过程中确定管辖的因素的变动而改变，如被告住所发生了变更，受诉法院的管辖权不因此而受到影响。反映了诉讼经济的要求，既可以避免管辖变动造成的司法资源的浪费，又可以减少当事人讼累，使诉讼尽快了结。

二、民事诉讼的级别管辖

(一)级别管辖的概念

级别管辖，是指按照一定的标准，划分上下级法院之间受理第一审民事案件的分工和权限。我国的级别管辖制度是在四级法院之间分配一审民事案件，因此需要进行分工。一般是根据案件的性质、繁简程度和案件影响的大小三者结合起来确定级别管辖，称之为“三结合”标准，将性质重大、案情复杂、影响范围大的案件交由级别高的法院管辖。这与国外以争议标的数额为依据的标准大不相同。

(二)各级法院管辖的第一审民事案件

大多数的第一审民事案件由基层法院管辖，但法律另有规定的除外。中级法院管辖的第一审民事案件主要是重大的涉外案件；在本辖区有重大影响的案件；最高法院确定由中级法院管辖的案件，如海事海商案件、专利纠纷案件等。高级法院管辖的第一审民事案件是在本辖区有重大影响的第一审民事案件。在全国有重大影响的第一审民事案件或最高人民法院认为应当由自己审理的第一审民事案件由最高人民法院管辖。

三、民事诉讼的地域管辖

(一)地域管辖的概念

地域管辖，是指确定同级法院在各自辖区内接受第一审民事案件的分工和权限。从各国情况看，确定地域管辖的标准主要有两个：一是诉讼当事人的所在地(尤其是被告的住所地)与法院辖区之间的联系；二是诉讼标的、诉讼标的物或法律事实与法院辖区之间的联系，即在当事人的所在地、诉讼标的等在某一法院辖区内时，诉讼就由该地区的法院管辖。

我国民事诉讼法亦采上述标准来确定地域管辖，即当事人的所在地、诉讼标的等在某一行政区域内时，诉讼就由设在该行政区域内的法院管辖。

(二)一般地域管辖

一般地域管辖，就是指以当事人所在地与法院隶属关系来确定诉讼管辖。一般情况下，以被告所在地作为确定管辖的标准，即“原告就被告”对公民提起的民事诉讼，由被告住所地人民法院管辖；被告住所地与经常居住地不一致的，由经常居住地法院管辖。对法人或者其他组织提起的民事诉讼，由被告住所地人民法院管辖。

同一诉讼的几个被告住所地、经常居住地在两个以上法院辖区的，各个法院都有管辖权。

对不在我国领域内居住的人提起的有关身份关系的诉讼，对下落不明或者宣告失踪的人提起的有关身份关系的诉讼，以及对被劳动教养的人或被监禁的人提起的诉讼。以“被告就原告”为例外。

(三)特殊地域管辖

特殊地域管辖也称为特别管辖，是指以诉讼标的所在地、法律事实所在地为标准确定的管辖。主要有：因侵权行为提起的诉讼，由侵权行为地或被告住所地人民法院管辖；因合同纠纷提起的诉讼由被告住所地或合同履行地人民法院管辖；因铁路、公路、水上和航空事故请求损害赔偿提起的诉讼，由事故发生地或者车辆、船舶最先到达地、航空器最先降落地或者被告住所地法院管辖。

(四)专属管辖

专属管辖就是法律规定某些民事案件只能由特定的人民法院管辖，其他法院无权管辖，也不允许当事人协议变更管辖。主要有因不动产提起的诉讼，由不动产所在地法院管辖；因港口作业发生纠纷提起的诉讼，由港口所在地法院管辖；因继承遗产纠纷提起的诉讼，由被继承人死亡时住所地或主要遗产所在地管辖。

四、裁定管辖

裁定管辖是指法院以裁定的方式确定诉讼的管辖，是法定管辖的必要补充，主要有移送管辖、指定管辖和管辖权的转移三种。

移送管辖，是指法院在受理民事案件后，发现自己对案件并无管辖权，依法将案件移送到有管辖权的法院审理。通常发生在同级法院之间，用来纠正地域管辖的错误。

指定管辖，指上级法院以裁定方式指定其下级法院对某一案件行使管辖权。主要适用于以下三种情形：一是受移送的法院认为自己对移送来的案件无管辖权；二是有管辖权的法院由于特殊原因不能行使管辖权；三是通过协商未能解决管辖争议。

管辖权转移，是指依据上级法院的决定或同意，将案件的管辖权从原来有管辖权的法院转移至无管辖权的法院，使无管辖权的法院因此而取得管辖权。主要有向上转移和向下转移两种情形。向上转移是指管辖权从下级法院转至上级法院，如上级法院认为下级法院管辖的一审案件应当由自己审理时，有权决定把案件调上来自己审理；下级法院认为自己管辖的一审案件需要由上级法院审理时，也可报请上级法院审理。向下转移是指上级法院将自己管辖的一审案件交给下级法院审理。即上级法院受理案件后，认为案情简单，由下级法院审理更便于当事人参与诉讼和法院调查案情，故将管辖权转移给下级法院。

第二节　民事诉讼参加人

一、当事人

民事诉讼中的当事人,是指因民事权利义务发生争议,以自己的名义进行诉讼,要求法院行使民事裁判权的人。狭义上的当事人,仅指原告和被告。广义上的当事人,除原告和被告以外,还包括共同诉讼人、第三人等。

原告是指为维护自己或自己所管理的他人的民事权益,而以自己名义向法院起诉,从而引起民事诉讼程序发生的人。被告是指与原告发生民事权益争议或被指控侵害他人民事权益,并被法院通知应诉的公民、法人或其他组织。如果当事人一方或双方为两人以上,起诉讼标的共同或为同一种类,法院则可以合并审理,这就是共同诉讼,也称当事人合并。其诉讼参加人就是共同诉讼人。第三人是指对他人之间的诉讼标的有独立的请求权,或者虽没有独立的请求权,但与诉讼结果有法律上的利害关系,因而参加到他人已经开始的民事诉讼中来,以维护自身合法权益的人。诉讼代表人是指为了便于诉讼,由人数众多的一方当事人推选出来,代表其利益实施诉讼行为的人。

二、诉讼代理人

诉讼代理人,是指根据法律规定或当事人的委托,代当事人进行民事诉讼活动的人。可分为法定诉讼代理人和委托诉讼代理人。

法定诉讼代理人是指根据法律规定,代理无诉讼行为能力的当事人进行民事活动的人。在我国,法定诉讼代理人是为补充无民事行为能力的人或限制民事行为能力的人在诉讼行为能力上的欠缺而设置的,因此法定诉讼代理是一种全权代理。其范围,一般与无民事行为能力的人或限制民事行为能力的人的监护人一致。如未成年人以其父母为法定代理人;精神病人以其父母、配偶、成年子女为其法定代理人。

委托诉讼代理人是指根据当事人、法定代表人或法定代理人的委托,代为进行诉讼活动的人,也称为授权代理人。各国对委托诉讼代理人的范围有两种立法例:一是律师强制主义,即原则上只能由律师充当委托诉讼代理人;二是任意主义,即律师和非律师都可以作为委托诉讼代理人。我国《民事诉讼法》第58条规定:“我国的委托诉讼代理人包括律师、当事人的近亲属、社会团体和当事人所在单位推荐的人,以及经人民法院许可的其他公民。”可见,我国实际上采后一种立法例。

一般情况下,民事案件的当事人委托诉讼代理人代为出庭诉讼的,本人可以不出庭。但离婚案件除外。

第三节　诉讼保障制度

一、财产保全

(一)财产保全概念及种类

财产保全,是指遇有有关的财产可能被转移、隐匿、毁灭等情形,从而可能造成对利害关系人权益的损害或可能使法院将来的判决难以执行或不能执行时,根据利害关系人或当事人的申请或法院的决定,而对有关财产采取保护措施的制度。可分为诉前保全、诉讼保全、执行前保全等。

诉前保全是指在诉讼发生前,法院根据利害关系人的申请,对有关的财产采取保护措施的制度。诉讼保全,是指在诉讼过程中,为了保证法院的判决能顺利实施,法院根据当事人的申请,或在必要时依职权决定对有关财产采取保护措施的制度。执行前保全是指债权人在法律文书生效后至申请执行前,可以向有执行管辖权的法院申请保全债务人的财产。

(二)财产保全的措施

财产保全采取查封、扣押、冻结或法律规定的其他方法。法院对抵押物、留置物可以采取财产保全措施,但抵押权人、留置权人有优先受偿权。对债务人到期应得的收益,可采取财产保全措施,限制其支取,通知有关单位予以协助。对季节性商品,鲜活、易腐易烂以及其他不易长期保存的物品,法院可以责令当事人及时处理,由人民法院保存价款,必要时,可以由人民法院予以变卖,保存价款。

二、先予执行

(一)先予执行概念及范围

先予执行,是指人民法院在终局判决之前,为解决权利人生活或生产经营的急需,依法裁定义务人预先履行义务的制度。其范围主要是:追索赡养费、扶养费、抚育费、抚恤金、医疗费用的案件;追索劳动报酬的案件;因情况紧急需要先予执行的案件,如需要立即停止侵害,排除妨碍的,需要立即制止某项行为的。

(二)先予执行的程序

先予执行的申请由权利人向受诉人民法院以书面的形式提出, 法院不能在没有权利人提出申请的情况下依职权主动采取措施。

法院对当事人提出的先予执行的申请应当进行审查,对符合先予执行条件的申请,应及时作出先予执行的裁定,裁定送达后即发生法律效力。

三、妨害民事诉讼的强制措施

(一)妨害民事诉讼的强制措施的概念

妨害民事诉讼的强制措施,是指法院在民事诉讼中,为排除干扰保障诉讼的顺利进行对有妨害民事诉讼秩序行为的人采用的强制措施。其目的是保障民事诉讼的顺利进行,维护的是民事诉讼秩序,只有法院有权适用。

妨害民事诉讼秩序行为主要有:

1. 必须到庭的被告,经法院两次传票传唤,无正当理由拒不到庭。

2. 违反法庭规则、扰乱法庭秩序。

3. 伪造、毁灭证据,或以暴力贿买等方式阻止证人作证或者作伪证,从而妨碍法院审理案件。

4. 妨害法院采取保全和强制执行措施,以及拒不履行法院已生效的判决和裁定。

5. 对司法人员、诉讼参加人员等进行侮辱、诽谤或打击报复的。

6. 采用非法手段追索债务,如非法拘禁、非法私自扣押他人财产。

(二)妨害民事诉讼的强制措施种类

1. 拘传。就是对于必须到庭的被告,经法院传票传唤,无正当理由拒绝出庭的,法院派出司法警察,强制被传唤人到庭参加诉讼活动的一种措施。对被拘传人的调查询问时间不得超过24小时。

2. 训诫。就是法院对妨害民事诉讼秩序行为较轻的人,以口头方式予以严肃地批评教育,并指出其行为的违法性和危害性,令其以后不得再犯的一种强制措施。

3. 责令退出法庭。就是法院对于违反法庭规则的人,强制其离开法庭的措施。

4. 罚款。就是法院对实施妨害民事诉讼行为情节比较严重的人,责令其在规定的时间内,交纳一定数额金钱的强制措施。对个人的罚款金额,为人民币1000元以下;对单位的罚款金额,为人民币1000元以上30000元以下。

5. 拘留。法院对实施妨害民事诉讼行为情节严重的人,将其留置在特定的场所,在一定期限内限制其人身自由的强制措施。拘留期限为15日以下。

第四节　民事诉讼程序

一、第一审普通程序

(一)普通程序的概念

普通程序是法院审理第一审民事案件通常所适用的程序,是第一审程序的主体程序,实际上起着诉讼程序通则的作用。[1]

(二)起诉、受理及准备

起诉是指公民、法人和其他组织在其民事权益受到侵害或与他人发生争议时,以自己的名义向人民法院提起诉讼请求保护的行为。

起诉以书面起诉为原则,以口头起诉为例外。起诉状的内容包括:当事人的有关情况;原告的诉讼请求,以及诉讼请求所依据的事实和理由;证据和证据来源、证人的姓名、住所等;受诉法院的名称、起诉的时间、起诉人签名或盖章。

法院认为起诉符合法定条件的,应当在7日内立案并通知当事人。法院认为起诉不符合法定条件的,应当在7日内裁定不予受理。原告对不予受理裁定不服的,可以提起上诉。法院在立案之日起5日内将起诉状副本送达被告,被告应当在收到起诉状副本之日起15日内提出答辩状。法院在收到答辩状之日起5日内将答辩状副本送达原告。

(三)开庭审理及期限

1. 宣布开庭。由审判长核对当事人,宣布案由以及审判人员、书记员名单,并口头告知当事人有关的诉讼权利和义务。

2. 法庭调查。在法庭上通过展示与案件有关的所有证据,对案件事实进行全面的调查。

3. 法庭辩论。双方当事人及其诉讼代理人充分行使自己的辩论权,在法庭上就有争议的事实和法律问题进行辩驳和论证。

4. 合议庭评议。法庭辩论终结后,由审判长宣布休庭,合议庭组成人员进入评议室对案件进行评议,评议实行少数服从多数的原则,评议的情况应如实记入笔录。

5. 宣告判决。当庭宣判的,应在宣判后立即发给判决书。定期宣判的,应在10日内向当

---

[1] 参见张卫平《民事诉讼法教程》,269页,北京:法律出版社,1998。

事人发送判决书。

我国《民事诉讼法》第 135 条明确规定："适用普通程序审理的案件，应当在立案之日起 6 个月内审结。有特殊情况需要延长的，报请院长批准，批准延长的期限，最长不超过 6 个月。在上述期限内还未审结，需要延长的，则由受诉法院报请上级法院批准，延长的期限，由上级法院决定。"

二、简易程序

简易程序是基层法院和它派出的法庭审理简单民事案件所适用的程序。是与普通程序相对而言并列存在的一种独立的第一审程序。[1]其特点是：

1. 起诉方式简便，原告可以口头起诉；

2. 程序简便，法院可以当即审理，不受审前准备工作与开庭时调查、辩论顺序的限制。

3. 传唤当事人、证人方式简便，可以不采取书面形式，也可以不遵循送达方式、送达期间的规定。

4. 实行独任审理。

5. 审理期限较短，在三个月内审结，不得延长。

三、第二审程序

（一）上诉和受理

第二审程序，也称上诉审程序，是指当事人对第一审法院作出的未发生法律效力的裁判不服而提起上诉，由第二审法院对案件进行审理并作出终审裁判的程序。

当事人不服一审法院的裁判，应当以提交上诉状的方式提起上诉。原则上应向原审法院提交，也允许当事人直接向二审法院提交。当事人直接向二审法院提出上诉状的，二审法院应在 5 日内将上诉状移交原审法院。根据我国《民事诉讼法》的规定，对判决提起上诉的期限为 15 日，对裁定提起上诉的期限为 10 日。

（二）审理

在我国，以开庭审理为原则，径行判决为例外。开庭审理就是指直接传唤当事人和其他诉讼参加人到庭，经过法庭调查、法庭辩论、合议庭评议等环节作出判决。径行判决是指合议庭经过阅卷和调查，询问当事人，在事实核对清楚后，认为不需要开庭审理的，直接作出判决和裁定。

根据我国《民事诉讼法》的规定，法院对上诉案件应当在第二审立案之日起 3 个月内审结，需要延长审限的，报请本院院长批准。裁定案件应当在第二审立案之日起 30 日内审结，不得延长。

（三）裁判

1. 维持原判。认为原判对上诉请求的有关事实认定清楚、适用法律正确，判决驳回上诉，维持原判。

2. 依法改判。认为原判决对上诉请求的有关事实认定清楚，但适用法律错误的，二审法院在确认一审判决认定的事实的同时，依法改判，以纠正原判决在适用法律上的错误；原审

---

[1] 参见江伟《民事诉讼法学原理》，644 页，北京：中国人民大学出版社，1999。

判决认定事实错误,或者认定事实不清、证据不足,二审法院可以在查清事实后依法改判。

3. 发回重审。认为原审法院的判决认定事实错误,或者认定事实不清或证据不足的,原则上发回重审;认为原判决违反民事诉讼法规定的程序,可能影响案件正确判决的,可以裁定撤销原判,发回原审法院重审。

四、特别程序

特别程序就是法院对非民事权益冲突案件的审理程序。主要适用于选民资格案件;宣告公民失踪、宣告公民死亡案件;认定公民无民事行为能力、限制民事行为能力案件;认定财产无主案件等。

设置特别程序的目的是确认某种法律事实是否存在,权利状态的有无或公民是否享有某种资格,能否行使某种权利。一般采用独任审判,且实行一审终审制(选民资格案或者重大、疑难案件除外)。免交案件受理费;在判决生效后,如果发现认定事实或适用法律确有错误,无需启动再审程序,由原审法院按规定,撤销原判决,作出新判决。

五、审判监督程序

(一)审判监督程序的概念和分类

审判监督程序,也称再审程序,是指对已经发生法律效力的判决、裁定、调解书,法院认为确有错误,对案件再行审理的程序。主要有基于审判监督权的再审、基于检察监督权的抗诉的再审、基于当事人诉权的申请再审。

基于审判监督权的再审,就是法院发现本院或下级法院已经发生法律效力的判决或裁定确有错误,依法律规定对案件进行再次审理。可分为本院院长及审判委员会提起再审、上级人民法院提起再审、最高人民法院提起再审。

基于检察监督权的抗诉的再审,就是检察院对法院发生法律效力的裁判,认为确有错误,依照法定的程序和方式,提请法院进行再审,也就是通过抗诉行使检察监督权。

基于当事人诉权的申请再审,就是当事人对已经发生法律效力的判决、裁定,认为确有错误的,或者提出证据证明法院作出的已生效的调解书在调解时违反自愿原则等,依法提出申请对已审结的民事案件进行再审和重新裁判。再审当事人申请再审,应当在判决、裁定发生法律效力后2年内提出。

(二)再审案件的审判程序

1. 裁定中止原判决的执行。法院在接到当事人的再审申请后,应当进行审查,认为符合规定的,在立案后裁定中止原判决的执行,并及时通知双方当事人。认为不符合规定的,用通知书驳回申请。

2. 另行组成合议庭。法院审理再审案件,一律实行合议制,如由原审法院再审的,应另行组成合议庭。

3. 依照原审程序进行审理。再审的案件,原来是第一审审结的,再审时适用第一审程序审理,最高人民法院和上级人民法院提审的除外。再审后所做的判决、裁定,当事人不服可以上诉。再审的案件原来是第二审审结的,再审时适用第二审程序审理,再审后的判决、裁定为终审裁判,当事人不得上诉。

【案 例】

刘天然诉久隆公司商品房买卖纠纷案

2000年6月30日,刘天然与久隆公司签订商品房购销合同,约定:刘天然购买久隆花园4套商品房,单价2574.2元/平方米,总价76万余元。在格式合同基础上双方协商增加了久隆公司保证刘天然有非露天停车位。

合同签订后,原告按时交纳房款,但被告一直未提供非露天停车位,双方多次协商未果,原告起诉。在一审中原告变更诉讼请求,要求被告赔偿损失10万元。泉山区法院与2004年9月15日作出判决,判决被告赔偿10万元,被告不服提出上诉。徐州中院2005年2月作出维持原判的二审判决。

久隆公司提出再审申请,徐州中院据会计师事务所对50年车位使用权的价值评估,于2005年12月5日判决久隆公司赔偿损失52450元。[1]

六、执行程序

(一)执行的概念及其条件

执行是指法院的执行组织依照法定的程序,对发生法律效力的法律文书确定的给付内容,以国家的强制力为后盾,依法采取强制措施,迫使义务人履行义务的行为。执行的条件主要有:

1. 执行以生效的法律文书为根据。
2. 执行根据必须具备给付内容。
3. 执行必须以负有义务的一方当事人无故拒不履行义务为前提。

(二)执行机构及执行管辖

执行机构是指依法执行法律文书的职能机构,一般称为法院执行庭,最高人民法院设执行办公室。执行庭的成员主要是执行员和书记员,采取重大措施时,应有司法警察参加。

具有财产内容的民事判决、裁定、调解书和刑事判决、裁定中的财产部分,由第一审法院执行。发生法律效力的支付令,由制作支付令的人民法院负责执行。仲裁裁决书、公证债权文书,由被执行人住所地或者被执行人的财产所在地法院执行。当事人分别向上述法院申请执行的,由最先接受申请的人民法院执行。

(三)执行措施

根据我国《民事诉讼法》的规定,执行措施主要有:查询、冻结、划拨被执行人的存款;扣留、提取被执行人的收入;查封、扣押、拍卖、变卖被执行人的财产;搜查被执行人的财产;强制被执行人交付法律文书指定的财物或票证;强制被执行人迁出房屋或退出土地;强制被执行人履行法律文书指定的行为;办理财产权证照转移手续;强制被执行人支付迟延履行期间债务利息及迟延履金。

(四)对妨害民事执行的刑事制裁

为保证民事执行的顺利进行,我国法律明确规定了对妨害民事执行的刑事制裁措施。

---

[1] 参见葛文《消费者的可期待利益应得到保护》,《人民法院报》,2006-03-28。

第313条规定："对人民法院的判决、裁定有能力执行而拒不执行，情节严重的，处3年以下有期徒刑、拘役或罚金。"第314条规定："隐藏、转移、变卖、故意毁损已被司法机关查封、扣押、冻结的财产，情节严重的处3年以下有期徒刑、拘役或罚金。"

在这里，"有能力执行而拒不执行，情节严重的"主要指以下情形：

1. 被执行人隐藏、转移、故意毁损财产或无偿转让、使判决无法执行。

2. 担保人或被执行人隐藏、转移、故意毁损或转让已向法院提供担保的财产，使判决无法执行。

3. 协助执行义务人在接到法院通知后拒不协助执行，使判决无法执行。

4. 被执行人、担保人、协助执行义务人与国家机关工作人员通谋，利用职权妨害执行，使判决无法执行。